Structure and Agency:
A Sociological Interpretation of the Changing Culture in the Miao Community in Stone Gateway

结构与主体：
激荡的文化社区石门坎

○ 沈 红/著

社会科学文献出版社
SOCIAL SCIENCES ACADEMIC PRESS (CHINA)

目 录

导 言　贫困和教育，乡村的困境 …………………………… 1

第一章　石门坎现象与乡村问题 ………………………………… 7
　第一节　石门坎现象 ……………………………………………… 7
　第二节　现象解释和疑问 ………………………………………… 14
　第三节　研究问题的提出 ………………………………………… 22

第二章　理论脉络：结构与主体 ………………………………… 31
　第一节　结构分析的主要流派 …………………………………… 31
　第二节　主体性的两个维度 ……………………………………… 38
　第三节　结构与主体的消解 ……………………………………… 45
　第四节　概念、假设和分析框架 ………………………………… 53

第三章　研究方法 ………………………………………………… 60
　第一节　研究设计和方法特点 …………………………………… 60
　第二节　定性数据的信度和效度 ………………………………… 71

第四章　结构发生：石门坎崛起于边陲 ………………………… 78
　第一节　石门坎第一所学校 ……………………………………… 78
　第二节　石门坎文化圈 …………………………………………… 87

2　结构与主体：激荡的文化社区石门坎

　　第三节　学校和教会共生机制 …………………………… 96
　　第四节　教会和社区的共生：乡村建设 ………………… 102
　　第五节　苗民平等意识启蒙 ……………………………… 112

第五章　主体推动结构：苗文故事 ……………………… 124
　　第一节　石门坎苗文创制 ………………………………… 124
　　第二节　苗文传播，超越多重边界 ……………………… 135
　　第三节　苗文的挫折 ……………………………………… 141
　　第四节　劫后余生，薪火相传 …………………………… 149

第六章　结构—主体分离：学校与社区 ………………… 161
　　第一节　国家教育在乡村的曲折经历 …………………… 161
　　第二节　村民的教育程度 ………………………………… 174
　　第三节　教师离乡：乡村教育的解构 …………………… 187
　　第四节　寻找传统：石门坎教育的自组织 ……………… 193

第七章　主体进退：社区与国家 ………………………… 207
　　第一节　石门坎对国家的初期想象 ……………………… 207
　　第二节　石门坎人护国行动 ……………………………… 219
　　第三节　对石门坎的第一种想象 ………………………… 236
　　第四节　对石门坎的第二种想象 ………………………… 249
　　第五节　风浪中的石门坎人 ……………………………… 265

第八章　结论 ……………………………………………… 282

参考文献 …………………………………………………… 299
　　一　中文文献·理论方法 ………………………………… 299
　　二　中文文献·社区研究 ………………………………… 306
　　三　英文文献 ……………………………………………… 314

附 录 石门坎社区记忆

社区记忆之一　石门坎学校历任负责人简历……………… 321

社区记忆之二　苗文歌《打铁要本身硬》等 ……………… 332

社区记忆之三　王文宪老师访谈……………………………… 346

社区记忆之四　杨明光老师忆石门坎光华小学……………… 373

社区记忆之五　张德全老师自述……………………………… 402

后记·感念……………………………………………………… 442

图表目录

图1-1 石门乡的地理位置 …………………………… 8
图1-2 石门坎文化圈参与构建民族教育圈和
基督教文化圈 ………………………………… 11
图2-1 结构—主体关系分析框架 …………………… 57
图2-2 主体—客体关系分析框架 …………………… 58
图3-1 调查探究一百年以来的社区生活 …………… 69
图4-1 1921~1949年石门坎社区苗族的教育阶梯 …… 94
图4-2 石门坎文化圈与民族教育网、基督教传播网
相互嵌入 ……………………………………… 94
图4-3 访问石门坎老教师张德全先生 ……………… 98
图4-4 石门坎创业之初的"五英镑屋" …………… 103
图4-5 石门坎实业推广部改进了织布机 …………… 110
图5-1 石门坎苗文最初字样 ………………………… 126
图5-2 石门坎苗文书籍 ……………………………… 129

图 5 - 3	苗文与苗族古老符号的渊源	132
图 5 - 4	石门坎苗文的传播方式	140
图 5 - 5	1935～1945 年苗文经历的主体—客体关系	141
图 5 - 6	1981～1990 年苗文经历的主体—客体关系	151
图 5 - 7	1958～1978 年苗文经历的主体—客体关系	155
图 6 - 1	威宁县小学校点数量变化	167
图 6 - 2	威宁县中学校点数量变化	168
图 6 - 3	威宁县政府教育投入变化	171
图 6 - 4	威宁县公办和民办小学数量变化	173
图 6 - 5	苗族村寨与汉族村寨人口教育程度比较	180
图 6 - 6	苗族村寨与汉族村寨不同性别的教育程度比较	181
图 6 - 7	乡村学校与社区的互为客体关系	186
图 6 - 8	90 年代石门乡毕业学生流向	193
图 6 - 9	乡村学校与社区的互为主体关系	197
图 6 - 10	30 年代石门坎社区的教育资源网	198
图 6 - 11	30 年代石门坎教育与社区建设的有机关联	200
图 6 - 12	30 年代石门坎社区学生流向	201
图 6 - 13	一批教师从社区主体变为社区客体	204
图 7 - 1	苗族对于传统社会结构的感知	209
图 7 - 2	保存在村寨中的"共同纲领"	252
图 7 - 3	石门坎老教师杨荣新先生	271

图 8-1 石门坎社区文化结构变迁概括 ………… 282
图 8-2 石门坎高等学堂是社区标志性建筑 ………… 287
图 8-3 结构与主体分裂风险示意 ………… 288
图 8-4 主客体关系与不平等结构示意 ………… 292
图 8-5 凝视石门坎的风云 ………… 296
附录图 1 石门坎长房子，2001 年 ………… 331
附录图 2 石门坎老教师张文明先生，20 世纪 70 年代 ………… 334
附录图 3 王明基先生创办石门坎实业推广站，20 世纪 40 年代 ………… 352
附录图 4 石门坎光华小学建筑分布图，20 世纪 40 年代 ………… 377
附录图 5 青年张德全老师，1943 年 ………… 403

表 1 贵州及其农村人文发展水平 ………… 5
表 2-1 哈耶克：两类社会秩序的差异 ………… 51
表 3-1 石门坎社区调查资料收集范围 ………… 62
表 4-1 一位石门坎教师的生命历程 ………… 99
表 6-1 F 村不同时期人口文化程度概况 ………… 176
表 6-2 F 村村民文化程度 ………… 177
表 6-3 威宁县乡村民办/代课教师的工资 ………… 191
表 6-4 苏科小学与苏科教堂的共生关系 ………… 195

表6-5	威宁县内被划分为"他者"的数量	203
表6-6	一位石门坎教师的社区身份变动	205
表7-1	石门坎学校的纪念周仪式规程	217
表7-2	部分石门坎校友受教育和职业情况	227
表7-3	一位石门坎教师在运动中的经历	274
表8-1	苗文传播的结构—主体过程比较	290

导 言
贫困和教育，乡村的困境

贫困是中国社会结构底层的面貌，是亿万人经历过的或经历着的生存境遇。

中国曾经以国家计划的形式确立过两个宏大目标，一个是在20世纪末基本消除贫困，这就是《国家八七扶贫攻坚计划》，一个是在20世纪末普及九年义务教育，即《中国教育改革和发展纲要》。一度举世瞩目，发展资金纷至沓来。2001年，中国政府宣布这两个目标如期实现，但是实际上，贫困是中国试图甩给上个世纪但是不得不背负到新世纪的一项基本国情，那些背井离乡的民工，那些失学少年，那些栖居在摩天大楼下低矮平房里的居民，那些从工厂沦落到街头巷尾谋生的下岗者，以及千万的农夫牧民守望在乡村、茅屋下、山风后、炊烟里。无须慧眼明眸，就可以了解贫困依然是中国一个触目惊心的社会事实。

20世纪80年代初中国有2.5亿贫困人口，集中分布在乡村，城市贫困人口数量很少。根据政府报告，农村没有解决温饱的人口到2004年年底减少为2610万人。扶贫成就备受赞誉，政府称八七扶贫计划已基本完成，[①] 标志着"中国历史上从来没有

---

① 朱镕基：《关于国民经济和社会发展第十个五年计划纲要的报告》，新华网2001年3月19日。

解决过的贫困人口的温饱问题得到了最终解决"。但是媒体和公开文本忽略表述的是：①大部分的贫困人口是在20世纪80年代减少的，近10年来中国贫困群体的人口数量降速非常缓慢，已陷于停滞。②贫困标准偏低，这个数据①是按照基本生存需求的最低收入水平测算的，可以称为赤贫人口。按照政府新近的统计，中国农村低收入人口和没有解决温饱的人口共计8600多万人，②城市贫困人口2200万至3000万人，③都是扶贫工作的目标人群。③跨越温饱线的效果不稳定，贫困地区"丰年越温，灾年返贫"现象很普遍，因疾病和灾害造成的返贫率高达30%。④④尚未包括农村流动人口和城市农民工中的贫困人口，中国社会科学院一项调查表明，农村流动人口中估计有2000多万贫困人口。⑤如果考虑返贫率和流动民工的贫困发生率，粗略判断中国目前尚有1.6亿人口生活在贫困线上下，这应当是一个相当保守的估计，因为这个估计值没有包括总数已超过4000万人的失地农民⑥中的贫困者。如果按照国际通行的每日消费1美元的标准估算，世界银行估计我国的贫困人口达到2.12亿。⑦

---

① 这2610万贫困人口是指那些每年人均纯收入低于668元的人口。这一贫困标准是国家统计局测算的满足衣食住行等人类基本生存需求的最低收入水平。
② 根据政府计算2005年的低收入人口贫困线为年人均纯收入827元，中国农村低收入人口约为6000万。
③ 侯利红：《专家估算中国城市贫困人口接近3000万》，中国财经报网站，2006。城市贫困人口是按照各地政府提供的最低生活保障标准测算的。
④ 根据农调队2003年贫困监测报告，近年来贫困地区低收入人口每年返贫率在30%左右。
⑤ 《2005年人类发展报告》根据中国社会科学院经济研究所收入分配课题组2002年的调查数据估计，流动人口的贫困发生率为14%。
⑥ 丛峰等：《我国失地农民逾四千万，生存状态事关政府执政能力》，新华网2005年3月13日。
⑦ 邓瑾：《新经济增长方式催化扶贫政策调整》，载《南方周末》2005年4月29日。

如果按照贫困地域分布观察，中国长期贫困的人口主要集中分布在农村，即中西部地区的边远乡村、西部山区和少数民族地区。中国脆弱群体约有3亿人口，他们大多居住在偏远地区或乡村，不少人为了谋生而流离失所。

因此，消除乡村贫困的沉疴，是中国现代化进程中难度甚高的一部分。其中，贵州的经济发展水平位居全国末位，贵州乡村赤贫人口占全国赤贫人口的十分之一。

与乡村贫困如影随形的是乡村教育困境。20年前国家颁布《义务教育法》，这和国家启动全国范围的消除贫困计划的时间基本同步。1993年《中国教育改革和发展纲要》① 明确提出国家教育发展目标是，到2000年全国基本普及九年义务教育。②1995~2000年教育部、财政部实施"国家贫困地区义务教育工程"，对于贫困地区普及基础教育总投入超过100亿元。

近年国家宣布已经实现了"基本普及九年义务教育"、"基本扫除青壮年文盲"（简称"两基"）的目标，但是中央党校课题组的研究报告显示，农村"实际完成三年初中教育的学生大致不超过30%"；农村学生的辍学、流失率偏高。"在15~64岁农村劳动力人口中，受过大专以上教育的不足1%。全国现有8500万文盲半文盲，3/4以上集中在西部农村、少数民族地区和国家级贫困县。"经济贫困是造成农村教育困境的重要原因。贫困地区教育状况"说不上繁荣，反倒可用凋敝这个词来形容。"③一些地区农村教育陷入绝对贫困之境，根据《中国教育报》对

---

① 中共中央、国务院：《中国教育改革和发展纲要》，1993。
② 即以县统计占全国总人口85%的地区普及九年义务教育；初中阶段的入学率达到85%左右；全国小学适龄儿童入学率达到99%以上；全国基本扫除青壮年文盲，使青壮年非文盲率达到95%以上。
③ 引自中央党校经济学教研部九年义务教育课题组根据对16省市调查基础上撰写的报告《中国农村九年义务教育的困境与出路》，2005。

174个地市和县教育局长的问卷调查结果，有58%的农村学校危房改造经费无法落实，运行经费难以保证，接近40%的农村小学交不起电费，缺少课桌凳。① 我国东、中、西部地区义务教育阶段学生的平均按时毕业率分别为83.0%、78.2%和62.0%，西部比东部整整落后21个百分点，贵州是低于50%的3个省份之一。2000年全国15岁及以上的文盲人口为8700万人。从地区分布看我国15岁及以上人口文盲率超过或接近20%的省份有4个，贵州位列其中，即5个人中就有一个人是文盲。②

根据国家统计局公布的数据，2001年在全国未实现"两基"的522个县中，贵州省就有55个。在全国未实现"两基"地区总人口数中，贵州省就占了七分之一。贵州"普九"人口覆盖率仅为35%，低于全国整整50个百分点。③

中国地区之间发展不平衡、贫富分化加剧。东部地区快速增长，东部与中西部地区增长速度差距越来越大。在汉族地区快速增长的同时，汉族与少数民族地区收入差距也在扩大。全国扶贫开发重点县中，民族自治地方的贫困县占一半。不平衡状况在人文发展指数上也表现得十分清楚。如果贵州是一个国家，那么它的人类发展指数仅刚超过纳米比亚，但是如果把上海比作一个国家，其人类发展指数则与葡萄牙相当。④ 上海的人类发展指标已经能够达到中等发达国家水平，而贵州却远远落后。

贵州是我国最贫困的省份，人均GDP指数位居全国各省区倒数第一，教育发展指数倒数第二。表1综合列举了贵州省特别是贵州农村地区的各项社会发展测量值。

---

① 《中国教育报》2004年8月23日第3版。
② 胡鞍钢等：《中国教育与人力资源问题报告》，中国网，2003。
③ 《中国教育报》2002年9月12日第1版。
④ 《人类发展报告显示：中国社会发展落后于经济发展》，《中国经济时报》2005年9月9日。

表1 贵州及其农村人文发展水平

发展指数	全国平均	贵州省	在全国位次	贵州农村	在全国农村位次
人类发展指数（HDI）	0.755	0.639	倒数第2	0.576	倒数第2
GDP指数	0.650	0.491	倒数第1	0.396	倒数第1
教育指数	0.840	0.731	倒数第3	0.669	倒数第4
预期寿命指数	0.780	0.694	倒数第2	0.662	倒数第3
人均预期寿命（岁）	71.4	66.62	倒数第3	64.74	倒数第2
人均GDP（元）	9101	3603	倒数第1	2042	倒数第1
文盲/半文盲率（%）	10.95	19.68	第5	—	—
综合入学率（%）	67.6	58.6	倒数第3	—	—
高中入学率（%）	55.4	39.5	倒数第3	—	—
初中入学率（%）	95.5	87.8	倒数第4	—	—
小学入学率（%）	98.7	97.0	倒数第7	—	—
人均地方财政收入（元）	781	328	倒数第2	—	—
人均地方财政支出（元）	1367	876	倒数第4	—	—
农村人均纯收入（元）	2622	—	—	1565	倒数第1
农村人均消费支出（元）	1943	—	—	1185	倒数第2

资料来源：根据联合国开发计划署《2005年人类发展报告》统计表数据整理。除了预期寿命和预期寿命指数为2000年数据之外，都是依据国家统计局2003年数据测算。

  这是一项关于贫困社区的变迁的研究，研究的问题产生于社区现实和社区历史的矛盾、经验观察和经验研究的张力。中国西部的社会发展正在落后于经济发展，经济的总体增长没有使贫困乡村受益，不同地区之间发展越来越不平衡。中国地域广大、结构复杂，在不同地域和文化历史条件下，乡村社会发展呈现多样的面貌和轨迹。贫困乡村要走出历史的困局，并无放之四海而皆准的捷径。区域失衡的经济过程甚至也渗透到关于发展研究的学术领域，比如以国家的视角替代地方社会视角评判现代化进程，以单一的线性发展观替代多元社会发展的认知，忽略解释现代化进程中发生的多元发展现象。即使是研究西部的学者，也不自觉地套用主流意识形态的发展观，对社会发展进程保持线性认知，以东部叙事代替西部自身的变迁逻辑。

笔者从田野工作中得知，即使在西部最贫瘠之地，发展也有经验可寻，对贫困地区文化差异和多元路径进行分析，也有助于从失败中学习。要走出历史的困局，需要看行动者能否将理念之枘与现实之榫对接。

本书基于对贵州省少数民族贫困社区的研究，是对以石门坎为中心的一组乡村文化网络的案例研究。石门坎现象代表一种绝地求生的另类经验。石门坎是一度走出了历史困局的一个贫困社区。"我们应该从与现代性方案相伴生的那些错乱中去学习，从诸种关于扬弃的浮夸设想的失误中去学习，而不是放弃现代性和它的方案。"① 笔者立足于贫困社区去分析贫困者的实践路径，力图作一番社会学考察。本书的着眼点在于：不仅从现代化的成功经历，也从其失败经历中学习和探求，追问贫困的历史发生过程。记录"他者"的文化诉求，发现一个社区变迁的结构特质和规律。

---

① 哈贝马斯：《现代性：一个未完成的方案》，载《政治短论集》，法兰克福：舒尔坎普，1981。译文引自正来学堂网（www.dzl.legaltheory.com.cn）。

第一章
石门坎现象与乡村问题

第一节 石门坎现象

石门坎，这个贫困社区进入社会学研究的视野，是因为它的特殊历程。过去一百年中，石门坎历史令人叹为观止：在30年时间里，从一个蛮荒不驯的小村落，发展为西南三省苗族的文化中心。经历了曲折变迁后，石门坎从文化中心跌落，再度成为一个文化边缘社区。如果浏览威宁县志，便可知历史上威宁县曾经隶属过川滇黔三省的管辖，是云贵高原上一个多民族聚居地。石门坎在我国西南少数民族文化教育史上占有一席之地，并一度成为西方文化与东方文化、汉族与少数民族文化互相交融的地点。

石门坎社区的独特之处在于：经济长期贫困，文化跌宕起伏，社区发展路径不同寻常。

一 经济长期贫困

石门坎社区中心位于贵州省威宁县石门乡（见图1-1），贵州与云南接壤的西北角，古时被称作乌撒蛮的乌蒙山区腹地，其西部、北部靠近云南省昭通市和彝良县，从自然和人文地理位置和分布上都属于典型贫困区：高寒区、深山区、边远地区、少数民族聚居区，苗族村寨的分布相对集中，经济不发达，地方财政困难。这里几乎集中了中国乡村贫困的全部特征。

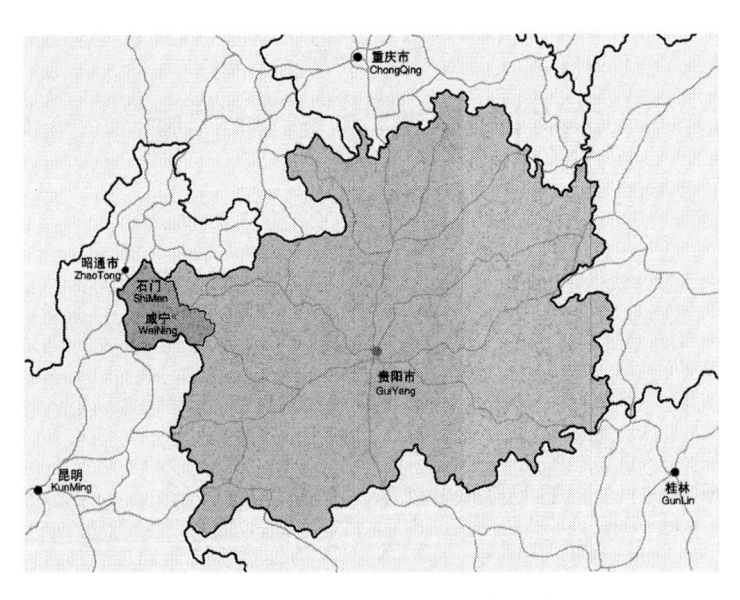

图 1-1　石门乡的地理位置（靳军绘）

石门乡生态恶劣、稼穑艰难；古来瘴疠之地，贫病交加，生计难；大雾阴雨、沟壑纵深，行路难。石门乡地理状况复杂，最高处薄刀岭 2762 米，最低河谷 1218 米，是全县海拔落差最大的乡，地貌多样，形成凉山、半凉山和河谷之分。山势坡陡，土地贫瘠，自然条件恶劣。

到了机动车时代，石门乡处在贵州公路网末梢，与云南路网不衔接，退居边缘之边缘。威宁县是贵州最西部的县份，从贵阳到威宁县城 360 公里，需要一天的车程；石门乡是威宁县西北角最偏远的一个乡,从威宁县城到石门乡政府140公里,需要一天的车程。至今,乡村交通仍然羊肠细路,村民往来依旧人背马驮。《石门坎溯源碑》曰:"天荒未破,畴咨冒棘披荆,古径云封,遑恤残山剩水。"威宁是贵州的西部之西,石门乡是威宁的边缘之边。

地理区位使高原山地缺乏有效的公共交通和邮电通讯系统。20世纪70年代公路才通到石门乡政府所在地,80年代通到村。全乡只有一条连接省道的40公里断头公路,这条县管乡道由于养护差,雨水严重冲刷,路况差,靠临时性修补维持交通。20世纪80年代石门乡通电,通讯闭塞,电话线路经常不畅通、信号弱。石门乡至今没有邮电所,只有一位乡邮员。

石门坎的经济处于边缘,经济发展滞缓,地方政府财政捉襟见肘。据当地政府统计,2002~2004年人均纯收入700~1200元,人均年财政收入90元。70%的村民居住的是低矮且人畜混居的茅草屋,饮水困难;受氟中毒侵害,90%的人是黑牙齿,老年人都患有关节病。

目前石门乡仍然是国家重点扶贫开发县威宁县之最贫困的乡之一。毕节地区、威宁县政府机关、香港民间公益组织长期在石门乡实施多项扶贫计划。石门乡有可供经济开发的矿产资源,"蕴藏有丰富的氧化锌和硫化锌矿石,并且含量可观,具有很高的开采价值",也陆续办有厂矿十余家。但是优质矿点全部被"外地老板"占了,受益者既不是乡政府也不是本地村民,本地村民仅仅充当矿井下的苦力。所谓招商引资和经济开发,并未使石门乡摆脱贫困,长期以来村民生活在贫困线上下波动。

二 文化跌宕起伏

石门坎在文化视野中别有风景。在20世纪前半期,这个地处传统的边陲山村,却能够奏出现代音符,自组织、求发展。

英国传教士和苗、汉知识分子一起开启了这个过程，他们为改善苗民社会地位、为教区人民特别是贫困苗族的文化教育、医疗卫生事业做了大量工作，柏格理、高志华、王道元等传教士甚至以身殉职。这些贡献赢得了贫困苗族和周边少数民族的崇敬，读书信教人数急剧增加。一个蛮荒不驯的小村落，异军突起，带领苗族和周边各县少数民族扫除文盲，勃兴教育，风云叱咤，成为领导西南少数民族地区的文化先锋。石门坎迅速成长为一个乡村教育中心，并且建立起一个影响遍及川滇黔三省交界地区的乡村文化网络，被誉为"苗族文化圣地"、"西南苗族最高文化区"。在乡村建设和扶贫发展意义上，石门坎也是先驱者。关于石门坎社区发展的成绩，文献上记载着许多开创之举：

- 创制苗文，结束了苗族无母语文字的历史。
- 石门坎学校率先实践双语教学；率先实行男女同校，在国内属最早的实践地点之一。
- 启动少数民族地区的现代教育，石门坎1905年创办的小学，是国内第一批苗民小学之一；1943年创办的中学，是贵州第一所苗民自己建立的乡村中学。同时倡导平民识字运动，30年代中期在苗区初步普及成人初级教育。
- 20世纪30年代之前培养出苗族历史上第一位博士；40年代之前培养了三十余名苗族大学生；50年代之前威宁苗族中有近10名神学院毕业生，20多名不同专业的大学生，数百名中学毕业生，数千名小学生。平均每万人口有10名大学生。有资料统计到20世纪80年代初，中国每万人口只有10.5名大学生，贵州省每万人口只有4名大学生，贵州少数民族每万人口只有0.8名大学生，而威宁苗族于20世纪50年代初每万人口已经有10名大学生。在一个自古以来从无人识字的少数民族地区，在一代人的时间里培养出这么多的苗族知识分子，被视为西南民族教育史上的奇迹。石门坎创造了"苗族文化最高区"的现代神话。①

- 创建国内第一所苗民医院。
- 是乌蒙山区现代医学和疾病防治的基地,引进接种牛痘疫苗,首次控制了天花在本地的蔓延。创办中国西部最早的麻风病院。
- 倡导民间体育运动,全民参与,石门坎成为贵州省"足球的摇篮"。
- 基督教运动发源地,石门坎教会曾是基督教在中国最成功的教会之一。在西南少数民族集中的地区,苗族成为信教比例最高的民族之一(图1-2)。

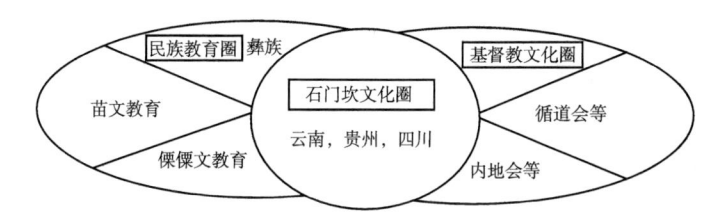

图1-2 石门坎文化圈参与构建民族教育圈和基督教文化圈

在文化意义上石门坎社区大起大落,经历了轰轰烈烈的崛起,也经历了衰退和低谷。同样令人注意的是,在21世纪初文化教育的地图上石门乡又跌落到边缘位置。

- 苗文缺乏传播载体,新老文字面临传承困境。
- 乡村教育举步维艰,在全国义务教育"基本普及"之后的2005年,石门坎社区尚未通过普及九年义务教育考核验收,

---

① 谭佛佑:《本世纪初贵州省威宁县石门坎教会苗民教育述评》,载《贵州民族研究》1983年第1期。罗廷华、余岛:《贵州苗教育研究》,贵阳:贵州民族出版社,1999。

甚至没有完全普及小学教育。

- 学校师资力量弱，教师流失。学生成绩差，学生辍学率居高不下。升入大学的学生凤毛麟角，在1960年之后这里的学生几乎与大学无缘，村民的说法是"二十年出一个大学生"。
- 医疗保健卫生条件落后，乡卫生院无力经营。
- 中国西部最早的麻风病院演变成自生自灭、管理严重缺失的特困村。
- 基督教中断传播30年后渐次恢复重建，但是石门坎具有文化价值的建筑群已经毁坏殆尽。

三 四个发展时期

根据石门坎文化变迁的特点，过去一个世纪，这个社区大致经历了四个发展时期。

第一时期：1905～1935年，基督教文化在苗区传播，乡村教育自我发展，形成石门坎文化圈。这30年是石门坎文化的结构发生和扩展时期。

第二时期：1936～1957年，石门坎文化影响日隆，乡村教育在战乱环境中继续发展。政府开始重视少数民族教育，试图改造石门坎文化。因为受到自然灾害、战争和组织变动的影响，这21年是石门坎文化波动运行时期。

第三时期：1958～1987年，石门坎文化分裂，教会组织消失，领导者集体被打入另册。乡村教育被动发展，这30年是石门坎文化结构解体、教育停滞的时期。

第四时期：1988～2005年，石门坎宗教组织恢复，但是乡村教育逐步滑坡。这17年是石门坎教育退步的时期。

石门坎历史上的教育成就获得社会公认，但是它的发展途径却受到贬损，一度被政治化和污名化。这个社区曾经被贴上了多种多样的文化标签。第一时期，这里是"野蛮愚昧"的苗区。第二时期，苗族自己认为石门坎是"西南苗族最高文化区"，而当地政府则认为石门坎人"受奴化教育最深"，所以视石门坎为"外国人文化侵略殖民地"、"小香港"。第三时期，因为石门坎学校曾经"有国民党特务活动"，所以石门坎地区被戴上"小台湾"的帽子。在第四时期，地方政府和学术界开始反思历史，"石门坎文化是贵州原生态文化与外来文化一次最成功的和平的融合"。每一个标签都是某一时代的文化产品，它们带着不同时代的信息也嵌入了这个社区的记忆。我们从村民的口述中了解到他们怎样与社区的历史变迁发生关联，这些标签又怎样影响了他们的生活。

石门坎现象在民族教育研究、文化传播学、基督教史等研究领域占据一席之地。这个穷乡僻壤被很多文献称为"西南苗族最高文化区"，[1] 它的文化发展在当时中国西南"实系首屈一指"[2]，令人称道。传教士在西南少数民族地区热心传教办学的历史，近年逐渐引起学术界的关注，出现了一批比较客观的研究。而大部分学者的视野固定在石门坎文化的第一时期，中外文献中绝大多数是关于石门坎地区的"兴盛"、"进步"的第一时期历史，却对石门坎20世纪大部分时间的经历很少涉及，文献历史中存在很多盲点。从社会结构研究的角度观察，石门坎社区的整个变迁过程都有分析价值。石门坎文化在四个历史时期的发展路径虽然悬殊，但是其中存在一个共同点，就是各个时期同属"现代化"过程，可以互为借鉴和参照。石门坎文化进步记忆叠加在民族落后记忆之中，不断建构着石门坎社区的历史意识和社区认同。

---

[1] 这个称号最早出现在1925年《康藏前锋》四卷三期，后来被许多文献广泛引用。

[2] 陈国钧：《石门坎的苗民教育》，载《贵阳时事导报·教育建设》1942年第20期。

第二节　现象解释和疑问

如何阅读石门坎这一段"飞云卷雨"的历史？为什么首屈一指的石门坎如今陷入贫穷和落后的状况？对于导致石门坎从中心落到边缘的因素，在调查访谈中人们众说纷纭，给出一些单个的原因解释，可称为单因素解释，分类整理如下。

一　单因素解释

1. 经济决定论

包括贫困导致文化落后，市场区位决定论。

经济基础决定乡村教育发展和文化现象。石门坎的根本问题就是经济问题，"有知识但是经济发展不上去，最后知识也越来越少了，在这里知识不能改变命运。"因为地方财政贫困，难以吸引人才，难以稳定教师队伍。但是，如果导致教育文化低落的主要因素是经济贫困，那么石门坎从前的经济也很贫困，穷人求学，穷人办学，石门坎文化成就是在贫困的经济基础上取得的。

市场区位决定论：由于地理的原因，石门乡村与外面的社会隔绝，无法享有共同的市场，交通制约了石门难以融入外部市场，只能继续受穷。一些人士主张"放弃知识改变命运的思路"，换成"要想富、先修路"的思路，贫穷山乡修路造桥，招商引资，参与国内大市场的分工体系，才能彻底改变落后的局面，"到时候知识和命运的问题会迎刃而解。"[①] 但是，经济过程

---

① 人民网强国论坛上一位网友的见解。

能不能取代文化过程,招商引资能不能带来乡村经济富足,石门乡经济开发现状说明,这种看法过于乐观。

2. 政府决定论

上级政府和领导重视程度是教育发展的关键,这是当地政府部门的基本思路。领导重视,石门教育就顺利发展;领导重视不够,石门教育就停滞甚至滑坡。不论石门坎历史如何,解决目前教育困境的关键在于政府重视,增加投入力度,采取行政手段。那么第一时期石门坎学校不是公办学校,政府投入无从谈起;第二时期人民政府接办学校后很重视,给予优惠政策,直到第四时期石门民族学校还是县立唯一一所建在农村的县直属民族学校。地区行署和县政府在支持石门乡开展的扶贫项目也比较多,教育却在不断滑坡。所以当地政府支持的发展和教育自身的发展似乎是两个有区别的过程。

3. 宗教决定论

其一,宗教组织的生存环境问题。基督教的传播带来石门教育兴盛,基督教停滞导致石门教育衰退。这是海内外一些宗教研究的基本观点,倾向于认为宗教进退使然,石门坎文化的兴起和消退根本原因在于基督教运动在这个地区的消长,所谓成也萧何,败也萧何。但是,如果基督教停滞导致石门乡村教育衰退,那么,可以观察到,当地农村土地制度改革已经25年,当地宗教政策开放后村民恢复合法的宗教活动也已经17年,然而石门坎教育并未自然而然好转。

其二,宗教组织制度自身的问题。贵州学者系统地研究了石门坎宗教的衰落,提出三个命题。第一,石门坎基督教会的世界观,循道公会的入世精神,造就了石门坎的现代气象。内地会的原教旨主义立场,反而与苗族社会中追求"彼岸"的"上天"

一类巫术迷信相亲和。第二,循道公会的社会观问题,因其对底层穷人的社会关怀而获罪于当地统治者。教会强调社会改良,扶助穷人参与地方政治,致使与世俗政权矛盾升级,遭到政府当局的排斥。第三,循道公会趋向于社会福音的传教方式,通过办社会事业的手段来传教,后来国家接手了社会事业,所以宗教传播失败。① 概括起来,国家干预是外因,教会培养的知识分子放弃宗教信仰,是石门坎宗教衰落的内因,因为现代教育本身具有反宗教性质。但是,石门坎如果不发展教育,仅仅建立教会,它是否仍然可以成为文化中心,又是否能够众望所归,其中的可能性是难以确定的。

4. 苗族观念落后论

一种观点认为石门坎苗族过去使用的老苗文已经不能适应时代要求,自然应该淘汰。另一种观点认为,少数民族文字没有存在必要,双语教育是可有可无的,"书同文"才是进步的、现代化的趋势,保护和使用老苗文是苗族观念落后、抱残守缺的表现。在他们看来,石门坎从文化中心跌落到文化边缘是一种历史必然。同一种苗文,几次被当地政府以"文化进步"的名义撞击和消解,也曾经被苗族以"文化进步"的名义保护。一种文字对这个社区的发展意味着什么呢?

这些说法代表有关石门坎教育退步的主要观点,它们从外部解释了部分原因,也留下不少空白。可以发现每一种单因素的解释都是缺损的、可质疑的。前面三类归因的共同点是认为石门坎现象的成因和出路在于外部环境的影响:市场、政府、传教士和外来的发展援助机构。最后一类归因则是指向苗族观

---

① 张坦:《"窄门"前的石门坎——基督教文化与川滇黔边苗族社会》,昆明:云南教育出版社,1992,第239~266页。

念问题。从贫困研究的角度看，这四类单因素的解释是常规发展思路的产物，这里有必要来清理一下贫困地区的常规发展思路及其困境。

二　常规发展思路

关于国家对消除贫困的责任，政府应该承担分配不公平的后果，这一点是社会共识。而关于国家究竟对于贫困地区如何作为，扶贫应当以市场机制为主还是政府干预为主，则出现了观点分歧。贫困地区的发展研究中有两个常规的思路：政府主导的思路和市场主导的思路。

1. 政府为主还是市场为主

以政府为主导的观点主张政府要保证宏观经济稳定，向贫困地区实行财政转移支付，提供社会服务和组织基础设施建设。从国家道义基础意义上强调国家扶贫角色的学者认为，中国作为一个社会主义国家，其政府的合法性是建筑在平等原则基础之上的。但是，如果伴随着改革与发展的是不断扩大的不平等，贫富差距就会变得让人难以接受，政府的道义基础就会削弱，它的合法性就会遭到怀疑。如果不公平超过了一定限度，就会对发展造成政治上的威胁。因此他们强调国家能力建设，中央政府应当增强筹集收入、转移支付的能力。[①]

以市场为主导的观点，主要受新古典经济学影响，认为市场是解决一切问题的正常途径，只要允许市场自由运作，资本会从发达地区自动流向落后地区，廉价劳动力会从落后地区自动流向先进地区。扶贫资源的配置过分强调政府作用而忽视市场的作

---

① 王绍光：《正视不平等的挑战》，《管理世界》1999年第4期。

用，从而导致了扶贫效率低下。地区差距扩大是因为市场化还不够充分。反对者根据产权经济学里的外部性概念指出，反贫困是一种典型的公共物品，因为具有效用的非排他性和利益的非占有性，不能由市场提供，只能通过政治程序或公共选择由政府提供，并由政府强制性地征收反贫困开支所必需的税款。① 政治学者则指出，按照社会公正的原则分配资源却根本不是市场的功能。市场本身如不加以限制只能扩大地区的不平等，应当强调国家的主导作用和有效干预。

2. 政府扶贫体制的运行困境

20世纪80年代中期开始的中央政府扶贫计划，意图在于用行政计划来抵消市场化对穷人的冲击。但是效果有限，逐年递减。各级政府对于贫困地区投入逐年增多，而中国减贫的步伐逐年放缓。政府和社会各界对贫困地区的扶持力度，从80年代10亿元增长到目前每年300亿元，但是贫困缓解的速度越来越慢。每年跃过温饱线的人口从1700多万人下降到每年100多万人，2003年未解决温饱的贫困人口不但没有减少，反而增加②。一些学者指出，扶贫资源使用的效率越来越低的问题，是扶贫体制内部的目标置换和效率问题。如果考虑到腐败现象和监管的难度，扶贫资金的效益就更低。扶贫贷款计划由于没有落实到穷人、资金偿还率低下而受到广泛的批评。③ 针对扶贫系统识别机制失灵问题，国务院有关部门组织的一系列扶贫体制研究，根据扶贫项目组织方式、运行流程、规模、结构和周期的调查数据，分析政

---

① 康晓光：《中国贫困与反贫困理论》，南宁：广西人民出版社，1995，第18页。
② 国务院扶贫办2004年7月消息《我国贫困人口出现反弹反思：新贫困人口从何而来》，载中国人口信息网。
③ 党国英：《一个民间合作的标本》，载《改革内参》2004年第30期。

府扶贫系统内部的运行机制、扶贫的组织成本和传递效率问题。① 扶贫风险可以划分为自然风险和传递风险。通过区别计划受益者和实际受益者可以分析传递扶贫资源的各个部门的行为：以底层的贫困人口规模来获取维持各自部门的利益和发展资源，从而发生扶贫目标在扶贫体制内的偏移，在扶贫体制内部生成传递风险。② 因此政府治理贫困的效果，持续地受到市场经济规则的冲击和消解。

3. 以市场原则为主的石门坎经济开发

在政府扶贫计划缓慢推进的同时，西部地区的市场经济却快速增长着。市场体制虽然是近二十年新建的系统，尚不成熟，但是市场原则已经渗透到城市和乡村、西部地区和东部地区的关系中，渗透到穷人的生活世界里。石门乡的经济现状，可以对西部开发做出一个说明。根据李昌平调查，石门乡这个贫困乡的人均GDP是高于全国平均水平的。

2004年，每天都有大量的矿产资源源源不断从石门坎流走。"石门坎的煤矿、铅矿、锌矿资源，上级政府部门将开采权给了浙江、四川和云南的三个大老板，这些大老板每年给乡政府创造的税收不到50万元，运矿车损坏公路每年的维修费却远不止50万元。开铅矿、锌矿是有毒的，在矿上的农民每天的工钱却不到10元钱，由于没有任何的劳动保护，每个健壮的农民只能在矿上工作3个月。从一个矿上被辞的矿工会到另一个矿上去打工，很多矿工明知道这样对身体有很大的摧残，但每天10元钱的工钱对当地的农民实在是太有吸引力了。"③

---

① 周彬彬、高鸿宾：《对中国贫困地区研究和反贫困实践的总结》，北京：国务院扶贫开发领导小组办公室印，1993。
② 沈红：《扶贫传递和社区自组织》，载《社会学研究》1997年第5期。
③ 李昌平：《扶贫日记：走进石门坎》，三农中国网，2004。

市场运行机制是这样的，"主流社会首先用'矿产资源属于国家'一句话割断了石门坎的矿产资源与当地人民和政府的关系，然后，谁是国家，谁代表国家呢？有权决定矿产资源开采权的几个人代表着国家。国家的资源谁有资格开采呢？代表国家的有权人说'公开招标'，对谁招标呢？对资本家招标，99%的人被排斥在外。石门坎的发展，与当地的政府和人民没有关系。如果把石门坎开矿的GDP计算在石门坎，石门坎的人均GDP应该超过10000元，超过了全国的平均水平。可是，石门坎的老百姓的收入与GDP无关。石门坎的开矿的GDP对老百姓来说，是垃圾GDP。石门坎矿产资源的开发，既没有给乡政府带来财富，也没有给当地的人民带来财富，相反，还损害了人民的身体和生存的环境。"① 进行这个调查的时候，石门乡政府上报的人均纯收入为1090元。

在市场经济规则主导下，有两个可能的后果正在显现出来，其一，西部开发转变为西部殖民。西部的资源很廉价地被城市企业"开发"的时候，西部的资源转化成了东部的资本。西部的资源不断地廉价输入东部和城市，进一步促进东部和大城市的产业发展，吸引更多的西部劳动力流向东部和大城市，而东部和大城市的产业资本不会西进。其二，趋于严重的两极分化，少数人掌握着全社会大部分财富，并且，财富还在进一步向少数人集中，并形成稳定的利益格局。农民面对市场时，市场不能解决公共产品的供给及收入的公平分配问题，且由于市场信息不完全和垄断存在，需要政府保证公平的市场环境，提供公共服务，但政府为降低管理成本往往选择了退出。以资本为尺度的市场规则，越来越表现出复制而不是消解不平等的特征。

---

① 李昌平：《扶贫日记：走进石门坎》，三农中国网，2004。

4. 常规发展思路中贫困者的被动处境

政府和非政府的扶贫制度可能在一定地区、一定程度上增强了穷人的技术水平，以及获得金融资本的能力，但是在相当广大的贫困山区，家底脆弱的小农个体难以抵御市场风险，穷人获得资本的过程比其他群体受到更多约束。扶贫计划试图阻止贫困群体被市场原则推向市场结构的更边缘，但是这种努力的效果越来越缓慢，而且，贫困者处境被动。尽管关注贫困群体的呼声强烈，贫困者自己的声音却是微弱的。在现代化进程中，穷人被视作历史遗存，被看成现代性的"他者"，现代化进程的"必要代价"。底层的叙事被悬置，穷人成为现代社会中最缄默的一群。

虽然在法律意义上穷人具有公民身份和平等文化权利，在意识形态意义上穷人和无产者拥有一种"名义"主体性，但是他们在现实生活中却处在社会结构底层，在文化意义上正在丧失主体性。贫困者没有平等发展的权利，他们在政治上缺少政治参与的机会，在行政上是被管理的对象，在公共服务上是最后考虑的群体，在社会保障和国家福利上处于边缘状态，在就业上缺少自由流动的权利并遭受各种限制和歧视。一方面穷人受到市场体系的边缘化排斥，一方面他们的利益往往让位于政府部门的利益。

从"温饱"逻辑出发，一些地方的扶贫计划的目标以穷人维持最低食品和衣物需要为限。即便在那些完全针对他们的扶贫计划中，穷人自身的声音也是微弱的，被外界的主流声音淹没，他们的利益难以得到有效保障。其中一个隐含的观点是认为穷人很难发生群体的、整体的地位改变。作为支持这种理性判断的论据之一，就是贫困分布的边缘特点，或者说社会结构边缘性是难以改变的。边缘性在贫困研究和发展研究中作为一个外生变量存在。因此，在市场化进程中资本不会自发地流向穷人和弱势群体,而政府系统的转移支付和扶贫资源面临着目标和效率的风险。石门坎这样的贫困社区在常规的发展思路下步履维艰。

第三节 研究问题的提出

选择石门坎做研究,不仅因为它从文化边缘跃升到文化中心的历史过程,也因为它经历了从文化中心跌落到文化边缘的现实过程。对石门坎这个独特的案例,既有理论、经验在实践面前显露了局限,因此有深入探求社会学意义的必要。

一 寻找结构机制

笔者第一次访问这个社区是1998年。并以这次调查为起点进行了一系列专题研究,前两个专题研究论文已经完成并出版。第一项研究(1999~2000)重点是石门坎的社区认同变迁,从苗区文化象征建构角度来探讨贫困者如何通过认同转型建构一个象征性共同体,从而获得社区发展动力。侧重在20世纪前半期的社区变迁。第二项研究(2001~2003)重点为石门地区乡村教育变迁,根据对石门乡基础教育现状的调查,来讨论两种不同的外来教育嵌入贫困社区的路径,并且测量国家教育嵌入贫困社区的效果。侧重在20世纪后半期的社区变迁。论文完成后,我仍有许多不解之惑和未竟之言。这个地方吸引着我继续思考。在前两次研究基础上,笔者继续到石门乡进行田野调查,在此期间石门坎现象的结构意义越来越显现出来,促我思考社区文化结构与贫困发生机制之间的关系。我研究的着眼点在于石门坎文化结构存在的社会基础,一方面观察结构自身的运行机制,一方面观察社区和外部社会的互动机制。所以初步提出的问题是:其一,教育能不能消除不平等？是什么内在机制促使石门坎文化结构发生？什么使它自我复制再生？其二，石门坎与外部社会如何整合？国家与社会的关系？其三，不同文化是否碰撞，本土文化与外来文化如何共处？其四，在石门坎社区的发展中，穷人是主动的参与者还是被动的"他者"？贫困社区有没有自我管理的能力？

二 结构问题

结构问题一：教育能不能消除不平等

教育是否能够消除不平等？教育能不能促使现代结构的发生和再生？对教育之于社会结构的作用，教育社会学有两种针锋相对的看法。

教育平等论。古典教育理论把教育体系定义为保证文化传递、信息积累的组织机制的总和。这些理论将文化遗产视为可以为社会全体成员共享的共同财产。以社会流动观为依据、强调行动者主观能动性的教育学说，把学校教育看作一股自由的动力以及作为增加社会流动的工具。一个出身贫寒的孩子，如果学习成绩突出，可以通过考试的方式实现向上的社会流动。以阶级阶层观为基础的教育学说，认为教育是提高贫困者素质的基本途径，教育是一种消除社会不平等的社会制度。

教育不平等论。布迪厄指出，教育机构是再生产社会不平等并使之合法化的方式，是现代社会中阶级再生产的一种重要机制。布迪厄认为学校教育不是一种消除社会不平等的制度。一方面，它是一个以遗传的方式生产和再生产社会不平等并使此类不平等正当化和永久化的重要手段。由于学校教育可以强化由家庭出身造成的不平等，所以它有助于各阶级和集团之间文化资本分配结构的再生产,即社会结构的再生产。布迪厄指出,教育实际上是最有效地使既存的社会模式永久化的手段,也即使社会不平等正当化和提供人们对文化继承的认知。另一方面,布迪厄认为经济因素不足以解释现代社会的不平等。布迪厄认为文化障碍和经济障碍已共同成为生产与再生产社会阶层以及社会不平等的主要因素。[1]

前一种看法强调教育对缓解贫困的积极作用,这是政府和社会各界普遍认可的主张。后一种观点则认为教育参与了贫困再生产。我国近年来的教育产业化大潮席卷乡村,教育收费上升,剥夺了农村贫困孩子就读机会,乡村教育加剧了乡村贫困。那么石门坎的例子对人们理解教育的结构作用有什么帮助?

结构问题二:国家文化和本土文化的关系

国家文化和本土文化的碰撞、共生过程,影响着石门坎历史。从边胞同化政策到历次政治运动,就是一种外部文化试图进入本土社区的实践,包含边缘社会群体与主流社会的相互关系。

在20世纪40年代,费孝通在对传统社会进行结构研究时,强调地方社会结构的差异。基层社会取外部因素为我所用的方面,特别是基层社会以不同的方式——通常是顺应外部需要的方式和语言,建构自主性空间或防卫来自外部的管辖权竞争。[2] 但是费孝通的观点在当时被认为是一种反现代化的言论。在近半个世纪的时间里,现代化研究的学者更多把国家看作是现代化的承担者,现代化只是一种国家行为,国家是行为主体,而社会不是。

---

[1] Bourdieu, P., *Reproduction in Education, Society and Culture*. London: Sage, 1977.
[2] 费孝通、吴晗等:《皇权与绅权》,上海:上海观察社,1948。

国家教育进入乡村,也是现代国家建构过程的一部分,其目的在于国家权力的扩张。张鸣认为,中国"把自己的疆域在不断地混乱和被蚕食的过程中确定下来,把自己的国家的模式、民族的模式确定下来,再一次完成自己国家与政权的延伸。但是这个延伸它伴随着什么呢?对农村的掠夺,这不是建设性的"。现代化过程对中国来说是牺牲农村,把农村作为现代化的牺牲品,潜台词只有这么一个,走西方国家现代化的老路。所以,在这个前提下,农村的破败、农村的问题出现,并不是孤立的,今天农村的问题并不是一个今天的问题,是历史上的老问题。① 关于国家穿透与乡村社会互动的关系,在西方中国学研究的一个观点认为,乡村社会虽然地方性的空间受到国家的集中性权力的限制,但是在政治运动中并不是被动地任由国家穿透的。②

如果说汉族社会的内外文化碰撞,还比较容易取得"中学为体、西学为用"的共识,那么少数民族文化与汉族文化、西方文化如何相处?这其中国家与社会的互动,值得观察和思考。文化主体问题是一个世纪的现代化过程也没有完全解决的问题。石门坎现象提供了一个社区案例,研究本土文化遇到外来文化时的冲击、接纳及一系列行动,以及在这个历史过程中主体性问题及其解决途径。

社会学界讨论中国社会结构变迁和结构转型时,侧重于宏观结构的角度,着眼于国家政治组织变革对基层社会的影响方面。不约而同地用国家整体变迁代替地方社会、社区的变迁。这是可以置疑的一个"生态谬误",其中隐含着国家主体、地方客体的

---

① 张鸣:《中国农村政治:现实与未来的走向》,世纪中国网,2006。
② Burns, J. P., *Political Participation in Rural China*. Berkeley: University of California Press, 1988.

视角。

中国地域广大，社会形态各异，同一时期在不同地域和文化条件下，社会历史，包括现代化进程呈现多样的面貌和轨迹。而以往中国现代化研究的文献中，更多偏重宏观大历史研究，地域社会历史研究得不到足够重视，即便是进行地方历史研究的学者，也往往自觉不自觉地套用主流意识形态规定的历史观，以宏大叙事代替地方自身的历史发展逻辑。例如，杜赞奇研究现代国家政权向乡村社会渗透的过程时提出了"权力的文化网络"[1] 的概念，"将国家和农村社会假定为强制和反应的关系，国家为主动强权的自变方，而基层社会在其中的位置是被动或反应性的因变方。这种视角强调了基层社会变动的外部影响力量，有助于我们观察到基层变化的大背景，但在解释上容易产生的问题是，过高地假定国家组织的控制"。[2] 这些研究虽然研究基层社会自身的事实，关心的主题还是国家权力的实现。

在阅读关于石门坎的历史文献时，我注意到一种既有的政治史观仍然束缚、左右着人们的思维，使人们忽略分析有别于政治、经济的文化因素。研究中需要重新理解历史中的社会结构关系，把政治结构关系与文化结构关系分离开来重新定位。所以，需要梳理清楚国家、社会两个现代化过程，考察国家和社会自成系统的这种判断。一个过程就是揭示近百年来国家对于基层社会的渗透如何影响了乡土社会自组织能力；另一个过程就是揭示过去的乡村社会的自治结构的发生过程，以及穷人自组织能力的增长条件。通过石门坎研究，社区结构的自组织过程可以在一定程度上呈现出来。

---

[1] 杜赞奇：《文化、权力与国家——1940~1942年中国华北的农村》，南京：江苏人民出版社，1994，第13页。
[2] 张静编《国家与社会》，杭州：浙江人民出版社，1998，第253页。

结构问题三：本土文化与外来文化如何共处

石门坎社区故事中，包含几种文化的碰撞关系，本土文化与外来文化如何共处？乡村如何协调应对政治文化和宗教文化可能的对立？穷人是主动的参与者还是被动的"他者"？文化遇到"内部"与"外部"的不一致，在不同层面上有时发生错位。这些问题在不同层次上与社会结构的思考密切关联。

石门坎的文化变迁是外生的还是内源的？它的教育成就是外来文化的成就？还是本土文化的自我生长过程？观察石门坎社区，"本土"与"外来"的相遇不是一时一事的，在不同历史时期文化的内与外的边界发生了变化：19世纪末基督教文化进入彝族地区时，基督教是外来文化，彝族传统宗教是本土文化。两种宗教文化直接交锋，难以找到共同语言，传播失败。20世纪初基督教文化进入苗族地区时，基督教是外来文化，汉文化是外来文化，苗族传统是本土文化。教会转变策略，借助苗族文字和苗族知识分子，赋予外来文化以本土内涵，使贫困族群产生强烈共鸣。乡村教育获得成功的同时，基督教传播也使自身成功地本土化。石门坎模式在苗区传播，扩大了这个文化区的边界。20世纪国家教育两度进入这个地区，那时，国家教育是外来文化，石门坎文化模式则代表本土文化。第二次国家教育进入乡村后，宗教文化退缩，石门坎文化区边界消散。老苗文被排斥为"外国"文化。20世纪中晚期国家推广新苗文时，新苗文是外来"民族"文化，老苗文是本土"外来"文化。新苗文缺乏传承体系，因此难以融入乡村生活。

石门坎文化包含的问题不是单一的，交织着三种文化关系：本土文化与外来文化共处，政治文化和宗教文化共处，现代文化与传统文化共处。

政治运动没有能够削弱村民的宗教信仰。宗教信仰已经嵌入社区生活习俗文化中，即使历次政治运动也未能摧毁。政治运动也是国家进入社区的文化方式之一。在"文化大革命"政治运动中,宗教活动不能公开进行,但是在一些乡村,教友在急需生活寄托时相互支持。一旦政治的风浪过去,宗教信仰就会再度复兴。宗教行为与意义的关联在东部汉族农村研究中也得到证明,村民用自己的解释来赋予他们的宗教行为以文化意义。① 另一方面,科技推广也未能削弱村民的宗教信仰。国家进入社区文化的另一个方式是科技推广。政府科技推广活动进入乡村后,村民既运用科学技术,也参拜神灵,这在学者看来可能造成"科学和超自然力控制的解释的分歧",但是村民无论在思维上还是行为上都能够使二者和平共处。在石门坎乡村,可以观察到村民一面到教堂做礼拜,一面学习烤烟种植、畜牧防疫。那么,经过了国家主义、科学主义的涤荡和作用,村民为何不放弃"落后迷信"的宗教行为呢?这些事实中的文化涵义,是研究者感兴趣的。

结构问题四:贫困社区有没有自我管理的能力

在政府和市场之外,一些学者指出农村的贫困、农村社会矛盾源于国家与农村社会的关系问题。中国农民缺乏自己的组织和代言人,来表达自己的要求和解决问题。国家与社会之间几乎没有任何中介组织代表农民,而农民权益受损在很多情况下源于政府利益的扩张。农民缺乏合作组织,造成贷款困难;更重要的是没有民间组织,乡村文化习俗无法得以传承,乡村社会无法良好运行。因此主张培育民间组织②。贫困社区的发展能力取决于贫困者自身的组织能力③。

穷人缺少合作组织,消除贫困很可能失之空谈。处于松散状

---

① 庄孔韶:《中国乡村人类学的研究进程》,载《广西民族学院学报》第 26 卷 2003 年第 1 期。
② 王先明、渠桂萍:《历史视野下的三农问题》,中国经济史论坛,2004。
③ 沈红:《穷人主体建构与社区性制度创新》,载《社会学研究》2002 年第 1 期。

态的农户依靠个人的力量没有能力克服生态环境风险，单个家庭无法治理水旱荒灾，无法应对市场的挑战，也就无法应对来自政府和其他群体的利益侵害。最后的结果是自信心的丧失。所以表面看来农民的精神贫困表现在个人素质和能力的下降，但是更重要的原因是农民缺乏自我组织，失去群体感。失去组织的农民个体在市场经济和强大的政府面前是无法做到自信的。由于穷人缺少代理人，缺乏社会资本，所以他们与政府之间的协商对话成本极为高昂。政府在决策过程中往往缺乏民主，不征求农民尤其贫困者的意见，结果穷人的权利得不到充分维护。因为无权参与，穷人可能不配合政策执行，对行政特权过分扩张感到不公。

贫困不仅仅意味着物质资本的匮乏，同时意味着社会资本的匮乏。由于穷人在社会结构中的弱势地位，穷人获得各种资本的过程比其他群体受到更多约束。有学者认为，根本的原因在于农村的组织化程度薄弱。目前农村基层社会缺少凝聚力和整合能力，靠基层政府和现有的农村组织没有办法把农民再凝聚起来，产生出推动农村发展的因素。问题是社区发展的组织资源从哪里来？为什么在同样的宏观条件下，一些村庄能够建立自我管理，社区发展能够得以实现，而有些村庄则不可能呢？有学者提出社区记忆对"社会凝聚"的影响，并以此推论社会凝聚是村庄秩序重建的重要因素之一。其逻辑过程是：乡村秩序的社会基础在于村庄关联，[①] 社区记忆强导致社会凝聚强，并导致村庄秩序建立的可能性增强。[②]

这四个问题在不同层次上与社会结构关联，也与社会变迁的主体相关联，它们促使我把结构和主体两类问题联系起来进行研究设计。这项研究将努力从石门坎社区历史分析中，清理一条行

---

① 贺雪峰、仝志辉：《论村庄社会关联》，载《中国社会科学》2002年第3期。
② 朱晓阳：《〈"延伸个案"与一个农民社区的变迁〉》，司法网，2005。

动者、社区、国家之间主客体互动的脉络。我几次走进这个社区，带着对石门坎现象的诸多疑问，求教于石门人，试图寻找答案。我得到的回答中包含了许多沉默和不完整的片断。我意识到，那些空白和沉默中还有未知的答案。这部书稿包括了近年寻找的部分结果，不仅记录今天乡村教育的境况，也记录历史对于乡村教育现实的影响。我把研究和写作过程，当作一次在乡村求知的过程。我试图从众多村民个人讲述中拼接、刻画历史的样貌，寻找一些被忽略或被遮蔽的社会结构规律。

社会结构和主体这两个概念的理论脉络，将在第二章进行梳理。

第二章
理论脉络：结构与主体

结构和主体都是重要的社会学概念，反映了社会学传统中对立分歧的研究取向，其分歧历史久远：整体研究和个体研究，结构主义和个体主义，它们曾经是水与火一般对立的两极，也是交互影响的二元认识论和方法论。这种二元化反映了社会决定论和个人主义的对峙。20世纪后半期，一些社会科学流派致力于超越二元论给社会实践与思维造成的障碍，从对立、冲突到对话、融合，有的将其还原为一元论，有的主张二元对立的往复运动或多元论。在两极之间出现了一个不太连贯的理论光谱。比如结构化概念之于结构理论传统，比如相互主体性概念之于个体主义传统。本书试图对于结构分析和主体性分析各自的理论发展和相互对话的过程作一个简要的梳理，并运用结构和主体范畴关照经验研究，提出这项研究的相关概念和分析框架。

第一节 结构分析的主要流派

社会结构研究是社会学的重要领域，它既包含认识论，也包含方法论。多个理论流派都做出了贡献。界说社会结构时，不同学者会有不同的侧重,既有概念差异,也有视角不同。社会结构的概念是一个多义的集合体,结构的形式繁多,种种结构涵义有别,没有单一定义。

古典社会学理论虽然没有特别明确的结构概念,但已经触及了结构概念的基本要义,从孔德、斯宾塞到涂尔干,都把社会看成是多元成分的组合体,这种组合很类似于化学分子架构,其内部关系需要相互协调。当某些社会关系发生变化时,其他成分将作相应调整,并且,相应的整合机制维系社会秩序,以恢复平衡。这些观点已具备结构意识。

致力于研究社会结构的流派,可以粗略聚类为宏观结构理论、结构主义以及动态结构理论。

一 宏观结构理论

宏观结构理论最具古典气质,认为社会结构具有独立于个体和群体意识形态的客观性和显在性,其理论目标在于说明决定社会宏观结构的特征、状态和影响因素,解释基本社会过程。研究宏观结构的学者往往用社会群体在社会地位空间的分布状态来定义社会结构,注意分析人口规模、社会地位及其分化、社会地位之间的异质性及不平等性、各地位群体之间的关联程度、群体内与群体间社会流动、社会冲突和整合。

对宏观结构理论的建构最有影响力的学者是马克思和帕森斯。

马克思的社会理论所论述的结构不仅说明客观实体之间的关系,也说明人为实体(如制度、意识形态、生产方式)之间的逻辑关系。"这些生产关系的总和构成社会的经济结构,即有法律的和政治的上层建筑竖立其上并有一定的社会意识形式与之相适应的现实基础。"① 马克思的结构式思路包含的基本观点：其一，结构即"关系总和"，经济结构是生产关系的总和，社会整体结构则是人们的物质生活关系和精神生活关系的总和；其二，社会结构即矛盾关系体，社会结构是经济基础和上层建筑构成的矛盾关系体，经济结构则是生产力和生产关系构成的矛盾关系体；其三，社会结构变化的动力来源于社会内部的矛盾运动。在社会结构中起决定作用的是经济基础，在经济结构中起决定作用的是生产力。

阿尔都塞研究了马克思关于社会结构的观点，社会整体结构被表述为分层次的有机整体的结构，各种关系受到占统治地位的结构次序的支配。他的社会整体结构论述主要在三个实践领域，他把这些实践看成生产过程，它们各自加工不同的"产品"：经济实践的产品是物质产品；政治实践的产品是社会关系；意识形态领域的产品是人们的意识及看待自身和世界的方式。各实践领域互相依存，作为"区域性"的社会结构，它们彼此存在差异，具有相对独立性和发展不平衡性，都有各自特殊的发展规律或模式。而其中占统治地位的结构即经济结构。②

把宏观结构理论推向极致的是帕森斯的结构功能主义。帕森斯主张从两个角度研究社会体系：静态的角度即分析社会体系结构，过程的角度即分析社会体系功能。社会结构被看作是各个地位之间稳定的关系，制约着角色的互动，社会结构的基本分析单位是行动者的地位和角色。行动者认同于共同的文化价值和规范，是社会结构得以建立和维持的前提。社会结构按照功能分层，那些能够满足社会体系维持功能要求的部分，被看作是该社会体系的功能性亚体系。当亚体系发展到一定规模时，其内部又

---

① 马克思、恩格斯：《马克思恩格斯选集》第2卷，北京：人民出版社，1972，第82页。
② 阿尔都塞、巴里巴尔：《读〈资本论〉》，李其庆、冯文光译，北京：中央编译出版社，2001，第107~110页。

会依同样的功能要求分化为相互区别又相互独立的亚体系。① 结构分析的目标是确立社会各个结构要素之间、层次之间的显性关系。帕森斯建构的结构理论，包含"目的达成"、"适应"、"整合"和"模式维护"成套功能，是一个庞大严密的体系。第二次世界大战后直至20世纪60年代，帕森斯结构功能主义一直处于西方社会学界的主导地位。

二　结构主义

与宏观结构理论瞄准社会"显结构"不同，结构主义理论捕捉的是社会的"潜结构"。结构主义认为，在既定情境里，一种因素的意义由它和既定情境中的其他因素之间的关系所决定。总之，任何实体或经验的意义除非它被结合到结构中去，否则便不能被人们认知。

沃特斯较早在结构概念中提出了潜结构的要素。虽然他像帕森斯一样定义结构具有制度和系统特征，所不同的是他强调结构的潜在性，在直接感受到的现实经验背后潜藏的各种社会安排所体现出来的秩序、模式。这些社会安排整合成整体的形式，独立于行动者的主观意向。②

20世纪60年代兴起于法国的结构主义试图否认或拒绝帕森斯勾勒的大型结构实体，主张代之以研究社会深层结构。结构主义来源于文化人类学的一个学派，认为社会结构是文化深层结构的表层显现。结构分析的目标不是确立社会各个结构要素之间的相互关系，而是透过表层结构从复杂的行为、感情、信仰中发现

---

① 帕森斯：《社会系统》和《经济与社会》译介，参见谢立中编《西方社会学名著提要》，南昌：江西人民出版社，2001，第155～171页。
② 沃特斯：《现代社会学理论》，杨善华等译，北京：华夏出版社，2000。

和破译一般原则或"内在编码"。列维-斯特劳斯强调从表层向深层结构还原的机制。他认为,应该从一切研究对象中先找出表面的、可观察的结构,如各种社会关系、神话,再探寻各个不同的表面结构共同依附的、具有支配性的深层结构。① 结构主义主张从博杂的社会现象中找出社会的无意识结构和秩序,比如人类学家运用结构语言学研究人类社会文化结构,通过认知的概念化模式理解社会结构。

但是法国结构主义流派中很重要的一支——结构主义的马克思主义却比较另类,依然注重显结构。结构主义的马克思主义是兴盛于法国的结构主义理论,把马克思的社会学说理解为关于一定社会形态的社会整体结构的理论分析。阿尔都塞对马克思的学术捍卫和解读使得马克思的社会学说具有结构主义意义,经过阿尔都塞阐述的马克思关于结构的理论成为"复杂而有深度的空间"。

阿尔都塞修正了马克思有关经济基础与上层建筑的二分法,提出"多元决定论"的结构因果观,社会整体是"分成层次的有机整体的结构,各个环节和各种关系在整体中的共同存在受到占统治地位的结构次序的支配"。② 在多个社会层次中,经济基础仅仅是其中一个层次,其他层次仍有相对的独立、自主性。结构多因果观蕴涵了结构马克思主义的两个重要概念:其一,"非中心化结构"的概念,用以说明特定历史条件下经济因素不可能永远占统治地位。其二,"结构是各层次变化过程中的无主体的实践。"前者提出社会结构以经济为主导的格局不是一成不变的;后者在强调无主体的同时,又进一步强调了社会组成层次的

---

① 列维-斯特劳斯,《结构人类学》,谢维扬、俞宣孟译,上海:上海译文出版社,1995。
② 阿尔都塞、巴里巴尔:《读〈资本论〉》,李其庆、冯文光译,北京:中央编译出版社,2001,第109页。

变动及自主性。

尽管结构功能主义和结构主义之间存在显在/潜在、物化/文化等方面的区别,可是它们存在共同点:其一,强调无主体实践,结构独立于社会个人的主观意志;其二,把结构看成是社会关系构成的稳定系统,这两方面都带有静态结构观的特点。而直到20世纪晚期,动态结构理论才成为显学。

三 动态结构理论

社会学结构理论获得动感,一方面得益于社会系统理论的兴起,另一方面得益于心理学的发展。社会系统反馈理论弥补了结构功能理论对结构的弹性及结构的变迁的关涉不足的缺陷,注意分析社会均衡中的变迁。巴克利在论述社会系统的反馈过程时说,系统是以直接或间接的因果关系网而相连的各元素的复合体,这些元素间的联系在一段时间内多少是稳定的,某个时刻元素之间相互关系的特殊类型构成了系统此刻的特殊结构,于是形成了有某种程度连续性和边界的整体。即便是系统作为具有某种程度稳定性和边界的整体,它还在持续进行着跨越边界与环境进行交换的过程。① 系统本身存在和环境的交换,即系统嵌入于更大的社会环境之中,这一环境在吉登斯的"结构化理论"中被时空所定位。

同一时期,在综合自然科学成果的基础上,心理学家皮亚杰在《结构主义》一书里概括出一个结构的三种共同特性:整体性、转换性和自身调整性。他认为,一个结构是本身自足的,组成结构的要素之间存在相互依存关系,其整体优于部分。结构不

---

① 巴克利:《社会学和现代系统论》译介,见谢立中编《西方社会学名著提要》,南昌:江西人民出版社,2001,第411页。

是静态的，是一个由种种转换机制组成的体系。从数学结构到亲属关系结构都是一些转换系统。自我调整是结构的本质特性，它涉及结构的内在动力，具有守恒性和某种封闭性。也就是说，一个结构具有的各种转换都不会超越结构的边界而导致结构的解体，而只产生属于这个结构并保存这个结构规律的要素。正是由于有一整套转换规律的作用，转换体系才能保持自己的守恒或使自己本身得到充实。而且，结构具有普遍的、必然性的、有可能是多样性的特性。①

这些学说促进了动态社会结构理论的发展，结构主义理论后来的发展也在一定意义上引进了动态的研究视角。但是社会系统反馈过程理论尚未强调行动者的作用，反馈、调节、整合等社会系统过程都要靠人来运筹。

动态结构理论中另一位代表人物是英国社会学家吉登斯。吉登斯的结构化理论把结构规定为在人们的社会互动中重复产生的规则和资源，他认为正是这样的规则和资源使具有相似性的社会实践得以在一定的时间和空间中存在并赋予其系统的形式。② 他建立的结构化理论试图超越二元对立的社会学传统，强调社会行动的弹性，充分考虑行动者的能动性和社会结构的结构化一面。行动个体与结构不是彼此独立、互不相干的，而是互相依存、互为前提的。行动与结构的这种辩证关系正是"结构化"，又称之为结构的二重性，指的是社会结构既是由人类的行动建构起来的，同时又正是行动得以建构起来的条件和中介。结构二重性的原理是一种动态的结构观。

吉登斯认为，结构既有制约个人行动的一面，又有赋予个人

---

① 皮亚杰：《结构主义》，倪连生、王琳译，北京：商务印书馆，1984。
② 吉登斯：《社会的构成》，赵旭东、方文译，北京：生活·读书·新知三联书店，1998。

以行动能力的一面，特定结构使行动者能做出在该结构不存在的情况下做不到的事情。结构化理论把结构看作是行动主体在多样的行动条件下创造出的各种规则，特别是资源转换的规则。而结构不断卷入其中的社会系统则是由人类主体的种种特定活动构成，并且被不断地再生产出来。

当结构研究被社会学家坐落在"互动"、"行动"的情境式场域中时，这个互动者、行动者就从结构的帷幕后面走出来，行动主体的眉目变得清楚起来。结构理论走到这里，原本拒绝个体的意义、宣称为"无主体的实践"的社会结构理论终于正视到了主体的存在，发展为一种接纳和融合主体性的结构理论。

主体性本来是一个哲学概念。那么，主体性又是怎样从哲学概念蜕变为社会学概念？主体性自身发展的逻辑又呈现什么特点呢？

第二节 主体性的两个维度

社会学理论的发展深受西方哲学发展的影响。西方哲学史经历了两次重大的范式转换。第一次发生在中世纪，体现为本体论向认识论的过渡；第二次发生在20世纪，体现为认识论向符号论的转换。第一次转换的核心在于"主体"的发现。起初，在本体论思维中世界的主宰是"神"，人只是神的创造物之一；发生认识论转向后，人取代了神，成为世界的中心。这样人及其意识即成为哲学研究的主体。[①]

[①] 哈贝马斯、哈勒：《作为未来的过去——与著名哲学家哈贝马斯对话》，章国锋译，杭州：浙江人民出版社，2001，第194~195页。

一　第一个维度

讨论主体性，离不开从黑格尔到哈贝马斯多位哲学家对社会学理论的贡献。受到现代化社会现实进程的影响，现代性起源于黑格尔试图用客观理性取代主体中心的理性。黑格尔试图使有限的主体中心的理性与无限的真理统一起来。在哈贝马斯《现代性的哲学话语》①的文章中，对现代性话语的起源和标志作过详尽论述。现代社会充斥着关系到自我的结构，黑格尔称之为主体性（subjektivitaet），认为现代世界的原则就是主体的自由，现代的道德概念是以肯定个体的主体自由为前提的。黑格尔说"在主体中自由才能得到实现，因为主体是自由的实现的真实的材料"②。自由是对于人而言的，而人只有成为主体才可能是自由的。主体从笛卡尔以来在哲学中占据中心位置，并成为现代社会的原则和思想基础。

主体性是现代性的重要基石之一。这样一种把主体性看作人在客观环境中的自由的观点，我称之一维主体性或一维主体观。一维主体观盛行天下，成为现代社会价值观和信仰旗帜。自由被理解为一种经济物品，也是经济规则；自由被提升为一种政治口号，也是信仰符号；在社会学意义上，自由是行动者的自我实现和满足，是行动者对自我行为能力和能动性的确认。它从哲学领域传播辐射到社会学、经济学、政治学等领域。

现代性的标志是个人自由，这种自由表现在自我决定的自由和自我实现的自由。哈耶克定义自由为"一个人不受制于另一

---

① 哈贝马斯：《现代性的哲学话语》，曹卫东等译，南京：译林出版社，2004。
② 黑格尔：《法哲学原理》，贺麟、张企泰译，北京：商务印书馆，1996，第111页。

人或另一些人因专断意志而产生的强制的状态"①。哈耶克自由主义理论影响深远。但是即便是在经济学界也引起了质疑。当争论的对立面是封建社会或总体社会的计划经济时，哈耶克的自由观无疑是一个有力的武器。但是面对市场经济下的不平等时，这个自由观就显出苍白，一个一无所有的流浪汉也是"自由"的。如果一个人穷到只剩下"自由"，这种自由对他有什么意义呢？据此推论，会出现"一无所有的自由"这样的悖论。②

经济系统通过价格机制确定了每个人财富的价值。这是一种使得经济不发达地区陷入底层的方式。印度学者阿玛蒂亚·森关于饥荒的权利学说正是以此为论据的。他认为，饥荒的产生不一定是由食物的短缺引起的。财富的绝对量不是最重要的，最重要的是财富在市场中所实现的价值。随着财富价值的缩减，一个人的选择集也随之缩小。在饥荒中，穷人的选择集甚至被缩小到连维持生命所必需的食物也被排除在外的地步。价格机制是迄今为止最有效的配置资源的手段，而其结果却又往往是给劳动者赋予最小的选择集。因此，在市场制度下，价格机制将解构穷人的市场主体身份，贫困者的权利主体是没有保障的。森的研究证明人类生活质量应当通过我们的自由而不是我们的财富来加以衡量，他认为，发展应当被视为一个使人民所享受到的实际自由不断扩展的过程。对自由赋予很高价值的发展观与传统发展观有着显著区别。在森看来，自由既是经济发展的最终目标，同时也是增进总体福利的最有效手段，自由应当成为全世界人民都能够享受到的一种物品。森的研究表明，个体自由恰恰蕴涵了政治参与、经济发展和社会进步所能发挥的重要功能。传统发展观将发展等同

---

① 哈耶克：《自由秩序原理》，邓正来译，北京：生活·读书·新知三联书店，1997，第4页。

② 姚洋：《自由辩》，载《经济学消息报》1999年9月3日。

于国民收入的增长，或者将发展等同于技术进步、工业化或现代化。这样的发展观从逻辑上与宏观结构主义影响下的"无主体实践"相呼应。

第二次世界大战后风靡一时的法国存在主义哲学思潮，把一维主体性推向极端。存在主义把人的主体性作为哲学思维的出发点，认为世界上的一切都源于主体的设计、选择和创造，因而只有主体才是能动的；而且世界上的一切存在物都是因为人而取得意义，萨特据此而把存在主义等同于人道主义。存在主义因为其唯意志论受到结构主义的批判。

结构主义论者认为主体既不是自己的中心，也不是世界的中心；认为人只是构成结构的复杂的关系网络中的一个关系项，它本身并没有独立性，是由结构所决定的，因而是被动、而不是能动的。结构主义从反对主体性出发去否定人本主义，认为不是人赋予世界以意义，而是结构赋予人以意义。所以结构主义主张"主体移心论"，否认思维主体能够在认识中居于哲学思考的中心地位。它把人融化到客观化的、无个性和无意识的结构之中，认为正是这些结构在决定着人的全部行为，而主体则是某种外在力量的表现。这种主体移心论广泛存在，在法国结构主义的各个代表人物的思想和言论中都有着这种否认主体首要性的结构主义共同倾向。

在一维主体观指导下，虽然我们可能避免"无主体结构"这样的宿命论研究窠臼，却又常常步入"无结构的主体"的路径。不论存在主义式的一维主体性的极端还是结构主义的主体移心论的另一极端，都不能解决社会发展的动力机制问题，因为"结构和代理人之间的对立"支配着关于历史因果关系的理解。

二　第二个维度

在觉察到一维主体观局限性的学者中，舒茨、胡塞尔、哈贝马斯把主体性研究拓深到新的维度，这种拓深过程在社会学角度来看，也是从个体互动的微观层面开始的。舒茨、胡塞尔阐述的"主体间性"（Intersubjektivitaet）概念也被译为"相互主体性"，语义上是指主体之间的关系。这个关系不是哲学认识论中的主体同事物之间的关系，即主体同客体之间的关系，而是在一个主体之外还有另外多个主体，它们之间发生着关系。发生关系的双方或多方，不是被区分为主体与客体，而是说：它们都是主体。如果说"主体—客体"关系是自然哲学关于人与物的关系的基本概念，那么，"主体间性"就是社会哲学关于人与他人的关系的基本概念。

主体间关系与主客体关系具有认识论上的区别。如果说主客体关系的基本问题是人作为主体是否能够、如何能够认识作为客体的他人的话，那么主体间关系的问题是：人作为一个主体是否能够、并如何能够认识另一个作为主体的人。这里所说的就是人与人之间的意识沟通和交流的有效性问题。同时，作为主体的个人与作为主体的他人在许多意识问题上能否达成共同意识，以及这种共同意识的有效性，就属于主体间性问题。

论及主体间性的社会学意义，它表明作为主体的自我从单数向复数的过渡，也表示理论视点由个体性的自我向着社会性的自我扩展；从以自我出发、主体出发对客体进行建构，发展到对作为他人的其他主体的建构，或者把他人作为主体的建构。舒茨继承韦伯的思想，丰富了社会行动理论。他关注在互为主体的世界中，社会行动的意义如何形成，如何为社会中多个行动者所共享。

哈贝马斯指出，以往哲学传统中的主体是一个纯思辨的抽象概念，在人的社会实践的现实结构中根本无法得到证明。他抛弃先验层面，回到实践层面思考主体性。他否定个体本能，肯定社会交往。所谓主体，是在社会化过程中形成和发展的，是人的社会化的产物。自我是在与他人的相互联系中呈现的，主体的核心意义是其相互主体性，即与他人的社会关联。惟有在这种关联中，单独的人才能成为与众不同的个体而存在。离开了社会群体，所谓主体无从谈起。①

主体间性理论具有十分明显的实践目的。一则，主体间性将传统的主体—客体模式转变为主体—主体模式，在理论上达到其内在的完满自足性；二则，这种理论自身向实践领域追求客观有效性，从而达到对客观性的把握。这种把握正是从意识的内在层面展现客观世界的构造。

三 结构中的主体性

20世纪80年代，主体性学说与结构二重性的学说不期相遇。

吉登斯在《社会的构成》中指出：结构并不是外在于个人的，它不应被简单等同于对主体的外在制约，恰恰相反，它既有制约性又同时赋予行动者以主动性。② 人作为行动主体对现代社会生活的反思存在于这样的事实之中，即社会实践在检验和改造各种关于它们的认识的同时，也总是不断地受到关于这些实践本身的新认识的检验和改造，从而又不断改变着自己。在所有的社会生活形式和文化中，由于不断展现的认识上的新发现，社会实践日复一日地变化着，并且这些认识上的新发现，又总是不断地反馈到、嵌入到社会实践中去。

20世纪90年代，哈贝马斯赋予主体性更为开阔的视野，这

---

① 哈贝马斯：《现代性的哲学话语》，曹卫东等译，南京：译林出版社，2004，第25页。
② 吉登斯：《社会的构成》，李康、李猛译，北京：生活·读书·新知三联书店，1998。

是一种现代性的开阔视野。他所阐述的主体性有四重含义，而且哈贝马斯的表述也贯穿了他的主体话语。

"我指的是主体自由的概念，和对每一个个体同等尊重的要求——不但包括而且首先针对那些具有独特性和异质性的外来者；我指的是自主性概念，一种从道德认识出发，建筑在相互承认关系之上的意志自我约束的概念；我指的是社会化主体的概念，这个主体在其生活史中越来越个性化，并作为不可替代的个体同时从属于某个共同体。""我指的是解放的概念——既是从一种屈辱的状态下获得的解放，也是一种成功生活形成的乌托邦设计"。①

哈贝马斯论述的主体性四重含义的每一重含义都不是单一的、静态的，它们处于一组组对应概念的张力之中。概括起来，其一，包容异质性的个体平等。其二，自我约束中的自主性，道德自律。其三，从属共性的个性。其四，压抑下获得的解放。这四组对应概念的张力，体现了结构和主体的关系，比之相互主体概念更进一步。

比较主体性的两个维度的变化轨迹，可以发现变化不是单调的、线性的，也并非随意的、无序的。第一维主体性的"无结构"特征，使他仅仅具有哲学意义。后来，主体性被放置在一定的互动关系中，这个概念于是才具有社会学意义。在更多情况下，它被用来理解两两相互的交往关系，它很可能是一种"在场"的关系。主体概念发展到第二个维度的时候，人们关注的是结构中的主体。凝聚了结构张力的主体性，实现了个人主体性与结构主体性之转换，标志着哈贝马斯超越社会学二元对立论的贡献，也是探索摆脱现代性困境的一种努力。因此，主体与结构

---

① 哈贝马斯、哈勒：《作为未来的过去——与著名哲学家哈贝马斯对话》，章国锋译，杭州：浙江人民出版社，2001，第139~140页。

的理论演变并不是两种全然独立的固定概念的组合，而是一种相互嵌入的过程。

第三节　结构与主体的消解

后现代论者一方面通过强调人、个体来消解社会结构理论，另一方面，通过宣称"人的消亡"来解构主体理论。

一　从形构到解构

结构理论和主体性理论不是单向度发展的，它们的发展轨迹呈现多元路径。不仅如此，这些理论也经历了从形构到解构的过程。

形构概念有两方面的涵义，其一指实体结构，结构本身类似几何学的模型框架，如家庭结构、群体结构、社区结构和年龄结构多属此类；其二指抽象结构，研究者能够运用思维进行组合与抽象，在想象中构成相似于几何模型的社会关系结构。迄今为止，上述结构理论的主要流派和主体性研究的两个维度，都是朝着理论形构的方向演进的，学者们共同的目标是建构对于社会结构和社会行动主体的模型，尽管模型各不相同。

但是对社会结构和社会行动主体的模型建构均遇到了挑战，即所谓后现代主义学术思潮的拒绝和解构。解构概念与形构概念相反，是对结构的消解。解构主义的另一个名称是后结构主义。

对结构理论的解构可以追溯到列维－斯特劳斯，他试图用结构主义否认或拒绝大型结构实体，代之以"深层结构"或"心灵的结构"。结构主义视语言为一个终极概念，语言决定了主体，决定了主体行动的取向，也就决定了社会结构。① 与帕森斯结构功能主义相比较，列维-斯特劳斯的结构主义也同样是在形构结构，但这种形构已经从表面走入了人的心灵深处，从宏观滑向了微观，也从客观偏向了主观。

人们之所以对宏观结构理论进行批评、消解和所谓超越，也许与宏观结构研究居高临下分析社会的倾向有关。宏观结构研究常常忽视了行动者能动和主动的特点，这样做虽然避免了个体主义的弊端，却也使得结构理论普遍缺乏主体意识，所以许多宏观结构领域研究成果表现出见物不见人的"无主体结构"倾向。

结构主义理论家福柯揭示了隐藏在话语后的深层结构——权力关系。任何时代的话语，是权力通过一系列程序和手段控制、选择、组织的产物。人们以为发现并拥有真理，其实不过是充当权力关系的载体而已，因此需要实施对压抑人的社会结构的颠覆，还人以自然的本性。② 在福柯的分析中，社会结构的存在和维持，意味着理性对人的束缚的存在，必然导致"人的消亡"换言之主体的消亡。那么，似乎只有解构结构才能赢得人的生存。福柯的理论意欲消解由启蒙以来提出的真理和理性，及其由理性建构起来的外显形构式的、或内在规则式的社会结构。

二　对主体性的消解

对主体性和自由主义的信仰，同样遭遇现代社会经验现实的挑战。高度的精神文明并没有伴随着高度的物质文明而到来，科

---

① 列维-斯特劳斯：《结构人类学》，谢维扬、俞宣孟译，上海：上海译文出版社，1995。
② 彼特·丢斯：《福柯论权力和主体性》，汪民安译，学术中国网，2005。

技的发展也没有带来道德的提升,追求繁荣富裕的人类社会却屡屡陷入战争和毁灭的泥潭,要求自由的个人更感受到无处不在的禁锢。在现代性高歌前进的同时,理性发生扭曲,形成了对社会生活的专横统治;主体发生分裂,导致了现代社会生活的分崩离析。

主体性的理论遭到的社会理论反驳,既来自结构主义理论,也来自后结构主义理论。

阿尔都塞认为马克思所描述的社会历史进程中,作为结构要素的人,不是创造历史的"主体",人只是被结构规定的职能的承担者,因而社会历史的发展是个无主体过程。就是说,在人类的历史中不存在个人性的主体的概念,研究的分析单位不能是个人或任何集团,而是社会的组成层次,比如经济、政治、意识形态现象等,每一层次都有自己相对独立的存在与实践。阿尔都塞分析道:生产关系的结构决定着由生产的参与者所占据的位置和职能,就他们是这些职能的"承担者"来说,他们从来也只是这些位置的占据者,因而,真正的"主体"并不是这些占据者或职能的履行者,并不是"具体的个人"、"现实的人们"——而是对这些位置和职能的规定和分配。真正的"主体"是那些规定者和分配者,即生产关系以及政治的和意识形态的社会关系,既然这些是关系,也就不能在主体范畴中加以思考。①

福柯接过海德格尔关于"语言说人"的观点,揭示了语言和人(主体)的背离。在海德格尔那里,语言的第一性是与人的存在,亦即与主体联系在一起的;但在福柯那里,"语言说人"则意味着在话语规则和制度规范中的主体的消失。福柯认

---

① 阿尔都塞、巴里巴尔:《读〈资本论〉》,李其庆、冯文光译,北京:中央编译出版社,2001,第160~209页。

为不存在独立自主、无处不在的普遍形式的主体，主体是在被奴役和支配中建立起来的。因此，在20世纪后半期，主体性观念遭到严重怀疑，特别是后现代主义的思潮开始批判主体的意义。弗洛伊德、拉康、福柯的学说从不同层面解构和消解主体。福柯之断言"人已死亡"、多尔迈之"主体性的黄昏"，都在喻示个体主义、人类中心说的主体性的衰落。现代人所具有的主体性，常常是自相矛盾、陷入困惑甚至困境的主体性。在多尔迈看来，处于后现代境况中的"主体与客体均被消解"，主体性只是一种形而上的虚构而已。① 激进的后现代论者反对现代主体的基本理由是：一是任何主体都是现代性的一个杜撰，是启蒙和理性主义的产物；二是对于主体的任何关注都假定了某种人道主义哲学，后现代论者不赞同；三是主体自动地需要一个客体，而后现代论者大都反对这种主客二分法。

后现代主义学者在解构主体这一现代社会的中心概念之后，把目光又转向了"普通人的普通生活"，尤其是为现代社会所造就的、但却长期忽略了的边缘者、非中心者、无能力者和被剥夺或忽视权力者等映衬现代主体的"他者"，他们是现代主体奴役和统治的对象。后现代社会学者试图从这些"他者"之中发现"后现代个体"的影子。后现代主义反对现代主体，关注"他者"的生活。后现代社会学者所考察的社会是一个"没有主体或个体的社会"，尤其是激进的后现代论者，他们把反对现代主体看作是对现代性进行总体批判的一个工具。他们主张采用一种无主体的方法从事社会学研究。主体的消亡虽然是可能的，但不是必然的。这种对现代社会学所忽略的东西的关注，并未建立起新型的社会学理论。建立没有主体的社会学，是一个值得怀疑的主张。难道关注他者的理由，仅仅就是发现后现代个体的影子

---

① 多尔迈：《主体性的黄昏》，万俊人等译，上海：上海人民出版社，1992。

吗？

在一片消解主体的后现代涛声中，持不同立场的哈贝马斯指出，"将主体和主体性从自己的基本概念中驱逐出去"的思潮，反映了"生活在一个风险社会的人的恐惧"。① 意欲超越恐惧的哈贝马斯主张用实践理性替代先验理性，相互主体替代一维主体概念，为理论的创新和建构开辟了新的建构主义途径。

哈贝马斯理解的现代性就是理性，是以主体为中心的理性。现代社会根本的矛盾是结构的矛盾，他认为现代社会的结构既蕴藏着巨大的发展潜力，也隐伏着不断危害自身的危机。所以哈氏的主体性概念重构是针对结构而来的。

换一个角度看，即使是那些否定或消解主体性的学者，也在极力彰显自己的独立性、主体性。随着现代社会的发展变化，人类追求自由解放之心不仅未曾稍减，反而更加强烈。所以有人说，一般意义上的主体性没有衰落，衰落的是狭隘的、走极端的主体性。在笔者看来，问题在于对主体性的狭义理解和片面追逐。所谓的主体性的黄昏指的是以自我为中心的占有性个体主义、以统治自然为目标的人类中心说所代表的一维主体观的衰落，而二维主体观越来越嵌入结构理论，正在寻找新的生长点。而后现代主义的思潮如解构主义或后结构主义的一些观点，重视异质事物，主张将封闭的结构改为开放的结构，通过引进异质事物来发现结构的多个层次，这对于我们认识底层社会也是有益的。要发现它的积极价值，只有把它放在互为主体原则所建构的宽容气氛中看待。但是，解构主义的言说难以运筹一个社会，解构主义拒绝一维主体观的同时，也不能摆脱结构主义的规则，终归可能解构了自己的理论。

---

① 哈贝马斯、哈勒：《作为未来的过去——与著名哲学家哈贝马斯对话》，章国锋译，杭州：浙江人民出版社，2001，第102页。

三 自发结构理论

虽然彻底超越二元论的路途还长,但是我们看见了学者们尝试改变二元对立的思维定势的创新的努力,这些努力正在积聚能量。比如,洛克伍德的系统整合与社会整合的分析框架,自发结构理论等,就是其中的一些有影响的尝试。比较有代表性的自发结构理论观点,一是哈耶克的自发秩序观,一是卢曼的自组织观。

1. 自发秩序观

哈耶克所倡导的社会秩序是他所发现的自生自发的秩序。自生自发秩序的理念是哈耶克自由主义社会理论的重要概念,他的社会理论的整个任务在于重构存在于社会世界中的各种自生自发的秩序。[①] 他认为,自由赋予了文明一种创造力,也引发了社会的进步,在这个意义上,自由可以看作是自发社会有助益秩序之存在的必要条件,尽管如此,一般性规则却是自由得以存在的必要条件。自由和自由秩序之间的关系,即是主体与结构关系。哈耶克区分的社会秩序——自生自发的秩序和"组织"或"人造的秩序",实际上代表两种不同的社会结构的运行规则(见表2-1)。为说明两类社会秩序的理论差异,我把哈氏的社会秩序分类学归纳为四个方面:[②]

一是主体性差异。关于秩序为谁所用的问题,自生自发的秩序是以集体秩序作为个人主体性工具,而人造秩序则以社会秩序作为集体工具,实现外在于个人或一些权力集团的目的。

[①] 哈耶克:《自由秩序原理》,邓正来译,北京:生活·读书·新知三联书店,1997。

[②] 邓正来归纳为三类:有序性的产生方式、协调手段和作用三个方面差异。

表 2-1　哈耶克：两类社会秩序的差异

	社会秩序差异	自生自发的秩序	组织的秩序或人造秩序
1	主体差异 秩序为谁所用 主体接受过程差异	集体秩序作为个人主体性工具 文化传统习俗内化的结果	社会秩序作为集体工具实现外在于个人的目的 治理者意志贯彻的结果
2	有序性的产生方式不同，发生时间不同	人之行动的非意图的后果，经过长期历史进化 长期性的措施指涉一般情形	有序性是一致行动的结果缺少历史过程 指向特定的人、地点和物
3	协调手段不同	回应环境时遵循一般性规则	依赖一种命令与服从的等级关系，下级服从上级
4	目的不同 结果不同	目的独立 为不同个人实现各自目的提供有利条件	目的依附 有助于实施某个先行确定的具体目的的集体工具

二是有序性的产生方式不同，前者是人之行动的非意图的后果，而非人之设计的结果；后者的有序性是一致行动的结果。

三是协调手段不同，前者所依赖的是一般性规则，是这些秩序要素在回应它们的即时环境时遵循某些规则的结果；后者所依赖的是一种命令与服从的等级关系。

四是目的和效果不同，前者为不同的个人实现其各自的目的提供条件；后者则是一种有助于实施某个先行确定的目的的集体工具。

根据不同的社会秩序，他揭示了社会秩序的两种类型：一是个人依据规则系统行事而产生的行动秩序或称行动结构，二是个人行为的规则系统。两种秩序类型的建立方式和解释方式也不相同。前者是经参与的个人遵循一般性规则而展现的一种结果，对其解释所依据的是个人主义的"自发社会秩序"论式；后者是在特定的环境中发生的，其结果在很大程度上是不确定的。① 行动结构和规则系统的差异形成了文化进化的不同发展方式。

2. 自组织观

卢曼自组织理论认为,在持续的变化中,"行为者"系统和"结构"系统互为条件。交互性的事件能作为行为者的行为或者网状结构的沟通。这些系统通过交互的信息相继更新。

所谓系统即是结构。他研究关系的再生产,沟通的再生产,意义的再生产。因为结构存在一定的稳定性和一致性,使秩序研究成为可能。卢曼的结构稳定性是动态的,因此他的着眼点在于选择。当一个系统失去选择能力的时候,就会解体。一般情况下,一个系统有能力在复杂的环境中进行选择。他认为系统有个特质,就是要把复杂化化掉,通过去复杂化使系统稳定。系统有能力把外部环境转化成系统的一部分。对一个系统来说,环境可以扩大。但不管环境是否扩大,系统可以将环境的一部分纳入自身,否则系统就会萎缩。

卢曼提出自我再生概念(autopoiesis),即一个系统的元素,对它所有的关系,有自我重新再生的能力。系统内各单元可产生网络,可借助内部互动产生反复回溯,而产生原来组织里面所呈现的这个网络。一个自组织的网络系统递归地推进自身的运作,这种推进是通过重构其组织系统的基础来实现的,而这种基础的重构则是基于该组织系统内部交互作用的即时变化。②

卢曼自组织理论的表述比较复杂,转换成结构—主体的关系的表述有这样几个观点:其一,一个系统(结构)失去选择能

---

① 邓正来:《规则·秩序·无知——关于哈耶克自由主义的研究》,北京:生活·读书·新知三联书店,2004,第83~85页。
② 雷蒂斯托夫:《卢曼、哈贝马斯和沟通理论》,冯健鹏译,法律博客网站,2000。

力（主体性）的时候，就会解体。其二，一个系统（结构）有能力通过去复杂化使系统稳定。其三，一个系统（结构）可以将环境的一部分纳入自身。其四，一个系统的元素（主体）对它所有的关系，有自我重新再生的能力。主体可以复制结构关系。

自发结构理论观点富有想象力，我从部分的阅读中受到的影响，对形成我的分析框架有诸多启发。

第四节 概念、假设和分析框架

结构理论和主体理论在西方理论界正在被消解，这其中必然有其历史的原因，顺应了西方社会的现代性的特定需要，本书不再展开。因为每一个社会有它自己的现代问题，梳理上述理论的目的，是为了帮助我们研究中国社会呈现出来的问题。贫困社区研究面临的问题，首先是贫困群体的主体与结构方面的问题，不是主体性过度而需要理论的消解，而是穷人主体性的普遍缺失和他者化、客体化；也并非结构膨胀、过度建构而亟待解构，贫困社区面临的困境是建构不足——不仅是既有结构内部的关系整合，更是新结构的创生和自主发展。在这项研究里提出的追问是，一种良性运转的社会结构如何发生的？什么机制可以保证它的生机活力、或者可持续性？这个追问与结构—主体理论应该存在关联，但是在主流理论的主流论述中，不够清晰。这说明我们的问题意识不同、侧重也不同。经过比较，我从主流思想家关于结构变迁机制的一些论述中受到启发，来建立这项研究所涉及的结构—主体关系假设。

一 本书的一组概念

运用结构和主体的分析框架观察我国的经验研究，可以观察到两种倾向：或者倾向一种主体缺位的结构分析，或者倾向一种忽视结构的行动研究。学者们更注重结构分析，忽视主体性研究。对社会结构分析时常常忽视行动者。研究社会结构的学者倾向认为，社会结构、制度因素对行动者具有决定意义。他们很少注意结构与行动者的共生和互动。作为研究对象的群体和个人通常被定位为客体，我们经验研究中的主流依然是在传统意义上理解结构，尚未把社会结构看成是流变的、互动的、由行动者参与进来的关系体。这种主客位结构分析方法具有一定的解释力，但却是有局限的，把行动者作为被动客体的分析方法的效力要打折扣。这项关于石门坎社区的研究并非一定要建立新的概念，而是在使用现有的结构和主体概念上，加以补充修正，形成一组相关概念以及基本假设，建立自己的分析框架。然后通过对贫困社区的经验研究，来检验和完善现有理论尚未充分解释的贫困社区结构变迁及其主体性的内在关联。

其一，关于结构的操作定义。

操作定义一：结构

结构指社会结构，是一套相对稳定的社会关系系统，承担社会资源的流动和运行。结构包括行动者参与其间的社会关系和规则，以及社会组织之间的关系和规则。自组织的结构具有自发运行的机制。

在本书中，结构主要指的是石门坎文化关系系统，即因石门坎文化教育的发展而催生的社会结构，所以它指的是一种文化结构。因为是在石门坎社区与外部社会的关系中确立的，所以它也指一种社区结构。

结构概念的基本特征：其一，结构有边界，遵循关系规则的行动者和组织在界内，反之出界。其二，结构有上下之分，或者中心边缘之分，拥有社会资源多的行动者和组织位于中心、结构上方，反之位于边缘、下方。其三，结构不是一成不变的静态组合，结构的组成部分、功能、边界和规模，都可能变化，结构具有动态特征。

操作定义二：自组织和被组织

自组织和被组织是两种社会秩序形式。自组织是自发秩序的关系体，在结构中表现为各个组织部分自动协调、沟通而达成的自我运行机制。

在本书中，自组织主要指石门坎文化结构的自我管理能力，以及文化组织与其他组织之间的协同、合作的机制。被组织是与自组织对立的机制之一[①]。

自组织与被组织的基本区别：自组织的结构可以自我复制和自动运行，被组织的结构只能被动运行、被复制，不能自行复制。自组织的行动者能够自主决策、有能力协调好结构内外关系。反之，被组织的行动者无此能力。

其二，关于主体的一组概念。

操作定义三：主体性

主体指主动行动者，可以为个人、组织、群体和整体。主体性指主体在社会中的行为能力，体现人对于结构的能动作用。主体性和客体性在一定条件下可以转换。在本书每一个具体社会关系中，主体客体是变化的，比如石门坎发展的第一时期的主体指乡村教师和村民。

作为一种尝试，本书把主体性这个概念运用于经验研究。主体性含义非常丰富，根据不同研究需要人们做出不同的界定和理解。主体和主体性根据不同标准可以分成不同类别，但在实际操作中发现，区分主体性的类别是困难的，因为分类时各个类别之间可能出现相互交错的情况，所以这里的区分，仅仅考虑从这一

---

① 与自组织相对立的机制不只被组织这一种，比如无组织等，未纳入本书分析之列。

项研究的需要出发来进行，主体可以从需求的意义上区分，也可以从关系的意义上分类。

操作定义四：能力主体、权利主体、认同主体

根据主体的自身需求，主体可以大致分成能力主体、权利主体、认同主体三类。

能力主体：行动者具有的能力和自信心，比如决策能力、选择能力、自律能力、反思能力。

权利主体：行动者具有的权利和资格，比如教育权、文字权、平等参与权。

认同主体：行动者的归属感、身份认知，比如自尊意识、共同体意识、使命和责任。

操作定义五：两种主体和两种客体

根据主体与其他行动者的关系可以分为一维主体和二维主体（即互为主体）两类。在界定主体关系时，两个对应概念即客体概念也同时出现了，四个彼此呼应的关系形成一组概念：

一维主体：以自我为中心的行动者，要求他人服从自己。一维主体性表现为自由意志、自主、自我认同等。

一维客体：以他人为中心、服从他人的行动者。

一维关系：主客体之间彼此对抗的关系。主体自动需要客体，一维主体通常是在与客体对立的关系中建立的。主体控制或排斥客体，比如训诫和反抗、统治和被统治、依附和保护、阶级斗争等。

互为客体：行动者之间不相冲突但是相互保持社会距离，强调区别或竞争。

互为主体：行动者之间彼此尊重、平等协商，强调共同参与、互助合作。

二维关系：主客体之间和平共处、非对抗的关系，存在张力。平等交往中促进彼此的主体性行动。

二 基本假设和分析框架

分析框架有两个，其一是结构—主体关系分析框架，其二是主体—客体关系分析框架。这个山村文化结构的发展动力以及结构停滞的原因，希望可从结构和主体关系的坐标上找到解释。这里包含三个基本假设。假设一是关于结构变迁动力的假设，假设二和假设三是关于结构运行机制的假设。

假设一：行动者的主体意识和客体意识都可能成为引发结构变迁的动力，但结构效果可能不同。

结构—主体的基本分析框架示意如图2-1所示：

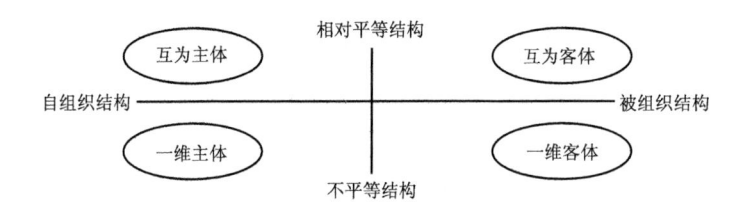

```
                    相对平等结构
         互为主体    │    互为客体
                    │
自组织结构 ─────────┼───────────── 被组织结构
                    │
         一维主体    │    一维客体
                    │
                    不平等结构
```

图2-1 结构—主体关系分析框架

根据结构中不同的运行秩序可以区分自组织的结构和被组织的结构，二者之间不是截然断裂的，它们可以构成一个相互的转化过程。根据结构中不同的资源分布可以区分不平等的结构和相对平等[①]的结构，二者之间不是截然断裂的，它们也可以构成一个相互的转化过程。一维主体或一维客体主导的实践引发不平等的结构；互为主体或互为客体主导的实践促进相对平等的结构。不同的结构—主体互动形成不同的社会效果。

---

① 本书涉及的结构的平等或不平等是相对的定性概念。

假设二：一维关系与二维关系可以相互转换，但是转换的条件不同。这种转换可能需要社会建构的过程，需要有组织的社会行动。所谓有组织，可以是自组织的，也可以是被组织的。

一维主客关系向二维主客关系的转变可能是社会建构的结果，很难自动发生，需要凭借一定的组织载体。

假设三：主体性和客体性可以相互转换，但是转换的组织条件不同。自组织的运行可能增加行动者的主体性；而被组织的运行相反。自组织很可能是石门坎社区结构快速扩展的最重要机制。

主体性和客体性的相互关系假设示意如图 2-2 所示：

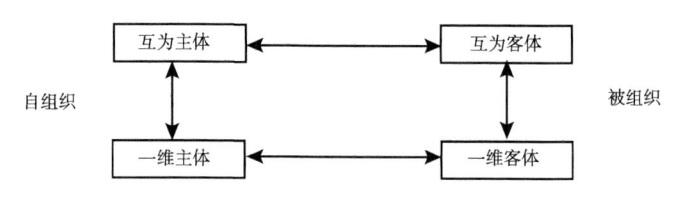

```
自组织    ┌─────┐          ┌─────┐    被组织
         │互为主体│◄────────►│互为客体│
         └─────┘          └─────┘
            ▲▼               ▲▼
         ┌─────┐          ┌─────┐
         │一维主体│◄────────►│一维客体│
         └─────┘          └─────┘
```

图 2-2 主体—客体关系分析框架

自组织是结构自我扩展和转化机制，它体现为结构的主体不断从环境中获得资源并转化为系统的一部分的能力。对于贫困社区而言，自组织机制体现为：行动者从非贫困社区获得稀缺资源的能力；也体现为本土行动者对外来文化的兼收并蓄的能力、自我复制和传承的能力。与之相反，被组织机制体现为：行动者没有能力从非贫困社区获得稀缺资源；行动者接受主流文化、排斥本土文化，被动传递主流文化模式。

运用结构和主体的分析框架观察我国的经验研究，两种倾向是明显的：或者倾向一种主体缺位的结构分析，或者倾向一种忽视结构的行动研究。一些研究社会结构的学者虽然承认结构与行动者的互动关系，却并不习惯在经验研究中运用这种交互"平视"的观察角度。作为研究对象的群体和个人通常被定位为客体，经验研究中的主流依然是在传统意义上理解结构，尚未把社会结构看成是流变的、互动的、由行动者参与进来的关系体。这种把行动者作为被动客体的分析方法有一定的解释力，却是有局限的。在关乎贫困的经验研究领域，把穷人"他者"化，定位成被动的、无所作为的人口群体也是常见的，本书有意识地把行动者和社会结构变迁过程放到互为主体的分析框架中展开研究。

第一章根据石门坎现象提出社会学问题，把石门坎现象放置到乡村发展和乡村贫困的大背景下，围绕结构变迁和贫困者在变迁中的作用提出问题，确定研究的问题。第二章对社会结构和主体性两个理论传统进行梳理，在此基础上界定本书中使用的概念、假设和主体—客体关系分析框架。第三章是关于研究设计的特点、难点和调查方法的选择。第四章通过描述石门坎文化初期的启动过程、教育网和宗教文化网的建立过程，分析文化结构的发生和运行机制以及贫困苗民主体意识的启蒙。第五章通过石门坎苗文的创制、传播及其在四个发展时期的曲折经历，分析苗民的主体性实践，探求本土文化和外来文化的相互嵌入。第六章通过不同历史时期教育政策对于石门坎文化的影响，考量教育与社区关系，分析自组织和被组织机制对社区结构的作用。第七章考量社区与国家关系的变迁脉络，通过不同时期社区与国家彼此的想象、建构和行动，分析社区结构机制变迁的深层原因。最后一章综合判断以得出结论。

第三章
研究方法

第一节 研究设计和方法特点

以往我们的实证研究习惯于先确定研究方法，再确定研究对象。而这次研究中，我们尝试根据所研究的社区现实特点来决定选择合适的研究方法，使得研究本身包含了研究者与社区的互动过程。

一 研究设计的选择

为了说明一个社区较完整的发展轨迹，我选择一百年的时间跨度来研究这个社区。

石门坎不仅仅是一个地点概念，在结构分析中它代表一种文化结构。在石门坎变迁的第一时期，以石门坎村寨为中心，产生了一种新的社会结构，因为其结构生长点和资源主要表现为文化特征，而非经济特征，所以它在本质上是一种文化结构，可以称之为"石门坎文化结构"。这个文化结构向外扩展，接受石门坎文化辐射、而产生了相似文化结构的地方，我们把它纳入"石门坎社区"，社区范围超越了石门坎原有的地理和行政边界。

在研究的问题和分析框架确定之后，研究者着手进行文献资料的收集和整理以及设计调查方案。在文献准备和初期调查中，这项研究的难点显露出来：社区边界变化大，数据不全，文献不全；调查时间长，成本高。所以研究方法依据社区特征和数据特征进行了调整。

1. 石门坎社区边界变化大，数据不全，文献不全

石门坎文化历史中的"社区"与一般社区研究的"社区"有很大差异，因为除了石门坎中心地没有变（学校没有迁址）之外，作为一个文化社区，它的边界是不确定的，发生巨大变动，缩到最小范围是这一所学校，扩大开去是一个跨越西南三省边区的教育系统，覆盖近500个村寨。可以说，石门坎社区边界的变动实际上体现了社区结构的特征，所以如果以某一村、某一乡现有的行政边界为界，画地为牢地取舍调查资料，必定有管窥之局限。

因为资料收集的时间跨度达到一百年，石门坎不是中心城市而是乡村的贫困社区，历史资料残缺不全，当地的学校和当地政府，没有完整地收集、保护、整理自己历史资料的行为。随着机构和人事的频繁变动，一些史料流散到不同地方。这是这项研究遇到的最大困难。

笔者多次查找石门坎所在地区历年来的教育资料，却所获甚少。主要原因是以往几十年中，威宁县经历了多次行政区划的变动，从县到管理区，从乡到村的每一层管理机构，都发生了行政变动，最近一次"撤并建"发生在90年代，石门乡是在此前石门、云炉、女姑三个乡的基础上重新组建的。经过几十年眼花缭乱的排列组合，无论县政府还是乡政府、管理区，各级政府都无法提供连续性的、具有可比性的统计数据，来反映以往几十年石门坎的教育变迁。只好退一步，查阅威宁全县的教育发展文献。威宁县教育部门的历史资料显示，中华人民共和国成立以后，出现了多次"大办"乡村

教育的局面。需要说明的是，鉴于无法找到城市和乡村分别统计的数据，现有的数据是全县各个年度的合计值，没有区分城市和乡村。但是由于威宁县是贫困的农业县，96%的人口在农村，所以用这一组数据近似地反映乡村学校数量的变动，应该是可行的。

由于各级政府提供的区域性资料不全，最初研究方案里面有关社区变迁的一些计量统计的设想都只好停下来，调整研究方法。为了理解石门乡村教育变迁的背景和来龙去脉，调查中采取以石门乡F村为基础调查地点、开放收集范围的方法收集资料。从石门乡1个村寨到12个村寨，从石门乡到威宁县、到周边地区，调查范围呈现出一个同心圆式的分布。目前研究的资料主要基于以石门乡为中心的田野调查（表3-1）。

表3-1 石门坎社区调查资料收集范围

调查地点	范围	主要方法	说明
石门乡F村	10个村寨 10个村寨 1个村寨	结构性访问 （调查表、访谈提纲）	文化人口调查 村民抽样调查 社会关系网络调查
石门乡F村	10个村寨 10个村寨 1个村寨 1个村寨	结构性访问（访谈提纲） 参与观察	石门人物访谈、生活史 村寨大事记、社区组织发展 校史、教师座谈会 家长、学生座谈会
石门乡R村	2个村寨 1所学校	非结构性访问 参与观察	石门人物访谈、生活史 校史、教师、家长、学生座谈会
石门乡	1级政府 相关人士	结构性访问 非结构性访问	全乡社会经济文化状况 石门人物访谈、生活史
威宁县	1级政府 相关人士	文献资料收集 非结构性访问	全县社会经济文化状况 石门人物访谈、生活史
贵阳市	1级政府	文献资料收集	民族教育史料、省档案馆资料
云南、贵州、四川、北京等地	石门坎学校校友网络	非结构性访问 文献资料收集	石门人物访谈、生活史、地方志、文史资料、回忆录、石门坎研究论文、著作等

2. 选择中心地：石门坎社区内的村寨

石门乡目前是国家重点扶贫开发县威宁县之最贫困的乡之一，过去10年里，毕节地区和威宁县政府的一些机关、一家民间公益组织在石门乡实施了多项扶贫计划。根据乡政府的工作报告，2001年人均纯收入500元，处于当年农村贫困线的临界水平。2004年人均纯收入上升至1240元，但是低于当年贵州农村人均纯收入水平1722元。

威宁县石门乡辖区面积143.5平方公里，现辖14个行政村，82个村民组（自然村寨），全乡人口15000人。石门是一个多民族共同聚居地区，有汉族、彝族、苗族、布依族、蔡家等民族分布，少数民族人口约占总人口的27%。为了在这样宽的地域范围内进行深入调查，需要选择更具体的村寨作为调查单位。几经商议，研究者在石门乡选择了12个村寨进行调查。

其中2个村寨在历史上石门坎学校所在地R村，距离乡政府较近，10个村寨在距离乡政府路途较远的F村。R村目前是当地的政治经济文化中心、乡政府所在地，集中了政府机关、集市贸易、外来派驻机构等设施。R村作为一个村落社区的面貌特征已被削弱，而F村在多种意义上还是一个完整的村落社区，所以作为调查重点。

F村的土地面积和人口均居石门乡各行政村第二位，2001年人口1668人，人口数量为全乡人口数量的11%。F村作为行政村包括10个自然村，村寨之间相隔2～5公里，高低错落，分布在几座山上。10个村寨中有3个汉族村寨、3个苗族村寨，其余均为苗族、彝族、汉族、布依族共同居住的村寨。

F村在组织结构上具有社区完整性，我们选择了这个村比较居中的一个自然村住下来，它的传统地名叫苏科寨。因为村里有一所初级小学以及两个民间组织：一个基督教教会和一个扶贫项目社区组织，这个村是周围十多个村寨共同的社会生活中心。

F村经济结构在石门乡有一定的代表性。这个村长期以来保持以旱地农业和畜牧业为主的经济结构，没有工矿企业，村民主要经济活动是以家庭为单位的种植和养殖。人均耕地面积1.3亩，农作物品种比较单一，种植业以玉米、土豆为主要粮食品种，荞麦、豆类和部分蔬菜为辅助品种，烤烟、辣椒是主要经济作物，畜产品种也是西南山区常见的牛、羊、猪、马和家禽。乡政府统计F村历年人均收入水平比较稳定，在全乡各行政村中居第二位。

3. 从个体生活史观察结构变迁

表3-1表明这项研究大量使用了非结构性访问方法，其中主要方法是对于社区人物个人生活史的记录。以个人生活史为切入点的访谈方法隐含了这样的假设：宏观的社会变迁以及社会文化会以不同的方式投射到不同的个人身上，从而影响个人的生命历程。由此，个人的生命历程就获得了一种共性，对于个人生活史的访谈本身就显现出一种社会意义，我们可以由此去透视社会变迁对个体的影响，通过受访者的讲述去进一步发现这样的社会变迁最后在个人身上留下了什么。我们也可以通过个体的叙述来发现"地方性知识"，从而达到对地方性文化的了解。

社会结构与社会过程的原始知识可以来自于对个人生活故事的研究。基于此，这项研究着眼于从个人与社会生活史关联的角度展开，试图将分析的宏观和微观层面联系起来，通过对于村民个体经验的研究来考察石门坎更广范围的社会变迁历史进程。正式的系统是在与非正式的文化与结构的互动中，以及通过个体的生活与策略体现出来的；对个体的理解包括了意义的归置，因果关联，类型化，而不仅仅是细节性的描述，这正是人们期望生活史的社会学所能达到的目的之一。社会学的目标是要发展出关于社会及其构成结构与过程的知识,对于个体的理解也一直服从于这一目标。[①]

在不同研究层面选择和提出不同角度、不同问题,但是指向同一结构、同一社会过程。例如,观察个人生活经历时,需要了解个人生活的变动是否与一定组织变迁相关;观察组织方式变动时,进而了解组织方式的变动是否意味着某些制度性变化;在集体行动中,研究者需要探究是否伴随着结构的影响;在分析社区边界变化时,考虑社区边界的伸缩是否标志着社区结构的改变。

4. 互为主体的调查原则

调查员需要具备这样的技能,即理解受访者赋予所讲述的社区行动和社区事件的主观意义。人的外显的行为只是他全部行为中的一个片断,调查员需要通过领会一种行动对于受访者、对于社区所具有的意义来理解行动者的意图。[②] 正如舒茨"互为主体"所启示的,社区研究是对调查双方都具有意义的行动,对意义的理解既不是纯粹主观的,也不是纯粹客观的,而是"互为主体"的。在成功的调查活动中,调查员和受访者都是行动者,他们达到对行动的主观意义的共同认识,在互动的过程中营建一个互为主体的谈话氛围。但是,这样的观察与解释并非指调查员与受访者的意义体系的相互混淆,而指的是调查员对受访者的"投入的理解"。就是说,对于行动的理解要将其放置在行动者的文化背景之下来进行,同时也要注意明确区分调查员所理解的是行动者赋予行动的意义,而不是调查员主观认为并强加于行动者的意义。

---

① Chamberlayne 和 Rustin 的论述,见杨善华、孙飞宇《作为意义探究的深度访谈》,《社会学研究》2005 年第 5 期。

② 柯尔库夫:《新社会学》,钱翰译,北京:社会科学文献出版社,2000,第 68~86 页。

二 田野研究方法特点

1. 研究方法的调整

因为社区边界变化大、历史数据不全造成文献收集的困难，所以研究中针对社区变迁的不同时期采用不同方法采集资料，在不同研究阶段选择使用不同的研究方法。比如在三次田野调查中的方法侧重不同。田野调查的基本方法是我和助手选择村寨住下来，通过一段时间的参与观察和访问收集资料，对社区生活事件进行观察和记录。出于对村庄的生活内容多一些了解的考虑，调查分在三个季节进行：2001年夏天、2002年冬天和2004年秋天。

第一次进入社区时的方法是参与观察和非结构性访问，我们与村里人自由交谈，了解村民生活的多个方面。参与观察和非结构性访问被用于初步进入社区，熟悉社区到对问题进行深入探索的各个阶段。当研究对象的构成成分较复杂时，参与观察能了解不同人员的情况。按是否拟定标准化的访谈提纲，访问分为结构性访问和非结构性访问。为了把握浅描和深描的分寸，探求当地文化解释，调查员并不事先制订严密的理论假设和操作指标，而使用访谈提纲，采用非结构和半结构的方法，进行访谈记录和录音。在第一次调查结束时，我们和各村村民已经建立了友谊。

第二次我们扩展了调查的范围和方法，采用一些结构性访问的方法收集定量资料，比如村民文化人口普查。第二阶段进入社区时，我增加了一部分结构性访问的内容。对受访者的访问是访问者依照制定好的标准化的访谈问题进行的，获得的资料便于比较和进行量化处理。比如，我们在F村进行了一次关于文化程度的摸底调查。在村里邀请了小学教师和几位初中生协助，一起调查填表，收集定量资料。如果把结构性访问放在非结构性访问之前来做，那么这种结构性访问可能只停留在比较浅的程度。我们的调查采用相反的顺序，一方面，非结构性访问中基于个案和观察的一些认识得到社区总体的参照映证，另一方面，经过一段时间与村民朝夕相处，建立了信任，后面使用结构性访问方法得到的调查资料就比较可信。

第三次主要采取深度访谈方法进行个案研究，力图比较、验证和深化前两次调查中的初步发现。由于各种原因，前两次调查得到的资料可能是不完整的。研究者通过对本人和其他村民的访谈来拼接事实或验证事实，以尽可能接近达到关于某一事实或者行动过程的认识。个案研究的主体是石门坎社区人物，深度访谈探究的是对受访者在访谈时赋予自己话语的意义及其赋予访谈场景的意义。所以深度访谈既是搜集资料的过程也是研究的过程。

2. 结构性访问和非结构性访问

结构性访问和非结构性访问同时使用于社区调查。调查初期和后期使用非结构性访问方法较多，它适用于较快地进入较复杂的问题或探索性问题，进行访谈记录和录音。调查中期拟定了一些标准化的访谈提纲和调查表，并邀请当地的调查员参与工作。

非结构性访问。访问者不依照某种统一的访问调查表，而是围绕研究的问题与受访者进行自由交谈。特点是：交谈自然，可以深入了解多方面的情况。它常用于探索性研究。与结构性访问相比，它对访问员的要求较高，访问耗费的时间较多，访问员与受访者之间的社会互动对访问调查的结果的影响更为显著。进行非结构性访问的关键在于有效地控制谈话，准确地作好访谈记录。访问员要在保持融洽的交谈气氛的前提下主动地引导交谈，随时纠正偏离研究主题或冗长的谈话。

结构性访问。访问者在访问前，制定好详细的标准化的访谈提纲，对受访者进行访问。特点是：获得的资料便于比较和进行量化处理，能减少交谈中的主观成分，避免受访者含糊的回答或偏离访谈提纲的谈话。在进行结构性访问时，所有的访问员都要遵循事先制定好的访谈提纲，按照一定的顺序提出问题，不能随意偏离。制定访谈提纲是进行结构性访问的一项重要工作。研究人员将需要询问的问题及其可能出现的答案筛选排列，分类编码，制成统一的访问调查表。访谈提纲中可以包括少量的开放性问题，以及供当场使用的较为复杂的量表和图表。

3. 驻村观察，研究者进入社区的方式

社区调查中发现，村民和受访者一般对研究者会有一个身份估计。他们在接受访谈时，会根据这样的估计来确定自己与研究者的关系，并在话语和行动中维持这个关系。有意思的是，我选择社区的过程、方式也许和别的研究者大体相近，但是F村对于我这个外来人的接受方式很有一些特别之处，我和助手被村民称为"老师"，尽管我们也澄清过，人们并不改口。其中来由是初次访问F村时，一位小学老师带我们翻山越岭。不久我和同事们开始一项助学活动，最初一批就有F村的三个孩子，他们来信称老师，村里人就跟着孩子们给我们定位了。因为这个偶然，调查员们获得了一个与乡村教育有关联的身份和角色，回想起来，这个身份比学者或者其他称谓更加简单亲近，更加容易让村民接受。我们后来的社区调查从中也受益匪浅。

驻村观察对于研究者了解受访者的生活状态和社会环境很必要，也是研究者得以观察社会结构和行动者的主要方式。因为社区调查不是一朝一夕可以结束的，研究员驻村观察在不同程度上会影响村民的生活。因此，研究者需要找到自己在社区内的合适位置。最关键的是，研究者需要让村民了解自己行为的无害化，营造一种相互信任的融洽气氛，将调查访谈引入自然的互动状态。所以研究者进入社区的方式就很重要（图3-1）。

图 3-1　调查探究一百年以来的社区生活（沈红摄）

4. 个人生活史研究

生活历程分析是以村落社区为生活框架的家庭和家庭成员的生活历程。也就是说将社区在一定程度上视为家庭和个人的延伸，社区内的成员有着共同的生活方式，共同的社会关系和共享的表征和价值。运用口述史方法，我们对村中一些见多识广的村民进行了多次访谈。

社区调查往往从受访者的生活史开始，因为生活史是愿意与调查员合作的受访者比较容易开始的话题，更重要的是，生活史的叙述有助于我们达到对受访者行动意义的理解，因为连贯生活的每一个情节的意义，只能在讲述者生活的脉络里面呈现出来。离开了生活过程，就不能很完整地理解事件或者行为的意义。个人生活史调查往往从日常的话题入手，逐渐发现受访者的兴趣点。受访者会对他自己感兴趣的话题有更多的叙述和表达。非结构的、半结构的访问有助于研究者了解人们面对的问题，并试着用他们自己的角度来了解社区生活。

结构投射的方法贯穿其中，目的在于从个人生活发现社区结构。

比如辍学，调查初期我们在访谈提纲中并未把它作为一个话题。设计中最初的指标是受教育水平，为了统计方便，在调查表上把它分成"文化程度"和"累计上学年限"两个指标。但是整理第一次调查数据时发现，两个指标测量结果非常不一致，村民的在校年限普遍多于"文化程度"所需的时间。一些村民的生活史的记录提示我们，可能是辍学造成的。第二次调查时，辍学成为收集的数据之一，果然，村里的大部分人有辍学经历。初中毕业生占劳动力的比例7.9%，高中文化程度的人占全村人口比例2.2%，高中毕业生的比例仅仅1.7%。顺利完成中学教育的人是绝对少数。很多人的求学之路漫长，经历过多次辍学。每一个辍学的经验都处于一个整体的意义脉络之中。辍学范围如此普遍而持久，仅仅解释为经济贫困是不够的。它促使我思考教育与村民个人生活的关系、教育与社区的关系。在进一步的生活史访谈中，我看见了两个问题，一是学校时间制度、收费制度的刚性，很少会因乡村生活和生产节律而变通、调整，这个关系中，学校是主体，学生是客体。二是很多家庭困难的孩子还是要求父母供自己读书，反反复复不肯放弃，这个关系中，学生是主体，家长是客体。随着越来越高的学校收费把更多的学生推出校门，就形成教育和社区生活越来越疏离的结构。因为贫困的学生和村民的主体性都遭遇到乡村教育制度的压抑。

5. 文本分析，意义探究

如果将受访者的口头叙述作为一个文本，那么这种意义的探究首先在于对文本的解读。作为文本的解读有三个方面：第一层，对文本中语句的字面意思、字里行间的意思,以及对受访者何以这样叙述的意图加以领会。受访者的价值观及其所处的社会情境必然会影响他对叙述内容和叙述方式的选择,也就是说,他对某一事实的叙述可能是不完整的。这需要研究者通过对受访者在访谈时显现的关于访谈的意义脉络的了解来辨认和识别,或者通过访问了解这一事实的各类人来拼接事实或验证这个受访者关于事实的叙述是否真实,从而尽可能近似地达到关于某一件事的真相的认识。第二层,研究者从文本的认识中寻找受访者叙述中的某种普遍意义。第三层,分析是在前两层分析的基础上展开的,即以理论概括为特征,同时试图在理论概括的基础上去寻求与同类研究的理论对话点。在文本分析中,研究者在其主体性推动下完成意义的探究。

第二节 定性数据的信度和效度

由于这项研究以定性数据为主,在总体设计中需要认真考虑研究数据可靠性的评价和检验。信度和效度概念是从定量研究中转引过来的,直接用在质的研究中很有些难度,但是在得出这两方面衡量标准"不适用于质的研究"的结论之前,我们试图运用信度和效度来考虑质的研究方法如何与量的研究方法对话。

信度概念来自量的研究,指的是根据相同的测量步骤重复测量同一个现象时,会得到与先前测量相同的结果之可能性。效度概念也来自量的研究,指的是研究测量与设计的研究目标之距离,观测值达到测量目标的有效程度。效度包括建构效度,内部效度和外部效度。[①]

---

① Yin, R. K., *Case Study Research: Design and Methods*, Thousand Oaks: Sage Publications, 1994.

一 信度难点和检验

1. 信度难点

这项研究中,造成信度失真的因素可能包括:①文化差异。因为研究者和受访者的文化背景不同,使用语言不同,而造成误解。比如我在西南地区的社区研究,西南是少数民族聚居之地,人文环境多样,调查内容需要转换成为当地方言,我们不可避免遭遇语言障碍、翻译偏差问题,致使调查提问和记录中出现误差。调查者与受访者的文化差异可能影响受访者对一些行为和态度的价值判断。②记忆问题。受访者记忆力的衰退,导致具体的细节已经记不清楚,人们给出一个大概的描述或一个大约的数据,造成失真。③间接资料来源。受访者提供的资料,包含来自他人的第二手资料或者转述,而调查员如果不知数据来源,可能以讹传讹,造成失真。④调查员提问和记录中可能出现疏漏和误差。

质的研究者中,一种观点认为信度概念对质的研究没有实质意义,因为研究者本身是研究工具,强调研究者的独特性和唯一性,就算同时、同地、同一问题、同一人群所作的研究,其结果也有可能因研究者不同而不同。所以在质的研究里评估信度是很困难的一件事情。另一种观点认为质的研究的可重复性是能够做到的,如果研究过程得到详细记录,别人按照他的程序严格去做,质的研究还是有一定重复度的。我倾向于第二种观点。信度不是不能达到,而是易于受到各种因素的影响。

2. 信度检验之一:实时校验和复查

由于调查中不可避免存在语言障碍和文化差异,由于调查员提问和记录中可能出现疏漏和误差，所以有必要对访谈资料和调查表进行复查。

在进行F村人口教育程度普查时，我的研究设计里复查分三步：其一，调查员实时校验。调查员两人一组，相互担任调查员和复查员，一人访问完一个家庭，另一人协助复查。对于遗漏或不清楚的问题，转换成为当地方言解释和提问。复查员审核填写复查记录。其二，调查组织者实时校验。组织者晚上复查当天调查的调查表，重点审核各个表之间的逻辑平衡关系，审核后登记复查记录。其三，在录入数据的前后，对于一些易发生歧义的数据，例如村民姓名和编码等，再组织复查，以求准确。经过反复核查，数据的差错率大为降低。

3. 信度检验之二：主客关系

重复研究的结果如果有变化，可能是研究者或调查者的干预程度不一样，所以要对研究者或调查者的工作方法进行反思，分析为什么不同人做得不一样，意识到调查者和受访者之间的情境关系的影响。研究者与研究对象的关系，谁是主体？谁是客体？量的研究基本上排除了研究者本人对研究对象的影响，尽量保持价值中立。质的研究则存在着研究者对研究过程和研究结果的影响，要求研究者对自己的行为以及自己与研究对象之间的关系进行反思。

在西南调查中，培训调查员的重要内容之一，就是帮助调查员掌握主位与客位的关系，减少调查员与村民之间的社会距离感。重点在于如何与当地村民平等交流，建立信任。对于调查表中所涉及的有关情况，如何充分尊重村民的看法，为村民保密。

质的研究者本身是一种工具，不像量的研究是使用调查表、测量工具去完成。质的研究整体上是一种归纳的方法而不是演绎的。质的研究强调研究者和研究对象之间是一种互动的关系，强调研究者对事物的理解是一种互为主体的过程,在互动中产生意义。研究者对事物的理解也是一种解释性理解。

二 效度难点和检验

1. 效度难点

在运用质的研究方法中我注意到的一些效度难点:

其一,建构效度难,是在调查表设计和深度访谈设计中都遇到的问题。虽然对于目标明确的问题而言,封闭问题比开放问题的效度要高,但是封闭的问题答案可能没有穷尽所有的选择,开放问题中发现的选择又难以及时推广到其他受访者中去。

如果用文化发展的眼光观察社区的教育发展的过程,我们发现,用接受现行学校教育的年限来测量和裁夺"文化程度"的方法,具有怎样的局限性。当我们这些外来人为当地村民贴上高中、初中、小学、文盲的标签的时候,意味着一个等级序列被刻画出来,这样一种序列得到现代国家教育的支持,向村民昭示着文化权利的等级阶梯。可是我们怎么能用"初中文化"这样简单的统计指标,来为吴善宇老人的知识水平或者"文化程度"定位和贴标签?我不得不反思辛辛苦苦调查汇总出来的"文化程度统计表",我们不怀疑统计数据的精确性,而是怀疑数据的真正意义。年丰村的文化人我们还遇见了许多,比较之下找到了一个共同点,就是他们都学习了两种文字——汉文和苗文,都有机会沉浸在汉文化和苗文化之中,因此各自具有两种内涵不同的"文化程度"。

其二,内部效度难,大多见于解释性研究、因素分析的研究中。当调查者与受访者在一个特定情境中进行对话时,当时特定情境可以影响受访者如何选择回答。如果对话情境变换了,受访者的选择也会变化，可谓情境效应造成数据资料失真。

情境1：研究很难保证匿名，受访者从一开始就已经牺牲了个人隐私，所以调查员对于私人事务保密就成了一项重要的规范。研究可能会谈到受访者痛苦的生活事件和一些敏感问题，调查员言语不妥就容易招致受访者反感抵触，造成访谈失效。

情境2：受访者对于研究者或调查员身份的估计。有时因为社会地位让被研究者感到压力，使得告知后同意成为勉强的同意，这样的情境就会影响效度。

情境3：受访者情绪。受访者一些情绪波动可能影响调查员情绪，使得记录的答案偏离实际情况。

其三，外部效度难，因为样本数通常较小，很难像量的研究一样由样本推断总体。推论问题目前存在种种困难。量的研究可以在研究设计时借由随机抽样等方式来排除导致失效的因子，但是质的研究中的效度不能通过量的研究中的方法来获得。由于质的研究者仍希望结果能对其他的人和群体有作用，所以在总体研究设计中仍须面对外部效度问题。

2. 建构效度检验：相关检验

因为质的研究方法测量的问题不是一个脱离研究者而存在的客观实体，只能在研究者与受访者互动关系中重新构建，所以质的研究效度检测只可能发生在研究开始之后，须在做出一个初步假设之后，才来做效度检验。用于提高建构效度的方法：

其一，比较研究的方法和研究的问题是否相互匹配。比如观察到的行为不一定能推断他们的想法，所以观察和访谈还需要结合起来，包括收集实物等来进行相关的检验。

其二，资料来源的相关验证，收集丰富的原始资料、相关分析和相关理论。丰富的原始资料可以为结论提供充分的证据依据，在写研究报告时详细提供资料来证明观点，是提高效度的一种办法。

其三，研究结论的相关检验法，意指将同一结论用不同方法，在不同情境里，对样本中不同的人进行检验，以求获得结论的最大真实度。如用访谈的方法对某一现象得出结论，可以使用观察或实物分析来对同一对象进行研究。

其四，试调查和培训调查员。培训调查员时详细讲解调查表，和调查员一起逐题讨论，帮助调查员清楚理解问题。重点培训调查员理清前后几个表的逻辑关系，结合起来提问。做到清楚提问和清晰解释。正式调查开始前进行试调查。要求调查员参加试调查，实地演练。根据试调查的情况，听取调查员意见，认真修改调查表，可以提高调查测量的效度。

3. 内部效度检验：情境控制

在总体研究设计中如何从内部效度中保证研究的真实性？除了采用很多检测的手段或者收集不同资料互相验证之外，情境控制也是保证内在一致性的方法。

质的研究是在自然情境下，研究者与被研究者直接接触，通过面对面的交往，实地考察被研究者的日常生活状态和过程，了解被研究者所处的环境以及环境对他们产生的影响，其目的是从被研究者的角度来了解他们的行为及其意义的解释。质的研究要求研究者对自己的前设进行反省，并随着实际情境的变化，不断调整自己的研究设计。

比如我在西南调查中注意到，问及夫妻双方的看法，如果夫妻同时同地被访，答案高度趋同。而分开访问，答案不同。为了解决这个效度问题，我们把它列入调查员培训内容，帮助调查员掌握既要了解妇女自己的看法，又要避免夫妇趋同选择的技巧。

由于质的研究是一种"情境中"的研究，所以在总体设计中调查员培训就很重要。其中重要的方法就是"情境控制"方法。如研究者尽量以平等的身份与受访者交流，进行访谈前必须征得对方的同意，简述研究内容和流程，保证志愿参加和任何时候都可退出，消除受访者的疑虑。

4. 外部效度检验：参与式反馈

质的研究可以在深度上和分析的层次上做得细致丰富，可是样本较小。那么质的研究设计是不是就可以忽略外部效度呢？这就涉及我们对外部效度的意义怎样理解。Robert K. Yin 在论及案例研究的推论度时指出，问题的关键在于，社会研究者应当致力于把案例研究的发现推论到一定的"理论"而非"其他案例"，正如自然科学家从实验推导到理论发现一样。

石门坎社区研究关注的是社区变迁中的事件关联，这些事件的原因都是由各个不同的原始条件决定的，都有各自独特的境遇和逻辑。对于研究结果的效度检验，与其说通过重复实验加以证实，不如说是通过相关检验、逻辑推理等方法进行证伪，其外部效度来自研究过程中各部分之间的相互关系，与特定理论的相关性。

实际上，提高外部效度的方法也是存在的，比如参与式反馈，特别是受访者的参与反馈，是这项研究坚持的做法。迄今为止，关于石门坎社区的调查已经积累个人访谈录音大约57万字，涉及30多位受访者。我们把每一次整理的访谈笔记完全返回给受访者，同时听取那些被研究者的看法，并且在研究的初步结论出来时也及时反馈给被研究者，看看是否有不同意见或者误解，及时修改。这种返回的过程往往是效度检验和深化的过程，参与式反馈的方法有助于提高这项研究的外部效度。

第四章
结构发生：石门坎崛起于边陲

如果粗略浏览威宁县志，可知历史上威宁县曾经隶属过川滇黔三省的管辖，苗族历史上分布在多个政权管辖的夹缝中的荒凉地带，这个地区称为边地、边陲，苗族被称为"边胞"、"边民"。石门坎这个在任何一份中国政区图上都难以找到的小地方，崛起于边陲，在少数民族文化教育史中拥有一席之地，自有它特定的原因。石门坎现象的发生过程，是研究和观察的起点。我们从石门坎人的讲述顺序开始，观察学校的建立、教会的建立，以及这些新的组织融入苗区的情况，从中了解一个新结构发展的社会过程。

第一节 石门坎第一所学校

苗族接触西方文化和汉文化是同时发生的，19世纪末、20世纪初英国传教士进入西南传教，云南、贵州的苗族接受正式的学校教育始于教会办学，石门坎的第一所学校就是最初的教会学校之一。

一 第一所苗民学校

英国传教士柏格理（Rev. Samuel Pollard）是中华基督教循

道公会西南教区牧师。循道公会属于英国基督教卫斯理公会,[①]教会主张圣洁生活和改善社会,认为传统教会的活动方式已不足以应付新的社会问题,主张着重在下层群众中进行传教活动。柏格理早年因家境贫寒而失学,所以非常重视教育。他于1887年渡海东来,不久来到云南东北部的昭通城,开始28年的中国生涯。在他主持西南的昭通布道所期间,就开始把现代教育引入昭通。最初柏格理选择汉族和彝族宣教,信奉者不多、社会影响不大。1904年,四位苗民主动探访昭通教会,拉开了石门坎故事的序幕。

1. 苗民的试探

一百多年前,威宁苗族整体身为土目的农奴,文化地位极其低下。苗族男子不少以打猎为生,因为游猎的地方多,他们中有人能听懂汉语。传说,威宁有四个苗民在安顺碰到在乡村传教的内地会传教士党居仁,党居仁不歧视他们,还在他们遭到抢劫欺负时出面讨公道,这样他们把这位"羊人"当成了朋友。这四个人是威宁苗族中第一批信教的人,他们带领家乡的苗民步行前往安顺府聆听布道。威宁到安顺路途很远,步行需要一个星期时间。党居仁念及苗民路途辛苦,就介绍他们去昭通找另一位传教士柏格理,因为威宁到昭通只需要走两天。苗历龙年的一天,四个苗民试探着进了昭通城,在教堂的门口,他们犹豫了很久才迈出了第一步。传教士此前没有接待过这样风尘仆仆、形容枯槁的苗民,问他们来做什么,其中一个开口说:我们来读书,念"爱酥"[②]。

---

① 循道宗(Methodist)又称卫理宗(Wesleyans),是基督教新教主要宗派之一,循道公会是基督教教会之一,18世纪创立于英国伦敦,从英国传至美国等地。1851年传入中国,1883年传入滇东北地区。总部设在汉口。全国的教区共有七个,即湖北教区、湖南教区、西南教区、温州教区、宁波教区和华北教区等。

② "爱酥",苗民当时对耶稣的读音。

正是他的那一句话，后来的奇迹才得以发生。柏格理热情接待了他们，留宿。他们在一起聊了许多，苗民的诚恳厚道打动了他，柏格理也打动了苗族。探访者走后，一传十、十传百，把这个消息传布到各个苗寨。从此虔诚的苗民跋山涉水而来，涌进昭通城，从三五人激增到成百上千人，短短的五个月里，柏格理接待了四千苗民。这些衣衫褴褛的人从不乞讨，他们随身带着毛毡斗篷和燕麦炒面，饿了就用凉水将面拌成面糊来充饥，一路上风餐露宿。他们提出的要求，不是食品和钱财，只是"读书"。柏格理和同伴们深受震动。①

大批山野穷人涌进昭通城，引起昭通市民尤其是贵族的恐慌，认为苗人要造反。于是城中流言四起，一些苗民遭到诬陷、拘禁和毒打，也连累了传教士。由于接待苗民，传教士处境也变得艰难。

人物：柏格理（1864～1915）

英文姓名 Samuel Pollard，中文名字柏格理，也译作塞缪尔·波拉德，是一位教育家、民族学者、基督徒、传教士。1864 年他出生在英格兰南海岸一贫苦的工人家庭，1887 年作为基督教英国循道公会联合传教团的传教士来到中国，首先在云南省的昆明、昭通、会泽等地传教，并且在 1903 年成为首次访问凉山彝族的西方人。1904 年开始，他以贵州省威宁的石门坎为中心，在贵州、云南、四川等省的少数民族地区活动，在滇东北建立西南教区，并任教区长。1915 年当地的学校里流行伤寒病，柏格理在照料患病师生时也被传染上，不久殉职。他在西南地区传播民主思想，兴办学校、发展教育，为少数民族地区普及初等教育，为当地苗族、彝族第一代高级知识分子的产

---

① 《柏格理日记》1904 年 7 月至 1905 年 1 月。

生奠定了基础。他与苗族、汉族知识分子共同创造了西部方言苗文，沿用至今，这种文字在西方文献中称"柏格理文字"，在苗区称作"老苗文"或"石门坎苗文"，深得苗民爱护。柏格理提倡文明习俗，禁除鸦片毒害，进行慈善救济。他被中国教会界称为"苗族救星"，也获得循道公会"世界五大使徒"称号。

苗族的读书要求给柏格理极大鼓舞，他惊喜地发现了一个期待已久的信教群体。相比之下，传教团在昭通苦心经营二十多年，信教者寥寥无几。苗民的热情，远远超乎传教士的预期和想象。经过一番考察，他决意深入，把传播福音的根据地转移到偏僻苗区。柏格理得到彝族安土目赠送的一片山坡。清光绪三十一年（1905年），基督教循道公会在石门坎开始传教兴办学校，苗民合力为他们修建了一座简陋的"五英镑小屋"。从此，一位英国传教士和他的同伴——英国同伴和汉族同伴，带着圣经和献身精神，离开城市社会，来到这个偏僻山乡，生活在山民之中。一场基督教传播和乡村教育运动同时开始。

2. 第一所学校，第一个教会

石门坎建校初期，由于传教士缺少经费，土地系彝族土目所赠，资金与劳动力全出自苗民的贡献。远近苗民纷纷参与修筑。1905年10月底，能容纳350人的小教堂落成。这座小教堂最初也是石门坎第一所学校。平时用于教学，星期天用于做礼拜。它先是一所走读学校，不久成了寄读学校。它是今天石门民族学校的前身。后来陆续建成一批建筑，学校和教会、教师和学生陆续有了各自的场所。

1906年秋天学校开始上课，招收苗族子弟入学，第一班学生26人全都是苗族，学生中年纪最大的46岁，最小的7岁。这所学校是我国第一所学制完整的苗民学校。民国初年，学校正式取名"石门坎光华小学"，以树立师生的国家意识。学校推行新式教育，至1913年建成学制七年的完全小学，学制按照国民政府教育部规定：初级小学四学年，高级小学三学年，秋季招生。学校使用国民政府教育部审定新学制共和国国文课本教学。小学升初中，由成都华西教育协会出题统一考试、统一改卷，并决定升学学生。基督教传入后，石门坎光华小学是"当时独一无二的正规学校"。① 在小学教育取得成功后，1943年光华小学扩建为中学，名为"西南边疆威宁石门坎初级中学"，这是威宁县第二所中学②，西南苗区第一所中学。截至1951年，这所学校毕业的小学生累计4000多人，培养的初中学生累计500多人，生源来自远近20县100所小学的贫困子弟。③

教学课程以汉语为主，苗文课每星期两节课。起初初小的教材是启蒙读物，如《绘图蒙学》（汉文会话、看图识字），高年级设有古文释义（千字文，三字经）、百家姓、算术、书法、图画、音乐、圣经课和苗文课，还讲授《四书》、《五经》。自1911年辛亥革命后，使用国民政府教育部审定新学制共和国国文课本教学。20世纪20至30年代，国文改为国语，高年级加上说话（国音字母）、历史、地理、自然、社会、公民教科书，以及图画、体育、音乐。因为是教会学校，学校开有修身课，宣传基督教教义，每周上二三节教义课，主要讲圣经。30年代后用国家统一教材，不再教圣经。圣经课不是主科，一个星期两学时，对住校的学生和16岁以上的学生，鼓励参加一周两次的晚礼拜，低年级学生是否参加做礼拜，不作严格要求。到30年代

---

① 本书附录"社区记忆之四　杨明光老师忆石门坎光华小学"。
② 威宁县第一所中学是教会学校，仅仅比石门坎初中早开办一年，设立在县城。
③ 根据石门民族学校学生档案统计。

后期，学校对信仰行为不作规定，是否参加礼拜由学生自便。除规定的课程外，学校也进行时事教育。在40年代，这些教会学校成了传播普及新民主主义思想①的场所。

因为教会经济支持有限，学校没有实行免费教育。但是考虑到贫困家庭的经济承受能力，收费水平很低。学校对在石门坎光华小学读书的学生，收取苞谷学费。光华小学对于不同入学者在缴纳学费时有所区别。初小：教徒子弟，每人每学期缴纳苞谷5升（35斤）；非信教群众子弟，每人缴纳苞谷7升（49斤）。高小：教徒子弟，每人每学期缴纳苞谷7升；非信教群众子弟，每人缴纳苞谷1斗（70斤）。

学生生活是艰苦的，自理课本、纸张、笔墨，学生伙食由自己负担。"学生都是从家里背粮到学校自己煮吃的，路程近一点的，一、两个星期请假回去背，或家长送来；较远一点的，就在老家把粮卖成钱带到石门坎再买，好在学校想得周到，建盖了一栋磨房供师生磨面"。② 学生的伙食是自带干粮，如爆米花炒面、自己做的米菜粥。晚上有自修课，学校提供煤油灯和煤火，教室照明用洋油灯③。学生可以免费住校，一间宿舍住十多个学生，没有床，都是睡楼板。

教师生活也是拮据的。学校日常经费来源有三部分：教会经费补助、教徒捐助、学生的苞谷学费。教会向教师支付少量薪水，生活上主要是靠学生交来的苞谷。20世纪30年代末至40年代前期教师工资很低，每三个月只有36个镍币。也就是说每月12个镍币，够买一块1.5尺×2.4丈的蓝布，买不了2斗（140斤）苞谷。石门坎学校是在一个薄弱的经济基础上兴办的，

---

① 王兴中、明光：《威宁石门坎光华小学校史梗概》，载《贵州宗教史料》（二），1987。
② 朱艾光：《忆母校——石门坎光华小学》，2002，未刊稿。
③ 洋油灯即煤油灯，先是煤油挂灯，后是汽灯。

办学者和求学者的经济条件很低，他们差不多处于同样的贫困状况。

3. 从苗民小学到多民族学校

光华小学对于入学者，不分民族、信教非信教一视同仁。开始办学时，只招收信教的苗族子女入学。"苗族闻风，纷纷求教兴学，兼以安顺杨庆安先生的宣传，促使向学者日增"，"不数年，石门坎苗族学生竟有七八百名之多，实极一时之盛"。① 学校召开家长会时，家长们把这所学校称为"苗族最高学府"，可以见出它在苗民心目中的地位。

后来由于石门坎学校远近闻名，校风、教师、教材、学生各方面优秀，川滇黔信教和不信教的各族子女纷纷来报名读书，一些私塾学生也转入光华小学。甚至一些土目、地主家的子弟也被吸引，如彝良县梭戛陇家的子弟就在石门坎就读。

"石门坎这个名字如同一块强有力磁石吸引着方圆百十公里内的各族儿女，远的来自云南禄劝县……背上包谷面要走十二到十五天，再是东川、大关、威信、四川珙县等，近的如黑石头、四方井、葛布、木槽、大坪子、咪哇沟、奎香等，路程都在一、两天"②，石门坎因此被称为"各族人民教育的摇篮"（王德光语）。在 1927~1940 年期间学生人数是比较多的时期，约 350 人左右。20 世纪 40 年代前期，全校约 300 人。学校里有彝、汉、回等民族，苗族学生占 50%~60%，彝族占 20%，汉族占 10%~20%。最远的有来自云南省武定、楚雄地区，四川省凉山地区，贵州省镇宁、紫云等地的苗族、彝族学生，远道来的绝大多数是苗族学

---

① 王建明：《现在西南苗族文化最高区——石门坎的介绍》，载《康藏前锋》第 4 卷 1936 年第 3 期。
② 朱艾光：《忆母校——石门坎光华小学》，2002，未刊稿。

生。1943年成立中学后，中小学学生总共有500人左右。无论是彝族、汉族还是苗族，无论信教不信教，就学机会平等。苗族学生最多，成绩优秀的也主要是苗族学生。

石门坎学校在30年时间内成长为一个乡村教育中心，并且建立起一个影响遍及川滇黔三省交界地区十几个县的乡村教育体系。仅石门坎学校本部就毕业了4000多名小学生，数百名高初中及中专生，培养了三十多名大学生，两位苗族博士。这里的苗族教育和文化发展成就，在当时的西南少数民族地区"实系首屈一指"[①]。40年代后期，社会动乱，民生凋敝，各地基础教育面临危机，纷纷崩溃停办。在经费极其困难的情况下，石门坎一直坚持办学。据威宁县民族志、威宁县教育志等文献记载，50年代初，苗族地区教育仍执本地教育牛耳。[②]

二 开教育风气之先

石门坎办学有自己的特色，这里实行双语教学，男女同校，倡导全民体育，在国内当时属领先之举。

- 双语教学。

对于不通汉语的少数民族学生，母语教学是普及基础教育的最好手段。石门坎光华小学率先在少数民族地区实行双语教学，被称为"我国近代民族教育史上第一次采取双语教学的学校"[③]，传教士和一群苗族知识分子是民族教育双语教学实践的开拓者。

---

① 《贵阳时事导报·教育建设》1942年第20期。
② 威宁彝族回族苗族自治县民族事务委员会：《威宁彝族回族苗族自治县民族志》，贵阳：贵州民族出版社，1997，第270页。
③ 根据周庆生1991年的研究，石门坎光华小学是最早进行双语文教育的学校，参见《中国双语文教育的发展与问题》一文，载《贵州民族研究》1991年第2期。

石门坎教学方法中实行苗汉语双语文教学，有特色、也有成效。柏格理与汉苗族传道员一起创制苗文成功后，便在教学中推行。在低年级中全部由苗族教师任教，并且用这套苗文编写出《苗族原始读本》等教材，包括的内容有苗族传统文化、科普知识、生活知识、基督教常识，以苗文促汉文，收效极大。第五章将以苗文变迁为线索，分析苗文发展中折射出的社区结构变动的主要特征。除石门坎学校外，一些有师资条件的学校也尝试用多种语言教学。例如石门坎文化区辐射范围的永善县的大坪子小学，坚持汉语、苗语、英语教学，这所山村苗族小学被公认为永善县最优秀的小学。①

- 男女同校。

石门坎学校男女均收，同校授课，鼓励女童平等接受教育，学者们认为，它是我国近代最早的男女合校的学校。我国男女合校是蔡元培当教育部部长时的1912年开始的，石门坎光华小学于1906年起实行男女兼收、同校授课，是我国最早实行男女合校的学校。②光华小学也开办了女校，1913年3月开设石门女校，第一年招收小学女生141人。逐渐修建女生宿舍三间、女生食堂等设施，建小花园，园内设有秋千、跷跷板。1920年下半年，石门坎幼稚园设在石门坎女校内。女校由三名女教师负责③。这些举措促进了教育机会的公平。

- 现代体育，足球摇篮。

石门坎学校推动了苗区新式体育运动的普及。建成乌蒙山区乡村学校最早的游泳池④、足球场。学校里为学生开设体育课，

---

① 永善县人民政府网站，"永善教育之窗"。
② 贵州省地方志编纂委员会：《贵州省志·民族志》（上），贵阳：贵州民族出版社，2002，第80页。
③ 笔者对杨华明的访谈记录，2005。
④ 1918年张道惠牧师主持，用以工代赈方式建成两个游泳池。

开展多项运动,同时,在村民前来做礼拜时,倡导苗民参与各类体育活动。如足球、田径、团体操、游泳、爬山,以及结合民族传统的赛马、穿花衣、歌舞、射箭等等。每年苗族传统节日端午节那一天,石门坎举办运动会,进行数十个项目的比赛,给优胜者物质和精神的奖励。这种方式,有乐有荣,对参与者是莫大鼓舞。1932年石门坎端午节运动会时,各地学校派运动队前来参加,当时威宁县长亲临现场,惊奇不已,引起政府的另类关注。1934年第二十三届运动会时,四面八方前来观赛和参赛的苗民达到两万多人,更是规模空前。特别是足球运动蓬勃兴起,凡在石门坎小学读书和杂居在苗族村寨的彝、回等民族也相继走进足球运动场地,于是足球运动就在所有苗族居住的地方普遍开展起来,并出现了父子、兄弟足球队。"驻扎在昭通的贵州省第三绥靖司令杨森听得石门坎足球队在地方的威名,也带领他的足球队员来石门坎比赛。"[①] 1959年毕节地区以威宁苗族队员为主,组队参加省足球运动会,队员穿花衣、赤脚猛烈应战,获亚军,成为贵州足球奇闻。由于石门坎体育传统,石门坎因此被称为"贵州足球的摇篮"。

第二节　石门坎文化圈

　　石门坎领导一个不断成长壮大的乡村教育体系,我们可以称之为一个"教育社区"。这个社区以石门坎地方为中心,辐射到周围滇黔川三省交界地区近二十个县,如威宁、赫章、毕节、昭通、彝良、镇雄、大关、盐津、永善、水富、绥江、东川、高县、珙县、筠连、叙永等。

---

① 佚名:《威宁足球史话》,载《威宁新闻》2004年9月3日。

一　基督教传播与苗民识字运动

1. 识字运动

在第一座教堂还没有完全修好的时候，苗民就从四面八方赶来做礼拜，他们中有的要走两天的路才能到达这里，他们在没有屋顶的教堂里站着做礼拜，还经常会受到暴雨的袭击。教堂可以容纳350人，但是很快发现房子太小，常常有1000至1500人到这里来，人们只能分批进行礼拜。

循道公会推行平民教育的操作系统，由学校、主日学校与教会学习活动组成。家庭有条件的即送子女进全日制的正规学校学习。无法负担学费、住校生活食用，或劳动力缺乏的家庭，就可以让子女在附近教堂的主日学校读书，只在礼拜日上课，以达到扫盲的目的。

对于成年人，教会利用苗民定期聚会的便利条件推行平民教育。石门坎苗文创制出来后，圣经就成为苗民的扫盲课本。苗族信徒在主日进堂礼拜时，又借此集中之便，分班学习文化。所以石门坎社区的苗民识字的行动是与基督教传播行动密切相关的。开始二者是一种共生的现象，互为表里，后来逐步制度化，成为全民参与的识字扫盲运动。《1936～1941年石川联区五年运动计划大纲》二条一款为："五年内希望本分教区有15000人为平民学校的学员。"这里提到的平民学校，是由基督教传统形式"主日学"演变而来。大纲第十一条的内容，"在主日分班课时，不特致意其理论，亦宜注意本课之文字"。

大众化的教材，最初有柏格理与苗族教师编写的苗文《苗族原始读本》。教会也编写辅助性教材，是新式教育内容，西方一些科学文化知识，也得以传播到石门坎这个原本闭塞的地区。

30年代中期有苗族学者朱焕章编写的《滇黔苗民夜读课本》，重点宣扬了爱国主义、平民教育、自力更生、人人平等的思想，并包含有讲究卫生、团结友爱、互助合作、诚实相处、发展生产、选择优良品种、提高生产技术、学做生意、写信、写借条、写收据等方面的内容。这套扫盲简易教材，无论对教徒或非教徒，都产生了积极的影响。

苗族掌握了文字工具，用来写信、计算、记事，使"蒙昧"的乌蒙山区苗族社会的文化状况发生了变化。石门坎《溯源碑》载有"伫见户诵家弦，子妇解颂扬之谱"的句子，记述当时全民信教读书的景观。在30年代中期，"石门坎苗化之区，计七八百里……苗民一万六千中，三分之二均能草读千字课本四册。"[①] 到40年代，石门坎文化圈的范围内大约有5~6万苗民[②]能够使用石门坎苗文。通过石门坎发起的这种全民性文化学习，乌蒙山区大部分苗族信徒一度摆脱文盲身份。如果按照石门坎教育模式的复制扩展范围估计，受影响的少数民族地区接受教会扫盲教育的人数就更多。这就是从四位苗民到数万边胞的求学故事。

石门坎采用现代教学方法，学校的课程、教材编写和教法都运用了"自下而上"的方法，即结合村民的生活和语言文化进行创新，对于经济贫困的农民来说，形式主义的文字学习无济于事，结合生活技能的功能性扫盲，其效果不仅适应其文化基础，而且能够满足村民的生活实际需要，学以致用。所以成功的乡村教育并不是对"先进"城市文化的照搬和简单模仿，而是结合村民的生活和语言文化进行创新。《威宁彝族回族苗族自治县民

---

① 王建明：《现在西南苗族文化最高区——石门坎的介绍》，载《康藏前锋》第4卷1936年第3期。
② 黄行等：《中国少数民族文字字符总集》，北京：中国社会科学院民族学与人类学研究所网络信息中心，2004。

族志》记载，中华人民共和国成立初期的1952年"按人口比例，要数苗族文化最普及"。这个成绩是在学校教育和平民教育互补、宗教传播与识字扫盲共生的实践中取得的。

2. 基督教传播

在石门坎文化力量日益显著的过程中，于1912年在昭通建立循道公会西南教区，教区总部设在滇东北城市昭通，其中苗疆部设在石门坎。滇东北也上升为基督教在中国内地传播的重要区域，进入各种宗教研究的文献中。以石门坎为中心的基督教传播地区，在1915年信教人数已经达到一万人。柏格理日记记载，经过培训和考试，已经有4800名受洗者，5000多人正在被考察、准备受洗①。截至中华人民共和国建立，约60余年的时间里，西南教区共在威宁石门坎、四方井和赫章县以及云南昭通、威信牛坡坎、永善大坪子、彝良咪哩沟、寻甸、会泽、嵩明、宣威等地建立了16个联区、116个教堂，培养有资质的正式牧师17人，乡村传道员数以百计，发展教徒近6万人。

早在1904年，柏格理传教时途经武定，发现该地区传教条件较好，便告知中华内地会。1906年，便由昆明内地会总会计处的郭秀峰到武定洒普山苗族中传教，并以此为中心逐渐将传教势力扩张至武定、禄劝及寻甸等地。1917~1919年内地会从石门坎聘杨荣新等五名苗族教师，到各地推行双语教学，教授石门坎苗文，获得成功，信教人数迅速增加。1923年，武定洒普山成立"基督教内地会滇北六族联合会"，设立六个总堂，内地会建立了严密的传教网络，使基督教传播发展很快。截至1949年，在上述地区发展出了40多个传教分堂，近200个支堂，共培养

---

① 柏格理等：《在未知的中国》，东人达等译，昆明：云南民族出版社，2002，第782页。

教牧人员 600 多人，发展教徒 2 万余人，慕道友亦达数万人，成为石门坎文化圈向南延伸的一个很有影响的另一个基督教文化圈。①

基督教在西南主要传播对象是苗族，由于苗族信奉者比例高出其他民族，当地其他民族也把基督教称为"苗教"。这一点不仅可以证明基督教对西南苗族的影响之大，而且也说明一个主体性问题，就是苗族"甘心情愿"地把基督教当成了自己本土的宗教，喻示着这其中发生了主体性转换。这种转换从传教士和教师身份的共生结构中也可以发现。

二 文化网络

1. 石门坎教育网：从一所学校发展为一百所学校

据不完全统计，1905～1920 年，滇东北、黔西北创建小学 34 所；至 1936 年，石门坎校本部有两级小学及女子小学，附设初中班。滇黔境界 27 所分校，川境 15 所分校，共计 42 所分校。抗日战争时期，兵荒马乱，教会小学仍然发展到 50 多所，在校学生两千多人。至 1949 年，循道公会在滇黔川边区建设的乡村小学 96 余所，初级中学 4 所。

"石门坎的教育势力范围，计滇黔境界二十七所分校，川境十五分校，共计四十二分校，但石门坎校本部因限于经济关系，仅有两级小学及女子小学，至高小毕业不能升学他方者，即由校本部教职员附设初中班代为教授，其余能升学者，多至滇属昭通明诚中学，至各分校，除滇属威信县牛坡坎设有两级小学外，余皆为初级小学。每校学生，平均四十名，教职工二名，学校经费及教职员薪金，半由各地苗民筹集，半由循道公会补助，教职员年

---

① 杨学政、韩军学、李荣昆：《云南境内的世界三大宗教》，昆明：云南人民出版社，1993。

薪，平均每人为三十元至三十五元法币，其生活之苦，可想而知，至其行政系统，亦与内地无甚区别，除校董会外，石门坎本部设校长一人，教务主任一人，训育主任一人，事务主任一人，会计主任一人，医务主任一人。各分校则设主任一人，教员一人。各分校主任及教员，均听石门坎校本部校长之指挥，以推行各校校务，各分校小学毕业生，每届毕业期间，则呈报石门坎校本部定期参加会考，及格者升学校本部高级小学。高小毕业后，其成绩优良者，由校资助升学昭通中学，俟初中毕业后成绩复优良者则由全体苗人资送省外高中升学以至于大学，至高中或大学毕业后，则由全体苗民视其能力之大小授以职权处理苗民之各种事务。"①

这个教育社区率领着川滇黔边区近百所学校，在黔西北、滇东北、川南交界处，方圆七八百华里的地区分设支堂和分校。1951年统计，威宁县小学50所，其中教会办学和民办村校42所，教会学校中少数民族学生占80%~90%。威宁县当年只有两所初级中学，一所在县城，一所在石门坎。少数民族学生占很大比例，威宁全县初中计6个班，初中生188人（男145，女43），其中彝族63人，苗族72人，汉族等其他民族53人。根据毕节地区对全地区中小学（包括少数民族中小学及附设班、教会中小学）少数民族学生所作统计，同一年全区以少数民族为主的中小学校33所，学生3168名，威宁县占24所，学生2242名。学生数占全地区的70%。②

2. 民族教育阶梯，造就民族人才

苗族人才：

石门坎小学和中学是循道公会西南教区的教育中心，西南教

---

① 王建明：《西南苗民的社会形态》，载《边声月刊》第1卷，1938年第3期。
② 威宁彝族回族苗族自治县教育局教育志编纂办公室：《威宁彝族回族苗族自治县教育志》，威宁：威宁县教育局编印，1989，第88页。

区为世代为农奴的苗族培养了一批受过高等教育的少数民族知识分子,其中两位苗族学生获得了华西大学医学博士学位。贵州省志记载,到1949年止的不完全统计,由光华小学毕业的学生有数千之众。到石门坎中学和其他中学有数百人,由这些学校毕业出来的学生,中专生百余人,升入华西大学、云南大学、中央政治大学、南京金陵神学院、蒙藏学校等大专院校的学生约30多人。每万苗族人口平均有5名大学生,其中两位获得华西大学授予的博士学位。①

彝族人才:

不少彝族子女入崇实中学、石门坎中学、昭通明诚中学、昭通国立师范等学校求学,有的到贵阳、昆明、重庆、成都、南京等地高等院校深造。据了解,1949年年底前,全县彝族受过高等教育的有20余人,其中两位获得华西大学和美国纽约州大学授予的博士学位,一位赴日留学。受过中等教育的200余人,其中,中等专业技术学校毕业或肄业的50多人。②

石门坎社区培养出的少数民族知识分子为数可观。但图4-1表明,教育阶梯上实现向上流动的人口比例是很小的,在石门坎教育成果——几十位大学生背后,是一个数万人的庞大人群,绝大多数苗民还处于文化结构的底层。

3. 基督教网络

1919年卫理公会即循道公会在中国的传教士946名,有教徒7.4万人。同期,循道公会长驻石门坎、四方井的外国传教士5人左右,有教徒1万多人。到1925年时,循道公会西南教区

---

① 贵州省地方志编纂委员会:《贵州省志·民族志》(上),贵阳:贵州民族出版社,2002,第80页。
② 威宁彝族回族苗族自治县人民政府县志编纂委员会:《威宁彝族回族苗族自治县志》,贵阳:贵州人民出版社,1994,第92页。

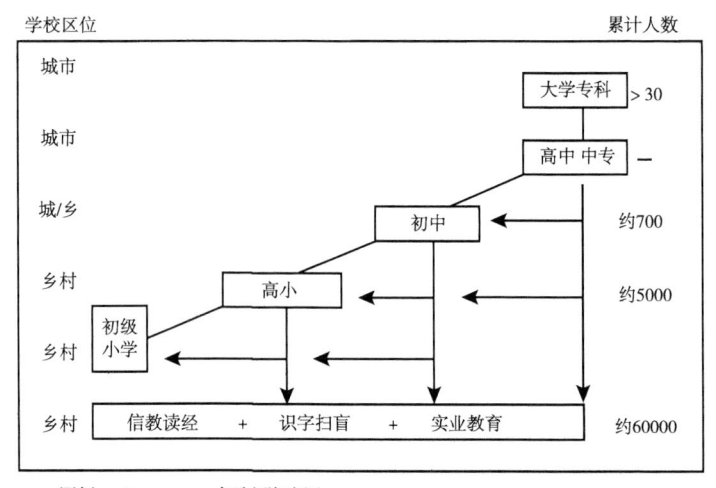

```
学校区位                                                      累计人数

城市                          ┌──────────┐
                              │ 大学专科 │ >30
                              └────┬─────┘
城市                          ┌────┴─────┐
                              │ 高中 中专│  —
                         ┌────┴────┬─────┘
城/乡                    │  初中   │←──────    约700
                    ┌────┴───┬────┘
乡村                │  高小  │←──────────     约5000
           ┌────────┴──┬─────┘
乡村       │ 初级      │
           │ 小学      │←──────────────
           └───┬───────┘
乡村   ┌───────┴─────────────────────────┐
       │ 信教读经 + 识字扫盲 + 实业教育  │   约60000
       └─────────────────────────────────┘

图例：◄────── 表示师资来源。
```

图 4-1　1921~1949 年石门坎社区苗族的教育阶梯

的信教群体已经扩大到 6 万人之多。在基督教的传播史上，这样的传播速度是非常突出的，所以石门坎一时声望日隆（图 4-2）。

```
    ╭─────────╮ ╭──────╮ ╭─────────╮
    │ 民族教育网 │石门坎│ 基督教传播网 │
    │          │文化圈│            │
    ╰─────────╯ ╰──────╯ ╰─────────╯
```

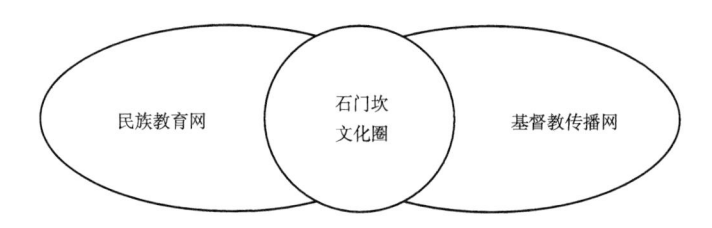

图 4-2　石门坎文化圈与民族教育网、基督教传播网相互嵌入

循道公会在西南少数民族地区得到迅速发展，与紧密的组织和严格的制度相关，它对教牧人员的选拔也有一套完整的等级选拔制度。循道宗与其他大多数基督教派一样，教牧人员才具备传教和主持宗教仪式的资格。因此，循道宗十分注重对教牧人员的培养。特别是在乌蒙山区这样的地理和人文环境下，他们更注意对少数民族教牧人员的培养。在西南教区，设有神学校1所，先为学制1年，毕业了12班共111人。一些优秀的传道员被教会送往其他省会城市的神学院培养。循道公会在40多年中先后培养了本地牧师40多名，教区教士近百名，联区教士数百名，义务传道不计其数。该教会中国教牧人员与外国传教士比例为18∶1，即每19名教牧人员中只有一名是外国传教士。说明循道公会已完全本土化。①

1920年圣道公会基督教西南教区的组织机构发展为五部四班，增设教区办事处常务委员会，下辖14个委员会：教区遣会、执行、神学、接济、妇女、经济、产业、教育、宗教教育、医药、文教、推广、查账、地点。②

教会组织机构：循道公会在云南影响较大，其最高传教机构是循道公会西南教区。1931年前称为圣道公会西南教区。1932年圣道公会改称中华基督教循道公会。按其循道宗一贯主张的民主议会制度，设"中华全国总议会"为最高组织。总议会每四年召开一次。总会和总议会下，分设教区、联区、堂区三级组织和三级议会制。全国的教区共有七个，昭通为西南教区所在地，柏格理等任教区长。西南教区因具有在少数民族中传教的特殊性，名义上虽隶属全国总议会管辖，实际上归循道宗伦敦总会领导。西南教区有联区16个，其中石门坎联区、长海子联区、大坪子联区、咪耳沟联区全部由"大花苗"信徒组成，牛坡坎联区、王武寨联区由"川苗"信徒组成，此外，昭通联区、会泽联区、寻甸联区、嵩明联区也有一部分苗族信徒。机构改组后，

---

① 张坦：《"窄门"前的石门坎——基督教文化与川滇黔边苗族社会》，昆明：云南教育出版社，1992，第268~269页。
② 威宁彝族回族苗族自治县民族事务委员会：《威宁彝族回族苗族自治县民族志》，贵阳：贵州民族出版社，1997，第280页。

石门坎的地位从组织制度上的中心又回复到文化意义上的文化圣地。在联区之下，为独立的基层单位"堂区"。大的堂区，有的还设有"联村"。一般的堂区之下，将信徒编为"班"，班是教会组织的最小单位。①

第三节　学校和教会共生机制

从1906年石门坎学校开始招生起，传教士们就把"哪里有教堂，哪里就有学校"的办学方式不断推广到周边的苗区。开创期常常是一师一校制，每一位传道员一身二任，即传道也教书，独当一面。所以每建立一个传教点，就有一所小学同时诞生。依靠这个方式，石门坎结构自我复制到更广大的地域去。

一　学堂—教堂：共有的文化空间

教会每增加一个支堂，同时就增加一所学校，称为分校。渐渐形成教育网络，达到大约120所学校。石门坎校本部和昭通、威宁等地的两级小学不足10所，其余皆为初级小学。这个网络因为教会逐渐完善的制度管理而自成一体，石门坎就是这个教育体系的中心。通过杉木林小学建立的例子，可以了解石门坎文化结构的发生过程。"1930年石门坎教会年会决定么子店子调王明基先生回石门坎任教会传道。是年3月派遣王明基先生带领龙井教会的人去永善县杉木林、龚家坪、洋芋坪等地看望由龙井迁徙到那里的人，了解他们居住和生活情况。到了马楠，见到迁去那

---

① 张坦：《"窄门"前的石门坎——基督教文化与川滇黔边苗族社会》，昆明：云南教育出版社，1992，第134页。

里的人不少，但无一所学校，先生便召集大家开会，决定开创杉木林小学和教堂。"①

石门坎教会年会是一个集体决策中心，在每年一度的年议会上讨论决定下一年的任职安排。而每一位传道士和教师都具有自主工作能力和权利。在毫无通讯条件、和石门坎中心地距离遥远（50~100公里）的情况下，他必需有能力独当一面，能够根据工作地点本地的具体情况，来独立做出建立新学校、新教堂这样重要的决定，并动员苗民采取行动。在他做出重要的决定之前，他不必"请示"上级，而是"召集大家开会"。这一时期形成的学堂—教堂共有空间的传统至今在苗族村寨的调查中仍然可以找到。

二 教师—教士：共生的职业身份

学者们指出，本地教师—教士是传播福音的关键。"以石门坎学校为发端，当地教徒在许多村寨建了学堂—教堂"，因为简陋和贫寒，读书和信教的场所同一、既是学堂也是教堂，被称为school-chapels（学堂—教堂）。老师和传道员一肩两任，既是教师也是教士，称作teacher-preachers（教师—教士）。② 每个初级小学的规模，有学生四十至一百名，教员一至二名。

石门坎着重培养教会布道员。学校的第一批学生，根据当时各地要求教会的需要，不少毕业生被分配到云南会泽、鲁甸、武定洒普山和镇雄、威信、永善以及川南筠连、珙县等民族地区教会充任布道员兼小学教师③。石门坎光华学校开办之初，教职员最初由汉族知识分子担纲，英国传教士只兼少量数学、英语等课

---

① 王文宪：《滇东北次方言苗族历史人物王明基先生事略》，2006，未刊稿。
② Parsons, P. K., 2004. The Miracle of the Hua Miao, *Methodist Recorder*, March 11, 2004.
③ 本书附录"社区记忆之四　杨明光老师忆石门坎光华小学"。

程。刘映三先生、钟焕然先生、李司提反,都是著名的汉族老师,刘映三先生在石门坎任教 25 年,钟焕然先生五十余年,毕生年华交付少数民族教育。1917 年以后,留学归来的苗族老师走上教学岗位,校长和教师逐渐苗化。

在资源、信息、收入和福利都很低微的情况下,石门坎社区人才回归的现象,是值得分析的,它用市场决定论或者常见的理性主义思路很难加以解释。但是这的确发生在石门坎社区,并且持续了 30 至 40 年之久。从访谈记录中,我整理了石门乡村历史和现实中比较有影响的一百多个人物的职业生涯。可以观察到的共同点是,不论如何分类,他们的职业身份或社会身份都是交叉和重叠的。

这里举一位石门坎老教师张德全先生的例子(图 4-3、表 4-1)。

图 4-3 访问石门坎老教师张德全先生 (石茂明摄)

1998 年元旦,笔者访问 80 高龄的石门坎老教师张德全先生(右二)。张老师生前的职业身份发生多次变动,大起大落。两年之后他走完了坎坷一生,他留给家人的是一份对石门坎生涯的回忆。与笔者一同前往的石门乡张国辉先生(左一),他的长辈们有着与张老师相似的生命历程。

表 4-1　一位石门坎教师的生命历程

工作编号	身份	历程	年份
A	基督徒	出生于基督徒家庭,全家信教,父亲教师	
	初小学生	随父亲到天生桥小学读书。复读一年	1922~1926
	高小学生	石门坎光华小学高小	1926~1929
	初中生	受苗族大学生资助到昭通读初中。初中毕业	1929~1934
1	小学教师	彝良县落尾坝小学教师	1934.7~1935.7
2	小学教师	大关县天星场(凉风坳)小学教师	1935.8~12
3	小学教师	彝良县青树林小学教师	1936.2~12
4	小学教师	威信县牛坡坎小学教师	1937.2~12
5	小学教师	昭通三岔路小学教师	1938.2~7
B	国民党员	参加保甲编整训练,加入国民党	1938.8~12
6	小学教师	威宁龙街镇天生桥小学教师	1939.2~1940.12
7	区分部书记	国民党天生桥区分部书记	1940
8	录事	石门坎区党部录事	1941~1943
9	党务干部	省党务干部训练班 3 月	1942.11~1943.2
10	干事/科长	国民党县党部干事,半年后辞职	1943
11	秘书	县商会秘书	1943
12	文书	银炉乡公所文书	1943
13	小学教师	保国民学校老师	1943
14	小学教师	石门坎光华小学教师,班主任	1943.12~1944.11
15	苗文教师	为新来的赵老师辅导苗文	1945
C	年议会书记	石门坎联区年议会书记。小学班主任	1945~1948
D	共产党游击团员	参加威宁游击团第五连,支持共产党革命	1949~1950*
16	事务主任	退伍,回石门坎学校教书,任小学事务主任	1950
17	小学校长	轿顶山小学接任校长	1952
18	小学教师	水塘子小学教师 4 年	1953~1957
19	小学教师	石门坎光华小学教师	1957
20	扫盲教师	暑假期间,在野衣乡担任扫盲教师	1958
21	小学教师	白么小学教师	1958
E	"历史反革命"	1958 年被捕,入狱 11 年。农场服刑 9 年	1958~1969
22	刑满就业人员	刑满就业 10 年后返回石门公社	1969~1979
23	农民	一度为生产队牧羊。苞谷饭吃不饱	1979~1987
24	"退休干部"	平反,退休干部待遇。补发省人事厅的退休证	1987
F	歌曲作者	创作一系列苗文歌曲,表达石门坎情怀	1990
		逝世	2000

* 由于匪患,威宁县经历了 1949、1951 年两次"解放",1954 年成立威宁彝族回族苗族自治县政府。

这位张老师生前的职业身份发生多次变动，经历坎坷、大起大落。他一生中主要的职业生涯就是小学教师，但是他任教的学校却不固定，前后20年中，他变动了12个学校。这是石门坎社区教师的显著特点。他的经历反映了石门坎社区结构运行的很多信息，就是乡村教师实行教师轮换制度，他们不固定在一个学校，每个学校任期一年，每到年终，石门坎召开年议会，集体商议决定下一年度的教师任免和流动安排。这是一个井然有序、自组织的管理系统。

石门坎文化结构营造人才自由流动的空间。如同大浪淘沙，接受小学教育的苗民子女大部分回村务农。我们所记录的，是曾经逐浪而起、显露工作才华的一些社区人物。这近百位社区人物的生命历程都自教会学校起始，一部分外出求学然后外出从政；一部分外出求学回归乡村执教。执教者又成为相互交叉的两类：组织教会，从事教学。特点是，那些优秀的人才，往往具有多重身份，在多种职业中穿梭往返。在这个现象中，可以解读到这样一些意义：

其一，文化包容的环境有利于建构认同主体。学校兼容并蓄，不同文化、不同主义和思想共生。虽然是教会学校，不信教者也可以执教。石门学校的教师来源是开放的，办学初期，由柏格理牧师在昭通聘来的汉族和回族老师任教，共15人。直到10年后培养出一批苗族老师，汉族老师才陆续离开。石门坎学校创始人之一刘映三老师是汉族知识分子，不信教，在石门坎光华小学办学25年。学校负责人中，教徒非教徒都有，秀才举人和美国博士共处；国民党员和共产党员并存。

其二，职业流动机制有利于建构能力主体。人才自由流动、自主选择，教师队伍向社会开放。教师队伍内，有的先读书后教书，也有的教书一段再去读书深造的。更为特殊的人才流动方式，是本土人才在几个机构身份之间穿梭，没有身份障碍。教师可以兼任传教士,传教士可以转变为教师。有趣的是,传教士转变成为政府官员、公务员的也不乏其人。人们可以尝试、选择,找到发挥个人能力的最佳方式。所以这种高度弹性的职业制度,有利于能力主体的养成。这种职业的流动、工作的弹性,以及自由发挥的空间,都表明了这个文化结构中二维主体性的存在。

其三,自组织的制度安排。社区内外职业的自由流动和多元文化的宽容共处,使学校逐渐成为一个自我激励的机构,成为一个"四通八达"、具有网络特点的平台。学校制度不是约束行动者的创造力,而是允许行动者自主发挥、选择和创新的一种安排。教师可以发挥各自专业特长,吴性纯医生办学兼办医院;王明基研究农业也办纺织工厂;李正文本是神学院科班出身的神职人员,也钻研和精通农学,人称"大农夫";王绍纲身为一校之长,他业余时间创作的大量苗文歌曲,至今在民间传唱。

从第一位英国传教士到数百位苗族传道员,从汉族教师到数百位苗族老师,石门坎社区在不到10年的时间内实现了外来文化结构的本土化,整体结构的各个部门的负责人全盘"苗化",同时实现乡村教育与乡村教会的系统整合和社会整合。这个共生的职业身份制度化的结果,也塑造了一个新的知识阶层"堪德",即乡村教师,后面会展开进一步分析。

石门坎社区的知识分子文化身份交叉叠印的现象,很难简单地断言它对于社区文化结构是积极的或是消极的,因为石门坎社区历史显示出悖论,在20世纪上半期,这种文化符号叠印的情况,对于社会结构的积极功能大于消极功能,乡村教育和乡村教会交互促进、交互嵌入和生长。但是在第三个时期,宗教文化一度遭到政治排斥,与宗教文化关联的事物受到贬损,文化符号叠印现象给石门社区带来政治牵连,社会关系断裂、社区隔离的情况就发生了,引起文化结构震荡变迁,这一点将在后面几章分析。

第四节　教会和社区的共生：乡村建设

尽管教育诉求先于经济诉求表达出来，但是这并不意味着穷人和贫困社区缺乏经济诉求，也不意味着石门坎教育中完全忽视了社区其他公共需求和经济发展。石门坎成为基督循道公会在西南地区传教、办学和推动乡村建设的大本营，在一个极其薄弱的经济基础上，当地的教育、文化、医疗卫生事业得以起步、发展，逐步发育出一套开放的、多层次的基础教育体系和医疗卫生体系，社会影响深远。

基督教在西南地区传教的一个特点，就是启动了一系列公益行动，用今天的语言来说，可以说传教士们在少数民族村寨实施了很多扶贫和乡村发展计划。基督教组织除了在各地各民族中开办中小学教育、夜校、圣经学校，也开办各种诊所、医院、幼儿园、孤儿院等等，以达到在民族地区广泛传播。这些举措在不同程度上促进了社会发展和乡村教育进步——虽然以不同意识形态的标准衡量有不同的解读，但这些行动成为启动西南地区"现代化"的一种推动机制。石门坎文化组织对社区有何种影响，文化如何嵌入穷人的生活世界，是这一节要分析的内容。

一　"五英镑屋"：融入社区的核心机构

传教士初来石门坎，贫穷苗民集体为他们建造了一座小屋（图4-4），房子很简陋，是用泥土和稻草的混合物制成的。小屋里要生火，用来抵御寒冷和潮湿。外面都刷成了白色，在山间显得很突出。虽然是一处临时性居所，但意味着传教士已经生活在苗民之中，成为社区中的一员。

图 4-4 石门坎创业之初的"五英镑屋"

"柏格理去申请一笔钱来建一栋牧师住房。资金到了,只有5英镑。他用山体作为后墙建起了三间屋子,竟然还张罗着为三个窗子配玻璃!他为这个住处取名为'五英镑屋'。1906年,张道惠带着新娘来到这里与柏格理夫妇合住。"① "我们现在有70多座新建成或改作的小教堂。对于每一座的建立,传教团协会平均资助为五英镑"。② 柏格理夫妇、张道惠夫妇居住在他们称作"五英镑屋"的住所,它迅速成为一个中心,一个社区生活的中心,承担丰富功能,并且营造了一个"公共领

---

① Parsons, P. K., 2004. The Miracle of the Hua Miao, *Methodist Recorder*, March 11, 2004.

② 《柏格理日记》1915 年 6 月 7 日。Pollard, S.: *Eyes of the Earth: The Diary of Samuel Pollard*. London: Cargate Press, 1954.

域"。五英镑屋颇具文化象征意义,标志着西方传教士充分融入苗民生活,他们的居所对社区开放,完全不设防,他们的日常行为完全进入社区的视线,如此,这群外来人迅速获得了穷人的信任。他的床,白天则当成了餐桌和办公桌。传教士的妻子勇敢地分担起那个朴实家中的艰苦生活,在妇女和姑娘们中开展工作。

这间仅仅有一扇小窗户的小屋,好像一个充满活力的心脏,很快不停歇地运转起来。"奇妙的五镑小屋!奇妙的小房间!即卧室、餐厅、药房、图书室、化妆室、保险库、备餐室、食品贮藏室、母亲集会室、传教士培训室、社会管事人会议室、穷人的律师事务所!然而也可以说它仅仅具有一项功能:它是耶稣之爱小屋,是所有遭受苦难与贫穷人们的救星。"[1] 在社会功能上,小屋早已不仅是他们的居所,它是一个多功能办事处,是完全向苗民开放的、嵌入村寨的互动场所。

二 社区医疗:平民医院

建设初等教育和初级医疗机构,是传教士们在少数民族地区影响群众、吸引群众的工具。受过基础教育或医疗保健的技能培训的传教士们,为穷人治病不收钱,实行免费医疗。教会的第一个信徒,有时正是那些被传教士治好的病人。在医疗条件极其缺乏的乡村,一粒药片的作用有时超过十个布道的说服力。柏格理夫妇在巡回布道时,带着药箱,向苗民宣传医药卫生知识,如沸水消毒、预防疾病、包敷外伤、种牛痘、饮食卫生。"五英镑屋"就承担了药房的功能。柏格理夫妇他们给人治病,发放药

---

[1] 柏格理等:《在未知的中国》,东人达等译,昆明:云南民族出版社,2002,第128页。

品，对穷人免费。于是前来教堂做礼拜的越来越多，其中一部分主要就是为了求药治病而来的①。

柏格理夫人原是昆明教会医院的护士，负责药房和治理病员工作。张道惠夫人也长期参与医疗与药物的发放。进行礼拜之后，有不少人到药房求医求药，她们就一一接待。在发放药品时，把粉末状药物包在纸包内，将蓖麻油之类的液态药品，倒进半个鸡蛋壳内盛好，送到病人手中，病人再小心翼翼地带回家。这段时间，医疗与药物都是免费的，解除当地群众病痛。"……萨温医生和莉莲·格兰丁医生在昭通随时准备收治每一位患者。有时我们这里许多病人蜂拥而来。我知道曾经在一天之内处理过多达100名病号，我也知道张道惠夫人为收治不断前来求医的人流而累得疲乏不堪。"②

苗族的医护人员逐渐培养出来，张道惠夫妇回国后，药房改为苗族管理。从石门坎学校送出去的优秀学子中，有一位在1929年学成归来，一边办学校一边办医院。这就是在华西协合大学获得医学博士的吴性纯，在进石门坎小学前他是"一个没有名字的牧童，他的书本就是大山和森林"。由于聪慧勤奋，得到教会助学金完成小学和中学教育。28岁那年前往成都读大学，8年后出色完成了医学学业，他是苗族的第一位博士。吴性纯回乡使石门坎小药房升格成一所小型医院。吴性纯博士独创性地根据三种语言，把他的医院首字母缩略词设计为"P. M."，代表以下名称：

苗语：Pi-Miao，意为"我们苗族的"医院；

汉语：Ping Min，意为"平民"医院；

---

① 杨汉先：《基督教循道公会在威宁苗族地区传教始末》，载《贵州文史资料选辑》第7辑，威宁彝族回族苗族自治县政协编印，1981。
② 柏格理：《苗族纪实》，见柏格理等《在未知的中国》，东人达等译，昆明：云南民族出版社，2002，第125页。

英语：Pollard Memorial，意为"柏格理追思医院"，这所医院为怀念柏格理而建立。①

吴性纯在医院简陋的条件下，成功地开展难度与风险很大的外科手术，抢救了受伤士兵的生命。他还在出诊中，仅用一把医用柳叶刀、一段替代导气管的竹筒，为一个严重的气管炎病人实施了气管切开插管术，避免了因窒息导致死亡的危险。吴性纯医术高超，几年后被西南教区调往昭通工作。吴性纯成为苗民子弟的榜样，先后有十二位苗族医生护士学成回乡。

教会致力于乡村医疗，教会扩展、穷人受益，成为一个双赢行动，传教士和穷人双方互相促进。在缺医少药的乡村地区，医疗事业直接缓解了穷人的痛苦。重视医疗卫生一直是各地教会在中国工作的传统工具，例如，南京金陵神学院乡村教会科曾拟订《中国教会周年工作计划书》②，作为各地乡村教会工作的参考，对各教区的公共卫生工作提出很具体的指导意见：①如该区无卫生事务所，教会须备一医药箱，并须有专人负责。②讲授牧师常用卫生知识及疾病预防法等，每年至少应有两次。③请卫生公所或教会医院，按期委派护士演讲公共卫生。④每处教会须设新式厕所，以资提倡。⑤由教会医院或政府公共卫生机关中设短期训练班，使牧师及传道人或女传道，受公共卫生的训练。⑥教会应规定教友家中公共卫生标准。⑦与卫生机关或教会医院合作：在会堂内设分诊所；悬挂卫生图画；分散卫生图画或单张；种牛痘及其他注射，以预防流行病；演讲疫病预防法；举行卫生周。⑧饮水须清洁，在饮水井或饮水池里绝对不可洗东西。⑨调查本镇历年流行病的损害及原因。

---

① 王树德：《石门坎与花苗》，见柏格理等《在未知的中国》，东人达等译，昆明：云南民族出版社，2002，第432页。
② 费尔顿：《基督教与远东乡村建设》，转引自陈建明《近代基督教在华医疗事业》，《宗教学研究》2002年第2期。

三 社区发展：公益事业和技术推广

石门坎溯源碑上有这样一段话，"文章机杼，持操实业经纶，道德森林，饶有民生主义"，说的正是石门坎社区的公益事业和技术推广活动。

1. 基础建设

由于教会经费有限，石门坎初期建设的校舍建筑和基础设施，都要依靠石门坎人自己的力量完成。我们从一段回忆引水工程的文字中，可以看到他们如何参与社区行动、如何经历挫折。学校建在山坡上，饮用水的水源在山下，很不方便。为了方便师生生活，教会组织起来修建引水工程。

"第一次努力，石门坎引水工程是1913年开始动工修的，把雨撒湾坪子的那股水引到石门坎正沟，大伙儿都在那条小沟背水吃。第二次，1914年教会去昭通定做2尺左右长的瓦管子背来石门坎，一个接一个地从石门坎沟那边连到沟这边岩顶上。计划是把水压到山这边来。但一放水，水只冲到这边岩的三分之一处，管子就被水的压力撑炸掉。第三次，教会叫邓瓦匠家动工做管子。邓家做了数百个管子，石门坎人、学生齐动手去背来石门坎沟，三牧师出马，和信徒、学生们把管子一个连一个地从石门坎沟那边连到小学计划供水设的水井那里。工程结束了，一放水，通了，大家高兴地唱起'教会是我的家'。第四次，水虽然畅通到了供水处，但想不到的事又出现了。下坡水管畅通无阻，流到平地处，高处冲下来的泥沙、树叶子、草草等物在管子里停留，又堵住了水的通往。要拆开修整，要从头来。多次修整水路，残伤、烂的管子多，损失大。这样，又停了下来。第五次，到1915年3月，各地教会信徒下种（春耕）结束后，由张牧师到爱华山、野衣梁子、检角寨等处商量了松木,直径大约五寸,松木运来石门坎。三牧师伙到①大家继续挖槽接水。他们在木槽过沟的地方搭上木架,木架子上又用木槽连起来,这样,1915年8月,水从槽中畅通石门坎学校用水池了。但是,只要刮起大风来,木架子会扇动,木槽的接头会自然错开。第六次,几个牧师又商量,决定在这深沟上搭座凸石桥,桥上有石墩子,木槽就搭在石墩子上,木槽就不动了。他们召集众信徒们,9月动工用石头来砌凸桥……"②

1918～1919年间,由于威宁山区发生了历史上罕见的自然灾害,农业无收成,饥荒严重。有近千名苗族和其他民族灾民,逃荒到石门坎要求教会救济。当时教会除给难民们发放救济粮之外,还利用这些难民劳动力在石门坎坡上修建了长100公尺、宽40公尺的体育场。从此,在这个广场上,开展了由外国教士对信徒学生们教练足球的活动。以后根据教会的发展和各个支堂分校的建立,相继在天生桥、陆家营、木槽、大寨、切冲等地的学校范围内开辟了足球活动场地。③

2. 乡村发展、乡村技术推广部

教会办学常有五年计划,或六年规划大纲,经常派人到各地宣传大纲精神,动员和督促计划大纲的实施。如1941年教会决定的五年计划大纲,其中心任务包括生活改进和公益事业。④ 第一,衣着上,改良裁麻及纺织方法,使大家有适当的衣服穿,而式样亦当仿汉人改良;第二,饭食方面,改良种子,改良家畜,

---

① 伙到,当地方言,意为参加。
② 根据杨华明致笔者的信整理,2005年11月。
③ 佚名:《威宁足球史话》,载《威宁新闻》2004年9月3日。
④ 邱纪凤:《滇黔边境苗胞教育之研究》,载《边政公论》1945年第4卷第9～12期,第234页。

增加副产品，使有适当的饭吃；第三，住的方面，改良人畜同居，修窗户等，以讲究一般居住的卫生原则；第四，实行模范村制度。派员到各村宣传，使大家明了其意义。如五年后，对成绩特别优秀者，予以奖励。要在五年内本村到他村之道路，由各村自行修筑。

1926年南京金陵神学院成立乡村教会科，毕范宇（Francis Wilson Price）牧师领导学生到乡村调查与实习。他在平民教育中编辑出版了一套农民宗教读本，为广学会主编"农村复兴"系列专书，并从事其他乡村教会文字工作。[①] 抗战时期这个农业科技专业内迁到成都，1939年四川基督教派毕范宇等两位牧师到昭通传教，谈到解决乡村教会自养问题时介绍这个专业，石门坎可以派人去学习。于是，石门坎教会派王明基和小学校长王德椿去成都学习。经过近三年的攻读，系统掌握了农业生产基础知识和农业科技、轻工方面的许多知识。王明基先生学成回乡，于1942年创办石门坎乡村教会农业和手工业技术推广部（图4-5）。为此主动辞去教会传道职务，担任推广部主要负责人。推广部主要进行农作物、蔬菜良种实验推广以及果树栽培嫁接技术和手工业技术培训和推广。[②] 各村寨推广植树，用于保持严重流失的水土。王明基回来后，拟《西南教区乡村教会推广实施大纲》，其中有这样的内容：中心业务是办理模范教会和成立生产合作社。其他业务，生产方面为指导特约农家，试办小规模农场；教育方面为辅导小学生，施予生产训练，推行乡村民众教育；卫生方面为协助乡村卫生工作。与政府商议成立合作指导室，办理、调查中心推广区之农家经济与生产品之销售情况。

[①] 汉芮：《中国基督教记事》，《生命季刊》2002年第三卷第四期。
[②] 王文宪：《滇东北次方言苗族历史人物王明基先生事略》，2006，未刊稿。

图 4-5　石门坎实业推广部改进了织布机（杨华明提供）

3. 城市技术培训

苗族外来手工艺又称外学手工，有缝纫、棉毛纺织、糕点、铁器加工、砖瓦、汽车驾驶、皮革、白锌冶炼等。蔚为大观。其中，乡村实业计划是有鲜明特点的社区行动。威宁民族志记载，同一时期，石门坎通过多种渠道输送人员到城市培训实用技术：从30年代起，石门乡村民等已掌握硝皮和皮革缝纫技术，成品小布销售到周边乡村集市和县城。1935年，两人赴宜宾参加造船工程。1935~1937年，石门坎青年学生等到昭通学习缝纫技术，招工办砖瓦，学织小布，学木工技术。1937年赴昆明学习中山服及各种服饰的缝纫技术[1]。

---

[1] 威宁彝族回族苗族自治县民族事务委员会：《威宁彝族回族苗族自治县民族志》，贵阳：贵州民族出版社，1997，第207~208页。

4. 石门坎毛纺织厂

石门坎推广部1945年设立织布房，从此，半机械化的织布技术和毛织"人"字花纹技术传入苗区。为解决苗族妇女织布的繁重劳动，当地能工巧匠杨荣辉特地设计出一台比原来更科学的织布机模型。毛纺织厂办在石门坎，这是周边苗区第一家乡村企业。纺织厂就地取材，用本地羊毛纺成线、织成黑白相间的"人"字呢和斜纹呢。新的织机替代了苗族古老的织布机，织机是王明基先生的创新。"我们在成都读书的时候，我们是到工厂里去看，那些机器是用钢铁做的，但是我回来了以后，由于我们没有这个条件，我就用木的东西来代替钢铁的东西搞成这个织布机，这样就把本地的粗羊毛纺成线，织成人字呢。"[1] 有几十个苗族姑娘来推广部学织布，学会以后就回到自己家乡去推广，用这种布料做成外披大衣，十分漂亮。推广部吸收四面八方苗族青年男女来厂学习，并投入生产。由于精心经营管理，盈利不少。1946年朱焕章校长赴南京参加国大代表会议，穿的正是石门坎推广部用人字呢制作的一件大衣外套，很受瞩目。

石门坎推广部取得社会效益突出的是两项。一项就是织布，织布这个技术推广到所有农村，推广到石门所有的苗族，这种人字呢就在苗区推广开来。另一项比较突出的成绩是植树造林，大面积种植松树、杉树、果树。王明基后半生中辗转居住的几个地方，都留下成片的树林，这些林果业成为各地村社集体经济的支柱。

石门坎乡村发展实践，如果把它放到中国乡村现代化背景下，可能更加显现出意义。中英知识分子来到石门坎的作为，使人联想到后来发生在中国的三个特殊的历史片断，一个是30年

---

[1] 根据回忆转述，王文宪访谈笔记，2005。

代的平民教育和乡村建设运动；一个是"文化大革命"期间60年代、70年代的上山下乡运动，另一个则是90年代以来的乡村发展和新农村建设。相对而言，石门坎的实践则是一种更为本土化的实践，它的本土化包含一组相互的关系过程：知识分子苗化，教会和教育工作语言民族化；培养本地少数民族教师、传道员，逐步自行管理本地学校和教会；乡村建设，推广实用技术，培训本土技术人才。这四个本土过程是一场包含着工具理性的实践。

第五节　苗民平等意识启蒙

随着石门坎文化圈扩展，在信教比例高的苗区村寨，自成一体的教育系统和教会系统，与原来的社会组织结构发生了什么互动？是冲突还是和平的关系？新的文化组织如何自我运行？贵州学者的研究认为，教会取代苗族原有的血缘—地缘社会组织，传教士和教师建立学校，执事等教牧人员和教会管理人员，取代了寨老、山甲等自然领袖而成为新的社会中坚。社会管理权力发生了转移，社会组织结构发生了根本性的变化。这些变化包含三个方面"进化的意义"：其一，秩序社会取代非秩序社会。原有近祖胞族式的小单位组织和松散的部落式联系，形成了一种非秩序、无中心的社会，严密的教会组织取代了这种现象后，不但使苗族社会形成了多层次有机联系的秩序社会，而且形成了民族凝聚的中心，使苗族成为乌蒙山区一支不可忽视的新政治势力。其二，制度社会取代了习俗社会。原有的苗族社会制度，完全受传统观念和传统习俗的支配，"寨老"、"山甲"等自然领袖制，缺乏一种必要的程序。而先进的民主议会制度取代了原有的自然领袖制度后，苗族社会在管理、监督、选举等各方面都具有完整的制度，使苗族社会在向程序社会的进化方面有了跨时代的进步。

其三，开放社会取代了封闭社会。苗族社会原有体制，建立在血缘组织基础上，血缘组织的最大特征就是封闭，基督教社团组织取代了血缘组织，打破了血缘形成的自我封闭，苗族信徒与其他民族信徒开始有了社会交往①。

这个解释框架对于分析石门坎的社会组织变迁是很有解释力的，它启发人们思考石门坎文化变迁对于社会结构的深刻影响。作者使用"取代"这样一种命题表述，提示了一种线形发展观，我们则需要进行具体分析。比如，"取代"原有的苗族社会制度，即"寨老"、"山甲"等自然领袖制的问题，在我的调查访谈中，尚未得到完全的证实。因为我尚未发现村民关于本村寨历史上寨老、山甲等自然领袖的记忆。在石门乡调查时，村民关于村史的讲述里，都会谈到本地安土目、李地主等异族统治者的管理活动，却很少见闻苗族寨老或传统村寨管理者的蛛丝马迹。我查找了民国时期的文献，发现了一部分关于石门坎一带社会文化风貌的写照，历史上这里的苗族有没有自己的组织呢？

一 "地狱中的边民"

1. 苗民的被组织

石门乡一位老人家说："苗族是从黄河流域、长江到湖南这一带才进入贵州，至今已有三十二代多人了。因为是由自己的家乡迁到异乡，被其他族的人压迫和歧视而被沦为穷苦人民这个地位，所在的地方有人摧残，后面有敌人追赶，所以我们回也回不去了，只有在他乡当奴隶住下来，只能任由人家欺凌压榨。因为完全是人家的地，自己没有能插足的地方，依着人家过生活，任

---

① 张坦：《"窄门"前的石门坎——基督教文化与川滇黔边苗族社会》，昆明：云南教育出版社，1992。

凭人家怎样打怎样治，就只有忍，为了自己能生存下去。"①

苗族成为中国的贫困族群已经有数千年历史，以分布在贵州境内山区的苗族数量最多。他们是遭受到历代特别是元、明、清代历次南征的所谓"平服叛乱"的征战和屠杀，被迫迁入深山。如一位石门坎苗族学者所言，"苗民们面对严酷的现实，只好向着荒岭，一迁再迁（被逼到三十度以上的高山上），直到流离失所，贫无立足之地的地步。苗族自迁入黔西北一带后，人身极不自由，不仅受到统治阶级的剥削和压迫，还遭到非人所能忍受的民族歧视。清末民国初年，这种双重压迫和民族歧视等等习惯势力一直相沿，无所改变，或更有甚者。"② 历史上，汉族迁入西南晚于苗族，因由明清时期中央政府对地方加强行政管理，汉族以自耕农居多，而苗族却处在"贫无立足之地"的地位。西南地区的实际统治者是彝族土司和土目。清初改土归流后，土目地主仍控制着基层政权和基层经济。

迁到黔西北、滇东北的一支称大花苗，栖身在彝族土目的地盘上，刀耕火种，受土目和官府的歧视盘剥，苗民尽为其佃奴。他们被官府划为尚未教化的"生苗"，处于半农半奴的境地。民国时一位贵州省政府官员对石门坎苗区的考察报告中使用"地狱中的边民"一词来描述其社会生活严酷："中央的政教莫及，不论是苗夷回汉皆在不劳而获颐指气使的'土目'、'官家'的宰制之下，什么鸡租、牛租、马租、羊租、人租哪！一年之内还要帮官家作工一百余天，无工钱，没饭吃。和平自由的空气决莫有呼吸过一点点。他们的生活比欧洲黑暗时代的农奴的生活有过之无不及。"③

---

① 对吴善宇老人的访谈，2002。
② 杨忠德：《威宁苗族文化史略》，载《威宁文史资料》第2辑，威宁彝族回族苗族自治县政协编印，1986。
③ 管承泽：《贵州石门坎苗民的见闻与感想》，载《边事研究》1938年第7卷第2期。

传教士们也清楚地记述苗民的社会地位,"除纳租土司外,还要为土司服务,例如建筑房屋,供给燃料,猎取野兽,听候差使。如遇丰年,仅可糊口,偶遇歉收,就不免冻馁了。因此,他们的生活,异常困苦,男女赤足,常年忙碌。农事甫毕,立即牧畜,伐树砍柴,以供土司之需要,虽终年勤劳,却尽为土司所享受,所以苗民的生活,大多是困难得很。"①

柏格理在日记里记录他目睹的苗民生活,"我方才从一个村民患伤寒病的寨子回来。我去过的一座又一座房屋里,都挤满了病人。有些儿童已经死去,所有人都处在极端贫困之中。我曾进去的一个茅棚仅有卧下一头牛的那么大点地方。在一些屋子里,人和牲口竟躺在一起,不少处于病中的人就歇在地下。……这种贫困程度是令人难以想象的。那些房屋中,有不少座连一元钱也不值,但土目正是靠着多年来对这些人的压迫,而过着富裕的生活。只是到了现在,我才开始理解到,这些民众中的不少人正处于多么可怕的贫穷状态。我平时也知道他们穷,但却只是在此刻才体会到他们实际的贫困程度。近来,经过了几次如同刚才我在苗族人家里看到的情景后,我感到无比的气愤和棘手。难道从来就是这样吗?难道在这个世界上就没有这些人的希望了吗?如果我们宣讲在天国里没有财主的位置,群众就可能嘲笑我们像是在另一个世界讲话,而他们在人世上到底有什么机遇呢?"②

2. 苗民的文化客体地位

文献记载的一个事件清楚反映了苗族的文化地位。1904年苗族信教者日多,于是社会上流言四起,传说洋人同苗族密谋造

---

① 饶恩召、古宝娟:《苗族救星》,武汉:中国基督圣教书会,1939,第42~43页。
② 《柏格理日记》1913年9月1日,见柏格理等《在未知的中国》,东人达等译,昆明:云南民族出版社,2002,第780页。

反，当地团绅李士林借此鱼肉苗胞。1906年一位苗族教徒因为信教，被补块①土目毒打，肋骨骨折，投入土牢。另一位苗族也被牛棚子土目毒打。柏格理亲自带人前去讲理，救出二人，并精心给予治创，尚有多起记录。②

在文化版图上石门坎曾是茅塞未开的苗族村落。在这个多民族混居的地区，苗族一直与文字无缘，完全被排斥在教育制度和教育系统之外。迁来石门坎时，大花苗是汉字文盲、汉语语盲和数字数盲。基督教循道公会传入石门坎之前，威宁县、赫章县以及邻县没有一所正规学校，乡村山区仅有少量私塾。贵州威宁清末曾经出现少数举人，但仅限于彝族贵族。处于底层社会的苗族和其他民族没有读书的机会。20世纪初，苗族人几乎都是文盲，不会讲汉语。据调查，1904年之前的威宁县境内苗族仅有三至四人略识汉字，他们是为土目地主子弟陪读时，在私塾间接地接触到一点汉文化。石门坎周边苗族无一人识字。在外人看来，苗族是最落后的部落民族。直到民国时期，苗族生活状况依然是"文化落后，生活艰困，以致苗民蓬发垢面，短裙赤足，陟冈峦，履荆棘，语言纷歧，风俗庞杂。"③

历史上中央政权不仅不重视少数民族教育，而且实行了严厉的政策控制少数民族学习汉文化的机会。清乾隆年间吏部批准了贵州布政使的奏折：

"一、苗地遍立社学，并择内地社师训教，无知愚苗，

---

① 补块，地名。
② 谭佛佑：《本世纪初贵州省威宁县石门坎教会苗民教育述评》，载《贵州民族研究》1983年第1期。张坦：《"窄门"前的石门坎——基督教文化与川滇黔边苗族社会》，昆明：云南教育出版社，1992。
③ 张心斋为《苗族救星》所作序言，见饶恩召、古宝娟《苗族救星》，武汉：中国基督圣教书会，1939。

开其智巧，必将奸诈百出。请密饬地方官，将新疆各社学之社师已满三年者，许行淘汰，未满三年者，亦以训迪无成，渐次停撤，则从学苗童，自不禁而止。并请岁、科两试，仍准苗童一体应考，但不必另设额数，则苗卷自难入彀，亦可不禁而退。"①

这种文化政策直接剥夺了苗族等少数民族掌握汉文化的机会。

20世纪之前，西南地区少数民族地区与中原汉区和主体民族之间存在文化隔阂。周围其他民族不屑于把自己的宗教传给苗族，苗族也不屑于效仿其他民族的佛、道、儒和伊斯兰教。苗族处于多个主流文化的边缘和夹缝中，没有文化地位。边陲地方的苗族长期处于"蒙昧无知、非常落后"的境地，是他们在极端的压迫下，丧失了参加政治、经济、文化活动的权利的结果。

这些记载说明两个特点：其一，苗族的社会身份、文化身份都是处于当时当地社会结构的底层，这个结构的上层管理者是其他民族，苗族没有地权。身为农奴，在政治、经济、文化意义上，苗族都不是权利主体，也不是能力主体。他们生活在一维客体性的结构里，是被结构控制和压迫的群体。其二，在新文化进入这个苗区之前，苗族完全没有自己的组织。关于苗族社会制度，即"寨老"、"山甲"等自然领袖制，很可能是其他苗族地区的历史，而不是石门坎的初始社会结构状态。既然没有自己的组织，"取代"说就不能完全成立。如果修正为，石门坎文化自组织机制打破了苗区被组织的社会结构，也许更为准确。那么，苗族从被组织转变为自组织，苗族的主体意识觉醒，就是一个重要的考察角度。

---

① 《清实录·高宗实录》卷395记载，乾隆十六年七月二十五日（1751年9月14日）。

二 平等意识启蒙

基督教在苗区的工作,带给苗民最初的主体意识启蒙,表现为平等意识启蒙,在神面前人人平等的观念启蒙,这种平等意识影响到石门坎结构的发生。

1. "上帝心中的花朵"

传教士把自己为苗族工作的热情解释为神的意愿,"在各民族的历史及为生存而进行的斗争中,他们只能算一个较小的群体。但他们仍然是上帝心中的花朵,他又一次选择了地球上的弱者。"①《旧约》上的"出埃及记"记述犹太人逃离埃及人的暴政,按上帝的意志到许诺的家园——迦南建立自己的王国、掌握自己命运的"历史"。"出埃及记"这个寓意犹太民族救赎的神圣象征,在传教士的诠释里通过一条拯救穷人于水火的信教行动,被重新激活并赋予现实意义。在基督徒看来,苗族中的奇迹是上帝的见证,那些受压迫的、目不识丁的苗族转变为基督徒、获得新生,喜悦的歌声表达了他们的信念。他们相信上帝"没有藐视憎恶受苦的人。也没有向他掩面。那受苦之人呼吁的时候,他就垂听。"② "上帝的恩典"临到这些弱势群体,他们竟在世人面前成为一种悖谬现象,"似乎忧愁,却是常常快乐的;似乎贫穷,却是叫许多人富足的;似乎一无所有,却是样样都有的。"③

张绍乔牧师(Rev. Keith Parsons)谈及传教士父母奔赴中国

---

① 《苗族纪实》,见柏格理等《在未知的中国》,东人达等译,昆明:云南民族出版社,2002,第149页。
② 《圣经·旧约·诗篇》第22章24节。
③ 《圣经·新约·哥林多后书》第6章10节。

的决定时也说,"他们把他们服务的人民视为神的儿女。实际上,柏格理称这些被蹂躏、被鄙视的花苗为'上帝心中的花朵'。这种确信就是他们的动力,不仅是传播福音的动力,也是他们所有慈善工作、教育工作和医疗工作的动力。"①

关于石门坎的文献记载中,大都把这段历史故事写成柏格理选择石门坎,或者柏格理选择了苗族,柏格理的解释是上帝选择了苗族。作为基督徒,荣耀归于上帝这样的信念和表述,是完全可以理解的。但是这并不能够作为社会学的解释。回顾石门坎故事的发生,我们也可以发现另外一个解释——是苗族主动选择了柏格理,选择了基督教,来获得自救的力量。

不少学者认为,基督新教取得成功的原因之一,是强调个人理性,否定教皇权威,人性由此获得极大自由,可直接地不需中介地得到上帝的博爱,不管什么人,只要有信仰,"因信称义"就可以得到上帝的拯救。只要有信仰,人人都可得救。人人在信仰面前平等,人人在上帝面前平等。基督教宣扬人人平等的观念,深得当时深受政治压迫、经济掠夺和民族歧视的苗族同胞的拥护和支持。在新教传统里,主张自我奋斗与积极入世的社会行动。在新教波及的地方,人们向良知呼吁,鼓舞着、激励着人们的,是内在的、自己的精神。②"柏格理说:基督博爱,视人类皆如天父子女,视万族皆如兄弟,不论贫富智愚,皆以礼相待,祈上帝终免其罪。这些话,对当时石门坎地区的苗族同胞来说,有很大的吸引力,一定程度上给予了苗胞去反抗压迫、歧视和争取平等的精神力量。"③

基督教皈依和读书识字也是一个自主意识的启蒙过程,苗族

---

① 张绍乔致笔者信,2005年7月。
② 黑格尔:《哲学史讲演录》第4卷,商务印书馆,1987,第4~6页。
③ 谭佛佑:《本世纪初贵州威宁县石门坎教会苗民教育述评》,载《贵州民族研究》1983年第1期。

是经由信教才打开了一扇通往世界的窗户。村民说,因为信教读书,苗族才"得到温暖,爬起来学做人"①。说明苗族在接受这个外来文化的时候,最深切的体验不是符号本身,而是外来符号其中包裹着的"温暖",促使民族"爬起来"的被平等尊重的信息。而且,一旦意识觉醒,他们就毫不犹豫地行动。这个"爬起来"的说法,准确表述了苗族的主体意识的发生和作用过程。"新教让人勇敢地承负原罪。原罪不构成人的精神负担,反而是认识自己自由的源泉,在人世间重建乐园的源泉。新教在近代进入贵州,首先照亮苗民内心世界的光芒。"② 基督教深入苗区,顺应的是苗族自身的迫切要求,所以石门坎基督教运动是苗族自主推动的集体行动。石门坎文化社区的崛起是苗族集体行使了文化选择权的结果。历史可以有另一种读法。

2. 传教士对贫困苗民认同的社会基础

传教士和贫困民族的身份差异一直是客观事实。但是在相当长的时间里,这种差异或者被主流话语界定为敌我关系、侵略与被侵略的关系,或者被一种以传教士为"主体",以苗民为"客体"的叙事结构讲述。但是实地调查中证实,这种身份差别被歪曲,其实,两个群体的认同的成分大于对立的成分。传教日记记录了他们抱着极大的同情去了解苗族的生活传统,表露出赞赏或者忧虑,他们用基督徒的方式努力改变和"拯救"这个民族。③ 他们与苗族建立了很深的友谊,情同手足。那么这种友谊具有什么社会基础呢?

英国圣经基督教教会在英国有在下层民众中开办学校的传

---

① 对吴善宇老人的访谈笔记,2002。
② 《基督教在苗族的传播》,谷雨文化论坛。
③ Pollard, S.: *Eyes of the Earth*; *The Diary of Samuel Pollard*. London: Cargate Press, 1954.

统。循道公会1897年在昭通办现代教育，开办了男校、女校2所小学，收学生上百名。没有字典，没有专门的学校进修，传教士们对苗语的掌握竟然达到驾轻就熟的程度。①

来到石门坎创业的第一批英国传教士和汉族知识分子，传教士柏格理夫妇、张道惠夫妇、王树德等，出身于英国平民阶层，他们来自英格兰西南山区康沃尔和德文郡，类似于我们理解的少数民族群体，康沃尔人和德文郡人在英国社会里也是边缘人群，传教士的家庭都是平民——矿工、农民、渔夫等劳动者，并不富有，但是这个族群保持着崇尚教育、勤奋工作的传统。"康沃尔少数民族的生活方式独特，他们的社会组织非常严密、这种背景，使人更能够理解与他们同样居住在陆地上、拥有极少钱财、生活在传统的村寨和小集镇中的中国少数民族。对于在云南的早期圣经基督教传教士群体而言，自然形成的意识必定发挥出影响力来。"② 因为有这样的社会基础，他们更易于对苗民的状况产生同情，对苗民的需要产生共鸣。传教士们舍掉城市的生活水平和生活方式，与苗民一起过忍受饥寒的贫苦生活，而且坚持多年。贫穷苗民和平民出身的传教士建立了极其信任的关系，互为"他者"的意识在宗教互动中消解，相互客体关系朝着相互主体转变。

柏格理具有的英雄气质，使他成为苗族主体性建构初期的领袖——拥有克里斯玛权威，他的舍生取义的事迹具有传奇色彩，被中外文献着力强调和渲染。传教士的人品和善行，使苗族认为新教的上帝是善神，这位善神对苗族是和善的。传教士所说的终极归宿，也可以成为苗族人的终极归宿。苗族人的"有灵观"

---

① Parsons, P. K., The Miracle of the Hua Miao, *Methodist Recorder*, March 11, 2004.
② Alison Lewis 的论述，引自东人达《滇黔川边基督教传播研究1840~1949》，北京：人民出版社，2004，第72~75页。

在神文化的善恶取向上，与新教价值理性不产生冲突。苗民在面对面互动中接触到尊重他们的人和他们的文化，产生了认同。实际上，从柏格理日记这个自述文本以及教会的长期行动计划来看，柏格理行为中具有很多理性考量。他并非以救世主自居，而是真诚、友善地对待底层民众，和苗族交朋友。他的继任者、牧师甘铎理（R. E. Kendall）对传教士与苗族教徒的关系有一个更为清晰的分析，他感知到结构变迁中的主体性问题，有意识地调整外来传教士和本土教会的关系。

"作为外籍传教士，也应该谦虚地为汉族和部落人同事及监督人员服务。根据事实推断，有一种发展趋势可能会成为现实，现在年轻的外国传教士或许必须要在汉族、诺苏①及苗族主管牧师的领导下工作。由于自柏格理时代以来，教会的发展业已迈出了巨大的步伐，如今这是他们的教会，我们乃应他们邀请前来帮助。在一个落后的时代，柏格理是成千上万人精神上的长辈、朋友与顾问。当时他可以强有力地反对某项建议，实际上，他就是一个荒凉、多山的主教管辖区的主教。基于苗族人要有一个主教统辖体制的要求，教会才产生了如此一种开端，因此他可以相当恰如其分地被描绘成石门坎的主教。柏格理从来没有想望过那个头衔，然而他的成千上万的教区居民除去它之外，丝毫没有考虑过其他体制。新生的教会处于需要主教管辖的阶段。紧接着柏格理的继任者发现他们本身自然而然地处在相同的位置上。但是那个时代已经过去；教会正在进入一个生存的更高形式，它要求所有成员必须独立自主。他们需要富有同情心的朋友和他们站在一起，汉族、诺苏和苗族牧师都愿意成为传教士的同事。"② 传教

---

① 诺苏，当地方言中对彝族的称谓。
② 甘铎理：《在云的那一边——柏格理传记》，1946，载柏格理等《在未知的中国》，东人达等译，昆明：云南民族出版社，2002，第598~599页。

士已经清楚认识到"如今这是他们的教会",这个判断含有二维主体观,表达了"要求所有成员必须独立自主"的组织原则,这就是一种自组织的原则。

下一章将以石门坎苗文为例,分析平民教育如何有助于建立苗族的能力主体。一批苗族知识分子如何以自组织的方式表达共同意义,如何赢得这种文字权利,以及这种权利的结构意义。

第五章
主体推动结构：苗文故事

"给我眼睛给我书，睁开眼睛看天地。"
——王明基①

如果按照经济基础决定上层建筑这样的结构观，贫困者最迫切的需要不是教育。理论上，温饱问题、土地产权等问题都优先于教育的考量。"读书"这样一个文化诉求为什么超越经济基础成为社区变迁的动力？这一章以苗文为例做一些分析。

第一节　石门坎苗文创制

一　苗文创制

威宁的苗族语言，系苗语主要方言②之一滇东北次方言。因为苗族人口分布大分散、小聚居的特点，这个语言区的范围覆盖

---

① 杨忠信主编《苗族歌曲选编》，贵阳：贵州民族出版社，2000，第152页。
② 苗语主要方言为湘西方言、黔东方言、川黔滇次方言和滇东北次方言。

云南、四川、贵州约二十个县，约30万人。而国家民委在1957年少数民族文字改革时确定苗语滇东北次方言的标准音所在地是石门坎。仅仅在语言学意义上，石门坎也是一个文化中心。其中来历，正与石门坎文化兴盛的历史影响直接相关。

威宁苗族绝大多数居住在边远的高寒山区，远离县城和集镇，他们一直以本民族语言作为交往方式。直到20世纪末，威宁县苗族聚居地区人口6万多，仍有学者预计1/3的苗民不懂汉语文。20世纪80年代末，威宁县对苗族文化中心石门坎地区的调查结果：懂说汉语的，占苗族总人口数的50％，半懂汉语的，占苗族总人口数的30％；一点不懂汉语的，占苗族总人口数的20％。[1] 到我们进入石门乡调查时，依然遇到相当多的村民听不懂汉语，难于直接交流，我们在其中一个村庄进行的人口调查更证实了这一点。所以在苗区村寨，苗语一直是活的语言，没有被其他民族的语言取代。

创制苗文，是当年柏格理牧师叩击石门、开辟石门的利器。

在基督教文化传入之前，苗族不懂汉语，不识汉字。传教士初到苗区最感困难的是"方言"问题，苗语同汉语的发音、语法均不相同，差异很大。为此，柏格理在入石门坎的第一年，拜苗族青年杨雅各和张武为师学习苗语，白天黑夜形影不离，很快精通苗族语言。柏格理与汉族知识分子李司提反、苗族张约翰、王胜模等几位创业者，认真研究，几经挫折，于1905～1910年，共同创造了一套简明易学的拼音文字。

这种文字根据苗话的发音规则，一部分来自拉丁字母，一部分融合了自创符号，具有独创性、本土化、掌握便利等特点，只

---

[1] 杨忠德、杨全忠：《威宁苗族语言文字推行使用浅析》，新华社贵州分社威宁网站，1991。

需要几个月就可具备读写能力。每个音节由一个大字母和一个小字母组成,第一套文字包括声母(大字母)21 个,构成文字的主体;韵母(小字母)14 个,写在大字母的上方或右上角或右侧或右下角,以小字母位置的高低来表示声调。后来经过苗族多次集体研究,完善为 66 个大小字母。声母(大字母)29 个,韵母(小字母)37 个。它是苗族各个方言区中最有影响力的一套拼音文字(图 5-1)。

图 5-1　石门坎苗文最初字样(Kennith Parsons 提供)

这套文字被基督教会命名为"柏格理文"(Pollard Script),又称"柏格理注音字母"、"波拉德字母",沿用于西方文献和各种译成中文的文献中。国内称之为"石门坎苗文",或者"滇东北老苗文",民间称这套文字为"老苗文",沿袭至今。

1906 年老苗文的创制初步完成之时,石门坎的传教士随即启动了另一项艰巨繁重的文字工程——翻译圣经,柏格理、杨雅各等立即着手把《新约全书》翻译成苗文并分册付印,用此种文字印制圣经译本单卷和多卷本进行传教。他们也用这种拼音文字编译了整套的苗文教科书，在学校教育中使用。对于多数苗民，圣经当时是他们的第一本教科书，从1905年至今，圣经被再版了很多次。这里只整理出有文献记载的宗教读物和苗文字典的出版、推广活动。尽管尚属不完全的统计，但是从中已经可略知苗文书籍的社会需求。

1905年木刻版老苗文节选译本《圣经》、木刻制板的苗文启蒙读物问世，这是最早的苗文印刷品。在创制文字初期编写《苗语基础课本》。[1]

1906年在成都印刷的老苗文《圣经》译本与《赞美诗》。[2]

1912年英国海外圣经公会印刷和发行第一版老苗文《马太福音》，很快就销售完。[3] 30年代之前该机构前后三次印刷和发行苗文圣经，总共发行了一万五千册。[4]

1917年杨雅各赴日本横滨印刷老苗文《新约全书》四福音书。[5]

1932年英国传教士王树德和杨荣新一批苗族学者用了三年时间，在昭通重新翻译《新约全书》。杨荣新、张洪猷等一组苗族传教士、教师聚集在一起，研究改革老苗文方案。

1936年王树德和杨荣新带着《新约全书》译稿去上海圣书公会出版，印刷7000册很快售完。这个30年代的版本，80年

---

[1] 王德光：《滇东北老苗文》，载中国社会科学院民族研究所编《中国少数民族文字》，北京：中国藏学出版社，1991。
[2] 威宁彝族回族苗族自治县民族事务委员会：《威宁彝族回族苗族自治县民族志》，贵阳：贵州民族出版社，1997，第255页。
[3] Pollard, S., *Eyes of the Earth: The Diary of Samuel Pollard*. London: Cargate Press, 1954.
[4] 英国海外圣经公会认为，据民族语言文字印刷的书籍，很少能达到如此高的销售记录。
[5] 《威宁彝族回族苗族自治县志》记载为1916年，其他文献记载为1917年。

代之后多次再版,至今在民间广为流传。

1949年之前《花苗新课本》在云南昭通油印多次,先后印发1.5万册。[①]

1949年英国传教士张继乔和杨荣新、王明基等一批苗族教师再次改革苗文。

1956~1958年一批石门坎苗族学者出席苗族语言文字问题科学讨论会,参与创制新苗文和改革老苗文研究,同时编撰《滇东北次方言苗语词典》。

1959~1980年苗文出版和推广中断。

1981~1982年威宁县举办两期苗语文培训班,为滇东北苗族次方言的语言文字的推广培训骨干。主要任课教师是石门坎苗族学者,他们在苗文的实验推行中,对原苗文方案中不足的地方又作了必要的改动,使苗文更趋科学。

20世纪80年代云南省楚雄州组织改进滇东北老苗文,还编印过教材。字母仍用柏格理字母,在表示苗语语音方面更加准确。[②]

1986~1988年中国基督教三自爱国运动委员会、中国基督教协会再版《苗文新约全书》。

1999年云南少数民族语文指导工作委员会出版《滇东北次方言·苗汉简明词典》。

2001年英国苗学研究者张继乔、张绍乔在因特网上公开发表苗英对照的《中国西部苗族古歌故事》。

2000~2006年威宁县政府组织编纂《苗汉词典》。

在石门坎,苗文翻译和苗文研究这样一项繁复的工程已经持

[①] 罗廷华、余岛:《贵州苗族教育研究》第五章,贵阳:贵州民族出版社,1999。

[②] 《滇东北老苗文简介及字符集》,载黄行等《中国少数民族文字字符总集》,北京:中国社会科学院民族学与人类学研究所网络信息中心,2004。

续了整整一个世纪,两代人前赴后继,一直到20世纪50年代反右运动时期才被迫中断。在柏格理1915年去世之后到50年代初的几十年中,苗文翻译、苗文研究以及自发扩展到苗族古歌和古史传说的收集和整理的行动,全是由苗族教师自行承担的,没有立项,也没有经费支持,表明在没有政府支持的条件下,苗文是在苗族知识分子的一系列自组织行动中获得发展的(图5-2)。

图5-2 石门坎苗文书籍(Kennith Parsons 提供)

二 护送苗文出国的苗族

苗文创制者杨雅各曾护送苗文远赴日本印刷,他是苗族中第一位出国的使者。杨雅各(1882~1945),石门坎雨撒湾村苗族。光绪三十年(1904年),杨雅各听说传教士善待苗族,步行到昭通探访,与柏格理建立友谊,获得尊重,成为柏格理的苗语老师。柏格理到石门坎办学传教,杨雅各全力相助,他是苗族最早接受汉族文化和西方文化的人，也是一位智勇双全的创业者。

杨雅各擅长音乐、熟知历史、爱好打猎。作为最初的苗族布道员，杨雅各长年四处巡视宣道，练就了在兵荒马乱年代的生存能力，随时准备承担使命。他选送首批苗族"留学生"，并亲自护送去四川成都读中学。这批学生毕业回乡任教，其中就有石门坎第一位苗族校长。这件事开启了苗族人才回归的传统。不过，这位机智的苗族猎手最大的贡献和使命却和苗文关系密切。

杨雅各是石门坎苗文的主要创制者之一。柏格理到石门坎之初，同杨雅各、张约翰、张武等教师共同研究，创制石门坎苗文。成功后，杨雅各随即开始了把《新约》翻译成苗文的繁重工作。杨雅各随同柏格理外出传教时，二人对《马可福音》进行翻译与校对，他对基督教教义的熟悉程度，常常令柏格理吃惊。在柏格理的记述中，多次称赞杨雅各在翻译苗文《圣经》中的智慧。柏格理去世后，杨雅各承担起苗文翻译的全部职责，组织苗族传道员对苗文反复修改，准备出版。第二年，他同英国传教士王树德送苗文译本《新约全书》的四福音书[①]到上海等地联系付印，但上海无此类字模，无法印刷。他们改道日本，护送苗文译稿至横滨付印。王树德先回英国，杨雅各独自在日本经办印刷和校对，最终成书。辗转回国。杨雅各《传教笔记》记述其中周折：

"二人便起程乘轮船前往日本。先到长崎然后去横滨，这里离东京首都不远。经联系印刷厂，它同意可以印，但需要铸字，所以时间要等得长，现在不能立马开始印。因此，王树德提出意

---

① 四福音书即《马可福音》、《马太福音》、《约翰福音》、《路加福音》，以传记体的形式记录了耶稣来到世间为人们传道、治病以及受难、复活的经历。

见,可以去博物馆、东京、皇城参观。见到四五千年以前的日本人,生活也很苦的,人民衣着也很原始,特别是妇女纺织的工具及装饰都和苗族一样低下。""经过两三个月,王树德已离横滨去英国了。印刷厂开始印刷苗文,先印出版样,我下力校对,这是很繁琐的工作。校对的苗文是基督教新约全书的马可福音和马太福音。""校对完毕,我才乘轮船返回上海,这是1917年的6、7月间,正是张勋复辟时候,从上海乘轮船去香港,检查十分严密,行船十分稀少。由香港去河内,经安南到河口,河口是国界要关,检查更加紧密,我被警察押下,护照被取走,送昆明对证然后送回,前后经过半月,在押期间我以为此生完结,护照交还后才被允许进入云南境地,直至到了昆明又回到家,心才放下。"①

杨雅各成为西南苗族中第一位走出国门看世界的人。苗文虽然以柏格理命名,实际上是英国传教士和苗族、汉族知识分子共同创作的,杨雅各和张约翰对于苗文创制有特殊贡献。

三 苗文、服饰与民族记忆

这些比汉字简单得多的符号,并非凭空创造,它们包含着苗族历史传统渊源。苗文虽然以柏格理命名,实际上是英国传教士和苗族、汉族知识分子共同创作的,特别是苗族老者张约翰对于创制苗文有着特殊的贡献。他的一位学生三十多年后撰文说,"笔者曾受教于伊,他并举例证明,将花衣裙之花纹及日常生活用具告于余,讲明数种花纹之类别,并谓此乃吾苗族昔时所用以记载事物之字也。"② 汉族认为苗族历来没有文字,但是苗族不

---

① 杨汉先:《先父杨雅各(国)事略及其笔记》,1980,未刊稿。
② 王建光:《苗民的文字》,载《边声月刊》第1卷1938年第3期。

这样认为。苗族古歌里面,有关于古时苗族书画的传说,有苗族文字失传的嗟叹。苗族认为他们的服饰花纹,是祖先留下的迁徙图和古史密码。在创制苗文这个事件中,因为有熟知苗史的张约翰老人的解读,才使这一套符号成为连接苗族历史与现实、本土文化和外来文化的使者。

根据苗族老先生整理记录下来的资料记载,在研究苗文时,他们查看了花衣花裙上的花纹和古史传说娥赞时的符号后,模仿创制了这样一些符号(图5-3)。

花衣花纹: ♩ 𝚰 ⊔⊔ ᗡ ⺊ ʃ ⩔⩔ Ӡ ✕ ⌒ 一
仿制符号: 」 ⊤ ⊐ ⊏ ⌄ ⌐ ⋁ Ɜ ✚ ⋀ 一
娥赞时用的符号: ⋂ ↓ ○ ⊏ ↑ ⩙ ⋄ ⊔⊔ ≴
仿制符号: ⋂ ⌄ ○ ✕ ‖ ዒ ና ⌣ Ƌ

图5-3 苗文与苗族古老符号的渊源

苗族自古以来,像所有没有文字的民族那样,只能将对于族群历史的记忆存放到其他文化形式中。苗族对于族群历史的记忆,顽强地保留在苗族的服饰、歌谣、口耳相传的故事以及一代一代人的情感里。乌蒙山区约二十多万苗族至今保留独特的民族服饰,当地称为花衣,这支苗族因为他们独特的服饰而被称为"花苗"。这种以农家自纺麻线为底,加用蚕丝、青红土羊毛线漂白织成的衣服,精致、复杂。每一个部分的图案,都意味深长,包含历史意义。

苗族花衣披肩底的边纹是苗家故园古老住房长条石垒砌的基脚,肩面的花纹是苗家故土的一片锦绣山河、连片田园。白色麻布百褶裙,裙脚裹镶细腻蜡染花边中镶有跳跃间断线条,苗族说那是他们祖先的田地,那红黄蓝的条就是他们过的河、翻的山。

传说苗族同胞迁移时，苗族妇女用彩线在自己的衣服上绘出迁移的路线，她们绣的黄线代表经过的黄河；蓝线表示渡过的长江。最后衣服上布满各种各样的花纹。[1] 这些花纹只有她们的同胞读得懂。苗族花衣后来被复制了千万件，代代相传。就如同有文字的民族印行书籍或绘画一样，苗族服饰被称为绣在衣服上的诗史。这是一种特别的语言和文字，苗族刺绣和服饰是一种印刷方式，是迁徙历史的铭记符码。隐含在多样化服饰深层的是同一个主题：追怀故土、记忆迁徙之旅。

四 苗文"失而复得"的隐喻

当石门坎苗文创制出来时，一个神话开始在苗区传播：苗族以前丢失的文字现在找到，这套文字从苗族衣裙图案中重新恢复出来，正是祖先遗失的文字！苗民们说：是啊，我们的确是在几千年前把文字丢失了，现在你们帮我们找到，这太好了！

事实上，关于苗族文字的传说，在汉文字的传统里是难于考证的，只有十分稀少的文字隐约提及。[2] 但是，关于这个传说的科学考证过程和结论如何，对于苗民没有任何意义。有意义的是，苗民自己是否相信这个说法，以及是否采取行动。

这一听起来不够"现代"的传说，启动了一个"现代"教育过程，体现了苗族传播者的智慧——因为苗民深信不疑。在苗族古歌里面，的确存在着苗族古代曾有文字的传说，后来由于战

---

[1] 全国各地的苗族服饰，总计多达一百多种。据统计，苗族是中国少数民族服饰最多样化的一个民族。

[2] 据清代和民国的文献记载，部分苗族确有自己的文字。如湖南城步县苗族曾使用过一种类似汉字篆文的文字，乾隆六年（1741年）杨清保起义失败后，则被官府强令禁用而失传。

争而丧失故土家园，在长期颠沛流离中把古书丢失，因而文字失传。这个记忆在不能以文字表达的族群中口口相传、代代相传。苗文"失而复得"故事包含着两层隐喻：

其一，它表明苗族知识分子寻找苗族文化传统，建立苗族文化同一性的努力。因为苗族失落文字的传说，一直是嵌入在关于失落家园的集体记忆中的。如果翻开苗族古歌，可以听见很多遭受挫折、怀念遥远故乡的叹息。苗族意识一个基本的东西就是在主流社会那里受挫的记忆，与其说是对失去的好生活的共同记忆，不如称之为悲情意识。是共同的悲情意识编织粘连了苗族这个想象的共同体。

其二，它表明苗族知识分子借此建构能力主体和权利主体的主张。因为"失去文字"是失去能力、失去权利的隐喻。"失去文字"的背后就是苗民被剥夺和排斥、被杀戮和驱赶的记忆，是苗族对一维客体结构产生的对立意识。"找回失落的文字"是一种比喻也是一个强有力的信息——我们有机会可以找回失去的东西，找回失去的读写能力和话语权力。"读书"这一超出贫困生存状况的"奢望"，在苗族文化的传统里面是有"根"的，可以找到历史的缘由，因此拥有文字的权利不是一些无关痛痒的需要，也不是个别人的需要，它是苗族权利主体意识的唤醒的需要。

"失落的文字""找回"之日，也是苗民识字运动兴起之时。石门坎苗文参与了一个现代神话的建构，或者说，古老传说参与了现代苗文教育。总之，借助苗文的力量，基督教穿越石门，抵达广大苗区。苗族无文字的历史结束，贫困族群找到了一种表达意愿和发声的工具，苗文维护了苗族的母语文权利。文字创造中经过了多次转换，经历了多次变革、变通和因地制宜的做法。正是因为经过这样的转换，一种陌生的、客体性的符号有效地变成了熟悉的、主体性的符号。

第二节　苗文传播，超越多重边界

石门坎苗文创制出来后，苗族读书求道的热情更高，石门坎《溯源碑》所说"时闻山鸣谷应，牧樵赓赞美之歌，伫见户诵家弦，子妇解颂扬之谱"，描述当年盛况。石门学校成为中国第一个倡导和实践双语教学的学校。苗文传播范围迅速扩大，超越行政边界、民族边界和宗教教派边界，成为石门坎文化结构中最活跃的力量。这个文字的影响范围扩大，在川滇黔三省交界地区的苗族中流传甚广，甚至远在云南的南部文山、开远一带，这种文字也一度流行。20世纪初各国传教士在云南少数民族地区传教时，也纷纷采取创制民族文字的方法。而在这些应用于传教的文字中，石门坎苗文不是第一个，却是在西南传播最深入和持久的一个。苗文成为石门坎文化结构的生长点。

一　苗文推动识字运动

石门坎苗文首先用于培训师资，建立一支双语教学和双语传教的队伍。1908年由张道惠牧师主持，先后办了两期苗文训练班，也兼学汉文，每期数月，受训人数达四百余人。以后凡到石门的牧师和教师，也要求学习苗语苗文，用苗文进行教学。苗文课正式进入学校的课程设置，每周两学时，教师们用苗文编写《苗族原始读本》，这一教材使用与苗族日常知识相吻合的内容，比较容易为苗族接受。通过乡村学校系统，教育渐成风气，这套文字在滇东北苗语方言区内得到普及，不仅学生，大多数苗族老人、妇女也能用苗族文字朗诵赞美诗和念圣经。老苗文开始推广于云贵川三省边境苗区。

石门坎苗文之所以形成"山鸣谷应"的景观，它的传播过程有这样一些特点：

其一，帮助苗民组织起来。

前一章分析的一师一校制度，如果要在一个新的村寨自我复制，仅仅靠教师、传教士个人的力量是不够的，它需要社区支持，而且是一种有序的支持。苗文学习促使穷人参与集体行动，各个苗族村寨改变了分散、无组织、无助的状况，形成读书信教集体。苗民定期聚会学习，民主选举协助教师工作的人员，共同进行秩序井然、有组织的活动。提高了苗民村寨的自组织能力。

其二，文字规律易掌握、可自行复制。

在四川南部，"苗民的基督教信仰者，要带头将自己的孩子送到大坪教堂学校念书。所学课本，一半是学圣经，一半是新学——语文、算术。课本采用马亚伦、张正高、裴牧师、杨马可等四人合译的苗文课本。这种苗文是借用石门坎教堂柏格理牧师创制的苗文。"[①] 这段引文中的译者不是石门坎学校本部的教师，而是川南苗区的教师，他们依据石门坎苗文规律自行翻译学校教材，所以，老苗文是各个学校可以自组织、自复制的文化工具。

其三，嵌入现实生活，扩展到苗民日常生活和交往中。

老苗文简明、易接受、应用广，上得教堂，进得学堂，下得草房。运用神奇的老苗文，牧师们翻译了苗文版圣经和赞美诗，学校用它来编写教材，发行苗文报，传播科学知识。苗民学会用它通信记账，作为交往工具。借助老苗文，学习汉语汉字和科学知识就不再像直接学习那么困难。30年代中期，云贵川边境苗区许多苗族同胞能通读《平民夜读课本》，据文献记载，乌蒙山区2/3的苗族由此扫盲。

---

① 伍呷：《古蔺县箭竹乡解放前基督教在苗族中传播的情况调查》，载《四川省苗族傈僳族傣族白族满族社会历史调查》，成都：四川省社会科学院出版社，1986，第94页。

其四，传承历史传统。

1932～1952年，杨荣新、王明基、吴忠烈搜集整理苗文油印版《苗族古歌》，王明基、杨荣新搜集整理苗文油印版《苗族巫文化与祭祀》。① 苗族学者记录大量苗族古歌、民间故事、诗歌谚语，使得这个文字深入苗族社会历史传统，苗族自觉地行动起来，把口述历史转换成为文字历史。

二 苗文圈超越宗教和民族边界

老苗文圈的核心地区：黔西北、滇东北、川南的苗族地区。石门坎被确定为苗语滇东北次方言区的标准音所在地，也正是因为考虑到老苗文在广大苗区的历史影响。"这个文字多流行于云南昭通地区、楚雄州、昆明郊区和曲靖地区的一些县。贵州则流行于毕节地区、普定、六枝、织金、紫云、镇宁等县操滇东北次方言的苗族。教会也曾用它拼读川黔滇次方言苗语并译制圣经和一些颂歌，所以也流行于川南、云南的镇雄、威信和文山一带。"②

老苗文圈的辐射地区：从石门坎扩展到滇东北，从滇东北扩展到滇北、滇中、滇南地区，基督教循道公会、内地会等组织活动的苗族居住区，都可以发现老苗文的影响。这套文字自身的结构生长能力还体现为适应苗语不同方言，"用来记录贵州、川南以及云南省文山一带不同方言的苗语。"③ 石门坎苗文曾传遍乌蒙山区，最远传到滇南文山红河地区。石门坎苗文主要适用操滇

---

① 威宁彝族回族苗族自治县民族事务委员会：《威宁彝族回族苗族自治县民族志》，贵阳：贵州民族出版社，1997，第259页。
② 杨忠德：《苗语滇东北次方言老苗文的创制及其影响》，载《威宁文史资料》第1辑，威宁彝族回族苗族自治县政协文史资料研究委员会编印，1984。
③ 威宁彝族回族苗族自治县人民政府县志编纂委员会：《威宁彝族回族苗族自治县志》，贵阳：贵州民族出版社，1994，第503页。

东北次方言的苗族，这部分苗族有 30 多万人，熟悉这种苗文的苗族有 5 万多人。

同时，老苗文在本土的成功激励和促进了西南其他无文字民族的文字创制和推广。超越民族边界，石门坎苗文对其他民族地区的文化辐射，构筑了"石门坎文化圈"。

苗文故事鼓舞了在西南少数民族地区活动的传教士们。"这个文字系统简单易学，很适合大众教育……它至今仍在一个相当大的区域内的许多与苗族根本没有血亲关系的部落中使用。"[①] 由于它本土化的特点，以及苗族掌握文字后社会地位有所提高的榜样的力量，也影响到滇黔川的其他民族。或直接被教友习用，或根据当地民族的语言习惯加以改进后推广。这套注音文字的创制方法也被直接用于其他少数民族的文字创制和圣经翻译过程。苗族教师也成为周边一些少数民族的文字启蒙老师，老苗文的辐射力量到达了更多少数民族聚居区。"石门坎文化圈"中有苗族，彝族的诺苏、纳苏泼、葛泼支系，傈僳族，仲家即布依族等。

《滇东北老苗文简介及字符集》中介绍，云南昆明市禄劝县一带信仰基督教的彝族和傈僳族也使用外国传教士根据这种苗文字母设计的彝文和傈僳文，称"柏格理彝文"和"柏格理傈僳文"。

"柏格理傈僳文"，也称"东傈僳文"，记录的是傈僳语禄劝方言。与苗族相仿，20 世纪初的傈僳族尚未形成本民族文字。1910 年前后，受苗文创制活动的影响，澳大利亚传教士王怀仁根据禄劝、武定傈僳族方言创制了一种与苗文字母相仿的傈僳拼音文字。滇北的傈僳族教会用此种文字印制《马太福音》、《路加福音》等圣经单卷译本进行传教，在傈僳族地区推广使用。[②]

[①] 甘铎理：《在云的那一边——柏格理传记》，载柏格理等《在未知的中国》，东人达等译，昆明：云南民族出版社，2002，第 574 页。

[②] 黄行等：《中国少数民族文字字符总集》，北京：中国社会科学院民族学与人类学研究所网络信息中心，2004。

也有学者发现了西傈僳语《圣经》单卷本①。

"柏格理彝文",也称"黑彝文",一种彝族拼音文字,同样是老苗文的变体,记录的是彝语东部方言。内地会澳大利亚牧师张尔昌1917年到云南,他把原在贵州苗族地区使用的一种拼音方案带到云南禄劝的彝族、傈僳族、苗族地区试用。经过多年试行和修改,形成了一套完整的彝、傈僳、苗族都能适用的拼音方案。它有声母48个符号,韵母25个符号。张尔昌用它翻译了266页、360首的《圣主颂歌》。"这套'黑彝文'拼音方案,能够较为准确地拼读出当地彝族方言,好学易懂,很受教友的欢迎。目前约有三万余人还能读这种文字,有的还能用它写信、写文章。"②

滇东北与滇北的彝族支系葛泼人也是一个没有书写语言的族群,他们没有掌握历史悠久的彝文,是由于和苗族接触,有机会直接引进了老苗文。苗族布道员和老师被邀请前往并待在葛泼村寨,"以指导他们走上新道路"。对于读写能力的共同诉求,使得两个互为客体的群体之间开始接触和合作。

使用"柏格理注音字母"翻译印刷的教会读物③蔚为大观,如:

黑彝文《圣主颂歌》360首(约1920年);
纳西族的纳西语《马可福音》一卷(1932年);
云南北部喇家语《马可福音》(1912年)、《约翰福音》两卷;
云南北部山区柯波语《马可福音》一卷(1913年);
东傈僳语《圣经》单卷本4种(1912～1936年)、《新约全书》一部(1951年);

---

① 韩军学:《基督教与云南少数民族》,昆明:云南人民出版社,2000,第165页。
② 阿哲傈濮:《近代以来国外对彝族的研究》,转引自东人达《滇黔川边基督教传播研究1840～1949》,北京:人民出版社,2004,第305页。
③ 萧霁虹:《圣经版本在云南》,载《云南宗教研究》1993年第1期。

西傈僳语《圣经》单卷本 4 种（1921~1932 年）。

正是老苗文的自我复制和扩展力量，推动石门坎成为文化中心地。各地纷纷向石门坎教会申请派去苗文老师，石门坎学校不得不承担了师资培训的功能。一大批苗族教师，这个苗语称为"堪德"的教师群体，因此在特定的历史环境中脱颖而出，成为当时当地"先进文化的代表"。这一文化中心的地位的影响持续存在于石门坎文化圈，直到几十年之后，石门坎老校友还说，石门坎毕业的学生，在各地就业受到尊重欢迎。[①] 所以锻造人才的功力，进一步强化了石门坎文化结构的主体性。

石门坎文化的自我复制是顺着地缘网络、血缘网络和教会网络向外扩展的。通过地缘网络，形成石门坎苗文学校系统；通过血缘网络，形成老苗文圈；通过教会网络，形成石门坎文化圈。石门坎苗文的传播方式呈现这样的特点，如图 5-4 示意。

通过地缘网络，形成石门坎苗文学校系统
石门坎 → 周边苗寨 → 威宁、彝良苗寨 → 乌蒙山区苗族地区

通过血缘网络，形成老苗文圈
石门坎 → 滇东北次方言区 → 川黔滇次方言区 → 苗语不同方言区

通过教会网络，形成石门坎文化圈
石门坎 → 苗族村寨 → 傈僳族村寨，彝族支系村寨，布依族村寨

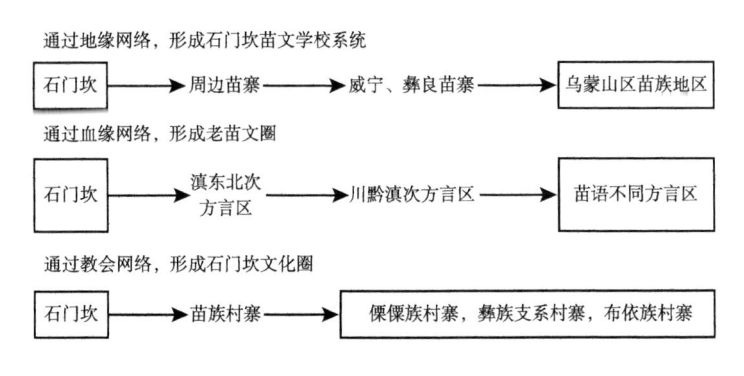

图 5-4　石门坎苗文的传播方式

苗文在石门坎以外地区的社会影响，在一些文献里有所涉及。比如，苗族传道员杨芝在彝族支系葛泼人地区的不懈努力，

---

① 石门坎学校校友座谈会记录，2005。

像柏格理那样取得了成功①。这个苗文传播的例子里，石门坎文化结构的种子也在其他民族的土地上获得生机。但是我们对苗文在其他地区的结构影响，尚不能做出确定的判断，杨芝这样的成功是否普遍存在于石门坎文化圈的辐射地带，对此目前还缺乏更多的实证研究，值得作为将来研究的问题。

第三节 苗文的挫折

石门坎文化结构的生成和扩展过程中，苗文主要表现为主体建构自身能力的符号，没有出现与某些客体进行对抗的关系；苗文之广受欢迎，苗文教师之邀约不断，说明其他互不相属地区与石门坎之间的关系，从互为客体的关系转变为互为主体的关系（图5-5）。后来，这套文字还成为苗族文化权利主体的象征，"受到苗族人民的拼死保护"②。在保卫老苗文以及后来的故事里，苗文经历挫折，"山鸣谷应"转为"万马齐喑"。

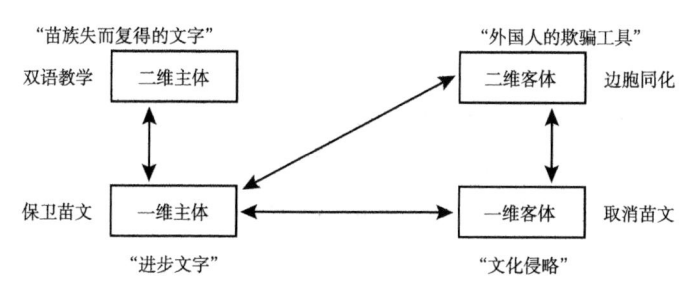

```
       "苗族失而复得的文字"            "外国人的欺骗工具"
双语教学      二维主体    ─────────→    二维客体      边胞同化
                ↕         ╲              ↕
                          ╲
保卫苗文      一维主体    ←─────────→    一维客体      取消苗文
        "进步文字"                    "文化侵略"
```

图5-5 1935~1945年苗文经历的主体—客体关系

---

① 甘铎理：《在云的那一边——柏格理传记》，载柏格理等《在未知的中国》，东人达等译，昆明：云南民族出版社，2002。
② 张坦：《"窄门"前的石门坎——基督教文化与川滇黔边苗族社会》，昆明：云南教育出版社，1992，第203页。

一 保卫老苗文,反对边胞同化政策

石门坎苗文在底层民众中获得热情欢迎,但是在"国家"眼里遭到冷遇。国民政府大力推行"同化政策",一方面以文化的手段来收编偏远的少数族群,一方面以政治机制加强监控。民国时期,政府官员对于石门坎苗文的社会效果,几乎全部归于"外人的势力",而采取一笔抹杀的态度。在40年代的官方文献和主流文献中,对石门坎苗文的贬斥之言频频出现,"按文字和语言,都是民族同化的要素,大凡要灭绝或离间种族者,必先从语文做起,像柏格理特创一种文字来教苗民,也就可知他的用心所在了。"[①] 民国时期为政府关于民族教育决策而做的一份研究报告中,老苗文被贬称为"假文字"[②]。从30年代后期到40年代,贵州省政府出台"边胞同化"的政策。据威宁民族志记载,1945年国民党贵州省主席杨森力推"边胞同化政策",主要内容包括:少数民族一律不准使用自己的语言文字,要用汉语汉文;少数民族必须同汉族通婚,汉族也必须同少数民族通婚;少数民族妇女一律穿裤子,不准穿裙子,一律剪发,不许留辫子或挽髻。[③] 国民党时期的"边胞"称谓,只是一种汉族主导的"政治性同化卷标"(张慧真语)。在这个政策过程中,把少数民族一律做到汉族化,不尊重少数民族的文化和风俗习惯,族群差异被压抑。

---

① 陈国钧:《石门坎的苗民教育》,载《贵阳时事导报·教育建设》1942年第20期。
② 邱纪凤:《滇黔边境苗胞教育之研究》,载《边政公论》1945年第4卷第9~12期。
③ 威宁彝族回族苗族自治县民族事务委员会:《威宁彝族回族苗族自治县民族志》,贵阳:贵州民族出版社,1997。

这些同化政策选在威宁进行试点，激起苗族的反对。1939年夏，国民党教育部一个视察团到石门坎视察，以斥令的口气不准教会使用苗文。在场的教会人员莫能对，便派人请来苗文的创制者之一杨雅各，杨老先生据理力争，视察团的官员哑口而不能言。[①]而在省城贵阳工作的石门坎苗族知识分子，也有出色的行动。

石门坎知识分子张斐然，当时在贵州省干训团任讲师。张斐然以敢言著称，当时是国民党员，也是日后石门坎第一位共产党员、第一位革命者以及第一位"右派分子"。在贵州省政府秘书李寰主持的治理贵州边胞三大政策的方案讨论会上，张斐然发言抗辩。他以语言的社会功能、文字的创造和发展、历史进步法则等方面为依据，对同化政策进行反驳。张斐然说："关于语言文字一项，我认为世界上最进步的文字是拼音文字，石门坎苗文是拼音文字，所以是属于进步文字的行列。它虽然只有几十年的历史，但由于它是拼音文字，本民族的人，只要掌握了声韵母，就可以拼读书写文章、信件。而汉文虽用了几千年，但现在就城市来看，又有几个人能写自己的名字呢？农村就更不用提了。所以石门坎的苗文不能取消，而汉文也应采用拼音才能赶上世界先进行列。谈到语言呢，它是人类在生产劳动过程中，在互相发生交往的关系中，为了表达自己的思想感情，成为生活接触时交流思想的工具，才慢慢地产生了表达自己的思维的音节语言。如果这种语言还在这些民族的生产和生活中，起着交换思想、互相联系的作用，就取消它，这样势必会导致这个社会的混乱。""所以衡量一种语言的生命力，就是看它在这个民族的生产集团里；是否还起着交换思想的作用？是否还起到交流生产经验、促进生产发展的作用？如果它还有这样的作用，命令加上刺刀也是消灭不了

---

① 张坦：《"窄门"前的石门坎——基督教文化与川滇黔边苗族社会》，昆明：云南教育出版社，1992，第204页。

它的。只有经济的发展和发达的工商运输业的频繁交往,才能使一种语言被另一种语言逐渐代替。所以要贵州各族人民都使用同一种语言,那是遥远的将来的事,现在还没有具备这样的条件。"[1]

这段文字的重要性是不可以低估的,虽然无其他文献相佐证,笔者不能排除有转述者在写作时的补充、修辞和加工的可能。但是即便是经过其他苗族学者加工的这样一段演讲,也可以读出重要信息,说明掌握了话语权的苗族知识分子的文化主体意识是什么样的,以及他们对于苗文社会价值的理解。

其一,"石门坎苗文属于进步文字","汉文也应采用拼音才能赶上世界先进行列"是一种很策略的表述,发言者设置了世界各民族进步的"现代化"观念作为前提,判断说拼音化的苗文就是进步文字,从而获得存在的正当性。而字面之外的意思是,汉族文字尚未拼音化,所以还不够先进,要赶上世界先进,也应该向苗族看齐。"世界进步"这一线形发展观和政府"边胞同化"政策具有一致的前提,是地方政府不能拒绝的"现代化"观念。但是发言者却利用这一线形发展观来指出汉族文字具有并不"进步"的特征,所以得出一个有悖于同化政策的结论。

其二,"语言的生命力",是关于语言文字的结构功能观。发言者认为语言文字在"互相发生交往的关系中,为了表达自己的思想感情"而产生,发挥着"交换思想"的功能,具有"交流生产经验、促进生产发展"的功能,强调民族文字对于民族经济生活的实用价值和社会交往的作用。

其三,认为"经济的发展和发达的工商运输业的频繁交往"是语言文字变迁的条件,"要贵州各族人民都使用同一种语言,

---

[1] 《张斐然同志反抗民族压迫和争取民族民主斗争的轶事》,载《威宁文史资料》第2辑,威宁彝族回族苗族自治县政协文史资料研究委员会编印,1986。

那是遥远的将来的事,现在还没有具备这样的条件。"这里特别提到文化变迁的必要条件是经济发展和"频繁交往",也是在提示政府正视少数民族普遍的社会状况:经济不发达,交通闭塞,与汉族社会彼此隔离、缺乏交往的现实特征。

其四,"命令加上刺刀也是消灭不了它的",取消少数民族文字"势必会导致这个社会的混乱",则是直接的抗议,抵制政府强制推行文化政策的企图,同化政策是当时政府一维主体意识膨胀的结果,既要防范"外人文化侵略",又要否定少数民族的文化选择。

因为遭到苗族知识分子和少数民族代表的强烈反对,这次取消少数民族文字的动议只得不了了之。这段演讲中的四层含义,有效地解构了"边胞同化"政策的正当性和合理性,使得国家主体后退,表达了苗族知识分子的权利主体意识。苗文的意义,作为主体权利的符号的意义在此显示出来。

二 新苗文创制及推广

中华人民共和国成立后,国家计划为少数民族创造拼音文字,目的是以更加科学的新苗文替换老苗文,体现了国家推动民族文字现代化的努力。1952年哲学社会科学部语言研究所和中央民族学院语文系联合组织少数民族调查第二工作队,由语言学专家带队,到西南数省苗区进行全国苗语的普查工作,石门坎成为苗语调查地点之一,直到新苗文创制完成。1956年,在贵阳召开了苗族语言文字科学讨论会,提交《苗语方言的划分和创立苗文的问题》的报告,提出了新苗文创制方案。①

---

① 参考罗廷华、余岛《贵州苗族教育研究》第五章,贵阳:贵州民族出版社,1999。

这次会议对于石门坎是值得记忆的。因为在这个讨论会上，有很多位石门坎出身的苗族应邀参会，王明基等在大会发言，这是石门坎苗族有史以来，唯一的一次以文化学者的身份在全国性会议上集体亮相。这次会议决定给苗族创制湘西苗文、黔东苗文、川黔滇的川黔滇次方言和川黔滇的滇东北次方言苗文，并对川黔滇的滇东北次方言的老苗文进行了改革。1957年贵州省民族语文指导委员会聘请石门坎学者杨荣新和王明基到贵阳负责滇东北次方言新苗文的创制工作。新苗文方案采用26个拉丁字母，8个声调。运用新苗文，他们编撰《滇东北次方言苗语词典》[①]，编写出若干识字本、课本及其他读物，在苗族地区内试行推广。

作为苗语滇东北次方言区标准音所在地，石门乡曾经参与过几次推广新苗文的工作。

1957年下半年，石门坎开办新苗文实验班。为了方便苗族，多半利用晚上工作。当时参加学习培训的学员有农民，有机关干部，有教师和学生，有成年人也有少年。新苗文实验班办了若干期，正待推广之际，反右运动、"大跃进"等政治运动开始了，国家的文化政策也完全变更。"受左的路线影响，认为原有文字的少数民族可以继续使用，原来没有文字的少数民族就不要创造和推行新文字了，因为最终各民族都要走向以汉语为语言文字的所谓大同。"[②] 于是，王明基等几位苗语专家前后递交了辞呈，告老还乡，回到乡村务农。新苗文替换老苗文的计划刚刚起步，就被迫中断。

但是，苗文遭遇的真正危机和困境，既不是20世纪40年代边胞同化政策时期，也不是新老苗文的竞争，而是50年代末至70年代的特定历史时期。

---

① 王文宪：《滇东北次方言苗族历史人物王明基先生事略》，2006，未刊稿。
② 王文宪：《滇东北次方言苗族历史人物王明基先生事略》，2006，未刊稿。

三 焚书：苗文劫难

苗族文字的发展受到宗教政策的牵连。20世纪50年代以后，苗文教育就从石门坎学校中退出。威宁自治县人民政府成立之前4年，本地基督教会已经与外国教会组织切断了一切关系。在政治宣传的压力下，基督教和所有宗教活动都处于停滞萎缩状态。民族宗教政策走向极端，信仰基督教的地方人士受到打击压制，苗族教师、传道员在政治运动中受到冲击。60年代和70年代，老苗文背上"帝国主义文化侵略"的黑锅，被禁止使用。

石门坎老苗文的劫难早在"文化大革命"之前，就已经开始。

反右运动期间当地政府发动第一次焚烧苗文的浪潮，出现了第一批遭遇政治高压的苗族知识分子。首当其冲的是苗文专家杨荣新，他是老苗文改革的核心人物之一，也是新苗文的创制者之一。而不可思议的是，事件发生的时间就在国家"重视"少数民族语言文字研究的第二年。当时杨先生正在北京的中央民族学院从事苗语研究，返乡探亲时被捕，后在狱中死去。杨荣新是石门坎的大学者，家中藏书数量有九个书架之多，1958年被付之一炬。他的家人回忆：父亲被捕后，来了四个干部抄家，"他们一句话不讲就动手⋯⋯在石门坎这里，我父亲的书籍一共是有九个书柜。这两个人把书一页一页撕下来烧掉，那两个人就那样坐着盯到看。"当时家人设法藏起了一部分书籍，但是过了一段时间，他的子女也因为莫名的理由受到管制和拘押，这些书全部被政府抄走。"到最后轮到我着①的时候，公社书记和一个叫肖社长的到我家去收缴我父亲以前整理的书籍。那个肖社长说冷得很，就坐在火

---

① "着"，方言，遭殃的意思。

边烤火,这个公社书记到处搜,凡是我保留下来的我父亲的书,他全部抱到公社去了。"① 反右运动是石门坎苗文劫难的开始。

"文化大革命"中,当地政府发动第二次清除苗文的浪潮。石门坎当时成立了公社,所有公社社员都受到了明确的指示和警告。1965年公社干部在大会上宣布:"不准讲苗话,要讲大众话,讲普通话。哪个族种讲得好,哪个族种就不是牛鬼蛇神,哪个族种改得不好或不改,哪个族种就是牛鬼蛇神。"全场不敢作声。1968年"清理阶级队伍"时,石门坎到处是"打倒帝国主义的文字"、"打倒老苗文"的大幅标语②。

当时政府对于苗文书籍的政策是"收起来烧掉",苗文圣经、苗文颂主圣歌、赞美诗概莫能外。1968年,在与石门公社相邻的L公社③,人们记得"公社干部宣布,张三或者李二,门前或者门后,哪个有书,我们是清楚的。你要拿来交,如果不拿来交,他有这样一个恐吓,就是小黄棕绳会勒④你的。当时有两个号召,一个是拿去交,一个是不允许保留,自己烧毁。公社干部这么一宣传,平民百姓就有的拿去交,有的自己烧,烧经书,图片,各种材料"。"我爹很关心民族文字,我爹和我亲伯伯都是'积极分子',他们这一辈子,积极信教也积极改造,积极加入国民党也积极参加共产党的游击团。他两个收集很多书。因为全家在过昆明,所以也从昆明带来很多中文书。把两家的书合在一堆烧掉,烧掉的书有多少?我家烧了三大背篓,至少三百到四百本书。我家在全公社书最多,烧的书最多!三天三夜说不尽,这些书是我家老人留下来的……"⑤

---

① 笔者对杨华明访谈记录,2004。
② 笔者对杨华明访谈记录,2004。
③ L公社,现在是石门乡管辖的一个管理区。
④ "小黄棕绳勒",抓捕的意思。
⑤ 笔者访问杨华祥的笔记,2002。

有没有漏网之鱼？我们在几位老人手里看到了一些包了很多层书皮、皱皱的、黑黢黢的"老书"。"有一本是颂主圣歌，有一本是赞美诗。赞美诗是由全国两会统一印制，颂主圣歌是以前宗教会编，以前是柏格理和我们老一辈苗族编的，一直保留下来，很完整，有词、有曲。这些资料怎样保存下来？有些人是可惜，他不愿丢掉。那时（公社）收起来烧的时候集体保存的全部烧了，只剩个人保存的一点。"①

第一次政治冲击，遭受打击的人群是苗族教会领导人和有名望的知识分子。人数虽然不多，但是他们收藏的苗文书籍最为完整、丰富，好像一座一座图书馆。经过反右运动，石门坎地区苗文书籍大部分还保存在民间，但是受到了结构上的破坏。

第二次政治冲击，遭受打击的人群是苗族社区所有信教民众。这一次大规模的焚书运动，使石门坎地区苗文书籍的数量急剧下降，很多村寨已经不存一本"老书"。因为害怕、不敢留存，村民们手中的"老书"即苗文书籍越来越少。所以在80年代已经很难找到以前的"老书"，"1988年时候，县民委四处寻找《苗民夜读课本》，全威宁找不着，最后在我家找到，作为民族古籍收藏。"② 1988年以来，贵州云南两省和地县政府着手苗族历史文化的抢救和整理，陆续出版了一批苗族历史文化书籍，数百首古歌得以传世，其中以石门坎苗文记录的作品最多。

第四节 劫后余生，薪火相传

老苗文退出课堂，新苗文推广艰难，苗族文字系统变得多元化，

---

① 笔者访问杨国祥的笔记，2004。
② 笔者访问杨华祥的笔记，2002。

也变得不完整。老苗文,以及已经扎根在传统民族文化土壤中的宗教文化,一度成为被排斥的文化符号,停止了生长。苗文传播需要一套组织体系,原来依托的组织破坏之余,要对这些多次被冲击得支离破碎的历史文化遗产,进行继承、整合和发展,面临种种困难。

一　中断 20 年后的新苗文

新苗文试验和推广停顿中断了二十多年,直到 1981 年才重新开始。但是这一次的苗文传播遇到了困难。威宁县政府 1981～1982 年,举办两期一个月的苗语文培训班,学员 140 人。为滇东北苗族次方言的语言文字的推广培训骨干,他们返校和回到农村后,明确任务,采取多层次、多渠道培训苗文教师。这一年暑寒假期间,威宁农村举办了 6 期苗文培训班,参加培训的人员达 420 人。政府采用行政动员方法,通过乡村干部进行宣传动员以表明重视,一年的工作,普及 63 个苗文点,参加读苗文的人数 6400 多人,占苗族总人口数的 1.25%。1984～1985 年,办起苗文业余夜校 51 个点,参加读苗文的人数减少为 2400 多人,占苗族总人口数的 0.66%;1986 年继续下降为 42 个点,资金短缺,课本奇缺。1988 年后农村业余夜校几乎全部垮了。[①]

新苗文试验虽然达到了一定规模,威宁县政府的统计数据表明参加培训的总人数累计达到近万人次。但是新苗文传播的效果远不及当年的老苗文,苗文培训班未能持续。在政治压力解除之后,新苗文为何处于推广困境?有学者分析说,这是由于苗民对老文字怀有强烈的民族感情,"使这套文字带来一些负作用。如解放以后,专家为苗族创制了更完善更科学的新苗文,但新苗文

---

① 杨忠德、杨全忠:《威宁苗族语言文字推行使用浅析》,新华社贵州分社威宁网站,1991。

却很难推广,其最直接的障碍便是苗族群众对老苗文的依恋。"[①]这个说法在说明苗民与老苗文存在着强关系这一点上是准确的,但是用来解释"更科学的"新文字不被接受的原因是有局限的。笔者没有进行系统调查,但是在石门乡的访谈可以增加一些理解。

笔者先后随机地询问过十多位承认自己参加过苗文培训的村民,他们中只有二三位还可以阅读,但是不能书写这种新文字。问及原因,他们都表示,新苗文难学,不如老苗文容易学。有一位负责在村寨里办试验班的乡村教师的回答很有意思,"村里人对我说,你还不是会老苗文?你干脆教我们老苗文算啦。我说好嘛,结果个个都肯读。"[②] 于是,"新苗文培训"转换成了老苗文推广班,新苗文就没有教下去。比较新老文字的难易和它们在语言学上的差异,超出了本书的分析范围。但是村民的回答传达了一个信息:新苗文培训转换成了老苗文学习,是村民自主的选择。这个新苗文传播过程里,行动发起一方是政府,接受方被定为是村民,他们应该是被动参与者,是客体,推广计划隐含了一个互为客体的结构。但是,村民在接受培训的时候就开始了新旧文字比较,然后确定取舍。并且,在这个例子里,他们成功说服了老师,政府的目标被转换掉,村民最终成为行动主体。所以,新苗文的传播困境,很可能有主客体关系的原因(图 5-6)。

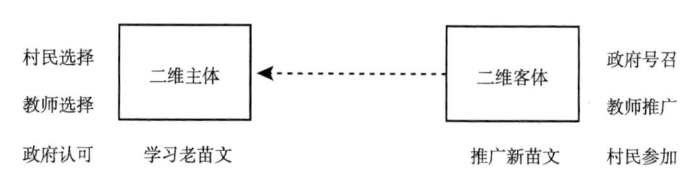

图 5-6　1981~1990 年苗文经历的主体—客体关系

[①] 张坦:《"窄门"前的石门坎——基督教文化与川滇黔边苗族社会》,昆明:云南教育出版社,1992,第 203~204 页。

[②] 吴善宇:《吴善宇访谈录 2001~2004》,贫困社区研究组整理,2004。

新老苗文词典的编辑整理工作由威宁县民族宗教事务管理局负责联系一些致力于苗文推广的文化老人共同推进。政府的支持力度十分有限，整理中使用的是手抄、油印资料，从2000年工作至今5年，由于缺乏专家的指导与帮助，工作的推进颇为困难。

苗文传播中断了二十多年，双语教学的新传统也被弃置不用，少数民族地区学校使用汉语教育，似曾相识的同化政策覆盖了苗区。1985年威宁县教育部门的调查在一定程度上说明这持续二十多年的汉语教学效果：全县高中在校生总数1437人，其中苗族35人，占苗族人口总数的0.7%；初中、小学的问题更为突出。由于小学阶段的学习不良，离校后，不几年又回复半文盲状态。对这一调查数据，石门民族学校的一位老校长认为，"强行搞一刀切的语言直接过渡，严重地阻碍着苗族语言文字进步和科学文化的提高。此事在教育方面显得更为突出。苗族儿童从小就讲的是苗语，他们进学校后，虽然开始学汉文，而实际上仍然置身于本民族的语言环境之中，致使母语思维与汉语义的学习不能适应，这是造成苗族小学'三率'长期以来比其他民族低下的主要原因。"[①] 由于长期无视苗族地区的语言差异，忽视苗文和苗语的作用，威宁苗族的基础教育滑坡，落后于县内其他民族。这与30年代威宁苗族引领乌蒙山区各县基础教育的局面以及50年代初期苗族执全县教育之牛耳的格局，有了巨大落差。

二 一本苗文书和一个教堂

经历了1958年反右整风运动、60年代"文化大革命"、70

---

① 杨忠德、杨全忠：《威宁苗族语言文字推行使用浅析》，新华社贵州分社威宁网站，1991。

年代清理阶级队伍,"集体保存的全部烧了,只剩个人保存的",宗教活动被禁止,由于文化牵连,老苗文也变成地下读物。一些村民觉得可惜,不愿烧掉,村民们东躲西藏,在土坯房的缝缝里偷偷藏好一两本"我家老人留下来的老书",直到30年后才能够重见天日。

老苗文如何回到村民日常生活中?在石门乡的一个边缘苗寨,笔者看到了老苗文的自组织传播轨迹。在1988年政府批准建立苏科教堂之前,这里的家庭教会已经自发存在,从1974年就开始了。村东杨家那间长满青苔的茅草屋就是他们做礼拜的教堂,也是学习苗文的教室。杨国祥,村里人称他"杨传道",是村民的苗文教师。杨国祥是云南人,青年时来到这里安家,曾经任过乡村小学教师。他的父亲是石门坎第二时期的教师—教士,他童年时跟随父亲去100公里以外的深山苗寨工作,对教义教规耳濡目染。但是他也没有料想到,自己会成为这里老苗文的传播者和基督教复兴的传道员。他帮助村民学习老苗文,给村寨里每一个新出生的孩子命名。"文化大革命"后期,这样一间黯淡的茅草屋里,杨国祥老人带着村民唱赞美诗、读书识字,坚持着。他们小心呵护着奄奄一息的星星之火,因为家家户户的"老书"已经烧掉了,他们发现,手里只剩下一本苗文书。

调查员:那时这样做是不是危险,有没有人反对?

杨传道:有人反对的。我们还是继续做,不做也想做,做也很怕,当时就在这间房子里做,这是个聚会点。聚会时我们唱赞美诗、讲圣经故事。

一位妇女:心里想唱,怕得很。只有下雨天才敢大声唱。

调查员:当时你们怎么讲圣经呢?

杨传道:我手头还有一本苗文新约,我家老岳父还有一本汉文圣经,我们拿来分开使用,每人一张,把每一个故事都分开了。当时只有少部分人识字,我教给大家。苗文是这样,以前我比他们年轻的要看得多，我比他们认识，我读的多数是那本苗文圣经，汉语圣经也是我读。后来宗教（政策）放开了，县两会送我们80本苗文圣经，又去订了一些，基本每户都有一本。①

尽管全村只剩下一本书，也能集体"读书"，他们坚持14年的地下活动终于修成正果，教堂修建之际，政府拨款2500元，村民很看重这一点象征性的资金，证明他们名正言顺获得了政府承认。1988年苏科教堂经县宗教局批准开堂，直到2003年它都是石门乡唯一的教堂。

教堂所在的苗寨，村民们家家信教，和睦相处。他们在农事不很忙碌的季节里，一起学习老苗文，帮助不识字的村民特别是帮助妇女扫盲。我们也遇到一次教会组织的募捐活动，他们把做礼拜的最后一项议事日程，用来动员教友互助，为一家失火的弟兄募捐。教会实行民主选举，组织教友出力帮助村里修路、建小学校，这里的教堂俨然是村民生活的公共空间。教堂简朴而整洁明亮，管理得井井有条，它是全县秩序最好的教堂之一。后来苏科教会信教的村民发展到200～300人，石门乡各村、彝良县的一些村民，苗族、汉族、彝族也都来聚会，这个仅仅有35户的边缘小苗寨，俨然一个"微型"石门坎的气象，使寻访者或可领略到石门坎文化的淳淳"古风"。

教会负责人说，教友中大约60%能够粗读苗文，选举出来的教会组织者中有11人比较精通苗文读写。村民们相信参加做礼拜可以学习老苗文，如果不信教，这个文字就缺少一种持久的传播的形式，学习苗文需要组织起来。由于有了这个苗文"教室"，老苗文的种子才能在这个社区生根发芽，渐渐长大。而新苗文的种子，也曾经在这片土地播撒，却没有能够生根。就这个

---

① 笔者访问杨国祥的笔记，2002。

微型石门坎文化结构的自我复制过程，那一本劫后余生的苗文书是非常珍贵的。

图 5-7 显示了这个特定历史时期苗文的遭遇和在社区内所经历的主体—客体关系。右侧代表当时当地行政系统对苗文这个文化符号采取了强制的态度：收缴、焚烧、拘押等等的逼迫手法，以形成一种一元化领导的总体社会格局，在贫困社区表现为一维主体和一维客体并存的文化结构。苗文和拥有这个符号的权利都被激烈地排斥。左侧则是苗族社员们不甚顺从的应对反应。

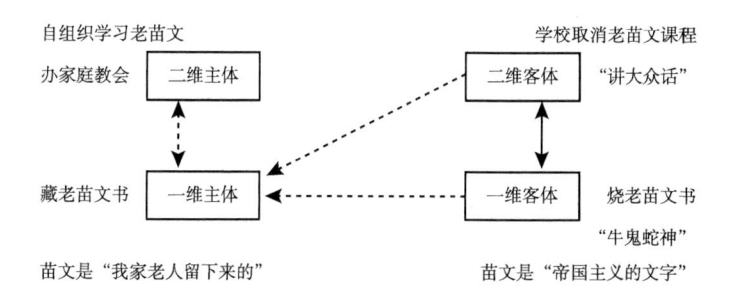

```
自组织学习老苗文                          学校取消老苗文课程
办家庭教会  ┌──────┐          ┌──────┐
           │二维主体│ ←------→ │二维客体│  "讲大众话"
           └──────┘          └──────┘
              ↕                  ↕
藏老苗文书  ┌──────┐          ┌──────┐   烧老苗文书
           │一维主体│ ←-------- │一维客体│  "牛鬼蛇神"
           └──────┘          └──────┘
苗文是"我家老人留下来的"          苗文是"帝国主义的文字"
```

图 5-7　1958~1978 年苗文经历的主体—客体关系

因此，老苗文并没有销声匿迹，依然顽强生存在苗族社区。《中国少数民族文字字符总集》记载，老苗文文字创制以来，在贵州省的威宁、赫章、水城、紫云等县和云南省的彝良、大关、永善、寻甸、楚雄彝族自治州和昆明市近郊等地苗族基督教活动中使用。据中国社会科学院民族学与人类学研究所统计，使用这种苗语的苗族约有 25 万人，熟悉这种苗文的苗族有 5 万人之多。[①]

---

① 黄行等：《中国少数民族文字字符总集》，北京：中国社会科学院民族学与人类学研究所网络信息中心，2004。

三　远方的苗文薪火

苗文学者张继乔（Kenneth Parsons）、张绍乔（Keith Parsons）两位孪生兄弟是出生于云南昭通、在苗区长大的英国传教士。在他们九十高龄之际，仍然对苗族怀有深厚的文化认同。"我一直惊叹苗语的灵活性和苗族古歌的文辞之美和精妙高深。这总让我想起经典的希伯莱诗歌。研究中文的学生如果忽略了苗文的贡献那是可悲的，就像在英格兰的我们不了解威尔士一样可悲。"① 他们的父母张道惠夫妇作为英国循道公会西南教区的传教士，在西南苗区工作了22年。他们不仅在苗区建立了许多社会事业，比如办学、修路、设立孤儿院、创办我国西南最早的麻风病院，同时一家人也深深浸染于苗族文化中，与穷苦苗族情同手足。兄弟二人后来回国读书，神学院毕业后，居然如同石门坎苗族学子一样，双双重返中国苗乡。重返之路非常艰难，正值中国抗战烽火四起，张继乔在黄浦江畔被日本人囚禁数年，直到二战结束才得自由，踏上回归石门坎之路。张继乔兄弟从英国回到石门坎地区工作时发现，40年代已经很难找到会唱苗族古歌的当地人，他们意识到口述文化传统的逐渐消失。

张氏兄弟和石门坎王明基等苗族知识分子一起协商，立即开始拯救传统文化的行动。王明基也是一位担当多种文化使命的知识分子，他借助在石门坎教会当十多年的巡视员的便利，有机会到各个苗族居住区游历，拜访很多民间的老歌手、老艺人，就收集下来。过去几千年，仅仅用口传、唱歌这种形式传下来。② 如果没有王明基的田野工作，很多苗族古歌今天可能已经失传了。

---

① 张绍乔致笔者信，2005年7月。
② 王文宪访谈，2005。

张氏兄弟和苗族学者编纂苗文词典、整理苗族古歌的行动于1949年中断。循道公会外国传教士全部回国,他们不得不离开。离开中国后他们曾足迹天涯,去非洲肯尼亚传教。但是多年以后,张氏兄弟都没有放弃苗文研究,继续编纂完善苗文词典。在漫长的年月里,苗族无法学习苗文,也不敢探问消息,并不知道远方有两位英国老人在坚持呵护苗文的薪火,这是一种孤独的坚持。英国一家电视台曾经制作了一个短片报导张继乔。结尾处,张牧师独自在他的教堂里高声朗读一本苗文书,无人听得懂,他在对虚空述说。

石门乡经历了半个世纪的变迁后,到20世纪90年代中期重新对外开放。1995年首批英国客人来访,带来了张继乔、张绍乔老先生的一封信,向石门坎苗族父老乡亲问候。这封信用苗文书写,措辞优雅,十分关切。石门乡一位小学老师迅速刻蜡版油印多份。十年过去了,石门坎没有人回信,但是,这封信不胫而走,至今依然在苗区流传。如果今天走进石门坎,还可以从村民那里听到张牧师一家人的故事。

说到"文化大革命"时期的石门坎,两人一直感到心寒,"在'文化大革命'期间,红卫兵矛头直指苗族教堂,特别是石门坎教堂。柏格理苗文被决定取消,圣经、赞美诗和其他文献被烧毁。"[①] 但是张氏兄弟依然继续着苗族语言文字研究。他们收集整理的苗文词汇不下11000条,翻译了大量苗族传统诗歌和传说。一位计算机专家帮助他把那部词典的庞然身躯,变化作一张薄薄的光盘,并为之建立了专门的网站。这张光盘后来送回中国,帮助本地的苗族学者编辑新词典。2002年初笔者曾经带着张继乔先生网站苗文语汇的一些样张,参加威宁县苗文词典座谈

---

① Parsons, P. K., The Miracle of the Hua Miao, *Methodist Recorder*, March 11, 2004.

会，苗族学者传阅着，老苗文、新苗文和英文比肩而立，传递着友谊。这一年距这些苗文文献离开石门坎已经半个世纪。

论及此举目的，张继乔、张绍乔写道，"那些红卫兵试图破坏的，是苗族人民的文化遗产，我们或许可以归还一部分给他们。"① 事实上，在比"文化大革命"更早的政治运动中石门坎文化就开始遭受挫折，那时尚无"红卫兵"组织。由于存在着时间距离和空间的阻隔，这样的误会难免发生。于是"红卫兵"成为这两位英国老人的假想敌，进而成为他们保卫苗文的缘由。在此的问题，不在于其假想敌的真实性，而在于他们苗族认同的历史持续。红卫兵或者其他政治运动的发动者只是作为对立的、"他者"的象征符号，参与了他们的苗族认同的建构过程。他们为保护苗族的文化结构做出了长期不懈的努力，在这种努力之中，包含着一种对本土文化—外来文化关系的认识。

张绍乔认为本土使命非常重要，"我很高兴看到你们正沿着扶贫济困和教育两条经典路线进行探索。任务艰巨，非常艰巨，以至于政治家和一些有良好愿望的人们常常会知难而退，视作畏途……使我欣喜的还在于，那些曾经的'外来使命'（foreign mission）现在转变成了'本土使命'（home mission）"②。实际上，在石门坎文化的前期实践中，传教士们已经不断向本土使命的目标靠近。例如教会组织工作方式本土化，比如外籍传教士、汉族传教士掌握苗语文作为向社区传播外来文化的工具；又如教会组织发展本地少数民族参加传教、担任传道员，逐步自行管理本地教会，以及传教士利用苗语文深入苗族古代文化传统，发现和研究本土文化价值。

---

① Parsons, P. K., The Miracle of the Hua Miao, *Methodist Recorder*, March 11, 2004.
② 张绍乔致笔者信，2005 年 7 月。

两位英国传教士保护和研究苗文的行为，远远超越了原来意义上以传教为目的的工具需要，这个文化行为动力可以从他们对苗族文化的认同中寻找，昭示着一种主体性意义。本土使命即是认同主体的意识。苗文的薪火相传便是在这个持续几十年的主体行动中实现的，它是文化主体对于社会结构的反思的结果。

对于石门坎文化结构的生成和扩展，有两个主体性因素的作用是不可低估的：一个是文字因素，一个是人才因素。文字因素指的是苗文的作用，人才因素指的是苗文教师主动参与文化创新和传播的作用，实际上两个因素是互相关联的。当苗文跨越地域、宗教和民族的社会边界，进入其他民族村寨，面对尚不能读书写字的人群时，这些掌握苗文的苗族教师是知识主体，也是能力主体，或者用现在的话说，他们代表"先进文化"，苗族教师在特定的历史环境中脱颖而出，成为"先进文化的代表"。两个因素彼此加强，一方面石门坎的文字传播帮助能力欠缺的村寨和人群培养能力、自信，建立自己的主体意识；另一方面越来越多的村寨和人群参与学习和传播，强化了石门坎文化的结构优势和中心地位。

苗文的故事包含了本土与外部社会的对话关系。对话不只是文化形式，更是社会关系的存在方式，包含对话双方的相互承认，以及对主体性的建构和维持，对各种不平等体制的批判能力。双语教育传统的中断，是国家在一个历史时期教育制度刚性的表现，实际上，它是主流文化坚持一维主体原则，而排斥贬低边缘文化的体现。这个制度规则概括起来，是一维主体原则用以律己，而使用一维客体原则律他。这样的制度规则破坏了苗文得以传播和发展的石门坎文化结构。

传统教育制度是以汉字经典文献为核心建立的，汉字具有权威性。在历史上，掌握汉字是和社会地位相对称的一种社会权利，下层平民被排斥、少数民族长期被剥夺了读书识字的权利。

石门坎苗文的故事里，乡村教育不仅使贫困的苗族获得平等的文字能力，而且用文字形式建立了苗族共同的意义系统，苗文代表文化能力，也代表文化权利，参与了苗族争取自身社会自由和解放的过程。在苗文自我发挥最好的时期，可以观察到文字权、自主自由、民族意识三者和谐一致，权利主体、能力主体、认同主体达成一种相互促进的状态。

基督教作为一种外部文化与本土文化的交流互动中遇到沟通障碍，只有寻找到一定的结构增长点，新文化结构才能创立和发生。结构增长点产生于行动者互动中最容易达成一致的环节，以及行动者最容易接受的形式。石门坎文化结构的结构增长点是苗文系统的创制，由于苗文系统在穷人的文化认同中找到了有效的嵌入方式，从而获得广泛传播。石门坎苗文是苗族自己选择的一套含义丰富的主体性符号。苗民也把它应用于反对那些外部结构的压制的实践活动。因此，苗文发展推动了石门坎文化结构的创生和自组织机制。

第六章
结构—主体分离：学校与社区

观察一个社会事实时，它赖以存在的社会环境也一并进入观察者的视线。石门坎文化结构发生和自我扩展的过程中，它的社会环境——微观环境和宏观环境是不断发生变动的。这一章回溯历史，纵观不同时期国家教育政策为推动这个少数民族地区基础教育的曲折经历，也分析现实，测量所选社区的学校、教师、学生的变化，分析石门坎以及周边社区的学校教育与国家教育政策的关联，以理解乡村教育与社会变迁的关系。

第一节　国家教育在乡村的曲折经历

石门坎乡村教育起步于 1905 年，当时中国尚处清末，新学初萌，仅在一些中心城市初开现代教育之窗。当深居苗寨、面向苗区的石门坎教育兴办了 30 年之后，国家方才开始在乌蒙山区兴办少数民族教育。此时石门坎教育已经成绩斐然、闻名遐迩。从地方政府到中央政府都注意到这个偏僻山区的奇特文化景观。那么，国家如何在乌蒙山区开展教育，取得何种成效？对石门坎文化产生了何种影响？

一 30～40年代的边胞同化教育

民国时期,民族政策由"五族共和"演变成"大小宗支",孙中山提出的五族共和和民族平等的主张在北洋军阀政府执掌政权后没有真正实行,而"大小宗支"论①则用来阻止谈论民族压迫、忽略民族差别的存在。20世纪30年代,国家加强了对西南少数民族地区的同化教育。在石门坎文化圈的范围内,从在云南省昭通县设省立中学、边地师范,到在贵州省威宁县乐耕乡创办省立苗夷②小学,先后开办苗夷初小27所。抗日战争爆发后,因为对跟外国人有关的事务防范有加,"遂感内地重要,内地多为苗夷杂居,故苗夷教育问题随之而来"。在这样的社会形势下,先行一步的石门坎乡村教育引起了"国家"的注意。

威宁县民族志记载,"民国二十六年,为了抵制教会学校,贵州省政府在乐耕乡办一所专收彝、苗子女的省立小学。"③ 民国时期政府兴办的乡村教育,要普及汉族文化,也包含着抵制教会学校的目的,意在与基督教会争夺苗彝青少年,消除外来文化的影响。在40年代的文献中,有学者根据对云南、贵州的边胞同化教育研究记录了这个过程,使我们得以从中了解民国时期行政中央和省政府对于苗区教育的政策和效果。

1. 中央政府投入,省政府办学

1931年,云南全省教育会议决议,"以云南苗夷人口众多,

---

① 蒋介石主政时期则主张"国族同源论",称汉族为"国族",称非汉族的少数民族为"宗族",他们只是汉族的"大小宗支"。
② 苗夷,为民国时期用语,指的是西南苗族、彝族和一些少数民族的笼统称谓,也称边胞。
③ 威宁彝族回族苗族自治县民族事务委员会:《威宁彝族回族苗族自治县民族志》,贵阳:贵州民族出版社,1997,第420页。

应急于施以教育,乃在昭通设立边地师资训练班,附设于云南省立昭通中学内,该班宗旨在专门培植边地教育之师资,以开发苗夷同胞之人力物力。""惜办理不久,因经费关系遂停办。"效果:"办理欠善,各种训练均与实际不符,两年间即改为普通中学。"本来这所省立昭通中学,是云南东部"最高唯一之一座学校","具备有开化其他同胞文化之责任,而因了人才之不易得,仍未能尽其所能,亦无功之可言。"①

1934年蒋介石因军事关系"亲临贵州,关怀苗夷教育,提出在贵州教育经费内每年至少应提出十万元为边民教育经费的指示"。在云南也拨专款办理。当时贵州省教厅认为苗汉须同受教育,始能潜移默化,主张苗汉不分开,则不致引起互相歧视,"遂将苗夷并入义务教育以内",而效果是"数年来进展甚少。"②

1938年,中日战争发生后,迁都重庆。教育部召集全国边疆教育会议,培植苗夷师资,鼓励苗夷同胞入学。1939年正式成立培训学校,有苗族子弟入学者共十余人,彝族子弟入学者仅三人。第二年该校有单师班毕业生十余人,教育部遂令于彝良县属之奎香苗区办一实验小学,全校学生百余人,百分之六十以上为苗胞子弟,教职员中一半以上为苗胞。奎香实验小学后来发展为五个分校,学生六百人,是当时政府苗夷教育最成功的例子。由于彝良县与石门坎所属威宁县相邻,故有"从此中央教育力量可谓直到苗胞门前"之说。③

---

① 邱纪凤:《滇黔边境苗胞教育之研究》,载《边政公论》1945年第4卷第9～12期。
② 邱纪凤:《滇黔边境苗胞教育之研究》,载《边政公论》1945年第4卷第9～12期。
③ 笔者在石门坎社区调查中,尚未记录到人们对奎香学校的相关口述资料。

2. 军队办学

1936年，红军长征进入贵州，国民军追击而至进入苗区。"二十军军长杨森由滇转黔，目睹苗胞生活之痛苦，甚为忧之，遂以兴办学校启发民智为己任，在昭通留住军部教官数人，开办教师讲习班，调训现任教师受训，并辅助昭通教育局办理苗夷教育，后在安顺与当地绅士杨庆安君组织安顺苗民文化促进委员会，在安顺附设一二中华小学，并设中华民众夜校，经费全由杨军长拨给。教员则由教官充任，一时颇为繁盛。"结果却不了了之，"惜七七事起，杨军长开拔前方，学校移交县府，一因经费无着，再因督促不严，至今一无所存，甚可叹也。"① 这支部队启动了在贵州中部的城镇开设少数民族学校的教育进程。杨军长，这位日后贵州省的省主席要求苗胞教育实施"同化教育"，规定各师旅团营长部，在所驻地附近有苗夷十家以上、驻扎时间在十月以上者，即须兴办教育。施行短期训练，学校经费统由各级长官捐薪支给。同时又提倡汉苗通婚，由人汉装，并保送苗胞子弟入中央军校。但是，办学的动力在军队一方，地方政府对少数民族乡村的教育并无兴趣，所以这一批军办学校移交政府之后就陷入停顿。

3. 省立乡村师范

1932年云南省政府一方面令各县政府于教育局下兼办师资训练班，一方面在宣威县设立省立宣威乡村师范，以培植少数民族师资。并且在与昭通、宣威、威宁三县均接近的德盛坡②，设

---

① 邱纪凤：《滇黔边境苗胞教育之研究》，载《边政公论》1945年第4卷第9～12期。
② 德盛坡，地名，又称得胜坡。

宣威乡村师范附属实验小学，入学的苗胞不下百人。先后由宣威乡村师范推广及辅导的苗夷小学廿七所，多为初级小学，当中有少部分为纯苗胞的学校。

1936年，云南教育厅大关县城设立省立大关乡村师范学校，以培养苗胞师资为目的。但效果是，9年后累计"毕业生二百〇五人，现从事苗胞教育者廿一人，其余均改业。"同一年贵州也成立省立青岩乡村师范，"学生数有二〇一人，其中多为汉人子弟，办理不著成效。至廿八年校址迁榕江改称国立贵州师范学校，咸一普通师范学校。"①

1938年贵州省府在青岩成立贵州省地方方言讲习所，第十期收容学生约五十名，六个月毕业，以研究苗夷言语，辅助推行政令为任务。学员资格须在初中以上学校毕业或同等学力，志愿入农村服务者，学员讲习语言，每人选习一种或两种，并授以苗夷同胞所需之卫生常识。效果："学员毕业后安插未有良善处置，亦有怨望，故第一期毕业后，第二期不能招生，遂遭停顿。"后交贵州省训团，改为方言讲习组，"亦无成效，至今已无痕迹可存也。"②

4. 乡保国民学校

威宁县于民国32年（1943年）实施国民教育，设中心学校48所，共216个班，民教部48个班；设国民学校117所，即117个班。1948年根据贵州省《各县教育文化机构调整办法》作调整，全县29个乡建立中心国民学校22所，276个保建立国民学校29所。由于政治局势变动，1950年全县公立、私立和教

---

① 邱纪凤：《滇黔边境苗胞教育之研究》，载《边政公论》1945年第4卷第9~12期。
② 邱纪凤：《滇黔边境苗胞教育之研究》，载《边政公论》1945年第4卷第9~12期。

会学校仅50所，许多学校未正常上课。①

以上回顾说明，其一，30~40年代，民国时期政府在少数民族地区推行同化教育政策十分困难：云南大关师范毕业205人，从事苗胞教育者仅剩下21人；威宁县乐耕乡省立小学，面向少数民族，不到几年便倒闭；40年代威宁县政府兴办的165所国民学校，不分民族招生，5年之后也只留下了51所。其二，当时的国家教育政策屡次努力而无法真正进入西南贫困乡村，相形之下，石门坎文化圈取得的乡村教育成绩就显得更加难得和卓越。

二 50~70年代的乡村教育

随着中华人民共和国成立，循道公会西南教区的外籍人员被要求离开中国，原来教会支持的各项社会事业都面临财政问题。许多教会学校不得不停止运转，而石门坎学校却自己设法坚持下来，从没有停课。②1952年人民政府接管所有教会学校，石门坎的乡村教育从此真正纳入国家教育的运行轨道。国家这个行动主体在多大程度上推动当地乡村教育发展，是我们感兴趣的问题。

笔者多次查找20世纪50年代以来石门坎所在地的教育统计资料，却所获甚少。主要原因是以往几十年中，威宁经历了多次行政区划的变动，从县到管理区，从乡到村的每一层管理机构，都发生了行政变动，最近一次"撤、并、建"发生在90年代初，目前的石门乡是在此前石门、云炉、女姑三个乡的基础上重

---

① 威宁彝族回族苗族自治县人民政府县志编纂委员会：《威宁彝族回族苗族自治县志》，贵阳：贵州人民出版社，1994，第489页。
② 本书附录"社区记忆之四 杨明光老师回忆"。

新组建的。经过几十年眼花缭乱的排列组合,乡政府无法提供连续的、具有可比性的社会经济统计数据,来反映以往几十年石门坎的教育变迁。调查者只好退一步,查阅威宁全县的教育发展文献。威宁县教育部门的历史资料显示,中华人民共和国建立以后,出现了多次"大办"乡村教育的局面。需要说明的是,现有的数据是全县各个年度的合计值,没区分城市和乡村。尽管无法一一找到城市和乡村的原始数据,但是根据威宁县是贫困的农业县、96%的人口分布在农村、人口流动缓慢这个基本县情,我们使用这一组数据来大致推测乡村学校规模的变动,应该是可行的。回顾这段历史,有助于理解石门乡村教育的变迁背景和来龙去脉。

根据对《威宁彝族回族苗族自治县教育志》记载以往40年数据的初步整理,显示在50年代至70年代,威宁县有三次兴办乡村教育的"高潮"经历,如图6-1和图6-2所示。

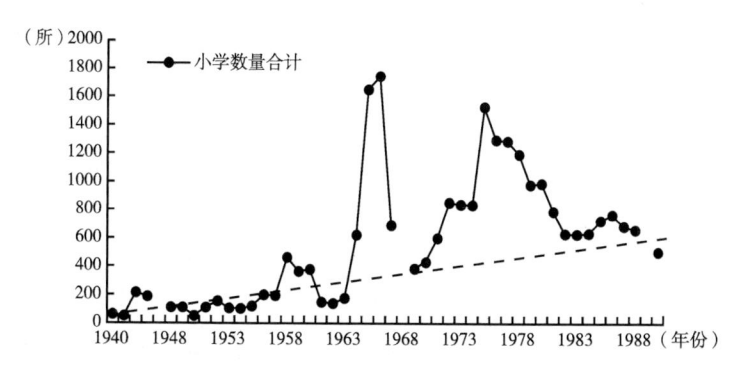

图6-1 威宁县小学校点数量变化

第一次乡村学校增长。

1953~1957年,根据政务院《关于整顿和改进小学教育的指示》,各地开始改民办学校为公办学校。1958年3月,威宁

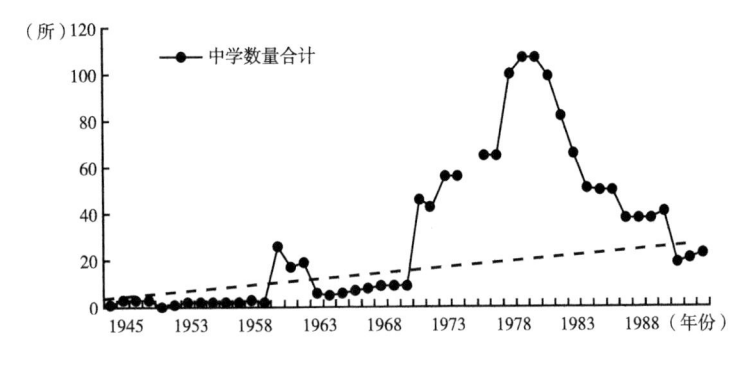

图 6-2　威宁县中学校点数量变化

县政府发出动员，要求各区"以'大跃进'的步伐加快普及小学教育"，各区纷纷行动，争先恐后向县政府"报喜"，报告本区已经普及小学教育。但是，对"普及"小学教育的过程出现了这样的记载："有些区'苦战三天三夜'或'苦战一天一夜'就宣布'普及了全区的小学教育'"。全县小学数量从前一年的194所增至463所，在校生从2.1万人增加到5.4万人，1958年小学入学率上报为100%。这种"大跃进"的产品"大多不具备起码的办学条件，有名无实"。所以三年之内纷纷停办，1962年全县尚存公办小学139所，民办小学9所，该年入学率空缺。①

原属石门坎教育圈的永善县也发生了相似的情况，各业"大跃进"，大办各种形式的学校，缩短学制，斧削教材，大办全日制、半日制、早晚班，学校增至470所，其中民办学校356所，共有在校生2.2万人，入学率为91.3%。1959~1962年中央提出"调整、巩固、充实、提高"，永善县立即消减不具备办

---

① 威宁彝族回族苗族自治县教育局教育志编纂办公室：《威宁彝族回族苗族自治县教育志》，威宁：威宁县教育局编印，1989，第19页。

学条件的学校157所。清退、劝退超龄学生回家劳动生产。存民办学校51所。到1963年推行十二年制教学时，入学率为35.6%。①

第二次乡村学校增长。

只在一年之后，第二个办学运动又开始了，从学校数量上达到最大值，可谓史无前例。1963~1966年上半年，由于调整国民经济和贯彻"两条腿走路"的办学方针，推行"两种教育制度"，政府号召举办半耕半读学校。威宁县小学发展到1745所，其中民办1597所。学校数量陡然增长了十倍，但是1965年入学率只有32.9%，1966年入学率61.1%。②这次学校膨胀随着1966年全县中小学"停课闹革命"而告终。在永善县，1964年各类半耕半读学校、全日制、半日制学校倍增，多为民办学校，比如办有早晚走读班，民办校内附设早晚班、集体办班、巡回制班、间日制班等等；当年学生入学率66.6%。1965年有1061所小学，其中半耕半读学校656所，巡回小学64所，学生占全县学生总数的27%。全县小学入学率为91.1%。"文化大革命"开始后，小学部分教师受审查，老师不敢教学，学生不恋学，大量消减半耕半读学校。学校课程以学习《毛主席语录》、唱革命歌曲为主。在此期间威宁县对在校生数的统计连续三年空白，出现了政府"失忆"的情况。

第三次乡村学校膨胀。

第三个办学高潮在70年代。1971~1975年政府提出"读小学不出队，读初中不出社，读高中不出区"的口号，以求普及小学教育、发展中学教育，这再次引发民办学校规模增加。1974

---

① 永善县人民政府：《永善小学教育发展情况》，永善县教育之窗。
② 威宁彝族回族苗族自治县教育局教育志编纂办公室：《威宁彝族回族苗族自治县教育志》，威宁：威宁县教育局编印，1989，第32页。

年小学数量 1527 所，比上一次办学运动的低谷 1969 年的数据增加了 4 倍。全县小学入学率为 48.1%～78.5%。威宁县要求各区采取"先上马，后备鞍"的办法，开始在小学内附设初中班，初中升级办高中。全县增加 9 所中学和 84 所小学附设初中班。因为初中招生数量增加过猛，师资不足，教学质量"严重下降"。

图 6-1 和图 6-2 的时间跨度将近 50 年，是我们可以查到数据的年份。变化曲线不完全一致，比如小学数量变化的峰值在 1966 年，中学数量变化的峰值在 1975 年。假如根据数据增长的基本趋势画一条直线，两条曲线比较，可以大致看出中小学校的变动的共同特点：高峰都是出现在政府的行政动员之后，每个办学高潮经过三至四年，或者更长一段时间，会自动跌落到原来水平。所以，我们画出来的这两条虚拟的直线，也许更接近真实，它们反映社会对基础教育的实际需要，与教师队伍实际能力之间相互作用的结果。而"真实"的教育统计数据，却描述了一个虚拟的增长神话，有强迫教育、逼民识字的动机，他们可能是政府的主体意志和社会的服从行动两个方面共同作用的结果。曲线和直线，可能都不为真，换句话来说，它们可能代表了两类不同的社会事实。威宁教育历史上这三次基础教育的起伏，在原来石门坎文化圈所覆盖的乌蒙山区有一定代表性。

三 政府行为：高调动员、低度投入

那么，乡村学校几次快速增长的数据是否可以作为政府重视乡村教育的证据呢？这里需要从两个方面分析。

其一，政府具有广泛的动员能力，可以认为这种增长是政府系统进行行政动员的成果。

值得注意的是，国家的政治化实践中也包含着"主体建构"的意识，以及对于学校和乡村社区联系的一些努力。比如：50

年代建国初期百废待举，原有学校大都瘫痪停办。政府宣传"为工农开门"的办学方向，发动民众办学，一年之内，从1950年的50所学校恢复到112所学校。①

"文化大革命"时期各地"工人毛泽东思想宣传队"进驻学校，农村则由贫下中农管理学校。威宁也一度出现"贫下中农校管会"（简称贫管会）。"1975年威宁县革委发布《关于向中小学派驻工宣队和建立健全贫管会的意见》。1976年建立公办小学贫管会105个，民办小学贫管会279个，农村中学贫管会7个。"② 但是两三年之后就随着撤销学校革委会、恢复学区、建立校长领导体制等一系列管理体制变更而烟消云散。

其二，政府也具有财政实力，即便在贫困县，政府的财力也是相对"巨大"的。是否也可以认为，这种增长是政府财力支持的成果呢？图6-3绘制的是威宁县历年教育投资占财政支出的比例，以及人均教育投资数额的变化。

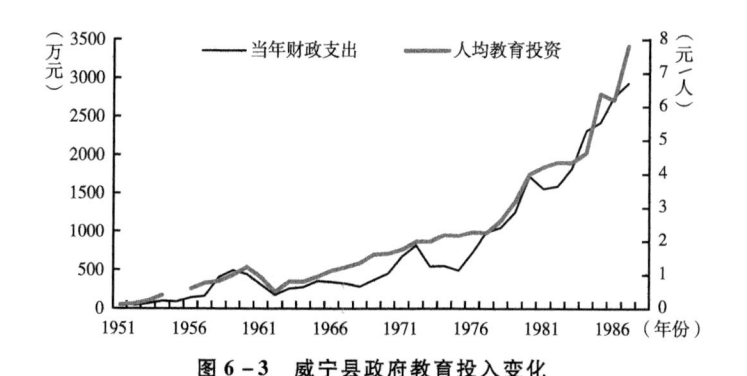

图6-3 威宁县政府教育投入变化

---

① 威宁彝族回族苗族自治县人民政府县志编纂委员会：《威宁彝族回族苗族自治县志》，贵阳：贵州人民出版社，1994，第489页。
② 威宁彝族回族苗族自治县人民政府县志编纂委员会：《威宁彝族回族苗族自治县志》，贵阳：贵州人民出版社，1994，第525页。

图 6-3 表明，威宁县财政支出总额的变化和人均教育投资数额的变化基本同步，比较快速的增加教育投入是 80 年代以来的事情。所谓快速增加教育投入的经济含义是，1980 年威宁县对教育的财政投入达到人均 4 元，当年威宁县财政收入为 1770 万元；而威宁县财政收入接近 3000 万元时，政府对全县教育的财政投入也接近人均 8 元的水平。

进一步观察这一组数据的波动情况，"大跃进"时期的确有小幅度的增加，即对于教育的财政投入突破了人均 1 元的大关，随即跌落到 1962 年的人均 0.5 元，除此之外历年的教育投入变化很平稳，逐步增长，并没有出现大起大落的情况。这表明，这一贫困地区教育的几次高潮与政府财政支持并无直接关联，更可能是宣传动员的结果。另一方面，也可以推测乡村教育随起随"落"的一个原因：缺少政府资金，逐渐难以维持。这三个时期的潮起潮落，可能说明一种有增长无发展的情况，虚而不实的增长。因为即使这些行动中包含了让穷人参与教育并行使主导权的意图，但是所有的决策都来自上级政府，穷人始终是被动的"参与"，从而使得这样的教育实践流于形式。这个推断，在后来的分析中得到进一步证实。

纵观威宁县乡村教育以往几十年内的起起伏伏，另一个发现是，不同类型的学校的变动非常不一致。如果把学校分成公办学校和民办学校两类，可以注意到一个现象，就是民办学校的大幅度变动，以威宁县小学为例，如图 6-4 所示。

威宁县教育在三个时期出现的超常规发展中，公办小学和民办小学的数量分布形态有很大差别。相比较而言，公办小学的数量非常稳定，没有呈现大起大落的状况。尤其在 70 年代以来，公办小学数量的变化十分稳定，近乎我在前面绘制的那条直线。同时，民办小学的变动则更加触目，特别是从 1962 年的 9 所学校，飙升到 1966 年的 1597 所，这种"普及教育"的速度是不可思议的。这两条曲线，一条太过平稳，一条太神经质，都超出了

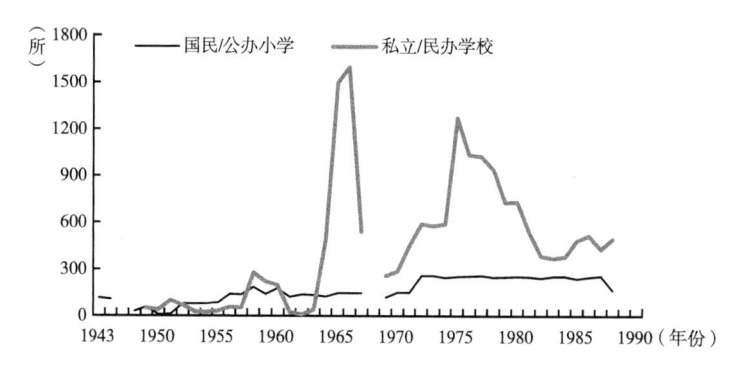

图 6-4　威宁县公办和民办小学数量变化

人们的预期。

因为民办小学全部分布在乡村，能够确定的是，在 20 世纪大半时间里，是乡村绵延不绝的民办小学支撑了威宁县基础教育的大半江山，按照两类学校比例估算，可以说"四分天下有其三"。威宁县教育规模的起落，主要是乡村教育的起落；乡村教育的起落，实际上是民办小学的兴衰。对于如此响应政府号召、为各种统计报表增添光彩的民办小学，政府给予何种支持？回顾一下民办教育的财政机制，发现民办小学的资金来源和师资来源都是依靠本村寨或者社区，民办小学的运行，没有纳入政府财政支持，政府从财政上并未支持，完全由社区和村民个人承担费用。

在石门坎第一时期和第二时期 1949 年之前，基督教循道公会所办的中小学通过教会渠道接受教会津贴，基督教内地会办的小学则从 20 年代开始依照本色化原则实行自给自足。1952 年之后政府的政策是，"没有纳入政府财政支持的民办村学经费，按各地情况专筹专办，一村或几村合办，由村民募捐或没收地主、土匪及反革命分子的一部分财产供给开支。民办小学经费，通过人民代表大会、农民协会来筹措，办公费用靠收学杂费来解决。民办学校采取国家补助兼集体补助的办法解决民办教师的工资。

校舍和设备等办学条件，通过群众集体集资、捐工献料来解决。"① 所以，威宁县民办学校教师的工资，历来依据"谁读书，谁给钱"的原则，由办学单位自筹，和教师共同议定标准、支付时间及方式。工资形式有定时支付现金的，有给粮食的，有粮食加现金的。政策规定，对少数民族聚居区和经济文化特别落后的地方，政府给予适当补助。国家对于民办学校的财政支持，具体体现为对民办教师的财政补助，这个方面笔者在第三节还会做进一步分析。

第二节　村民的教育程度

石门坎乡村教育现状如何？经过几十年的努力——三次大规模教育动员，以及 90 年代以来持续十年的"普六"运动、"普九"运动，乡村基础教育的收获，学校教育、国家教育与社区的关系，都成为寻找和分析的问题。关于近年来石门坎乡村教育状况，当地教育部门向我们提供了一些工作数据：针对总人口的数据比如文盲率、文化程度；针对在校生或学龄人口的数据比如入学率、巩固率、升学率。

威宁县教育局提供了普及初等义务教育工作的情况报告，一系列统计数据勾画出全县的初等教育工作进展和普及水平。2000 年，全县适龄儿童 146555 人，已入学 142309 人，适龄儿童入学率 97.41%，其中适龄女童 70420 人，已入学 67905 人，入学率 96.78%，少数民族适龄儿童 35397 人，已入学 34322 人，入学率 96.96%。上学年在校小学生 143366 人，辍学率 1.68%；小学毕业

---

① 威宁彝族回族苗族自治县教育局教育志编纂办公室：《威宁彝族回族苗族自治县教育志》，威宁：威宁县教育局编印，1989，第 139~140 页。

生毕业率90%。2001年，小学在校生169896人；初级中学在校生2045人；完全中学/职业高中在校生1571人。全县中小学生193512人，全县适龄儿童入学率97.18%，其中女童入学率95.97%，年辍学率3.11%。15周岁人口2000年18583人，受完初等教育15197人，完成率82.03%，15周岁文盲率1.63%。全县青壮年非文盲率①2000年达到96.17%，2001年达到95%。

在石门乡了解乡村教育现状时，我们看到了很接近的统计值，同时也看见了统计数据尚未反映出来的差距。石门乡在2001年通过"普六"评估验收，计划在2006年通过省政府"两基"工作的评估和验收。根据教育部门统计，全乡共有中小学11所，其中初级中学1所，公办小学2所，民办8所。在校生2235人，适龄儿童入学率达96%。从乡政府90年代末的一份工作总结上，乡干部写下了对当地教育的看法，"石门乡的成人文盲率高达73%，这是科技推广的巨大障碍。整体知识能力的局限性，很难指望科技意识、信息文化意识等现代化观念能有多深入。"我们在与乡干部座谈时，干部们根据常年基层工作经验，估计实际入学率低于那些统计数据。那么，石门乡近年来入学率等指标的达标，在多大程度上说明村民教育程度的进步呢？

村民的教育程度如何，我们选取F村这个在全乡中等水平的村庄调查，以期对乡村教育发展状况作出一个说明。由于无论县教育局或者乡镇教育辅导站都难以提供我们调查年度的统计数据，我们因此在F村进行了一次针对文化程度的概况调查。象在其他地区一样，我们用接受学校教育的年限来测量个人和群体的文化程度，把村民人口划分成高中、初中、小学、文盲这样一个等级序列。因为没有详尽的文献或者历史上的统计资料可考，

---

① 青壮年非文盲率，根据1949年10月1日后出生年满15周岁以上人口计算，扣除文盲、半文盲人口得到非文盲人口。

我们访问了一些年长的村干部,把调查的时间上限追溯到20世纪50年代。虽然,50年代和80年代的数字包含了人们根据记忆模糊估算的成分,我们还是可以观察到F村村民受教育人口的大致结构变化。表6-1是初步汇总的结果。

表6-1 F村不同时期人口文化程度概况

单位:%

	1950年代	1980年代	2001年
文盲占村民人口比例	90.9	43.1	26.5
小学毕业生占劳动力的比例	9.3	14.1	7.1
平均家庭比例	3~4户1名小学毕业生	2户1名小学毕业生	4~5户1名小学毕业生
初中毕业生占劳动力的比例	1.6	6.0	7.9
平均家庭比例	21户1名初中毕业生	4~5户1名初中毕业生	4户1名初中毕业生
高中毕业生的人口比例	1.7		
平均家庭比例	平均19~20户1名高中毕业生		

数据来源:贫困社区教育调查,2001~2002。

村民中的文盲数占人口比例持续下降,从50年代的90.1%下降到2001年的26.5%,大约超过总人口的1/4,不过这里总人口包含了学龄前儿童。如果单算劳动力或成人的不识字率,可能要高得多。

初中毕业生的人数比例缓慢上升,从50年代的1.6%上升到2001年的7.9%,绝对数增长了15倍,相对数增长了5倍,却只占村民总体的一个较小比例。

高中毕业生累计20人,平均每19~20个家庭1个高中毕业生,属凤毛麟角,非常稀少。

小学毕业人数处于波动和不稳定状态,50年代到80年代人口比例上升，但是 80 年代到 2001 年，所占人口比例甚至低于 50 年代水平。

概况调查的数据初步汇总后，我们意识到存在一些问题，比如调查指标设计的问题，由于我们询问的是"毕业生"，所以记录在案的数据就只是占村民人口比例的一小部分，"毕业生"几个字竟导致大部分人口被排除在外，这个表就很难反映村民参与国家教育的整体状况。鉴于这种情况，我决定重新进行一次更详尽的调查，测量村民的受教育年限。同时，表 6-1 显示各级各类毕业生绝对数量及其占总体比例之少，说明了村民普遍没有完成小学和初中学业的事实，以及村寨中存在为数众多文盲的事实。这样的事实引起了我们的注意。

一 谁是文盲？性别分析

于是我们在 F 村进行了面向十个村寨全体村民的文化程度调查。这一次，我们测量出每个人的上学年限，这样便于计算不同教育程度。表 6-2 说明文化程度在不同性别中的比例分布。

表 6-2 F 村村民文化程度

单位：%

全　　村	比例	全　　村	男	女	合计
文　盲	28.4	文　盲	31.0	69.0	100
初小程度	29.3	初小程度	52.6	47.4	100
高小程度	29.4	高小程度	59.5	40.5	100
初中程度	10.7	初中程度	75.2	24.8	100
高中/中专	2.2	高中/中专	86.7	13.3	100
1999~2001 迁移外出	—	1999~2001 迁移外出	9.7	90.3	100
总人数*	100	总人数*	52.8	47.2	100

* 总人数中扣除了学龄前儿童和迁移外出人数。
数据来源：贫困社区教育调查，2001~2002。

根据实际入学年限测量，F村村民的总体学历达不到小学毕业水平，尚有近60%的人口在初小和初小以下。高中、中专学历的村民仅仅为2.2%，初中学历（包括毕业和肄业）的村民只有10.7%。将近60%的村民为小学学历，另外28.4%的村民属于文盲，家家户户至少有一位文盲。可以说，未上学者、初小学历者、高小学历者各占1/3。笔者在访问威宁县教育局时得知，威宁县政府工作议程确定了五年之内实现普及九年义务教育的计划目标，已经着手层层安排工作进度和计划指标。从调查结果看来，在F村这样的贫困乡村，一个仅仅十分之一人口受过初中教育的社区，确定五年之内"普九"的目标很难说是切合实际的。

谁是文盲？来看调查结果，扣除婴幼儿、学龄前儿童人数后，全村仍有420人不识字，其中69%是妇女。妇女构成F村文盲人数的主体，一个村寨19位文盲中18位是妇女，另一个村寨26位不识字人口中，妇女占22位。

F村人口的入学年限呈现出十分显著的性别落差，所谓男女平等的教育理念仅仅在小学三年级以前的初小阶段勉强"实现"了，男女比例为52.6%：47.4%。随着年龄增长，大量女童的学龄终止，高小时期男童女童的入学机会已经拉开将近20%的差距。到了初中以及以后的教育阶段中，男性在教育程度为标志的等级结构中，越来越处于优势地位。而在这个向上攀援的阶梯中，女孩的身影越来越稀少，村民中具有高中文化程度的统计值只有2.2%，男女比例为86.7%：13.3%，呈现一个性别关系扭曲的受教育结构。

二 谁是文盲？民族差异

多民族聚居的F村，不同民族村民的教育程度是否一致？我们分别选取汉族集中聚居的三个村寨数据汇总，以及苗族集中聚居的三个村寨数据汇总,汇总数据两相比较,结果见图6-5。

F村两个民族的教育行为特点颇为不同:汉族村民的文盲率比少数民族更高,接近一半人口不识字,比苗族村民未上学的人口比例高出26个百分点,文盲人数多出1倍半。除了在高小程度这一栏两个民族的比例相当以外,教育程度的各个阶段,苗族接受学校教育的程度均高于汉族。苗族村寨的初中生是汉族村寨的4倍,苗族村寨的高中生比汉族村寨多6倍。

那么在不同民族村落里,性别对于上学或者不上学具有什么影响呢?图6-6汇总和比较了苗族村寨与汉族村寨不同性别人口的文化程度。的确,在入学的机会上不同民族都存在性别差异,妇女处于弱势,男子处于强势。不过比较之下,汉族村寨的妇女比苗族村寨的妇女处境更弱,苗族寨子的妇女文盲不足三分之一,而汉族妇女中文盲比例超过一半。汉族妇女能够进入初中的比例也大大少于苗族村寨的妇女,仅仅相当于后者的十分之一。

苗族贫穷而好学,这个现象在整个石门地区很突出、有代表性,我们也从学校老师们的谈话中得到证实。石门民族学校吴老师说,在石门地区,少数民族学生求学的积极性比汉族高,少数民族父母培养子女读书的积极性也比汉族父母高,这一现象在西南偏远少数民族地区不是特有的,调查组在云南、贵州其他调查社区的测量都得到了相似结果。

村民教育年限调查的结果显示这样一些基本事实:村寨中存在为数众多的文盲。村民普遍没有完成小学和初中学业,大部分村民都有中途退学、失学的经历。所谓男女平等的教育理念仅仅实现在小学三年级以前,入学机会的性别落差,呈现一个性别关系扭曲的受教育结构。少数民族求学的积极性比汉族高。

F村3个苗族村寨教育程度

（饼图：文盲、初小程度、高小程度、初中程度、高中/中专以上）

F村3个汉族村寨教育程度

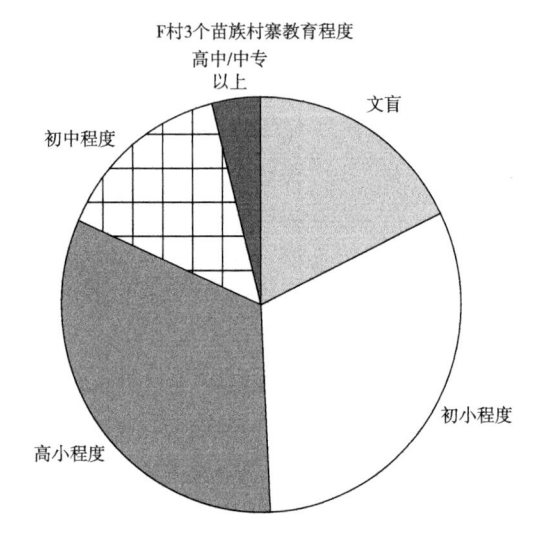

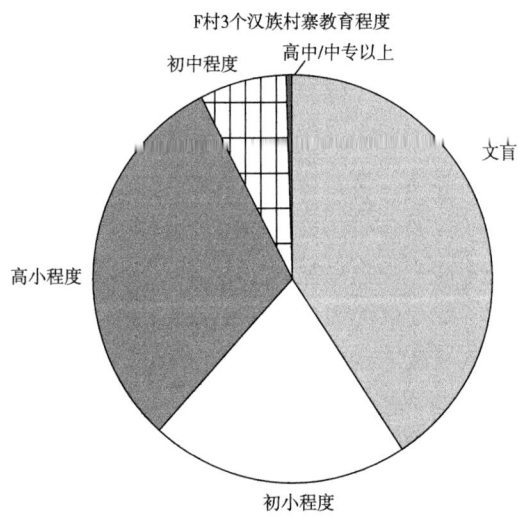

（饼图：文盲、初小程度、高小程度、初中程度、高中/中专以上）

图6-5 苗族村寨与汉族村寨人口教育程度比较

数据来源：贫困社区教育调查，2001~2002。
总人数中扣除了学龄前儿童和迁移外出人数。

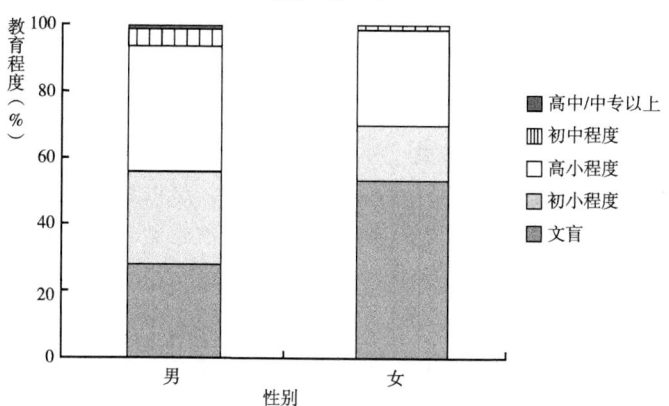

图 6-6　苗族村寨与汉族村寨不同性别的教育程度比较

数据来源：贫困社区教育调查，2001~2002。
总人数中扣除了学龄前儿童和迁移外出人数。

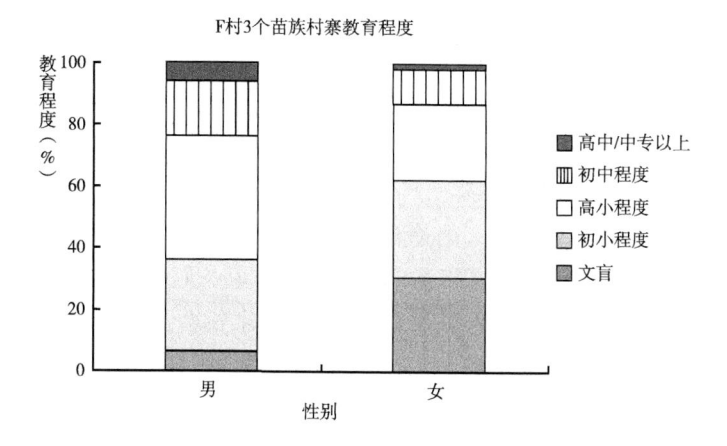

三　乡村学生辍学

困扰地方政府和石门乡各个学校的问题之一，是控制学生流失、提高巩固率和完学率，以达到"普九"验收的标准。1997~1998学年，在一所完全小学所在的H村，适龄学生入学率只有67%，小学完学率不足50%，也就是说，入学儿童中有一半以上在小学阶段逐年流失。2000年前后政府狠抓"普六"验收，入学率一度升高。

学生生源不稳定，中途流失，是什么原因？在F村，我们向每个家庭询问他们的孩子为什么辍学，家长们几乎千篇一律地回答"盘不起学费，经济跟不上"，有的家长会用很大的声音表达不满。学校收费有多高？2001~2003学年，村办小学每个小学生每期学费书杂费60元，一个学年120元，在石门乡十多个行政村里面这已经是最低的一道收费门槛。石门民族学校初中部收费标准每人每期约400元。2004年国家级贫困县的农村学校开始实行一费制，乡村小学收费标准与往年接近，乡村初中的收费标准下降到每年300元以下。2005年开始西部农村中小学陆续免除书费，只收取少量"本子钱"。

但是，就是这道不算很高的收费门槛，足以挡住一批贫困学生。他们的父母为筹措几个孩子的学费不得不东挪西借，时常赊欠。赊欠学校收费，这在村级小学勉强可以行得通，因为村级小学扎根在人情浓厚的乡土社会，家长和老师原本都是亲戚或者邻里。可是在更高等级的学校就发生困难，越是高等级的学校，越远离熟人社会，学校收费制度的刚性越强，缺乏回旋余地。所以，交不起学费这个名列榜首的原因，实际上是因人而异、因学校而异的。在乡村社区它具有一定弹性，这个弹性的尺度是依靠称之为社会网络和社会资本的东西来调节的。

调查员向每个家庭询问他们自己过去为什么辍学，绝大多数家长们的首选回答依然是"盘不起学费，经济跟不上"。接下来调查员请家长们回忆，当年自己读书时，学校每个学期的收费是多少，结果怎样？大多数人回答都是10元上下，年纪越高的家长，回忆的答案数字越小，比如50岁左右的村民会说出2块钱、3块钱这样的收费标准，收费之低令他们自己也感到诧异。调查时注意到，学校收费高是近十年的情况，历史上的乡村小学收费不高，但是调查结果表明当时学生的流失率还是很高。因此，学费是一个直接的原因，但不是唯一的原因。这时候我再次返回到前面两个提问，问他们自己为什么辍学，问孩子们为什么辍学？于是村民们给出了更多答案，来修正和解释"盘不起"的含义。

失学和辍学的首位原因是家庭贫困，交不起学校的收费，这是石门乡学校和社区公认的，我们在云南、贵州其他贫困社区的调查都证实了这一点。2001～2002学年，石门乡的小学收费标准为每个学生120～160元，本乡初中收费标准440元，那些考入高中或中专的学生，必然进城，县城和地区的学校在收费上互相攀比，十倍、百倍于乡村学校，第一年入学的费用，低则3000元、高则11000元，村民们为筹措孩子的学费不得不负债累累。尤其20世纪90年代末21世纪初年，贫困学生遭遇的收费门槛之多之苛刻超过以往，辍学极其普遍。

一位任教28年的老教师说，"石门整乡经济落后文化落后，这个村六十多户人家苗族小学毕业生不上十个，初中生没有。我家在的那个村全是苗族，土地下放（1981年）至今只有两个初中生，我调查了风俗，不是不喜欢读书，而是经济太差，也无法找钱。在小学读完二年级后逐步退学，或家长在两个孩子中只准一个读。交不起学杂费，我也有亲身经历。不是苗族智力弱，而是经济弱。"王老师说，一所完全小学平均每学期辍学四十名左右。[①]

村民们列举小学生流失的多种原因：

出行安全。山高路险，居住分散。学校太远，路远不安全，

---

① 笔者对王成光老师的访谈笔记，2001。

家长不让孩子继续读书。可能因为天天翻山太累，有的学生要走10公里的山路才能到学校，孩子年龄太小走不起就渐渐不能坚持来学校了。政府强令入学，但是学校不具备寄宿条件，家长不放心让幼小的孩子自己上学，所以会考虑孩子的出行安全，推迟入学年龄。

语言障碍。在少数民族地区的乡村，因为少数民族儿童入学前缺少汉语环境，他们在入学初期存在听力和语言障碍。第一年要过汉语关，需要复读一年或者更长时间，这个现象在贫困乡村很普遍。

年龄因素。由于推迟入学和复读，在孩子们读二年级时，11岁至12岁学生的比例往往将近一半。到小学毕业时他们已经接近劳动力年龄，女孩子则接近说亲的年龄，很容易辍学。

再如，家庭内部决策中，教育机会优先顺序不同。如果经济状况窘迫，那些多子女上学的家庭里面，父母就对孩子们排序，决定他们谁去上学谁留在家中务农，以求减少经济负担。年长的孩子、女孩子，更容易被父母取消学校教育机会。

在这些贫困地区普遍存在的客观原因之外，村民们也议论学校对学生的"管教"方法、学校规定时间与自己生活时间安排不一致的方面。

四　学校与社区的隔阂

在石门乡一所小学，调查员分别召开教师座谈会和家长座谈会，会上听到了另外一些原因：

家长们说，孩子在学校受到教师训斥打骂，学生厌学，所以不愿读书。

教师们说，是因为家长不配合学校，书本费缴不上、不让读引起学生辍学。

家长们说，乡上赶场天，教师个个忙着做自己的生意，不安心教书，学生咋个安心读书？

教师们说，家长"观念落后、素质差"，只认得做礼拜，不晓得开家长会、督促学生。

家长们说，活路忙得很，再说我一年挣得这几个钱还不是都让学校拿走了？

在调查中我们注意到村民对乡村教育的低参与现象之中包含多重矛盾。

其一，经济贫困依然是乡村教育普及的主要瓶颈。家庭困难是少数民族学生入学率低、失学率高的主要原因。学校的高收费行为制约着贫困者的教育机会。反之，乡村贫困又增加了学校的高收费阻力，使教育产业化政策推行不力。

其二，价格规则嵌入学校与社区关系。在村民看来，学校门槛太高、"开价"太高，比地方政府的乱摊派、乱集资还厉害。一些面向贫困地区的中学收费，便具有高额地租的意味，可以把贫困农民一年的收入攫取干净。而在学校方面，收费高低是学校之间互相攀比的结果，校方"开价"只是遵循市场规律行事。于是引发双方矛盾。

其三，乡村教育"投入"所能为村民提供的预期"产出"是不明确的，无论是就业预期、身份转换的机会，还是市场收益的机会，都不清晰。这是造成村民对乡村教育参与程度难以提高的另一个因素。

其四，学校与社区生活彼此隔阂，缺少沟通。无论双方各自的理由是不是包含偏见，这些矛盾已经显示学校和社区之间存在这隔阂和社会关系的裂隙。学校和社区的社会整合出了问题，各自坚持各自的理由，彼此放弃，呈现一种互为客体的关系（图6-7）。

在教师和家长互为客体的情况下，学生处境是被动和压抑

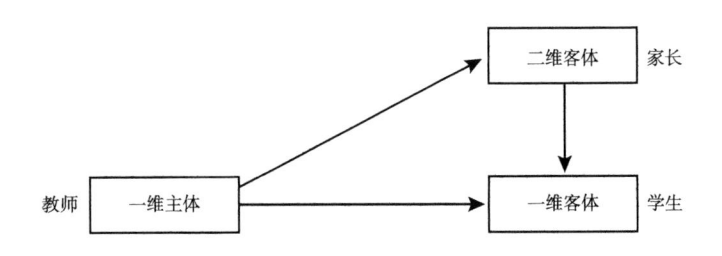

```
教师 ─→ 一维主体 ─────→ 二维客体  家长
              │              │
              │              ↓
              └─────────→ 一维客体  学生
```

图 6-7　乡村学校与社区的互为客体关系

的,他可能承受来自学校和家庭两方面的压力。这种情况下,学生辍学比较易于发生,是"用脚投票"来选择放弃教育的做法。而且学生一旦放弃,矛盾顿消,大家太平。如果说,这个关系结构中的三组对立关系得到消解的简单方法是学生的辍学,那么说明,这种互为客体的关系缺乏一种有效的协商机制,没有多少改善的回旋余地。而家长对学生辍学的认可,继续引发社区—学校关系的疏远和分裂,才是那个简单方法的真正代价。

一位教师多次对我们说到他的困惑,如果家长会碰巧定在礼拜天开,"学生家长真的情愿去做礼拜,不来开家长会。我不知道为什么,只知道他培养自己的子女,大概是目的不明确,他认为交给老师就是老师的事情了。家长把小孩交给老师,学习好学习坏,或者是纪律好纪律不好,都认为是学校和老师的责任,家长他没有责任。"[①]

家长会的本意是增进校方和村民的交流。但是村民不来开家长会的现象,似乎不是偶然的,它喻示着另一种关系结构。一方面,教师单方决定开会时间,不考虑村民宗教活动的需求。开会的方式,可能是单向灌输式的,家长被动出席,没有家长的声音,也就没有"社区"的声音,社区没有参与到教育管理

---

① 笔者访问朱正华老师笔记,2001,2005。

当中来。村民被要求缴纳高额费用，但是没有参与管理的相应权利，他们被隔离于学校教育的系统运行之外。另一方面，家长的教徒身份和行为规范，教师们也不理解。表面看是理性分工、各司其职，但是教育和宗教在组织制度上的分离，造成了学校与社区生活的关系远离，人们对教育参与很少、隔阂、相互缺乏支持。村民和学校之间形成责任分隔、角色分工，缺乏公共空间和交流意识。学校教育和村民的社区生活之间，形成了互为客体的关系。这可以追溯到那将近四十年前发生的组织断裂。

国家动员兴办乡村教育的时期，也正是民族传统文化的社会空间受到挤压的时期，这个社会过程在第七章将展开分析。排斥民族传统文化的乡村教育值得反思。1952年威宁县人民政府接管了石门坎联区所有学校，乡村学校和乡村教会分离，各司其职，此后相互隶属的关系不复存在。本来同根同源的两个文化组织，在时间和空间上完全断裂开来。石门坎教会"消亡"，四十年后才有机会重新组建，但是断裂延续至今，笔者在调查中还可以看到这一裂痕。

社区对乡村教育的低度参与的事实，促使我们转向观察教育组织，转向观察乡村学校的教师，分析学校运行的问题。

第三节 教师离乡：乡村教育的解构

"文化大革命"期间，苗族地区部分学校迁到地区、乡所在地，有的保留公办，有的由公办转民办，苗族子女入学率、巩固率低，苗族教育从入学率的减少到质量的下降日益明显。兴隆厂小学，原有苗族学生400余人，占学生总数的80%，60年代迁到乡政府所在地后，苗族学生仅有百余人，占学生总数的1/4。

切冲小学、水塘小学、爱华小学、牛街小学等，均由公办转为民办。上海枯等部分小学，名为公办，实则仅有1~2名公办教师，其余均为民办教师。

一　石门坎学校师资

石门民族学校的前身就是石门坎光华小学和西南边疆威宁石门坎初级中学。1952年政府接管了所有的教会学校，在此基础上建立贵州省石门民族中学及石门民族小学，中学是省属直接管辖的民族学校。1982年其小学、中学合并为石门民族学校，为地属县管的九年制民族学校。1995年改为县属学校，2004年进一步改为乡管学校，几十年以来，学校级别连续下滑。因为曾经属于省级重点学校，石门民族学校的校舍设施、硬件条件比之于一般贫困乡村地区的学校要好，师资力量配置也强，但是这所学校也深受教师流失问题困扰。

石门民族学校在50年代至60年代，尚能保持师资力量优势，其教学质量比周边的农村中学高。学校老师中有一批50年代来自四川、云南等地的大学或专科生，这些外地教师功不可没。"文化大革命"期间，教学工作几近停顿，学校的财产损失相当严重。70年代外地大专生老师陆续调离，随后虽有教师补充，但是教学质量不如从前。80年代后期，又一次大规模的教师外调，70年代后期来的老师相继离开[1]。90年代是石门民族学校教师严重青黄不接的时期。近年来，师资流失的情况才稍有缓解。

1998年，石门民族学校教职工24名，公办教师22名。没有大学学历者，大专学历7名，中等师范专科学历14名，高中

---

[1]　吴善国老师访谈笔记，2001。

学历2名，初中学历1名。

2005年，石门民族学校教职工40名，全部为公办教师。大学本科学历1名，大专学历11名，中等师范专科学历20名，高中学历2名，初中学历4名，小学学历2名。

石门乡发展的第四时期，乡村学校普遍面临师资困境。定向培养中专生计划，原本是一项以培育石门乡师资力量为目标的举措。1985～1995年，县民委和县教育局共同组织，为地处偏远的民族学校定向招中专生。当时与学生和家长签毕业后定向服务合同，前后签约的大约30人，但考取的学生不履行合同，都不肯来石门坎工作。所以这项为期十年的师资回收计划没有收到任何预期效果。在另一所公办学校，2002年以前教育局分配过4名公办教师，家在外乡，一个都没来任教。外地教师不肯来，只有请本村代课老师。石门坎王成光老师说，"全乡都留不住好老师，外村外乡的老师，人在心不在。师范学校的毕业生，只要听说分在石门乡，各人都找各人的门路调走。"[①]

二 乡村代课教师

因为乡村小学师资的紧缺，许多乡村学校都离不开代课教师。

90年代的国家政策，帮助一些民办教师转变身份成为公办教师，称为"民转公"。民办教师转正是指1986年前参加教育工作、由当地教育局备案并颁发任用证书的民办教师，经考核转为公办教师。1997年国家规定，"解决民办教师问题的工作要在加强管理，提高素质，改善待遇的同时，全面贯彻实施'关、转、招、辞、退'的方针，分区规划，分步实施，逐年减少民

---

① 笔者对王成光老师访谈，2002。

办教师数量,力争到本世纪末基本解决民办教师问题。""全国解决民办教师问题工作的分年度目标是:1997年民办教师占全国中小学教师的比例要从1996年的17%减少到12%,1998年比例减少到7%,1999年比例减少到3%,2000年基本解决民办教师问题。"① 由于政府关闭了新增民办教师的渠道,规定"任何地区、单位都不得以任何理由新增民办教师",民办教师似乎可以退出历史舞台、淡出公共视线。但是,民办小学并没有完成历史使命,大批没有获得转正机会的民办教师也没有走下乡村讲台,政府文件改称他们为"代课教师"。在村里,人们仍然习惯称他们"民办老师"。

当地政府对民办教师或代课教师的财政补助,最直接体现出国家对于民办学校的财政支持力度。笔者从不连续的资料中整理了一个表(表6-3)。

石门乡的一所民办小学,全校一百名学生。三位教师,学历均为初中,都是民办教师和代课教师出身。校长已经任教30余年,十多年前从代课教师身份转为公办教师。在乡村干部的工资因为各种原因不能按时发放的年份,公办教师的工资还是有保障的。但是代课教师存在不稳定因素,他们的收入很低,县乡两级财政"拼盘",勉强凑足一个月100元。一年只能保证10个月的工资。

根据县政府压缩编制、收缩教学点等教育布局调整政策,村里自办的初级小学不能独立存在,要归属一个完全小学来管理。这所村小只有两名教师编制,第三位代课老师的工资就需要校长从学生收费里挤出来。前几年在这里任教的有一位回乡复员军人,高中文化,很有能力,因为耐不住乡村代课教师的低收入,他离开学校闯荡市场去了。

---

① 《国务院办公厅关于解决民办教师问题的通知》〔国办发(1997)32号〕。

表6-3 威宁县乡村民办/代课教师的工资

年份	国家财政补助标准（每人每月）	办公经费（每人每月）	说明
1958	0	0	小学教员509人中民办教师61人
1961	0	0	510名民办小学教师下放340人
1963	4~8元	0	教龄4年以上，教学质量提高
1964	小学18~20元 中学30元	0	补助面控制在民办教师10%以内 教龄5年以上，教学质量提高
1966	全日制学校4~8元 半日制学校2~4元	0	略高于当地同等劳动力的收入，实行定工生产、定额补助 每月15公斤口粮
1971	一队一校10元 多队一校15元	2元 2元	一队一校教师比照同等劳动力在生产队参加记工分红。多队一校教师每人每年粮食200公斤
1981~1982	22~27元	0	获得《合格证》、《试用证》的教师提取7%~10%作为特殊困难补助费
1987	40元	0	无粮食补助
1999	60元	0	无粮食补助
2004	100元	—	县财政69元，乡财政31元，依靠两级政府"拼盘"勉强支付
2005	100元	—	学校扣除20元作为奖惩基金

资料来源：根据《威宁彝族回族苗族自治县教育志》第九章整理。1999~2005年情况根据笔者的社区调查笔记整理。

身为代课教师的人，几乎都为自己的生计发愁。代课教师仍然是农民，如果教书所得的工资是他们维系家庭开支的唯一现金收入来源，而夫妇另一方劳力不支、体力不足的话，那么这样的教师就可能走到几乎无钱支付自己孩子上学的地步。由于经济上的压力，代课教师往往会在周末或者节假日做些其他"活路"挣钱贴补家用。我们走访时便遇到两个代课教师利用周末时间帮人盖房子。

1986年前参加工作的民办教师有机会转为公办教师，此后参加工作的民办教师和代课教师不再具有这个机会。他们可能随着公办教师的分配逐渐被淘汰。政府曾经规定,进一名公办教师,辞退两名代课教师。因为遭到普遍反对而让步:进一名公办教师,辞退一名代课教师。这种规定让一些代课教师感到手里的"泥饭碗"岌岌可危,无法集中精力教学。有一位吴原华老师,代课17年至今不能够转正,因为他缺少师范专科学校的学历。当年他没有去读师范专科有两个原因,一个原因是家里凑不出学费,第一个学期要求交1000元。另一个原因,他肩负着一个家庭的重担,那时他已经成家,不能够放下妻儿老小的生计去城里脱产读书,要读三年。如果真去了,三年下来可能负的债,就是一个"天文数字"。乡村教育故事背后,就是这样一些推算公式和权衡规则——它是不同于城市教育的推算和权衡:一边是村民个人的生计、家庭责任,另一边是教育制度的理性和刚性。假设当年吴老师跃过了那个1000元的门槛,他今天也许就可以收入700元或1000元的月薪。这样的一种"理性"的投入产出计算,小吴老师不是算计不出,而是家庭的难舍。最终的结果,这位全职的乡村教师十多年来,一直不能够转正。同样的岗位、同样的辛勤付出,2005年一名公办教师月收入最高可达到1000元左右,代课教师每个月的工资仍然是100元,无论其工作年限长短,一年还是几十年。乡辅导站统一规定,每个教师将被扣除一定的工资作为奖惩基金,年底考核时,通过同级同科的平均分这个标准,对教师做出不同的奖惩。按照这个规定,代课教师每月被扣除20元。年底考评后,得到奖励的代课教师可能每年因此增加300～400元的收入,当然也可能相反。由于每年只发放10个月工资,因此一名代课教师的年薪实际在1000元到1400元左右,只达到公办教师的1/10。

从代课老师的讲述,到学校校长的担心,可以看出这个少数民族贫困地区的教育瓶颈,在于师资,在于乡土人才的流失。现在的石门乡村学校的师资状况：送不出去、请不进来、请进来的也留不下来。贫困山区普及教育的目标与集中管理、提高教学质量的目标存在矛盾。过去威宁教育部门曾经出台一种中专定向招生的政策，学校与家长订合同，鼓励和约束中专生回乡。根据以往十年的推行效果来看，并不成功[①]（图6-8）。

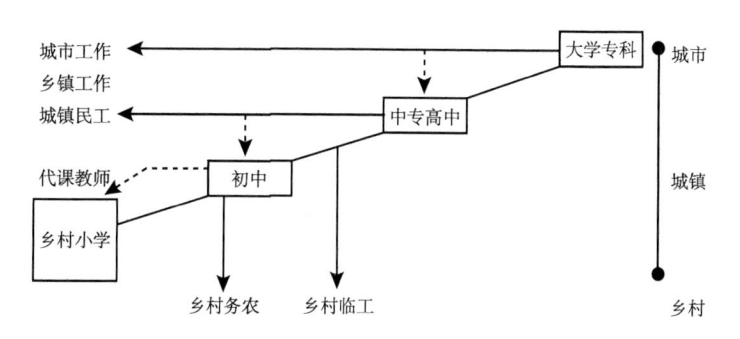

图6-8　90年代石门乡毕业学生流向

在威宁县其他乡村地区我们了解到类似情况，在顺利通过全省"普六"验收之后，教育部门从加强管理、合理布局出发，鼓励地方部门出台一些收缩政策，比如辞退代课老师、压缩编制以及收缩教学点。教育资源的布局调整也在挤压着村寨小学的生存空间，这是村寨小学教师队伍不稳定的深层原因，受到教育体制和政策因素的制约。

第四节　寻找传统：石门坎教育的自组织

学校和社区在社会整合上发生了困难，历史上的经验对现实

[①]　石门民族学校教师访谈笔记，2001年8月，2002年2月。

问题有没有启发呢？我们向社区历史寻求答案。石门坎在发展初期，学校和教会于乡村社区"联体共生"，自成一体。这种"一套人马，两块牌子"的做法，有效减少了科层制式的协调成本，既获得社会整合，也得到社区内部的系统整合。在社区调查中观察到的这个现象，帮助我们认识石门坎第一时期社区发展的机制。教会—学校联体共生，往往成为石门坎文化得以自我复制的结构生长点，学校不仅仅是传授课业的场所，更承担着承接乡村文化、集体行动的功能，这一系列集体参与的行动构成了社区公共领域的内容，是使社区得以运转良好的重要组织形式。20世纪后半期，宗教停滞，教会与学校关系被切断。随之而来的是乡村师资力量的下降，特别是乡村精英的流失。教会—学校联体共生的关系意义，被人们忽略。

一 联体共生的当代版：苏科小学和苏科教会

苏科小学是一个学校和教会共生结构的例子（表6-4）。苏科寨距离石门坎16公里，隔着几座大山和深谷，为了方便村童，村小学建在这里。学校建在山坡，只有三间小平房，以石块垒砌，没有装修，极其简朴。询问学校的来历时，我们得知这个小学1937年建校，诞生于教会学校兴旺时期。它是不是石门坎联区中的一所教会小学呢？经一些年长的村民核实，它既不是教会学校，也不是公办学校，并非外国人"文化侵略"的产物，也非民国政府"边胞同化教育政策"的催动的结果，也不是任何外来组织或个人慈善行为所致，它一直是一所民办小学，贫困苗民自己筹办。现在接纳十多个村寨四个民族的孩子。

石门坎文化历史对这所小学是否存在影响？调查发现：其一，学校创办人吴性纯医生，出生于这个村寨。吴性纯从牧童苦读到博士的故事，激励着整个村寨一代又一代人读书的热情。民

表 6-4 苏科小学与苏科教堂的共生关系

年 份	学 校	教 堂	教师和受教育程度	说 明
1937~1938	苏科小学	与学校合一	教师 A(初中毕业)	吴医生出资买来36课桌,村民出义务工自建
1938~1941			教师 B(小学毕业)	
1941~1945			—	抗战兵荒马乱,学校停办
1945~1947			教师 C,教师 D	学校恢复
1947~1957	学校停办		—	学校停办,教堂停办
1957~1960	改名连峰小学		教师 E(小学毕业)	政府动员,学校恢复,村民出义务工自建
1961~1963		教堂停办	教师 F(女教师)	"大跃进"时改学校名
1964~1969			教师 G(小学毕业)	
1969~1989			教师 H(初中毕业)	H代课10年转为公办教师
1971~1974			教师 I(初中毕业)	I代课3年
1972~2006			教师 J(初中毕业)	J代课20年转为公办教师
1974~1988	改名年丰小学	(家庭教会)	—	在杨家草房自发聚会14年
1988~2006		苏科教堂	苗文教师传道 K(初中)、老者 L(大学)	教堂建在原校址。村民出义务工自建,政府补助
1989~2006			教师 M(初中毕业)	M代课17年
1992~1994		石门乡第一个政府批准的宗教场所	(家庭小学)	老校舍倒塌,学生到教师家里上课
1994			—	由教会发动村民出义务工,自建新校
1999~2001			教师 N(高中毕业)	N代课2年
1999~2005	改名年丰分校	—	教师 O(初中毕业)	O代课7年
2005~2006		—	教师 P(初中毕业)	P代课1年

根据笔者调查笔记整理。

办学校和民办教会在村寨内"联体共生",最初教室与教堂合一、传道与传授知识合一,现在教堂的地基是从前学校的地基。

说明这两个组织之间存在"亲缘"联系，这些联系很可能是从石门坎文化模式里学习来的。其二，历任教师近乎义务教学、收入微薄。"文化大革命"期间，村党支部书记鼓励一位初中毕业的年轻人去当代课教师，只是对他说，"天天带小孩子，没补贴，只有口粮。不过你只要耐心，万丈高楼平地起。"这位年轻人曾经在石门坎读中学，他参加过红卫兵，在运动中积极地批判自己的老师。有趣的是，乡村教育的使命历史性地落到了当年的红卫兵小将的肩上。他回村之后走上讲台代课。当年在全乡三十多名民办教师中，他是唯一获得县教育局表彰的。现在自己已到当爷爷的年岁了，在这个小学里已经耐心教了34年书，教了两代人。这说明石门坎文化对社区的影响力，在特殊条件下，可能以一种相反的方式发挥出来。

苏科寨的自组织机制表现在三个方面：

其一，村民自己出义务工建学校、建教堂。小学校和教堂在70年时间中有时被迫停办，有时自然坍塌，校舍建了垮、垮了建，修建了三次，教堂建了两次。都是依靠村民自愿出义务工而建，特别是1988年教堂建立起来后，建学校的出工安排就由教会出面组织，虽然社区内的小学一直不是教会学校。

其二，村子里成立了一个叫做"社区基金"的扶贫组织，自我管理、运转良好。1994年，香港一个扶贫机构乐施会在威宁县选点若干，开始实施扶贫计划。最初，他们在全县许多乡镇布点，设立工作中心，招聘工作人员，尽管他们工作态度认真，方法深入细致，但是扶贫遇到困难，项目点一个一个消失。最后只有石门乡的7个村寨坚持下来，运转良好。苏科寨村民自己制定了管理制度，分工合作。因为自我管理得好，他们就能够持续得到一些新的扶贫资源、滚动发展。他们有能力不断吸纳系统外部的资源。

其三，苏科教会成为村民和政府之间沟通的桥梁。乡政府在本村推行一些比较艰巨的"中心工作"时，比如计划生育、收缴农业税等，如果先来和教会商量，就能够比较顺利完成。各方彼此合作，呈现一种互为主体的关系，学校和社区关系、邻里关系、干群关系和谐。因为在通常情况下，乡政府、村民之间，学校、家长之间，因为缺乏平等协商的机会，往往会产生对立情绪，形成一维主体或一维客体关系。在这个村寨，教会扮演一个中介组织，让双方都能表达主体意愿，又保留着一定回旋的空间（图6-9）。

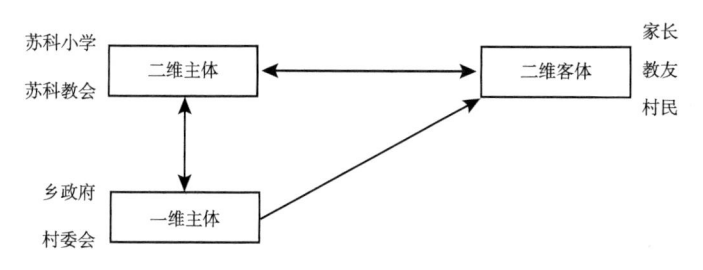

图6-9 乡村学校与社区的互为主体关系

外来扶贫机构在威宁县许多乡镇开展扶贫项目，10年后发现石门乡的扶贫点最为成功，其中原因是值得思考的。石门乡的社区组织基础好，不仅因为扶贫机构在那里认真进行制度建设、能力建设，一个深层的原因是宗教文化与民族文化能够有机整合，构建了社区良好的人文传统和民主协商制度的基础。在苏科寨，村民自建的"有形的"教堂已经有18年历史，而村民自发组织的"无形的"乡村教会传统已经有32年。这是社区自我组织和自我管理的社会基础，使外来扶贫机构受益匪浅。

苏科寨社区内的自组织结构，保留着石门坎文化历史的印记。我们回顾历史，分析一下石门坎从前的自组织传统，如何解决乡村师资的困境。

二 以苗教苗的人才循环机制

石门坎自组织传统里面有两个基本网络，构成人才和师资流动的渠道。教会网：乡村社区连接城市教育机会和物质资源的网络；教育网：乡村社区连接城市教育机会的网络。教会网和教育网相比较见图 6-10。

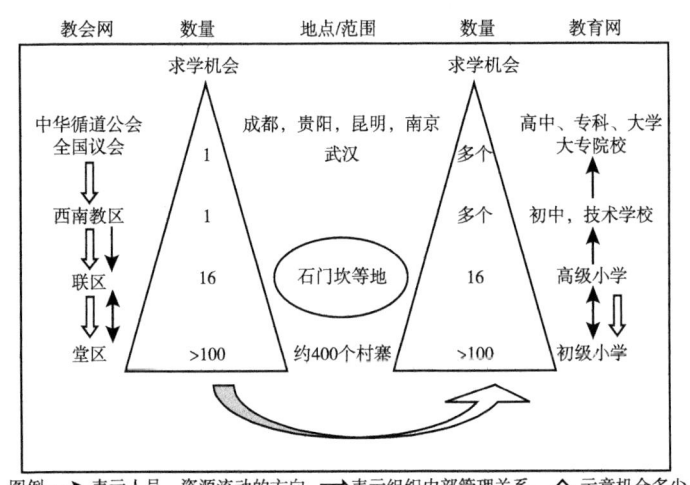

教会网	数量	地点/范围	数量	教育网
		求学机会		求学机会
中华循道公会全国议会	1	成都，贵阳，昆明，南京 武汉	多个	高中、专科、大学 大专院校
西南教区	1		多个	初中，技术学校
联区	16	石门坎等地	16	高级小学
堂区	>100	约400个村寨	>100	初级小学

图例：→ 表示人员、资源流动的方向。⇒ 表示组织内部管理关系。△ 示意机会多少

图 6-10 30 年代石门坎社区的教育资源网

当石门坎学校第一批苗族学生小学毕业时，柏格理就决定择优送到大城市深造。1913 年石门坎破天荒派一批小"留学生"赴成都[①]，他们中学毕业后全部回到石门，从此石门坎有了苗族

[①] 1913~1917 年，教会选送王爱福、王快学、王凤鸣、王霄汉及杨荩惠，往成都华西中学读书。4 年后学成返回，杨荩惠与王凤鸣就留在石门坎光华小学任教。

教师。不仅如此，还有了苗族女老师，在石门坎学校任教。此后送出去一批批孩子到外面城市接受中等和高等教育。石门坎光华小学自1917年开始，历任校长都是苗族。

苗族学生在各初级小学毕业后就可以升入石门坎光华小学。光华小学毕业后，成绩优异者升入中学，绝大部分学生仍回家务农。在中学毕业中，又选拔优秀者到外地的大学继续深造。这样造就了苗族有史以来的第一批高级知识分子。石门学校教师也逐步苗化，由出去深造后再回乡的苗族担任，实现了柏格理"以苗教苗"的办学目标。

1929年吴性纯博士毕业，1930年任石门坎学校校长。博士办乡村小学，也是十分罕见的文化景观。1935年朱焕章由华西大学教育系毕业回到石门坎，次年任校长。1938杨汉先毕业于华西大学社会历史系，回到石门坎任校长。朱焕章被邀请到云南昭通明诚中学任教导主任。考虑到苗区同胞真正能到城市念书的人太少，他辞去城市的高薪工作，于1943年再次返回生活不便、夜无电灯照明的石门坎，栖身于陋室之中，重新过起艰苦的生活。当年8月，他创办第一所苗族中学，任校长。

这些外出"留学"的学生毕业后，大部分回归故里，报效乡梓。能够回到贫穷的石门坎来，他们心中自有一种守持的力量，其中缘由：

其一，社区、学校、教会之间保持强关系。被选送的苗族学生，普遍得到本村寨村民的集体捐助。所以外出进城的学子，都保持着与亲缘社区、学校、教会的强关系。在石门坎，这三种强关系又是三位一体、互相嵌入在同一个文化结构中，对外出的学生产生强大引力。在异地客居的漂泊心态、对乡土的责任感相互加强，成为在城市学生学习的动力。

其二，由教会资助读完中学的人毕业后由教会在全教区内统一安排工作，在石门坎教育网络的各地学校任教或者兼任传道。

从石门坎学校走出来的小学毕业生、中学毕业生，以至于大学毕业生，都一一进入石门坎师资储备库，轮流上岗，支持日益庞大的石门坎教育网。

30年代石门坎学校与社区的共生关系，笔者用图6-11予以说明。乡村教育与社区生活、乡村经济、组织能力建设等方面，相互激荡，产生了有机的关联。

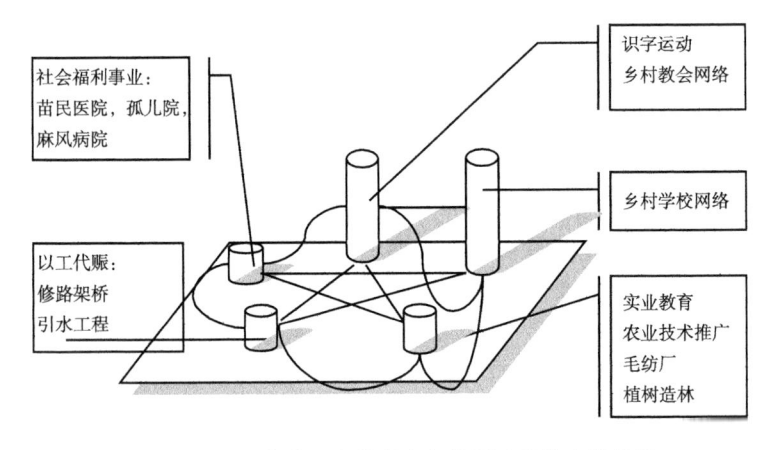

图6-11　30年代石门坎教育与社区建设的有机关联

其三，教师流动机会频繁。一般而言，每个教职任期一年，为教师保留调整学校或者转业的弹性，科学合理。教师对学校没有人身依附关系。教师很自由，自主选择去留。附录1是根据笔记整理的石门坎学校历任校长的简历，他们中很多人辗转各行各业之间。对于一些受过高等教育的教师，因为他们的城市生活经验，个人有自己的同学网络，所以他们也有机会自由进退城乡之间、游历和交流。

其四，教师有信仰自由，对教会没有人身依附。不同信仰、不同组织的教师共事是很常见的。比如石门坎初中的教导主任张斐然，他的信仰历程很丰富：生于基督徒之家、高中时期加入国

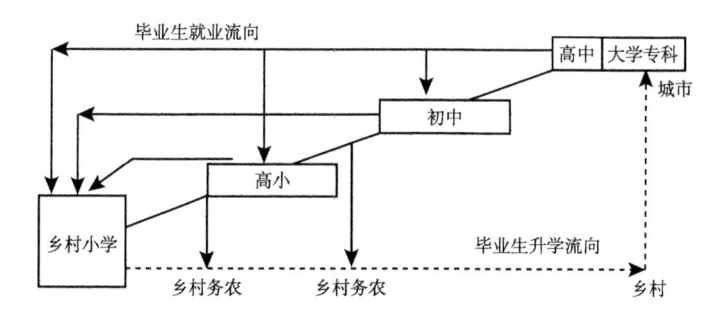

图 6-12　30 年代石门坎社区学生流向

民党，曾以此身份竞选威宁县参议员，后来两次加入共产党，领导地下组织游击团等。

其五，教师的社会资本。一位小学教师进入石门坎文化圈的某个村寨，会被苗民尊称为"堪德"（苗语"先生"）。他成为苗民子弟的启蒙者，苗民精神生活的指导者，社区事务的决策者、仲裁者等等。所以，"堪德"在苗民心目中俨然是一位社区领袖。"堪德"群体在特殊的历史环境中脱颖而出，成为乌蒙山区现代教育的传播者和社区代表。穷人的尊敬，是他们在这个岗位上收获的社会资本。

乡村师资可以分为两个问题：培养和任用乡土人才，吸引外来人才。回顾历史，石门坎学校的办学经验是：送得出去、请得进来、请进来的也来去自由。教师们的生活十分简单、清寒，但是在村民记忆中他们大都乐观而勤奋。这个"以苗教苗"的人才循环，与今天在西部比比皆是的人才困境形成很大反差：一方面，西部乡村教育仍然在苦苦挣扎；另一方面，人往高处走、孔雀东南飞，在信奉所谓市场经济规律的今天成为人们流行的行为规则，于是一些进入城市接受高等教育的农家子弟迅速地忘却那些挣扎的乡亲，迅速地忘却了自己的由来。而石门的教育行为规则是前赴后继、薪火相传。这个根植于本土、吸收现代教育营养的"以苗教苗"系统,能够吸引本土人才回归、外部人才往来无阻。

三 石门坎传统的转折点

石门坎"以苗教苗"的教师循环机制在哪个时期发生关键的改变?1949年外国传教士全部离开中国,办学经费中断。在威宁大批学校停办了,依靠苗民支持,石门坎学校却坚持一天也不曾停课。1952年威宁县人民政府接管所有教会学校不久,石门坎教育一度兴旺发展。但是石门坎文化结构的一个重要转折点,既不是1949年,也不是1952年、或者1966年,而是1957~1959年前后,石门坎教育系统丧失了大批骨干教师。

反右运动席卷全国,没有因为威宁地处偏远而有所遗漏。1958~1959年,威宁县政府把全县中小学教师集中到县城开会,进行了两次大规模反右整风运动,第一次整风历时75天,"处理"了87位教师,第二次"处理"了125位教师。[①]

反右斗争的程序,在教师队伍中按其"家庭出身"、"家庭主要人员政治情况"、"本人重大历史问题"、"运动中的罪恶事实和活动"、择其严重的来依次批判斗争,确定性质为极右分子、右派分子或内定右派分子,报经上级党委作出处分决定。"一些教师被错划为右派分子,与政治处分相应,经济待遇也发生变化,或每月发给生活费,或降低工资。被降低工资的有中学教师5人,小学教师149人,降低工资比例是12.8%。"[②] 关于反右运动,上级曾经下达了5%的比例控制指标。但是第一次整

[①] 威宁彝族回族苗族自治县教育局教育志编纂办公室:《威宁彝族回族苗族自治县教育志》,威宁:威宁县教育局编印,1989,第99~100页。

[②] 威宁彝族回族苗族自治县人民政府县志编纂委员会:《威宁彝族回族苗族自治县志》,贵阳:贵州人民出版社,1994,第522页。

风时，威宁全县小学教职员只有600人，挨整者的比例就高达14.3%。第二次整风时全县有1500名教师，其中被贴上五类分子标签、受到批判和处分的人数达到154名，超过了中小学教师总数的十分之一（表6-5）。

表6-5 威宁县内被划分为"他者"的数量

时间	"他者"区隔	"他者"数量	说明
土改结束	9588	9588	划分四类分子：地主、富农、反革命、坏分子
1956~1958	13340	13340	划分四类分子
1958	-3242	10098	四类分子中3242人评为社员，被接纳
1959	-618	9480	"纠正错划"的四类分子
1959	+273	9753	"漏划"的五类分子：地主、富农、反革命、坏分子、右派分子
—	—	—	
1964~1966	754	754	因四清运动处分不服而上访的人次
1979~1987	9283	9283	因各类运动处分不服而上访的人次
1979	-6800	消失	"为6800名五类分子摘帽"，纠正错案，其中"改正错划右派"111人

资料来源：威宁彝族回族苗族自治县人民政府县志编纂委员会：《威宁彝族回族苗族自治县志》，贵阳：贵州人民出版社，1994，第152页、第228页。

威宁县教师中的整肃不是孤立的事件，它是运用反右运动的话语，有计划地划分敌我的行动。威宁县志在"社会改造"一节中记载，"土改结束后，公安局布置对地主、富农、反革命、坏分子的评审入社工作。1956~1958年评审四类分子13340人次，评为社员的3242人。……1979年2月，根据中央和省、地文件，局抽调5名干警成立专门办公室，为6800名五类分子摘帽。"[①]

---

① 威宁彝族回族苗族自治县人民政府县志编纂委员会：《威宁彝族回族苗族自治县志》，贵阳：贵州人民出版社，1994，第228页。

这场跨越20年历程的运动,从发动到最后的"改正",执行机构包括各级政府的教育部门、公安部门、人事部门和民族宗教事务主管部门,表明了这一行动的国家立场,它是以巩固政权为目的的一个有计划的步骤。1968年威宁县革委会决定,教师中如有地主、富农、反革命分子、坏分子、右派分子,一律清洗另聘。这类人被清洗回家,由生产队管制生产。在公办学校的地、富、反、坏、右分子,则由学校革委会监督劳动。①

这场运动给大多数教师极大的心理压力,使他们从此"提心吊胆、谨小慎微、应付工作"。这个事件,使得向来受人尊敬的教师队伍里清洗出1/10的"敌对分子"、政权的"他者"——"右派分子"、"坏分子"、"反革命分子",苗文学者中大约70%的人受到不同程度的政治冲击,其余的30%大都返回乡村成为乡村教师和农民。对于石门坎社区,这是一次毁灭性的打击,很深地挫伤了知识分子投身国家建设和乡村教育的主动和热情。村民们说,"那个时候,学校里最好的苗族老师都着了,抓的抓,斗的斗。学生娃娃跟着读不成书"。这次运动也剥夺了一批优秀教师传道授业的资格,他们从社区文化的权利主体一夜之间变成了权利客体,陷于一维客体的社会关系结构中(图6-13)。

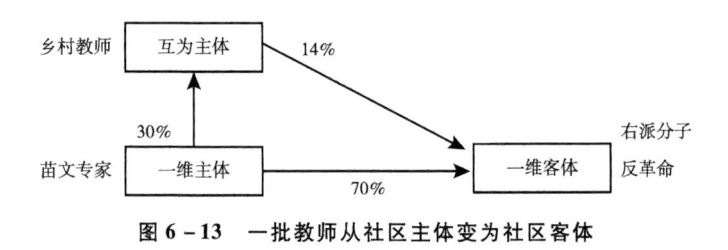

图6-13 一批教师从社区主体变为社区客体

---

① 威宁彝族回族苗族自治县教育局教育志编纂办公室:《威宁彝族回族苗族自治县教育志》,威宁:威宁县教育局编印,1989,第109页。

第六章 结构—主体分离：学校与社区 205

对第四章表4-1的进一步分析发现，受冲击的张德全老师最漫长的一个身份是"历史反革命"，这一身份使他受到政治压力长达29年，失去人身自由长达20年。究其原因，是因为他曾加入国民党，并有4年多参加地方政府工作或者基层党务活动的经历。张老师加入国民党的时间，正是抗日战争爆发不久，他和一批青年接受政府保甲训练之时，被发展入党。在当时当地，这一批青年的观念里，加入国民党是为了表达自己愿意承担国民保卫国家的责任。所以他不会预料到自己会为这4年多的国家主义热情付出什么样代价：张老师先被监禁、后被管制，他的后半生完全被甩出了社区生活。29年后他获得平反，政府向他补发省人事厅的退休证，给予"退休干部"待遇。前面那个被强迫的政治身份，后来被一个含糊的行政身份替代，其实二者都不为真。他本来是一名很优秀的乡村教师、乡村教育的行动者。表6-6归纳了张老师的几个不同的社区身份及其含义。

表6-6 一位石门坎教师的社区身份变动

身份编号	身　份	分　　析	时间长度
A	基督徒	非选择性身份，家庭出身。根据血缘关系获得。基督教身份是大多数石门坎苗族的第一个社区身份	终身
1~6,13~22	小学教师	自主选择的身份，表达社区使命	20年
B	国民党员	自主选择的身份，承担国家责任	5年
C	年议会书记	被选举的身份，承担社区使命	3年
D	共产党游击团员	自主选择的身份，表达国家意识	1年
E	"历史反革命"	被强迫的身份。并因此长期与社区隔离。前一个是政治身份，后被一个含糊的行政身份替代，其实二者都被外力变形	29年
24	"退休干部"		23年
F	歌曲作者	自主选择的身份，表达社区认同	

资料来源：根据第四章表4-1整理。

50年代反右运动,在石门坎表现为两个步骤"去精英化"过程,一是社区领袖消失,一是乡村优秀教师消失。社区领袖包括一些石门坎学校负责人、一群苗文专家、教会工作人员、国民党员等,他们被羁押。主要的苗族优秀教师被迫下岗。至"文化大革命"前期,石门坎苗族知识分子非正常死亡人数达到十多位,而幸免于难的苗族知识分子,几乎无一例外地回村务农,回到了社会结构底层。反右运动也开启了石门坎社区污名化的过程,石门坎社区再一次被贴上"帝国主义文化侵略"的政治标签,被主流社会"另眼看待"。这个社区的苗民开始整体地陷于失语状态,跌落到"他者"的处境里。从这个时期开始,石门坎教师逐渐外流。尽管政府教育部门的统计数据显示,三次大规模兴办乡村教育的高潮全部发生在1958年之后,但是从这个特定地点来观察,石门坎文化教育元气大伤,自组织机制的摧折,恰恰是在这个时期。

第七章
主体进退：社区与国家

前一章的分析重点是各个时期社区与学校关系的变迁，在这一章，我们试图观察社区与国家这条变动脉络。在结构意义上，社区与国家关系的变动不易分析，难度不仅在于观测数据不易收集，而且国家概念在变，社区意义也在变动。国家如何进入石门坎这个社区？这个社区何时与国家相遇，又是如何相遇的？饶有意味的是，石门坎社区与国家的关系开始于彼此的想象，这些想象的关系经历了社会现实的不断修正，从想象到现实经历了碰撞、磨合和不断调整的过程。

第一节 石门坎对国家的初期想象

一 石门坎苗族的国家概念

在历史上，石门坎苗族的社会观里，民族概念、族群意识是明确的，但是缺乏现代国家概念。在滇东北次方言区的苗语区关于社会结构的苗语传统词汇中，存在"土目"、"官家"、"汉人"这样的词汇，因为土目地主和当地政府官吏是他们直接的统治者；但是不存在"国家"、"国民"、"公民"、"社会"这样的词汇，所以汉语文献记载着苗族"不知王化"，"不知有县政府，更不知有国家"，苗族学者认为"苗族自迁入黔西北山区以来，头脑里只知道土司土目是最高神圣者，却不知自己是中华民族的成员之一，更不知道国家是什么?"①

石门坎溯源碑上刻着一段汉文：

"访桃源于世外，四千年莫与问津。探芝圃于莽中，五百劫始为说法。"②

石门坎溯源碑也刻有一段苗文：

"祖先有古歌记述，我们从什么地方来，到什么地方去。到处流浪成荒野之人，生存无着住高山森林，谁也不问津。"③

笔者在做石门坎苗民信仰变迁的专题研究时，曾经用一个民族关系示意图来说明苗民对社会结构的认知。苗民对社会结构的认知取决于他们自己身处于社会中的何种"区位"。作为"地狱中的边民"，他们不得不遭受那些"不劳而获、颐指气使的'土目'、'官家'的宰制"。④ 石门坎苗族整体贫穷，缺乏土地和资

---

① 杨忠德：《威宁苗族文化史略》，载《威宁文史资料》第2辑，威宁彝族回族苗族自治县政协编印，1986。
② 这块溯源碑由石门坎光华小学全体师生立于1914年，碑文由李国钧先生撰写。
③ 此译文参考杨明光所译《苗族信教史碑》〔载《贵州宗教史料》（二），贵阳：贵州省宗教志编写办公室编印，1987〕和其他抄本。
④ 管承泽：《贵州石门坎苗民的见闻与感想》，载《边事研究》1938年第7卷第2期。

产，租种彝族土目的土地，因此他们能够体认的社会结构就是以土地制度为基础的族群关系，彝族土目是苗族社区的直接统治者，苗族被统治，自己的地位与彝族农奴的地位相当。[①] 由于苗民长期居住在彝族"地盘"上，与其他民族彼此隔阂、交往较少。他们接触到的汉族主要分两类：一类是收缴捐税的"官家"，另一类是流窜作案的土匪，常常拦路打劫、烧杀抢掠，威胁苗民安全。"官家"即当时掌控苗区的土司和土目集团，是元、明、清封建王朝实行土司制度时在少数民族地区分封的文武官员。土目则是清王朝改土归流后，土司残余势力的大户，他们是贵族和地方的统治者，拥有土地，有的还有武装自卫队，所以也称"官家"。

如图 7-1 所示，"国家"概念模糊，位置不确，是一个近于汉族、官府和朝廷之间的想象的存在。石门坎苗民对于国家概念的认识局限性，源于他们世代处在这个社会结构的底层位置。

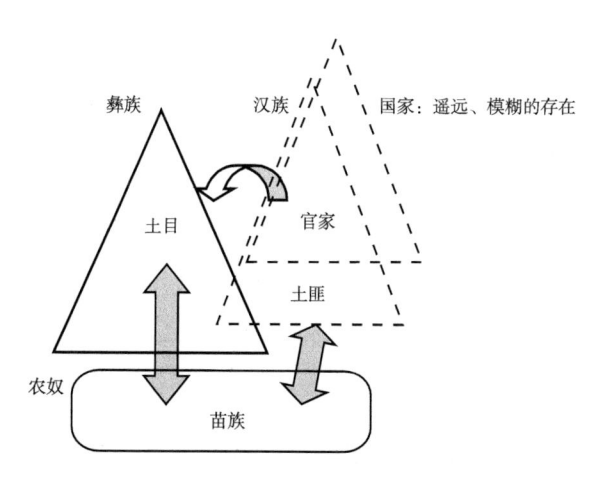

图 7-1　苗族对于传统社会结构的感知

---

① 王德光：《王德光访谈录 2002~2005》，贫困社区研究组整理，2005。

西南苗族经历了双重边缘化：一重边缘化是指，他们居住在远离中央政权的"边陲"的地方，苗民、彝族和其他少数民族曾被中原汉族称作"边胞"、"苗蛮"，这些称谓包含着很深的社会距离；另一重边缘化是指苗民在苗族和彝族的关系结构中受到排斥。苗民透过彝族土目和其他民族土匪的直接压迫，间接地感受官家的压迫，感知中央政府的存在。这样一种双重边缘化，造成了历史上苗民对社会结构乃至国家的模糊认知，对于苗民来说，国家似乎是汉而不是彝的，是官而不是匪的，一个类似汉官的遥远、模糊的存在。

苗民对国家和社会结构的这类模糊感知，直到石门坎办起新式学校，才得到改观。"民国成立时，苗族读书的人很少，一般群众对什么是国家、帝制、民国等名词概念，是弄不清楚的。经过汉族老师们的解释和宣传，初步领略到国家政治、民族团结的不可分割性。"[①] 其实，第一个向石门坎苗族介绍"中国"的人正是英国牧师柏格理。石门坎乡村教育，从一开始就包含向苗族介绍国家概念、启蒙苗族的国家意识的内容。这也是柏格理牧师在石门坎办学之初勉力为之的结果。柏格理编写的苗文识字课本中，简明扼要地解释国家和民族的关系：

> "苗族是什么？苗族是中国古老的民族。"
> "中国是什么？中国是世界上一个古老的国家。"
> "苗族是从哪里来的？苗族是从中国内地的黄河边来的。"

一位石门坎学校老校长写道，"长年累月，口朝黄土背朝天

---

① 杨忠德：《威宁苗族文化史略》，载《威宁文史资料》第2辑，威宁县政协文史资料研究委员会，1986。

地为领主们当牛马,一直没有什么权利过问政治或参与政治活动,不知道什么是国家,怎能谈得上爱国保家?基督教传入后,办起了学校,苗族人民经过读书,学到了一定的理论知识,方知道有中国,并且懂得中国就是自己的国家,从而才肯定'我们苗族的的确确是中国人'"。① 在基督教传入石门坎社区十年后,师生们把"我们苗族的的确确是中国人"这句话用苗文刻在溯源碑上。

二 石门坎人想象的国家

在石门坎文化圈内,国家意识最初经由教育网络和教会网络传入。石门坎学校鼓励学生和教师爱国的方式,是在校园里建立一系列象征性元素:校名、校歌、国旗和中山纪念周活动。

1. 石门坎学校的校名和校歌

辛亥革命后中华民国成立,石门坎小学于1912年起②定名为"石门坎光华小学",意在纪念中华民国的建立。此后,追随石门坎学校兴办的一系列教会学校,都作为分校,沿用光华这个校名,比如天生桥小学被称为"光华小学第一分校",爱华山小学被称为"光华小学第四分校"。同时,基督教另一分支内地会(China Inland Mission)在威宁兴办的学校,也称为"志华小学"和"志华小学分校",也对爱国主题作出呼应。威宁县民族志《苗族篇》记载了1952年威宁县人民政府接管的苗区教会学校

---

① 杨忠德:《威宁苗族文化史略》,载《威宁文史资料》第2辑,威宁县政协文史资料研究委员会,1986。
② 关于石门坎光华小学定名的时间,另一种说法是1913年。

名单，包括光华小学及其分校9所，兴华小学及分校6所，志华小学及分校4所。① 不论校名为"光华"、"兴华"还是"志华"，都表明这些教会学校在普及现代国家观方面进行的努力。勤奋读书、成为"中华之光"的理念随着校名和校歌从石门坎中心向更广大地区传播开去。

《石门坎光华小学校歌》

（徐宝珊、夏侯亭词，吴性纯、李正文曲）

威宁西北乡，邻毗昭阳，

看石门高敞，光华校旗树黔疆！

客来自远方，热心乐渡东西洋。

拍齐素风琴，吹芦律笙簧，

音皆谐兴涌畅，齐声高唱大风泱泱。

好男儿当自强，天下一家共乐一堂。

学有绩，寻光明，要日就月将。

要学那昔大禹②，寸晷勿荒。

要如何名副其实，为中华之光。

《西南边疆威宁石门坎初级中学校歌》

（朱焕章词，Friedrich Kucken 曲③）

昆仑山脉，乌蒙东麓，

石门侧有一清泉，潺潺声泱泱长流；

合江东下大川同源，交通利赖文华沟通。

---

① 威宁彝族回族苗族自治县民族事务委员会：《威宁彝族回族苗族自治县民族志》，贵阳：贵州民族出版社，1997，第269页。
② "要学那昔大禹"一句的另一版本为"要学那惜阴大禹"。
③ 这首歌借用华西协合大学校歌之曲调，即《知更鸟》（Robin Redbreast）之曲，曲作者 Friedrich Kucken。

> 八方天地乱纷纷，侵略野心正勃勃；
> 自治种子方萌芽，建设基础更宜坚。
> 忠诚义勇培尔志，刻苦勤劳健尔身；
> 力到此疆树边黎，服膺主义臻大同。

观察石门坎学校这两首校歌①，其中国家主义立场清晰、明确，而对国家的表述方式有所区别。比较而言，社区对国家的建构在两个方面有所不同：时代感和主体性。《石门坎光华小学校歌》谱写于30年代初，当时国际局势处于两次世界大战之间的短暂和平期，反映在歌词中，对于外国来访者称"客"，"客来自远方，热心乐渡东西洋"以及"天下一家共乐一堂"，表达的是主客之间的友谊、包容与和谐的关系特征；"要如何名副其实，为中华之光"之句，激励学生为国家争光。到了40年代初，国际局势险峻，国家深陷于抗日战争，此时的《西南边疆威宁石门坎初级中学校歌》中，"八方天地乱纷纷，侵略野心正勃勃"之句，表达了以国民身份对第二次世界大战时期殖民侵略行为的抵制态度。关于主体性的区别，石门坎小学校歌歌词中有"自强"一句，而石门坎中学校歌出现的是"自治"一词。小学校歌通过鼓励学生"自强"，意在建构学生关于能力主体的意识，并在中学校歌里面扩展为"忠诚义勇培尔志，刻苦勤劳健尔身"；中学校歌通过向学生宣传"自治"这个新萌芽的概念，意在培养学生关于权利主体的认识，比如，石门坎初中成立了学生自治会这样的自我管理的组织。而"力到此疆树边黎，服膺主义臻大同"的用意，则在于引导"黔疆"、"边黎"的贫困族群的能力主体和权利主体意识走向一种超越族群归属、宗教

---

① 两首校歌的歌词据陶绍虎先生《石门坎光华小学、私立初级中学校歌注释说明》一文进行修订。

归属感的共同体认同。把校歌放回到它们产生的历史场景中，对这个共同体的理解便指向当时的民国。以社会结构角度分析，如果说30年代的校歌更倾向于培育互为主体的国家观，40年代的校歌则朝向互为客体的国家观转变，这个建构过程留下了大历史的痕迹。

2. 国旗和平民教育

校名和校歌的创作者是苗族和汉族教师，是中国人所为；而国旗故事的饶有趣味之处，在于它告诉人们外国传教士在石门坎是如何建构这种超越于族群归属、宗教归属感的国家认同的。

辛亥革命成功以后，中华民国成立。石门坎光华小学开始接触到国旗这个新的象征符号。中华民国当时的国旗是五色旗①，国旗图案以红、黄、蓝、白、黑五色代表汉、满、蒙、回、藏五族。柏格理明知这种五色的代表意义，但他将此作为一个教材，意在提高苗族的民族自觉意识和国家公民观念。于是，他去电时任外交部长的伍廷芳：

"西南各族同居中华领土之上，亦应有一色标记列为国旗之上，今仅以五色代表五族，而苗、彝反非国民乎？"伍廷芳回电："五色国旗不过代表中华五大区多数民族之标志，苗族居住于多数民族汉族之中，即隶于汉族部分。"柏格理又去电："苗族既列于汉族之区，能否同汉族同尽义务，同享权利？"伍氏回答："当然！"② 柏格理利用这一教材，在苗族信徒中广为宣传国家与民族的关系，对苗族信徒的观念转化起到了积极作用。柏格理的苗语教师、石门坎最早的传道员杨雅各，因此改名为"雅

---

① 至1928年底中华民国国旗才正式改为青天白日满地红旗。
② 张坦：《"窄门"前的石门坎——基督教文化与川滇黔边苗族社会》，昆明：云南教育出版社，1992，第148～149页。

国",以示对民国建立的纪念。中华人民共和国建立后也出现相似的情形,石门坎老教师王心忠站在"新学堂讲台"上,有感于能够实践孙中山"振兴中华"的愿望,于是改名为"兴中"。①

国旗从五色旗变为青天白日满地红的旗帜后,作为一个国家主义符号,悬挂国旗成为学校制度的一部分,嵌入了校园生活。根据多位老校友回忆,每天都有升旗降旗仪式,全校师生参加。国旗出现在特定的时间和场所,作为国家教育的内容之一。

国旗故事里,传教士柏格理利用了自己处在本土社会结构之外的传教士身份,代苗民向政府做了一番信息查询,目的在于推动苗民融入国家这个大共同体。他为苗族学生、这些未来的苗族知识分子们做出了一个行动示范,帮助他们超越底层视野,敢于抬起头来打量这个新国家的方方面面,思考"我们"和国家的关系,思考那个远方的存在对于苗族社区的意义。柏格理的这个举动,帮助苗民开始调整他们对于汉族社会和外部社会的想象,苗民对自我的国民身份的确认成为唤醒社区主体性的源泉。

30年代在成都求学的朱焕章、王建明和几位苗族大学生,共同编写了四册《滇黔苗民夜读课本》。第一册十二课是一首《爱国歌》,歌词为:"我爱我中华,立国亚细亚,人民四万万,亲爱如一家。物产丰富山河美,五千年前早开化,如今共和作新民,努力治国平天下。"

在第二册的第十课《平民歌》中又写道:"我四万万同胞,职业虽不同,人格皆平等。国家兴亡,大家有责任。"这两首歌"激发和提高了各族人民的爱国意识。当时在每一个村落里,几乎大人小孩都能熟唱这两首歌,知道者直到如今还不少。"② 这

---

① 王兴中之子王政华与作者的通信。
② 杨明光:《潜心为民族教育事业献身的朱焕章老师》,2003,未刊稿。

套书在 30 年代苗民识字运动中，立下汗马功劳，虽然只是简易的石印本，却是石门坎乡村教育的重要文本。教材用平易的词语向苗民普及国家观念，并且嵌入了公民教育的内容。

3. 纪念周制度

在 40 年代的石门坎，国家主义教育变得更加仪式化，学校每周一举行"总理纪念周"活动。这项活动把当时象征国家的多个元素组合起来，以同时在场的形式定期操练，形成制度。话题是笔者从老校友关于国旗的谈话中引出来的。

调查员：升旗仪式是什么样的？

校友朱艾光先生回忆，"每周一早晨举行周纪念会，全体学生读孙中山总理遗嘱，读十二守则，唱国歌就是三民主义歌曲。除周日外，每天早上有升旗仪式，放学时有降旗仪式，只是不背诵。十二守则的第一句是'忠勇为爱国之本'，最后一句是'有恒为成功之本'。"①

另一位校友王德光先生，曾任石门坎初中学生自治会主席，回忆每星期举行一次的纪念周仪式，"知道纪念周吗？就是纪念中山先生的活动。中山像挂起，我就在那里当司仪，那时候我一站就一直站到散会。纪念周开始，主席就位，全体肃立，升国旗，唱国歌。唱完以后，向中山先生像行三鞠躬礼。行完礼，讲述国父遗教，我代表学生讲话，然后老师讲话。"②

查阅史料获知，30 年代初教育部将纪念周制度向全国学校推广，规定民众学校每周举行总理纪念周一小时，并于纪念周中"授党歌国歌"。③ 纪念周成为全国学校统一的制度安排，即便是教会

---

① 作者 2006 年调查笔记。
② 王德光：《王德光访谈录 2002～2005》，贫困社区研究组整理，2005。
③ 《县市党部设立民众学校各项方案》，载《中央周报》第 139 期，1931 年 2 月 2 日。

学校也被纳入其中。学校在教育部注册立案以后，要求实施党化教育，举行纪念周，悬挂总理遗像及党国旗。虽然一些传教士认为与基督教信条有冲突的地方，但不得不奉行。例如，民国政府专门规定《指导基督青年会办法》，要求基督教青年会学校举行纪念周时，当地党部须派员出席讲演。① 因此无论是中原一带的汉族小学校，还是西南边地的苗族小学、傈僳族小学，都不例外。

表7-1列出了40年代在校读书的校友们所回忆的石门坎学校纪念周仪式规程，与政府规定的条例和程式相当一致。

表7-1 石门坎学校的纪念周仪式规程

《总理纪念周条例》规定	石门坎校友回忆纪念周程式	说　　明
悬挂总理遗像，配有党旗和国旗	悬挂孙中山遗像	
全体肃立	全体师生列队肃立	
—	升国旗	即青天白日满地红旗
—	唱国歌	即黄埔军校校歌*
向总理遗像行礼	向孙中山像及国旗行礼	行三鞠躬礼
主席宣读总理遗嘱，全体同时循声宣读	诵读总理遗嘱或国父遗教 诵读青年守则十二条	即孙中山政治遗嘱 即黄埔军校学生守则
向总理遗像俯首默念三分钟	学生代表讲话	静默采取变通方式
演说或政治报告	校长或教师讲话	
礼成	散会	

* 当时的国歌从黄埔军校校歌演变而来，由孙中山作词，歌词是"三民主义，吾党所宗，以建民国，以进大同。咨尔多士，为民前锋。夙夜匪懈，主义是从。矢勤矢勇，必信必忠。一心一德，贯彻始终。"

"总理遗嘱"或"国父遗教"即孙中山的政治遗嘱，老校友们虽然已经记不起全文，尚能脱口背诵一部分内容："余致力国

---

① 陈蕴茜：《时间、仪式维度中的"总理纪念周"》，《开放时代》2005年第4期。

民革命，凡四十年，其目的在求中国之自由平等……召开国民会议及废除不平等条约。"① 学生们诵读的青年守则十二条，曾被书写在石门坎大教室的墙上，源自黄埔军校学生的守则十二条："忠勇为爱国之本；仁爱为接物之本……学问为济世之本；有恒为成功之本。"②

石门坎人对这种仪式化的教育并不陌生，因为纪念周的仪式在相当程度上模仿了基督教主日礼拜的形式。对于教会学校来说，易于接受、学习和操演。今人观之，纪念周活动是一种党化教育的仪式，包含着对教育机构和整个社会进行意识形态控制的意图。而在特定的历史条件下，尤其是在抗日战争期间的1940年，中央政府在法律意义上将孙中山从"总理"上升为"国父"，③ 作为民族与国家的象征，所以纪念周制度成为宣传、动员和传导国家主义、民族精神的重要方式。

国家意识就是这样通过石门坎教育网在乌蒙山区少数民族中建立起来的。"中国"这个苗族原来陌生的词汇，通过课本、国旗等视觉教育，通过校歌、国歌等听觉教育，以及通过纪念周这一集体在场、全体师生卷入其中的制度安排，渗透到社区生活中。

石门坎人对国家的初期想象，从传教士的苗文基础课本，教

---

① 孙中山遗嘱："余致力国民革命，凡四十年，其目的在求中国之自由平等。积四十年之经验，深知欲达到此目的，必须唤起民众，及联合世界上以平等待我之民族，共同奋斗。现在革命尚未成功。凡我同志，务须依照余所著《建国方略》、《建国大纲》、《三民主义》及《第一次全国代表大会宣言》，继续努力，以求贯彻。最近主张召开国民会议及废除不平等条约，尤须于最短期间，促其实现。是所至嘱！"
② 守则十二条："忠勇为爱国之本；仁爱为接物之本；孝顺为齐家之本；信义为立业之本；和平为处事之本；礼节为处世之本；服从为负责之本；勤俭为服务之本；整洁为强身之本；助人为快乐之本；学问为济世之本；有恒为成功之本。"
③ 1940年3月国民党中央执行委员会发表《关于尊称孙先生为中华民国国父之声明》。

师们创作的校歌,到苗族学生们自编的平民识字教材,都把国家描绘成为人人平等、亲如一家的理想社会,如同"人间天国",使贫困、弱小的民族为之吸引,为之奔赴献身。经由学校教育传递给社区民众的国家概念,是包容民族差异的、超越文化隔阂的国家观念。他们在乡村教育中普及的国家概念,既没有混同于西南当地政权的"官家",又有别于执政党的"党国"。国家概念不同于"官家",因为"官家"是对立于"平民"、"边民"的排斥性概念,而国家是唤起国民认同、强调包容性的概念。国家概念也不同于"党国",因为"党国"强调国家代理人及其主流意识形态,而国家认同强调的是超越于族群归属、宗教归属感的一种共同体概念。

第二节 石门坎人护国行动

石门坎社区的国家建构,并不止于国家的认同和国民身份的认知层面,也转变成特定历史条件下的爱国行动。石门坎社区发展的第一时期中期到第二时期,对国家主义的行动表达,既有教育救国行动,石门坎教会学校积极选送苗族子女外出,到中心城市去求学,也有为国工作、护国参战之举。石门坎苗民的爱国行动,在战争时期表现为反抗外来侵略、投笔从戎,在和平时期表现为参与国家建设。

一 石门坎人的护国之举

在今天看来,石门坎社区在发展初期的行为是符合对外开放方略的。因为相信自己是生而平等的国民,他们对国家内忧外患的社会局势,不愿置身事外。当那些影响全国的事件传到西南山区,石门坎人会挺身而出,投身其中,以行动表达他们对国家危难的承担。

1915年柏格理牧师逝世,长眠于石门坎,但是他多年的努力已经现出成效。

这一年,蔡锷起义于云南,声讨袁世凯,并准备出兵北伐护国,消息传到石门坎。腊月,全体先生共同商议:我们苗家教会每户捐钱少许,帮助攻打满清皇帝的军队。杨雅国在石门坎教会职工大会上号召苗族信徒为护国出力,倡议"云南出兵护国,石门坎教会应捐款资助"。于是得到各分堂的教会职工响应,他们卖柴打草,节衣缩食,集腋成裘,添毛成毡,数月之后,募捐银元一千多元送去。① 在汇去捐款的附信中,石门坎人写道:"乐捐者然而若是爱国耶?盖专制推翻,民国成立,人民有信仰自由及种种权利。"捐款数目虽然微不足道,但在当时苗族的生活水平来说,已经是尽了最大的努力。在自身经济状况十分贫困的情况下,一千元是一笔巨额资金,相当于一百多位乡村教师捐献出三年的收入,这是他们竭尽全力的爱国之举。苗族积极参与"护国",因为他们已经确信自己是国家的公民和主人,用这个行动表明自己承担起了国民的义务。

苗族学生和信徒由教会学校学习的爱国意识,甚至超越了宗教意识。昭通名士张希鲁的文章中,有这样一个记载。民国10年,英人率师寇片马,二三学子倡发宣言以醒民众……有耶教徒者,苗族也,见宣言归而呵其师曰:"汝何故,敢侵吾领土?"英人默然不能对。②

石门坎老校长杨汉先先生回忆20年代中期在昭通宣道中学

---

① 杨汉先:《先父杨雅各(国)事略及其笔记》,1980,未刊稿。
② 张希鲁:《杨恩浓略传》,载《西楼文选》,昭通地区文化局,1988年编印。转引自张坦《"窄门"前的石门坎——基督教文化与川滇黔边苗族社会》,昆明:云南教育出版社,1992,第150页。

读书的经历,"当时昭通县有昭通宣道中学和省立第二中学,两个中学的教师与学生都有密切的往来,例如发生五卅惨案引起的五卅运动时,两个中学学生都掀起反英、日帝国主义运动,昭通的英国传教士就被驱去昆明了。"①

二 到中心城市去求学

石门坎学校从建校初期起,就保持"请进来、送出去"的办学特色。教会主动选送苗族子女外出,到中心城市去求学。那些完成了基础教育的年轻人,也十分向往到城市去求学,以便将来为想象中的国家工作。

民国初年,石门坎光华小学在采用国家教育部统一教材的同时,开始选送优秀的苗族学生进城。

1911年,石门坎尝试送3名小学毕业生赴北平清华中学求学,行至四川宜宾,因听到学校停招消息而返回。

1913年,石门坎教师护送4名优秀学生赴成都华西中学读书,终于成功。

1918年,石门坎开始送优秀学生赴云南昭通宣道中学就读。

1922年,石门坎第一次尝试送优秀中学生叩击大学之门。吴性纯等两位青年赴成都的预科班学习,一年后升入华西协合大学医科班。②

万事开头难。杨雅各记述了他和钟焕然早年护送苗族学生求学成都的事情:"虎年正月初一,王牧师和钟焕然先生我们领着苗家学生自石门坎出发去成都求学。以前三人拟去但不成功,这

---

① 杨汉先:《基督教循道公会在威宁苗族地区传教始末》,载《贵州文史资料选辑》第7辑,威宁苗族回族苗族自治县政协编印,1981。
② 威宁彝族回族苗族自治县民族事务委员会:《威宁彝族回族苗族自治县民族志》,贵阳:贵州民族出版社,1997,第265页。

是成功的一次。我们由叙府抵自流井、又前去资中，然后抵成都，留二十四天然后返石门坎。"① 他们翻山越岭，从贵州一路步行到四川，途中经常面临野兽和土匪的突然袭击，险象环生。他们送到城市的第一批留学生，四年毕业之后回乡任教，其中之一杨荩惠受命担任石门坎光华小学校长。这件事开启了石门坎人才回归、师资本土化的过程。优秀的苗族学生闯出了一条通往城市的途径，尽管并非坦途、宽路，只能说是一道"窄门"、一条小径，但是毕竟通过一批批苗族学生的努力，石门坎社区教育网与城市教育网开始一步步接通。

石门坎人奔赴省城求学、求职的情况，从附录所整理的张老师的讲述里，可以略见一斑。1942年年底他和一位苗族青年一同前往省城报考省干部训练团，"阴历十一月底离家，约九区绍纲和我一路到贵阳。绍纲报考会计班，我考党干班，结果我俩都被录取了。当时妹夫在贵阳国际救济委员会医务工作，斐然在省民政厅工作，李学高在畜牧兽医站工作，王荣福在贵阳学开汽车。他们为我俩考取省训团而高兴。这时，绍纲恰碰上青岩乡村师范学校他的教师，娃吴的教师，正要去台江县师范学校任校长，即聘请绍纲去任教。"② 说明在1942年底这个时间，至少有六位外出的石门坎苗族知识青年在贵阳这座中心城市里，正在或者准备为"国家"学习和工作。

到了20世纪30年代至40年代，石门坎社区向西南各个中心城市甚至京城输送学生，相继达到几十位大学生、专科生和数百名高中学生，他们到贵阳、昆明、重庆、成都、南京等地这样一些院校学习：成都华西协合大学、南京政治专科学校、南京蒙藏学校、南京金陵神学院、武汉神学院、中央陆军军官学校

---

① 杨汉先：《基督教循道公会在威宁苗族地区传教始末》，载《贵州文史资料选辑》第7辑，威宁彝族回族苗族自治县政协编印，1981。
② 本书附录"社区记忆之五　张德全老师自述"。

（黄埔军校）分校、云南省常备队官长养成所、贵阳师范学校、贵阳青岩乡村师范学校、榕江师范学校、昆明省立师范学校、昆明天南中学、昭通国立师范学校、昭通护士学校等等。50年代初期，威宁全县小学在校生人数为10066人，苗族学生1431人，占全县学生总数的14%。教师252人，苗族教师58人，占教师总数的23%。按人口比例，苗族师生人数不仅高于其他少数民族，而且还多于汉族。① 威宁县内就培养出四位医学博士，苗族、彝族博士各两位，他们都是以乡村教会小学为起点、在教会资助下一步步升入中心城市攻读大学的。

三 投身抗日战争

30年代到40年代，正值国家处于"八方天地乱纷纷"的社会局势里，石门坎青年迎来了报国的机会，日本对中国的侵略激起了乌蒙山区学子们的爱国行动。那个想象中的国家的危难和召唤之声似乎就在身边。

"九·一八"事件后，东北沦丧，贵州省是中国为数不多的远离战事的后方地区，但是石门坎学校网的一批苗族青年则参与了对外来侵略势力的反抗，投身于救国救亡保卫国家的战火中。《西南苗民的社会形态》一文中记述，"自抗战发动开始以来，每逢赶集，师生整队出发宣传，情绪极为激昂。"② 教会工作人员将《太行山上》、《到敌人后方去》等抗日歌曲译成苗语，在礼拜日和赶场天向苗族群众教唱；校长朱焕章编写《爱国歌》，同样广为流传。石门坎一批青年参军参战，奔赴抗日前线。

---

① 杨忠德：《威宁苗族文化史略》，载《威宁文史资料》第2辑，威宁彝族回族苗族自治县政协编印，1986。
② 王建明：《西南苗民的社会形态》，载《边声月刊》第1卷，1938年第3期。

陶开富等苗族青年进入中央陆军军官学校昆明分校（又称黄埔军校第五分校）受训，因"七七事变"提前毕业，编入云南六十军。陶开富任连长，属六十军 184 师 1085 团三营，参加了著名的台儿庄战役。1937 年双十节那一天，部队举行了抗日誓师大会。两天后，21 岁的陶开富随部队从巫家坝机场的营地出发开赴前线。①

六十军军歌的歌词是："我们来自云南起义地方，走过崇山峻岭开到抗日战场。弟兄们用血肉争取民族的解放，发扬我们护国靖国的荣光。不能让敌人横行在我们的国土，不能让敌机在我们的领空翱翔。云南是六十军的故乡，六十军是保卫中华的武装；云南是六十军的故乡，六十军是保卫中华的武装。"特别地，陶开富为自己的连队创作了一首连队战歌，战歌歌词是："我们来自云贵高原，我们是三迤各族子弟兵。万恶的日寇侵犯了我们的国土，我们奔赴抗日前线，不怕流血，不怕牺牲；不怕流血，不怕牺牲。前进，为了我们的祖国；前进，为了我们的人民。"这两支战歌具有强有力的动员效果，外来侵略战争激发了国家的凝聚力，国家和社区的命运变得如此休戚相关，每一名军人都清楚这一点。

青年军人们唱着战歌，经过为时两个月的长途行军，前往浙江，准备参加南京保卫战。但是行至中途，南京已经失陷。部队经武昌到达武胜关受训。1938 年 3 月底，六十军奉命进入台儿庄阵地，同日军交火，陶开富亲历台儿庄战役。② 在台儿庄坚守禹王山的战斗中，陶开富的连队深挖掩体，巧躲日机轰炸；正面抵御，侧面奇袭，击退日军多次反复的地面进攻。最惨烈的战斗

---

① 富国美子：《逆境不灭的陶开群先生》，2006，未刊稿。
② 台儿庄今属枣庄市，地处苏鲁交界，位于徐州东北 30 公里的大运河北岸，北连津浦路、南接陇海线，是两条铁路的一个战略据点；京杭大运河横贯全境，自古是南北漕运枢纽，战略位置十分重要，历来为兵家必争之地。它是抗日战争时期日军夹击徐州的首争之地，1938 年台儿庄战役的战场就在这里。

是与日军拼刺刀。陶开富的连队以三人一组与日军格斗，肉搏时既拼刺刀也射击。阵亡士兵尸横遍野，"敌中有我，我中有敌"。尽管连队伤亡过半，但是他们是本团没有后撤一步的少数几个连队之一，为中方的军事布设赢得了时间。5月，六十军陷入日军的重重包围，部队断炊，只能用战死的军马充饥，用刺刀作炊具，用钢盔作锅灶维持生存，战士们坚守阵地连续十多天泡在全是泥水的战壕里。到奉命突围时，他们衣衫褴褛，头发长得似囚犯。个个已疲惫不堪。经过三天三夜不眠不休的激战，滇军终于冲出层层包围。台儿庄血战之后，全军只剩下两千五百多人，不足原来的十分之一。①

石门坎的青年除了参加六十军抗战，后来又有青年参加八十二军到中缅边境抗击日军。县民族志记载杨汉嵩在贵阳求学期间参加了青年远征军，远赴缅甸、印度抗日战场。② 为纪念抗日阵亡将士和抗战死难同胞，由贵州全省各界抗敌后援总会威宁分会于1939年建立了一座纪念标，③ 标座正中刻有当时驻军师长何应昆所题"为国争光"四字，右边刻有当时国民党县党部书记长所题"流芳千古"四字。④ 在抗日战争时期，参军的苗族青年大部分在战场上为国捐躯。抗日战争胜利时，石门坎组织了千人庆祝大会。石门坎校歌中"忠诚义勇"、"服膺主义臻大同"的公民教育理念，在抗战烽火中得到践行。

---

① 富国美子：《逆境不灭的陶开群先生》，2006，未刊稿。
② 威宁彝族回族苗族自治县民族事务委员会：《威宁彝族回族苗族自治县民族志》，贵阳：贵州民族出版社，1997，第217页，但是记载的年份1944年与杨汉先回忆的时间1939年不符。
③ 位于威宁城关一小的抗日阵亡将士纪念标，是目前贵州省发现的唯一一座。该标为等边三棱剑式造型的整块青石，一度被推倒，1982年在修缮校门保坎时掘出。标身正面刻有"抗日阵亡将士纪念标"，右面是"抗战死难同胞纪念标"。
④ 威宁彝族回族苗族自治县人民政府县志编纂委员会：《威宁彝族回族苗族自治县志》，贵阳：贵州人民出版社，1994，第582页。

四 为国家工作

大多数石门坎人没有机会参加保卫国家的战争，但是他们仍然选择各种方式去呼应山外世界的节拍、国家发展的进程。

据威宁县志统计，1950年之前威宁先后有30多名苗族学生、20多名彝族学生完成了高等教育。他们在高等学府毕业后，或者投入城市各种工作岗位，成为"国家的人"，或者回归社区致力于乡村教育。我们在社区调查期间，寻访了石门坎教育网培养的许多校友，包括工作在各地的老校友。表7-2列举受过高等教育和专科教育的一部分石门坎校友的简要情况。

表7-2中34位校友中，31位完成了大专学业。其中21位在贵州省工作，7位在云南省工作，其余4位在北京、南京等中心城市。这批在中心城市受过高等教育的石门坎学子中，大多数人选择回到本土工作。回归乡村的他们，并没有减退国家主义热情。他们之中出现了一批立足本土为国家工作的知识分子。

1. 苗族第一位全国代表

石门坎学校校长、苗族知识分子朱焕章，曾经当选苗族第一位全国代表。他一生有两次机会与当时的国家领导人蒋介石会面：一次是30年代中期在成都华西协合大学毕业典礼上，他作为学生代表，另一次是40年代中期在南京国大代表会议期间，他作为国大代表。这两次见面，朱焕章都是代表少数民族与国家领导人相遇。

第一次在1935年华西协合大学毕业典礼，时值蒋介石到成都视察，学校请蒋氏莅临指导。朱焕章被推举为毕业生代表发言，向学校致谢，表达报效国家之志。根据他女儿的讲述，场景激动人心：

表 7-2 部分石门坎校友受教育和职业情况
（1943~1952 年在石门坎入学的初中生）

学号	入学年份	性别	入学年龄	籍贯	民族	高中或中专	大学或大专	毕业后工作、职业	地点	备注
6	1943	男	15	贵州威宁	苗	昭通护士学校	—	贵州威宁龙街行医	贵州威宁	应届毕业
19	1943	男	14	贵州威宁	苗	南京蒙藏专科学校	中央民族学院	先在贵阳某机关，后到盘县某企业工作	贵阳 盘县	60 年代初下放
20	1943	男	12	贵州威宁	苗	南京蒙藏专科学校	中央民族学院	先在毕节地区民委任职，60 年代回乡务农	贵州毕节	初中辍学 1 年
21	1943	男	13	贵州威宁	苗	南京蒙藏专科学校	北京大学	中国社会科学院民族研究所从事研究	北京	小学辍学 3 年 初中辍学 1 年
A	不详	男	17	贵州威宁	苗	昭通国立师范学校	黄埔军校某分校	贵州威宁县城医务工作	贵州威宁	
98	1944	男	12	贵州威宁	苗	南京蒙藏专科学校	北京大学	先在东北地区某市任教，后到贵州省民族研究所工作	东北某市 贵阳	应届毕业
99	1944	男	14	贵州威宁	苗	昭通护士学校	—	不详	不详	初中辍学 1 年
102	1944	男	13	云南大关	苗	榕江师范学校	—	先任大关县纪委书记，后任大关县副县长	云南大关	应届毕业

续表 7-2

学号	入学年份	性别	入学年龄	籍贯	民族	高中或中专	大学或大专	毕业后工作、职业	地点	备注
136	1944	男	13	贵州威宁	苗	昆明天南中学	云南大学	云南省农业厅土肥站	昆明	初中辍学1年
158	1945	男	13	贵州威宁	苗	不详	中央民族学院	贵州威宁县龙街中学	贵州威宁	应届毕业留校任教
177	1947	男	15	贵州威宁	彝	毕节师范学校	昆明师范学院	云南某中学任教	昆明	
181	1946	男	17	云南彝良	苗	昆明天南中学	成都地质专科学校	不详	不详	应届毕业
245	1947	男	14	云南彝良	苗	毕节师范学校	西南师范学院音乐系	先任教于四川康定师范学校,后任教于绵阳教师进修学校	四川绵阳	辍学1年
B	1947	男	15	贵州威宁	苗	昆明天南中学	云南大学生物系	先后工作于贵州农学院,安顺第二中学,贵州省科研所	贵阳 安顺 贵阳	
C	1948	男	14	贵州威宁	苗	贵阳卫校	贵阳医学院	先后任威宁防疫站站长,石门坎医院院长,威宁县医院医生	贵州威宁	
D	1948	女	14	贵州威宁	苗	不详	昆明师范学院外语系	云南建水县护水中学教师	云南建水	

续表 7-2

学号	入学年份	性别	入学年龄	籍贯	民族	高中或中专	大学或大专	毕业后工作、职业	地点	备注
403	1948	男	14	贵州威宁	彝	毕节师范学校	贵阳师范学院历史系	贵阳六中教师	贵阳	
414	1948	男	15	贵州威宁	苗	毕节中学	贵州农学院	任威宁县农场场长,后从事威宁农业技术推广	贵州威宁	缀学2年
441	1951	女	14	四川古蔺	苗	遵义卫校	贵阳医学院	先在毕节中医院工作,后调威宁县医院、威宁县人大工作	贵州毕节	
452	1949	男	15	贵州赫章	汉	毕节中学	重庆大学	先在部队工作,后回赫章建筑业工作	贵州赫章	
519	1950	男	15	贵州威宁	苗	毕节中学	贵州大学	威宁县供销社	贵州威宁	
521	1950	男	13	云南彝良	苗	毕节中学	贵阳师范学院中文系	威宁教育局长	贵州威宁	
429	1951	男	14	云南彝良	苗	不详	中央民族学院	中央民族学院经济系	北京	
443	1951	女	13	贵州威宁	苗	贵阳女中	贵州农学院	先在威宁县任教,后从事农业品种改良工作	贵州威宁	
488	1952	男	14	云南彝良	汉	毕节中学	云南大学	云南江川县科委	云南江川	
610	1952	男	14	贵州威宁	苗	贵州民族学院中专部	贵阳民族学院	贵州省公安厅	贵阳	

续表 7-2

学号	入学年份	性别	入学年龄	籍贯	民族	高中或中专	大学或大专	毕业后工作、职业	地点	备注
614	1952	男	12	云南彝良	苗	不详	北京医学院	先在贵州赫章恒底行医,后到云南昆明行医	贵州赫章昆明	
612	1952	男	13	云南彝良	苗	毕节中学	云南大学	云南宁蒗县副县长	云南宁蒗	
624	1952	男	14	云南彝良	汉	毕节中学	云南大学	云南彝良县农业局	云南彝良	
628	1952	男	14	贵州威宁	苗	贵州民族学院中专部	贵州农学院	威宁龙街镇农业推广站	贵州威宁	
635	1952	男	14	贵州威宁	苗	毕节中学	贵州大学	先在石门民族中学,后在威宁民族中学任教	贵州威宁	
E	1952	男	14	云南彝良	汉	威宁民族中学	昆明工学院	南京市某科研所	南京	
F	1952	男	14	云南彝良	汉	威宁民族中学	贵阳师范大学院	贵州师范大学任教	贵阳	
G	1952	男	14	贵州威宁	苗	贵州民族学院中专部	贵州农学院	先在毕节兽医站工作,后任威宁县兽医站站长	贵州威宁	

说明：笔者根据多方调查整理。其中学号、籍贯、年龄来源于石门民族学校提供的石门坎初中部分档案。籍贯省略了乡和村名。学号不详的人暂以字母代替。

"我父亲穿戴着学位服,手持毕业证,上台讲演,做了一个是关于崇高理想的讲演。他说,我从最边远的贫困山区石门坎来到西南最高学府上学,不为别的,只为学成之后回到家乡,去帮助我那贫困的苗族同胞。主题是这样的,台下师生不停鼓掌,掌声很热烈,因为他是苗族学生嘛,大家都觉得他不容易,都支持他。"① 蒋介石向毕业生祝贺,说国家要注重边疆民族地区文化教育事业的发展工作。

"那天蒋中正就说朱焕章的发言'语言通俗、道理深奥',有这么几句话。典礼结束后蒋介石夫妇接见了我父亲,邀请他到重庆绥靖公署行营处去工作。我父亲说,我不去了,我的家乡还有很多同胞,我要去帮助他们,所以谢绝了这个工作。当时蒋中正说既然如此我不强留你,赠送了一头荷兰牛,宋美龄送给他优良鸡种。"② 毕业典礼结束后他和同学戴琳琴老师步行回到石门坎,投入乡村教育。

第二次在1946年,朱焕章当选中华民国国民代表大会代表,当时全国代表中仅有两名苗族代表。由于石门坎在苗区的教育成就形成的知名度,在代表提名过程中很多地方提名推荐石门坎的朱焕章校长。10月27日南京政府同意他担任国大代表。朱焕章与王建光一起赴京城参会,各地教会和学校前来送行。二人一路辗转,从石门坎步行到县城,乘汽车到省城,再改乘飞机到南京京城。在南京,朱焕章被选为宪政促进会考察委员、西南教育委员。大会期间蒋介石第二次接见他,会后朱校长回石门坎继续教书。

当二人回到石门坎时,师生们高唱着一首苗文歌曲迎接他

---

① 朱玉芳老师访谈录,2005。
② 这一段回忆根据朱玉芳女士转述访问朱明义的讲述整理。1935年同乡朱明义在成都同济医院卫校上学时,出席了朱焕章的毕业典礼。

们，这支歌是陶开群老师创作的。参加过迎送仪式的小学生现在已经到了古稀之年，还能唱颂当年歌谣，他们说那个场面盛大隆重，好像过节一样，记忆犹新。笔者在村寨调查时，老教师吴善宇特地赠送这首歌曲的油印版给我。我在不同时间、地点多次听到村民或者校友提及这支歌，被人们安排着不同的歌名，[①] 笔者将这首歌的歌词收入本书附录的一组苗文歌之中。为什么这首歌曲能够长久地留在社区记忆里？在陶老师子女的回忆文章里，作了这样的解释，"朱焕章校长作为中华民国国民代表大会代表去南京开会。那时学校每次升旗后都要背诵总理遗嘱，孙中山先生临终前嘱咐召开的国民代表大会在他逝世后21年召开了，而且自己的校长能作代表亲自出席，作为石门中学的师生有理由为此高兴。朱校长从南京返回石门坎前，陶开群先生专门创作了《迎接校长》的词曲并领学生唱熟，以迎接校长。"[②]

歌中唱道，"我们苗族参政成立……会他族，争自域，前前后后五月。水流远，路程长，越重岭，过江河。不为其他，只为我们穷苦人，争立足、寻光明，给后代打基础。"这支歌曲记录了1946年10月27日这个特殊的日子，这是校长当选国大代表的日子，让它和苗族数千年屈辱的岁月一起写进歌词，凸现其荣耀之义。这首歌的叙事方法与石门坎溯源碑相呼应，具有古诗风格。

2. 进入中央和地方政府的苗族青年

从石门坎发展的第二时期开始，石门坎学校毕业的苗族知识青年陆续进入地方政府、国家机关工作，获得从贫困苗区走向"国家"的人生经历。其中，20世纪30年代的王建光、王建明兄弟，是较早进入国家机关工作的。他们出生在云南省大关县一

---

① 虽然歌名不同，但内容一致，词曲作者都是陶开群老师。
② 富国美子：《逆境不灭的陶开群先生》，2006，未刊稿。

个叫做凉风坳的苗寨。父母把两兄弟送到百里之遥的石门坎读书。在石门坎读完小学，他们先后考入昭通明诚中学、成都华西协合高中，因成绩优秀，二人同被保荐，入南京中央政治大学学习。大学毕业后，王建光在教育部工作。那是战争年代的1943年，王建光受教育部委派前往青藏高原办学。当时他年仅25岁，带领几位新招聘的边校毕业生，带着教学器具，自重庆启程，他年轻的妻子也一同奔赴青海。他们在果洛地区创办那里第一所藏民小学，困难不可胜数。抗战胜利后，王建光被任命为贵州省文教委员会委员，回到贵州工作，于是石门坎聘他任初中教务主任。在此期间他陪同朱校长前往南京城出席国民代表大会。1948年王建光再次奉教育部令，前往四川雷波县创办国立凉山彝族小学，担任校长。一年后，由于政权更迭，经费断绝，学校停办，王建光返回老家务农。1950年王建明参加云南省龙云起义，被政府任命为大关县教育科长。①

最早进入当地县政府工作的苗族是石门坎光华小学的校长之一王德椿。他约在1936年左右进入威宁县政府教育科，任县督学。② 督学是县政府负责教育的督导官员，对全县小学分片负责督导检查。各学校给县政府或教育局的呈文，均由分管督学核转。他在任期间，经常走访苗区村寨，调查和传达苗区的教育需求③。王德椿于1939年担任石门坎光华小学校长，受教会推荐，在1939~1942年期间到成都的高校学习农业技术，学成回乡，继续担任校长。几年后，另一位石门坎知识分子、革命者张斐然，以竞选县参议员的方式登上参政舞台，成为维护贫困苗民权益的代表。

无论进入中央政府还是地方政府，石门坎人的"国家"身份

---

① 杜应国：《难以湮灭的足迹》，载《贵州政协报》2006年3月9日。
② 威宁县政府专设教育科，设科长1人，督学3人，事务员2~3人。
③ 王德光老师访谈笔记，2004。

大多与乡村教育、民族教育息息相关，石门坎文化模式经由他们的工作具有更大影响力，他们也在比教育更广泛的领域为苗民争取平等权利。一些苗族青年参加了基层政府工作。石门坎苗族杨荣先担任云炉乡乡长，张宗义出任黑姑乡乡长①，张仁贤、杨浩然任保长。40年代末，这些苗族社区领袖，带领乡亲，积极参与共产党领导的威宁游击团的活动，齐心协力投身于迎接新中国的武装斗争，他们是苗族从农奴身份开始步入基层政治舞台的苗民代表。

五 回乡——对于国家战乱之困惑

从石门坎学校走出深山、为国家工作的青年，很多人最终选择回乡，原因多样。其中一部分人是出于对社区的责任，也有一部分人是出于对国家行为的困惑。陶开富的戎马生涯就是一个例子。

抗日战争开始后，陶开富从一个满怀报效国家志向的军校学生，升任一名率领连队雄姿勃发地奔赴前线的青年军官。1938年在台儿庄血战之后，他选择弃戎返乡。将近五年的戎马生涯使他经历荣耀与屈辱，遍尝社会底层黎民百姓的生存苦难。陶开富的选择经过了理性思考，思考的核心是现实的社会结构和国家关系。

其一，军队间关系。战争中他目睹军队之间存在"你算计我、我提防你"的问题。云南六十军是一支忠诚英勇的部队，常常牵制敌军配合友军作战，开始陶开富们为此感到自豪。但多次这样的经历，甚至要牵制成倍于己的日军，掩护装备比自己精良的另一部国军撤退，使他产生疑虑：大敌当前，中国军队之间缺乏协作，六十军即要对付日军的明抢，还得提防自己军内的暗

---

① 威宁彝族回族苗族自治县政协威宁苗族百年实录编委会：《威宁苗族百年实录》，贵阳：贵州民族出版社，2006，第266页。云炉乡和黑姑乡现在隶属石门乡。

箭。为了掩护友军退却,陶开富的连队几乎全部覆灭。按军队数量,形式上我方超过日方数倍,但实际上形不成合力。军队之间相互提防的状况说明,一种互为客体的紧张关系造成国内抗战力量的内耗。

其二,军民关系。战争中他目睹百姓生灵涂炭之状,意识到军民之间存在的不信任问题。一些军队抢掠居民和难民,造成了极坏的影响,陶开富所在的滇军陷入艰难困境之中,很难得到老百姓的信任和援助。军民之间关系也是互为客体的。

其三,军人价值。在台儿庄血战后,他的部队伤亡惨重,90%的将士牺牲。陶开富时任所属部队连长,他意识到滇军在整个战局中的边缘位置,处于被消耗和牺牲的不合理结构中,而自己又无力改变整个部队这种被动的结构性处境。"他反复思考,作为军人必须死得有价值。军人不能掌握自己和自己部队的命运也是很悲惨的。仗不能这样打!他最后决定离开部队。"(富国美子,2006)所以他决定离开部队,这是他企图重新掌握自己命运的一个决定,包含他的主体意识的复苏。

其四,返乡途中的底层经历。在返回家乡的路途中,经历了出生入死的险境:敌机炸弹,疟疾的摧残,土匪的抢劫,地方保安军的殴打,一道道缉查险关,野狗的撕咬,疥疮的侵染,饥寒的折磨,他没有返乡路费,没有御寒的衣裳,历时近半年,终于在民国27年回到了昭通。这名抗战军人以平民身份回乡的经历与他出征时的经历大相径庭。

陶开富从数千里之外的战场回到家乡,从军报国到解甲归田,他不是简单脱离和逃跑,而是表现了对一种客体身份的放弃,以及对一种主体身份的寻找。他通过在集体自我和个体自我之间、从军与从教之间的进退权衡,对自身反观、自省的努力帮助他找回主体性。不久,石门坎小学校长朱焕章诚意邀请陶开富到石门坎任教,从此他一心献身于乡村教育。

30年代至40年代，国际冲突和国内矛盾激化，战事频繁。民国政府苛捐杂税，加重了民众负担，石门坎地区"有不少人为逃避国民党兵款苛捐杂税，搬迁往昆明附近几个县和云南盐津县的神佛山一带去谋生。云炉一带苗族搬迁的人太多。铁匠堂村31户，迁走了只余下7户，那是我老伴的生长之地。"① 青壮年村民听说军队过境，便抢先外逃躲避。有个靠近路边的村寨，村民们自己组织起来在寨子东西两头各设哨所，轮流放哨。看到成串军队来了，火速通知寨上人逃避。② 军队抓壮丁引发的躲兵役的情况，在苗歌中有记录，《逃难歌》、《躲避抓兵歌》③ 等，反映当时苗民对军队的恐惧心理。

国内战争的现实解构着学校教育的国家观，在第二时期，纪念周制度在学校盛行的时候，社区黎民百姓对理想国的初期想象渐渐烟灭。

在石门坎学校积极地引导学生们投身国家事业的过程之外，当时的国家及其代理人又是如何看待这个社区？石门坎人对于国家与自己关系的想象，是否与国家对于石门坎的想象一致？

第三节　对石门坎的第一种想象

中国社会处于剧烈动荡和战乱环境的30～40年代，位于云贵高原深处的石门坎社区，乡村教育规模继续扩大，声誉渐高，苗族人才辈出，社会影响力日隆。石门坎现象引起了民国政府的注意，社区文化此时也开始受到政府所持国家主义的解读和审

---

① 杨明光致笔者信，2004年11月。
② 本书附录"社区记忆之五　张德全老师自述"。
③ 杨忠信主编《苗族歌曲选编》，贵阳：贵州民族出版社，2000，第34～44页。

视。那个石门坎人想象中建构的国家，终于带着对这个社区的想象走进了石门坎的现实生活。30年代中期，民国政府代表的国家筹划针对石门坎的治理计划。石门坎如何进入"国家"视线？国家与社区如何相遇？究其源，是这样几件事情相互引发的。

一　石门坎相关事件

事件一：一场足球赛发现了一个苗民文化中心

1932年威宁县长一行到石门坎调查，参观了规模万人的端午节运动会。学校的良好组织能力，苗族学生积极进取的精神，以及学校对于苗区的凝聚力，都让汉族官员感到十分吃惊。1935年底军长杨森带兵经过石门坎，调查苗族社会情况时，石门坎光华小学组织篮球队和足球队与杨森队伍各赛一场，旗鼓相当、难分胜负。这场足球赛至今仍然是石门坎一带村民口口相传、乐于讲述的话题，不过村民的叙事里面，结尾一律是石门坎小学的球队赢、杨森部队输。[1] 他们对那一次精彩赢球的记忆，使笔者感受到，七十多年以来村民们一直在和这支"国民党大官的军队"较量，在社区集体意识里保存着这次胜利带来的光荣和自豪。

杨森不久调任贵州省主席，他是有史以来亲临石门坎的第一位省级行政官员。石门坎之行给这位省领导留下很深的印象，他对"外国人"深入苗族地区传教、办学校、设医院，致使苗族对之异常崇敬的情况，感触良多，于是对石门坎刮目相看。此后，省政府多次派员到石门坎进行调查。政界人士、学者纷纷发表调查报告和文章。从贵州省档案馆现在保存的一些政府视察员的调查报告来看，其中不少观察和记录是比较客观的，肯定石门

---

[1]　笔者在石门乡的调查笔记，2002。

坎的教育成绩。比如：

> "所经过之学校，教员学生多赤足、草鞋，食荞子、苞谷，着麻布衣，且难蔽体，然教学之精神，不辍为贵州各县苗民中所罕见。""其他贵州之苗民颇少象该苗民之受教育，即受教育亦不过识字而已……设学校，苗彝民族多入其教，受其教育感化，勤于牲畜农业，衣服装饰多改旧观，民族性最纯朴，多皆自食其力，不为盗、不为乞丐、少吸烟系诚难能可贵者也。"①
>
> "谁说苗人野蛮，他们的向上心里恐非内地各族所赶得上的，同时也可给国内各族的一个好模范的启示。"②
>
> "以威宁、彝良为中心地带，花苗在苗族中性格纯朴聪敏智慧文化最高。"③

这些只是政府官员的观感，而在苗民的心目中，石门坎学校，不仅是一所小学，简直就是"一座苗族的城市"，"苗族的布达拉宫"。每年以石门坎学校为主发起规模巨大的端午节运动会，运动会闻名遐迩，节目丰富，吸引远近民众观看和参与。30年代初，参与石门坎端午节运动会的苗族达到两万人之众。有一段老校友的谈话说的正是当年盛况。

校友一：当时的房子，尽管是土墙，但是打了土墙，盖了茅草，墙都要用石灰粉来刷白，这样的话，很远的地方看来，就是一片白的建筑。我记得我的祖母给我讲，有一年开端午运动会，

---

① 田东屏：《贵州省政府民政厅视察员工作报告》，贵阳：贵州省档案馆，1936。
② 管承泽：《贵州石门坎苗民的见闻与感想》，载《边事研究》1938年第7卷第2期。
③ 白敦厚：《石门坎苗胞的生活》，载《黔灵》月刊创刊号，1945。

八十多岁的一个苗族妇女，隔这里大概有几十里路。这个老人听说石门坎这里相当于我们苗族的一个'城'，就走来看。她爬到对面那座山，看到石门坎，她就落泪了。我们苗族的城市早就丢掉了，古歌上说，我们的城市相当漂亮的啊，北方的老祖宗的城市，我们称"金城"、"银城"，她说，哦，我们苗族的城市就是这个样啊！就有点像布达拉宫，白白的一片。①

校友二：石门坎是苗族的文化发源地，但凡到外面去工作的，都是由这里去的。现在只是一些看到的遗迹，墙壁都残缺了。以前是相当相当漂亮的。站在那个大垭口上看，从对面山看过来，像一座小城市。40年代都还是这样的。（所有教室）墙壁在每年的春天都要粉刷一道。路不是现在这样的，一步高一步低。路是干干净净的。

虽然民国政府官员们肯定石门坎的教育成绩，但是这种教育成绩表现出来的苗民主体性，却使得政府官员们感到了某种不安，来自政府的目光从好奇、赞赏，转变为警惕和防范。政府逐步采取了渗透和控制石门坎的政策。

事件二：国民党组织进驻石门坎

杨森带领部队1935年路经石门坎时，留下两名青年军官常驻学校协助办学和发展体育活动，每月由军部汇给驻校军官薪饷和津贴，成为日后石门坎边区党部的由来，当时留下来的两位是白敦厚和管承泽。白敦厚为一名政治指导员，留在石门坎名义上担任光华小学公民课教师，真正的任务是在教会学校中建立国民党组织。第二年他们建立了国民党在石门坎的支部，并监察和控制着教会和学校的工作。因此，石门坎成为杨森推行同化教育的典型。在党国一体的民国时期，这个区党部的成立，标志着石门

---

① 本书附录"社区记忆之三　王文宪老师访谈"。

坎被正式纳入国家机构的直接管辖范围。

30年代初,国民党贵州省党部派员筹备建立国民党组织,1937年建立威宁县党部,1944年才召开第一届全县党员大会。到1949年,建有5个区党部31个区分部,有国民党员1700名。县志记载,国民党在威宁的主要党务活动,一是发展党员,参加民意机关控制民众团体,一是举行各种纪念会,出墙报宣传抗日。①

石门坎区党部,全称"贵州省党部直属石门坎区党部",办公地点设在石门坎学校建筑群之内②,主要活动时间约在1936~1944年之间。它是双重领导的机构,既直属贵州省党部指导,又属威宁县党部的直接领导。两名军官调走后,区党部书记为游敬敷,指导员为史荫明,二人兼任石门坎光华小学公民课教师。石门坎区党部主要在教师队伍中建立和扩大组织,所以在石门坎一带发展的一百多名国民党员,大多数是乡村教师。比如,朱焕章校长当选县党部执行委员,断断续续在石门坎区党部工作的四位本地工作人员全部是苗族乡村教师。因为入党手续不甚严格,一些教师和村民被填个名字简单上报,成为国民党员。许多这样草率入党的人和他们的亲属因此在60年代惹祸上身。

事件三:一份惊动蒋介石的报告

1936年,贵州省政府送呈巴县行营委员长关于石门坎问题的专题报告,引起了蒋介石的重视。一位视察员称"冒险赴石门坎调查苗民",说明政府官员把那里视作危险之地。报告以警示危言的语气指出两种危险的存在。一方面是被英国人殖民的危

---

① 威宁彝族回族苗族自治县人民政府县志编纂委员会:《威宁彝族回族苗族自治县志》,贵阳:贵州人民出版社,1994,第140页。
② 据石门人说,它位于石门坎对穿的横路东北角松林侧的一栋瓦房。

险，石门坎已经沦为"香港第二"。另一方面指出政府行政失控的危险。苗民对地方政府官员有疑虑和害怕的心态。"职初抵石门坎一带，该苗民不但不信仰，且不认为是政府人员。盖该苗民先后受外人教育者，不乏数千人，彼辈谓三十年何以无政府过问？见职之到非常疑虑，恐将不利彼等。可见英人之宣传，已中其心。"①

视察员并未在石门坎社区进行比较长期的调查，但是这份报告传递出一些值得分析的信息。当他以政府要员的身份与苗民交谈时，体察到了苗民对自己不信任、不够恭迎的态度，苗民不认为自己是政府人员，对他的身份表示怀疑：果真代表政府而来的话，那么以往"三十年何以无政府过问"？对于这种质疑，作者完全没有站在苗民的角度思考，没有体察到中国社会结构中苗民的边缘位置，而是立刻把原因归结为"英人之宣传，已中其心"，认为是苗民对政府的不信任是外国人煽动的结果。

如果站在社区的角度来理解，苗民提出的问题正是一个关于国家和社区关系的问题。由于统治集团和贫困苗族的历史关系，过去滇黔两政府"均漫不注意"石门坎这样的"化外之地"，很少光顾和过问。所以苗民有理由怀疑政府人员的话，向政府问责。并且，苗民对那位视察员身份的理解，以为他是接近于土司这样的"官家"的代理人，所以没有对他报以当年迎送蔡锷的护国军那么高的热情。这位视察员捕捉到了问题，但是归因方向却错了，因为他把一个"国家与社区"的关系问题转换为"国与国"的关系问题，把一个文化问题归因为政治问题，并且根据这一错误归因提出警告——石门坎存在失控的危险，苗族社区

---

① 田东屏：《贵州省政府民政厅视察员工作报告》，贵阳：贵州省档案馆，1936。

普遍存在对国家认同的危机。

为了提出对策，省政府视察员说自己成功与苗民沟通的方法，是借用"传教方法"——"不畏艰险，首用传教方式入手，继则感之以诚，至一苗寨必宣扬政府暨钧厅之德意，及今后对于苗民将予以特别重视，该苗民遂改变疑虑态度。"并且，"为表示政府暨钧厅重视苗民起见，遂挑选十四岁苗童王聪灵、韩绍刚二名，随职步行抵省。"他把两名苗童带到省城求学培植，目的是实行同化教育的试验，"不但打破外人三十年来欺骗心理，且可因而转变威宁土目土豪之跋扈状态。此不仅贵州前途之幸，国家民族前途亦有莫不之裨益也。"

为了强调石门坎这种危险的紧迫，这位视察员进一步写道："职查贵州苗民之教化，为当前国难之重要问题。不但于国家民族前途有关，且于贵州西路之治理、威宁之开发尤为切要。""关于威宁在贵州之地位，暨现在之情形，职已呈报在案。欲图贵州西路安宁，势必先治理威宁不可。欲治理威宁，势非控制黑彝不可。控制黑彝，又非组织苗民不可。"① 调查报告中的危言，引起各级行政当局的不安，解决石门坎问题被推上了治省、治国方略甚至"于国家民族前途有关"的战略高度，一度摆上政府优先考虑的议事日程。

上述一系列事件中，我们可以了解 30 年代中期中央政府对石门坎文化的态度，以及文化、政治两个方面的结构性互动。在国家眼里，石门坎这个小山村的文化影响扩展的态势需要加强政治干预，而且干预程度已经不仅限于在乡村教师中发展国民党员，已经上升到"设立县治"、进行行政区划制度变更的决策过程，中央政府开始准备在石门坎社区建立县一级政府、实行总体性社会治理。

---

① 田东屏：《贵州省政府民政厅视察员工作报告》，贵阳：贵州省档案馆，1936。

二 "小香港"——国家对石门坎的想象

这个决策过程的基础，就在于"国家"对石门坎的第一种想象——"小香港"。"该地毗连滇界，过去滇黔两政府均漫不注意。居民多系大花苗，记共十余万人。向有英人在该地设循道公会，传教义，笼络愚民。复遍设学校，实行同化政策。盖因威地土目土豪势力甚大，社会机构仍停滞于部落时代。英人偶为苗民援助，以减少土目土豪之压迫，一般苗民遂为所感。每日唱诗歌、读圣经，不知有县政府，更不知有国家。加之英人自白格礼[①]深入苗寨，改英文为苗文，该花苗亦自认为苗文。老幼男女皆能诵习。三十年来，英人将该地形势矿产及其他一切均已详查无遗，纤悉毕至，认为香港第二。"[②]

与"香港第二"的比喻密切关联的"帝国主义文化侵略"一词，从那时起成为笼罩在石门坎上空的阴云迷雾、石门坎苗民头顶上的紧箍咒、肩背上的"黑锅"。

石门坎这个弹丸之地何以被视为国家之假想敌？

石门坎学校建构的国家，自认为苗族是平等公民，是权利主体。但是，民国时期政府人员建构的石门坎，却采取了排斥的、甚至全盘否定的表述立场。在这个时期对石门坎考察、研究的文献中，笔者发现排斥性文字比比皆是。这些文章不仅妖魔化地描述传教士的行为，而且也认为苗民的宗教信仰行为是愚昧的。

柏格理牧师，在苗民心目中有如一位民族英雄，却在一些汉

---

① 即柏格理。
② 田东屏：《贵州省政府民政厅视察员工作报告》，贵阳：贵州省档案馆，1936。

族官员和学者的笔下被扭曲成为这样的形象:"他夹了本圣经复偷跑到冷落的石门坎来,向当地的花苗传耶稣教,花苗们看着碧眼黄毛的异种人,目为怪物,大都畏缩不前,柏氏……利用当地的安土司的势力,施起高压手段,于是花苗们就觉他赫赫可畏了。"① 传教士柏格理不仅被写成鬼鬼祟祟的坏人,而且被刻画成为面目可怕的妖魔。

苗民的宗教信仰行为也遭到刻意变形,被描述得愚昧可鄙:"花苗本来笃信鬼神,怎禁得他威逼利诱的功夫,就很容易地堕入壶中了。""教会的组织是非常严密的,其间有无形的法律支配着。立法、司法、行政,完全操之在洋牧师手里,土牧师——中国人——苗人仅仅是他的一个猎犬,为他人作嫁衣裳。西牧的命令非常贯彻,教会中的奖惩、升迁,系于西牧。西牧的意旨你要违抗吗?他就会说'这是上帝的意旨',而教徒们就会俯首贴耳赴汤蹈火而不辞,完全被神的力量支配着。故有人说:上帝耶和华是外国变相的帝国主义,是侵略人心的。"②

教会致力于乡村教育、苗民积极求学的行为受到诟病:"可怜一些天真烂漫的儿童在神的束缚下支配下,受了一些出世的思想失却了国民性,真痛心疾首。"③ 这类论述的潜台词还有:明明是被人侵略,那些少数民族却不抗争,甘心作外国人的"犬",证明了苗民愚昧无知、不可救药。这种论述包含了文化民族主义的基本预设:以丧失文化传统为代价的教育无异于殖民化。

这一类妖魔化话语一度大行其道,存在什么样特定的历史语

---

① 陈国钧:《石门坎的苗民教育》,载《贵阳时事导报·教育建设》1942 年第 20 期。
② 陈国钧:《石门坎的苗民教育》,载《贵阳时事导报·教育建设》1942 年第 20 期。
③ 管承泽:《贵州石门坎苗民的见闻与感想》,载《边事研究》1938 年第 7 卷第 2 期。

境呢？主要有三个因素。

其一，国家文化控制的需要。

20世纪初期，西方传教士的政治地位是相对独立于地方社会结构的。靠着治外法权，外国人不受中国法庭约束。中国教会在法律上也处于这一特权地位，在一定程度上激起了中国人的反感和抵制心理。对于外国传教士，人们容易怀疑他们同外国列强相勾结。"在这一情况下，我们要说清楚，基督福音同西方势力的统治是完全分开的，还要说清楚，基督福音尽管同西方许多东西一并进入，可是基督耶稣不是亲西方的，他有他的绝对性和普世性，是人类不能不倾听的，这是多么困难。"① 在国家没有进入社区之前，政府承认西方传教士的政治特权，但是没有视为威胁。石门坎和所有的苗寨，本是野兽土匪出没的深山老林，政府官员懒得过问的荒凉边地。但是，"谁也想不到那地方后来会形成一个特殊的文化地区"②，石门坎地区苗族教育的成就，使国民政府想通过控制当地教会来达到坐享其成的目的。政府所料不及的是教会如此深入人心，民众如此信赖，"愚昧无知"的底层民众竟然成为在西南三省都颇有影响力的文化力量，让地方政府感到措手不及，有防范的必要。

其二，国家行政控制的需要。

在国家进入社区之后，内战四起、社会矛盾激化，政府为了强化社会控制，于是转向没有任何武装威胁的石门坎文化区，视为殖民地"小香港"，制造假想敌，以显示政府"文治武功"方面的强大有力。因为，这些报告也曲折提及当地政府治理方面的无能，以刺到当局的痛处。"苗民既无人可怜，为此，西牧就用利谤的手段伪与弱小民族同情，而且在每星期天的礼拜常常炫耀

---

① 丁光训：《三自为何必要？》，载《丁光训文集》，南京：译林出版社，1998。
② 陈国钧：《石门坎的苗民教育》，载《贵阳时事导报·教育建设》1942年第20期。

他们本国是如何的博爱平等慈善，竭力暴露我政府之贪污残暴，以增加民族间彼此的隔阂。"① 人类学学者分析指出，杨森代表的地方政府并不情愿让自己地区内的属民，受制于外国教会势力。所以，一个相对独立于地方行政体系外的教会组织系统，妨碍国家行政体系的有效运行。同时，基督教传教运动对苗族民族自觉意识的激发和对本土教育的倡导，极不利于国民党地方政府在苗族地区推行其"车同轨、书同文"，并使少数民族达到所谓"开化"目标的同化政策，更不利于对苗族实施控制和压迫。②

其三，教育作为治理工具。

政府看到了教育作为治理工具的功能。"对这种外人在苗区做的文化侵略的工作，我们亟应设法防止；同时从前的侵略者，现在是我们的盟友，他们自身亦该觉悟，所以我们处此大时代，正是纠正过去失策从事教育建设的绝好机会，亟盼我们贤明当局切实办理苗民教育，以挽回失却了的教育权！"③

视察者们站在极端国家主义的立场上，故意贬低基督教传播对于少数民族乡村教育的价值，并且忽略乌蒙山区民族矛盾和阶级压迫的缓和、领主制的瓦解，苗族政治地位和经济地位的提高。更不提及这些文化成就在客观上如何有利于乌蒙山区社会经济发展。石门坎社区被定性为"文化侵略"的范例，认为教会办学校的目的，不是为"教育而教育"，乃为"宗教而教育"，这是危险的，应该设法防止。其实这样的推论逻辑如果反过来用

---

① 管承泽：《贵州石门坎苗民的见闻与感想》，载《边事研究》1938年第7卷第2期。
② 张慧真：《教育与民族认同：贵州石门坎花苗族群认同的建构》，载《广西民族学院学报（哲社版）》2002年第4期。
③ 陈国钧：《石门坎的苗民教育》，载《贵阳时事导报·教育建设》1942年第20期。

于讨论政府这一边也是适用的：视察者呼吁关心少数民族教育，意在"挽回失却了的教育权"，这里的教育权并非指苗民的平等教育权，只能够理解为"贤明当局"的教育控制权。在这个意义上，政府办学校的目的，是为"教育而教育"，还是为"政治而教育"？

"国民党政府称石门坎为'小香港'，说石门坎只知信教不知有政府，以种种借口把石门坎推出去。"① 政府为了构建自己的主体性的需要，把这个边远乡村的教育成果摆放在抗战时期的主流话语里面，一方面变为国家主义的排外借口，另一方面也成为贬斥少数民族自主文化选择的依据，石门坎社区文化被扭曲变形，成为一种互为客体的国家观念的牺牲品。

三　国家控制：石门坎设治局和设县治的动议

30年代中期，接连几份观点相似的报告引起了中央政府蒋介石的重视，他训令边政设计委员会，研究石门坎地方情形，并设计开法经营办法，以控制外国教会扩张。作为对蒋介石训令的执行，贵州省政府财政厅、教育厅、建设厅、民政厅联合协商经营石门坎办法，提出：

——严行取缔石门坎附近外国人所办理之学校；

——搜集外国教士所制土文课本，呈由省政府咨请教育部审查，以凭取缔或改进；

——认真推行注音字母。

内政部批转了边政设计委员会和贵州省政府提出的经营石门坎地方的正式方案，包括优待土民学生；补助农业合作事业；提出在石门坎成立设治局；并对石门坎的政治、文化、建设、经济

---

① 杨明光老师致笔者信，2004年11月。

四个方面制定了详细的开发计划。其中关于少数民族教育的措施,"各县政府转饬所属小学优待土民学生,其优待办法:一、免收学费。二、酌量供给学业用品之全部。三、资助优秀学生毕业后升入中等学校。四、省立各校设土民子弟入校免费或减免名额,以资深造而备选用。"① 在一定程度上,"国家"借用了基督教传教士传教的手法,运用了"师夷长技以治夷"的战术。

这个方案中值得注意的是设置石门坎设治局。

"拟先设置石门坎设治局(暂予划定威宁县属西部旧第十、第十一、第十二等三区为设治局辖区,查距石门坎六、七十里之黑土河地方为凹形地段,四面皆山,中为稍平之土坝,并有废土目安氏所筑之碉堡房屋,人户散居,赶场时有三四百人左右,属威宁县旧第十一、第十二两区之间,设治局局址拟暂设于此)。宣扬政府德威,多方诱导,妥为安抚,施之以信,感之以诚,利用潜移默化以策长治久安。"内政部批文:"查关于行营边政设计研究委员会经营石门坎地方一案,贵州省政府所拟政治、文化、建设、经济四项办法,颇为详晰。至贵州省威宁县辖境辽阔,汉、苗杂处,石门坎地当黔滇两省边境,关系尤为重要。原办法拟以威宁县属第十、第十一、第十二三区地方划设石门坎设治局一节,亦不无理由,惟石门坎设治局名称'石门坎'三字欠妥,似应另拟新名,俾垂永远。又其管辖区域,应否略加扩大,以为将来改设县治之基础。"②

当时,国家以开发为名控制石门坎的这个计划,已经列入议事日程,但是旋即被突如其来的战争打断。第二次世界大战爆发,国际政治局势变幻,英国、中国成为盟国,那些以排外为导

---

① 《贵州省民财教建四厅签呈复奉行营令饬核办边政设计委员会研究石门坎地方情形议案》,贵州省档案馆。
② 《贵州省民财教建四厅签呈复奉行营令饬核办边政设计委员会研究石门坎地方情形议案》,贵州省档案馆。

向的"国家主义"不得不让位于战争时期的"国家利益"。所谓外国侵略者突然变化为中国的"盟友",这样一个蓄势待发的石门坎的开发计划,失去了针对性、合理性,最后无果而终。

政府对石门坎社区的防范,石门坎人已经觉察到,他们对时局、环境和社会结构的感知是敏锐的。1946年出席国大会议的朱校长回到石门坎后,写下这样几句话,向老师们表达他的感受。"Raot dib raot qieut bibhit daot, raot dlangx raot rob bib hit max, ndyuf niob diex dub hit at ghwd, naf mangt yiad ndox jid lit jiangt。"意思是"良田沃野我没有,显贵权势我不具,欲处太平不为奴,诸君细思前进路。"① 作为国大代表,朱焕章十分清楚国共两党的情况及中国当时的国内形势,他提醒老师们要思虑民族前途国家命运。战乱时局下,社区与国家关系存在相当多的不确定因素。

石门坎人在30年代至40年代的经历,投射出民国政府通过共同种族、共同地域的符号和战事来建构民族国家的行为。民国政府在建构现代民族和国家的过程中,将一些非汉族群不断拉进民族国家的体系中,以便进行标准化和同一化的族群整编即民族同化工作。② 设置石门坎设治局就是这个计划的一部分,石门坎社区尽管侥幸逃过一劫,但是国家对社区的疑虑,对少数民族文化方式和走向的控制并没有结束。事隔二十年,国家与社区之间风云又起。

第四节 对石门坎的第二种想象

苗族对国家、民族和社会结构的认知中,始终为国家概念保

---

① 富国美子:《逆境不灭的陶开群先生》,2006,未刊稿。
② 张慧真:《教育与民族认同:贵州石门坎花苗族群认同的建构》,载《广西民族学院学报(哲社版)》2002年第4期。

留一层神圣的光环。在不同历史时期,石门坎社区都在用自己的想象和行动表达他们对国家的美好愿望。石门坎社区文化变迁中重要的历史转折点,是 50 年代末经历的政治运动。国家教育政策、少数民族文化政策发生变动,社区与国家之间的关系也出现了变动。

一 石门坎迎接新国家

国家政权变更后,几经周折,威宁县新政府成立。
1950 年成立中共威宁县委、县人民政府。
1951 年成立威宁县民族民主联合政府。
1954 年成立威宁彝族回族苗族自治区。
1955 年改称威宁彝族回族苗族自治县,隶属贵州省毕节地区。

石门坎人和所有备受战争苦难的乡村百姓一样,对于新中国、新社会、新生活怀抱热切期待。人们张开双臂迎接新的国家,投入国家建设。

• 参加共产党组织的威宁游击团。40 年代后期,石门坎教师张斐然在贵州、云南各苗区宣传发动,准备武装斗争。1949 年张斐然组织数十名石门坎青年学生去昭通接受军事训练,与陆宗棠等共产党员一起组建威宁游击团。后纳入解放军部队编制,被中共滇东北地委授予"中国人民解放军滇桂黔边区纵队第六支队威宁游击团"番号,下辖五个连队。张斐然任政治处主任、党支部委员。[①] 威宁游击团培训多期学员,在云南、贵州边区配合解放军为建立新的国家政权而战,对维护地方治安、清匪反

[①] 《威宁彝族回族苗族自治县志》,第 260 页;《威宁彝族回族苗族自治县民族志》,第 220 页。

霸、保卫威昭公路畅通,功不可没。石门坎是威宁游击团的一个重要活动地点,石门坎学校师生和社区民众竭力支持。

● 石门坎人"致电毛主席"。威宁县志的大事记记载了石门坎社区一个特别自信的举动:1951年3月23日,威宁石门坎基督教会召开大会,发表宗教革新宣言,即《三自革新宣言》,宣布脱离英国教会,实行宗教自传、自治、自养。并致电党中央和毛泽东主席,表示爱国,拥护人民政府,支持抗美援朝。① 这一年,朱玉祥等苗族青年参军,赴朝鲜战场参加抗美援朝战争。一群偏远山村的信教村民以集体名义"致电毛主席"之举,表明石门坎人此时以新国家的主人身份自居,投身国家建设。

● 翻译苗文"共同纲领"(图7-2)。奉西南军政委员会的指示,1951~1952年石门坎苗族教师杨荣新、张有伦等前往重庆,运用石门坎苗文翻译"共同纲领"。这是第一次用这种文字翻印国家正式文件,可惜因为当时缺少这套文字的铅模而未能出版。②

● 西南军政委员会民族事务委员会副主任梁聚伍、贵州省民族事务委员会副主任杨汉先,1951年赴石门坎视察苗族教会和学校,受到当地苗族热烈欢迎。③ 第二年,石门坎中学校长杨忠德参加西南少数民族参观团,到贵阳、重庆、上海、天津、北京等城市参观访问,参观团在北京受到国家领导人毛泽东、周恩来、朱德接见。④

● 国家民委和中国科学院组织少数民族语言调查工作队,深

---

① 威宁彝族回族苗族自治县民族事务委员会:《威宁彝族回族苗族自治县民族志》,贵阳:贵州民族出版社,1997,第447页。
② 杨华明访谈笔记,以及耿忠·藏礼柯的文章《石门坎的前辈们为苗语文的发展做了什么》。
③ 《新黔日报》1951年4月22日。
④ 威宁彝族回族苗族自治县政协威宁苗族百年实录编委会:《威宁苗族百年实录》,贵阳:贵州民族出版社,2006,第293页。

图7-2 保存在村寨中的"共同纲领"（吴善宇提供）

入西南进行苗瑶语言的调查研究，1952年"国家的人"纷纷到访石门坎：来自北京的哲学社会科学部语言研究所的苗语调查工作队员，中央民族学院的师生，贵州省民族慰问团，以及毕节地区派来接管学校的老师。石门坎苗族老者陶自改以苗族传统的芦笙曲调创作苗文歌曲《迎宾曲》，① 热情迎接这些代表国家远道而来的客人。

● 按照国家关于民族教育的工作规划，为无文字的少数民族创造新文字或者改革文字，计划于1956~1967年期间扫除文盲。苗族语言文字的研究、创制、新教学大纲和教科书的编写，以贵州为主。② 1956年在贵阳先后召开了苗族语言科学讲座预备会

---

① 王德光访谈笔记，参见本书附录的苗文歌第五首。
② 《中央教育部关于民族教育事业工作规划及通知》，1956年4月。

议、全国苗族语言文字问题科学讨论会。创制苗族拼音文字,为东、中、西三个苗语方言区各创立一种新文字,并改革石门坎老苗文。① 石门坎文化人王明基、杨荣新、张斐然、王建国、杨汉松、王德光和一些苗族大学生出席会议,王明基在大会上发言的内容全文刊载在当年11月的贵州报上。② 这次会议是石门坎知识分子第一次集体登上新国家的文化学术舞台。

● 50年代后,石门坎苗族步入政坛的代表人物是医学博士张超伦和大学教师杨汉先。张超伦出任贵州省卫生厅的首任厅长,他历任省政协常委、省人民政府委员、西南军政委员会民委委员、中华医学会贵阳分会会长。杨汉先任贵州省人民政府委员,省民族事务委员会副主任,他参加筹建贵州民族学院,任贵州大学副校长兼贵州省民族研究所所长,连任全国人大代表及全国人大民族事务委员会委员。他们前后担任政协贵州省委员会副主席。

在迎接新中国的氛围中,石门坎学校由人民政府接管,成为公办学校。当时它是贵州省重点学校,全省五所民族学校之一,在校生全部享有人民助学金,获得优惠的少数民族教育政策。石门坎人对50年代的回忆是用"焕然一新"来形容的:

村民说,"50年代我们在那里读书,学校焕然一新,石门坎的面貌焕然一新。就是像解放前的柏格理来在石门坎教书一样,像朱焕章、吴性纯来石门坎的时候,也是焕然一新的。当时在整个贵州,能在一个边远山区办一个这样设施齐全的中学也确实很少。石门民族中学(的装备)比威宁、比昭通都还要好。那些理化仪器,那些化学实验、物理实验的仪器都很齐全。个个都得

---

① 中国科学院少数民族语言研究所编《苗族的语言情况和文字问题》,中国科学院少数民族语言研究所编印,1958,第1页。
② 王文宪:《滇东北次方言苗族历史人物王明基先生事略》,2006,未刊稿。

书读，百分之百的学生娃享受人助金（人民助学金）！所以石门坎解放以后的这个教育也兴旺了一时。"①

乡干部说，1953年后的三四年间，石门民族学校的学生均享受全额人民助学金补助，校舍及教学仪器逐年得到充实和完善。1966年前，"石中的教学仪器就比威中②的齐全得多。学校纪律严明，学生服装统一，教育有序，教师尽力，学生勤奋，教育质量全面发展。"③

新政府接办教会学校时，调派共产党员吴应杰任石门民族中学副校长。当时这所学校是以苗族师生为主体的多民族学校。这位汉族校长一进校园就学习苗语，穿着苗族服装，与苗民广交朋友。两个月后，他就能够用简单苗语向学生作报告，亲切感人，令人佩服。他善于团结教师，与苗族校长协力合作，使学校平顺过渡，石门坎学校"生气蓬勃、思想活跃、教学质量不断提高的学校。迎来了这所学校的黄金时代，为各民族培养造就了大批人才。吴应杰校长也被当地誉为第二个柏格理"。④

吴校长是新中国的代表，当时，石门坎人正是通过观察"国家"派来的汉族校长和干部的举止言行，来判断、推测新的国家与自己的关系。这位汉族校长不辱使命，全盘苗化，他像柏格理牧师一样感动了苗族师生。至今，石门坎人仍然怀着敬意谈起吴校长，"旧社会学校不忘柏格理，新社会不忘吴应杰。"

石门坎学校兴旺的主要的因素，一方面是学校自组织能力发挥着作用，教师素质精良，教师队伍团结；另一方面是学校得到了充分的外部体制支持。曾在石门坎任教的杨明光老师强调，"体制非常重要，关键性在于地委、县委领导思想的重视。"这

---

① 笔者调查笔记中对吴善宇等访谈，2001~2002。
② 威中，即威宁民族中学，是毕节地区重点中学。
③ 石门乡政府张国辉、朱明辉访谈笔记，2002。
④ 杨忠信：《怀念老校长》，《毕节日报》2005年12月30日。

里说的地县重视，指的是政府对石门坎社区的支持力度大，既有物质支持，也有精神支持。

"石门坎曾有一段时间学校办得出色，设了完备的地段医院。那时毕节地委书记孟子明说，石门坎，过去外国人在那里办学校，设医院，我们现在要把石门学校办得比外国人更好，要设一个象样医院，为学校、为那里人民群众治病，才能体现出共产党的民族政策，体现出党和人民群众的血肉关系。由于地委有这番思想，所以石门学校办得红红火火，学生成绩考分盛于威宁县城中学。"[①] 孟书记的话让石门坎人相信，党与自己是"血肉关系"，那么，新中国不就是他们憧憬的那个人人"亲如一家"的理想国吗？相应的，石门坎人在对新国家的想象中，自然而然投入了一份虔诚。

在地方志文献中，50年代时威宁苗族的教育和文化成绩在各民族之中处于领先地位。1952年，威宁县苗族小学教师58人，占全县教师总数的23%。石门坎民族中学学生全部可以享受人民助学金，所以，邻县贵州省赫章县，云南省彝良、大关、永善、昭通等县苗族均送子女到石门坎读书。1952年威宁县文教科在工作总结中写道，当时"按人口比例，要数苗族文化最普及"。50年代初至60年代中期，威宁县苗族学生有50多人先后就读于北京大学、中央民族学院、云南大学、昆明工学院、贵州师范学院、贵阳医学院、贵州农学院、贵州工学院、贵州机械学院等大专院校。根据县政府数据统计，这个时期培养的苗族学生日后人才济济，累计有县级干部20人，副教授级10余人，中级技术职称百余人。[②]

[①] 杨明光致笔者信，2004年11月。
[②] 威宁彝族回族苗族自治县民族事务委员会：《威宁彝族回族苗族自治县民族志》，贵阳：贵州民族出版社，1997，第270页。

可是，石门坎焕然一新的时光持续了不足十年，新的变数接踵而至。

二 "小台湾"——国家对石门坎的另一种想象

在石门坎百年发展的第三阶段，石门坎经历了又一次社区污名化，它折射了国家对于这个社区警惕防范的想象，这第二种想象直接导致了社区精英消失的后果。从50年代后期至70年代国家以革命名义发动的名目繁多的"运动"，在石门坎人记忆里留下了很深烙印。

1. 石门坎"电台"·防空降·防空投·防暴乱

"文化大革命"期间，很多老教师被批斗，无端被指控是"隐藏的国民党员"，是"特务"，说他们藏有电台，"随时与帝国主义联系"，"和台湾联系"。

受访者一："文革"期间说石门坎有"电台"，说石门坎人"通敌"，在大水塘、韭菜坪等村搜查。哪里有电台？穷地方，连收音机都没有。

受访者二：造反派说陶开群老师"会用电台，把英帝国主义分子接到石门坎来"，听到这些陶老师一笑，说真是抬举，把他的能力给夸大了。①

受访者三：我到贵阳看我三哥，他买了一个小收音机给我带回来。收音机在贵阳的时候收听好得很，拿到这地方来收不到音，要加天线，我一加天线收音呢，他们就说我"里通外国"，说是玩发报机和台湾联系，这样就把我整到公社去关起来。②

---

① 富国美子：《逆境不灭的陶开群先生》，2006，未刊稿。
② 笔者访问杨华明的笔记，2002。

受访者四：其实所谓"电台"是当年石门坎信过教、传过教的所有受迫害人的一条共同的"罪"，真可笑。始终没有找到一部"电台"，而受害者却一大片。没有的事怎么会找得出来呢？①

查阅县志方知，当时在石门坎社区搜查所谓"电台"、"发报机"，并非当地政府自作主张的行为，而有着国家防空战备战略的时代背景。60年代初，石门坎被设想为最可能发生"敌特空投空降"的首选地点，既是县掌控的重点，也是地区的重点，可谓重中之重。

1962年毕节地区防空防暴指挥部关于加强防空防暴工作报告中指出了威宁县重点地区。1963年，根据中央指示和毕节地区治安会议确定的重点，威宁把防空战备地区编为1~15号，石门坎定为1号地区，任务是防空降、防空投、防暴乱。"发现敌特空投空降，党政军民一齐动手，迅速行动，坚决彻底消灭干净"。"以上这些地区发生情况，在县委领导下，由县人武部和公安局组织指挥，迅速组织民兵出动，搜捕围歼。"② 根据毕节军分区部署，县委、县政府组成防空防暴指挥部，各区组成指挥所，各公社成立指挥小组。规定县指挥部每季度开会研究敌社情况，区指挥所每月向县指挥部汇报。直到1974年，县三防指挥部和联防指挥部仍然强调对防空投空降的重点目标进行看守。③

1965年县人武部在石门坎进行战备教育工作。就在这一年，石门坎学校的标志性建筑和设施遭到了不可逆转的人为毁坏，石

---

① 本书附录"社区记忆之三 王文宪老师访谈"。
② 威宁彝族回族苗族自治县人民政府县志编纂委员会：《威宁彝族回族苗族自治县志》，贵阳：贵州人民出版社，1994，第264页。
③ 威宁彝族回族苗族自治县人民政府县志编纂委员会：《威宁彝族回族苗族自治县志》，贵阳：贵州人民出版社，1994，第265页。

门坎溯源碑被砸碎，大教室的屋檐被砍，写有苗文校名的校牌被毁，桥梁被拆，捐躯于石门坎的两位英国牧师的坟墓被掘毁……①指挥毁坏行动的人恰恰不是假想敌"境外空降敌军"，而是有组织的"四清工作队"。当这场劫难发生时，石门坎没有受到政府应有的保护。从县志记载来看，各级政府那种严阵以待消灭来犯之敌的戒备状态，从1962年到"文化大革命"结束，在这个社区大约持续了14年。

2. 入另册

与污名化同期发生的，是石门坎社区各个组织的领导者被打入另册，一批知识分子丧失了国家身份。那些离开石门坎、到外地求学就业的人们，早早融入城市社区，有机会躲避石门坎的污名。但是躲不过的人，被冲上了风口浪尖。这中间有学生，也有教师。

在省城读书的大学生王文宪，当时成为贵阳师范学院受整肃的第一个"现行反革命分子"。他获罪的原因不在自己，而在于他的石门坎血统。"组织"查出他的曾祖父和祖父信教，断定是"帝国主义傀儡"，给他戴上"特务后代"的帽子，批斗、拘禁。甚至一些在石门坎工作过的汉族教师，也不能幸免于石门坎之牵连，比如吴应杰校长。吴校长与石门坎的一段渊源，使他在政治运动中受到牵累。

"我的校长吴应杰，在我当年高考政审时他比较客观公正，认为我合格……我才得的大学读。这个事实我是怎么知道的呢？'文化大革命'来了，我在贵阳着批斗。我是贵阳师范学院揪出来的重大的'现行反革命'。后来我被解放，回到威宁以后，发现我的校长也被批判斗争。他们认为吴应杰校长的一条罪状就

---

① 笔者调查笔记，2004年10月。

是，我的当年高考政审应当是不合格的，但他包庇了我这个学生。"①

这件40年前发生的往事，令毕生为人师表的王文宪老师痛在心里。"石门坎一直被认为是'帝国主义侵略中国的基地'，使我们不少苗族同胞深受其害，我也深受其害。尽管我学习很优秀，我在外面，只要一查到历史，'是石门坎帝国主义走狗培养出来的后代'，就被批判就被斗争，不被重用。事实上，过去我们的老一辈，找不到一个帝国主义传教以后干坏事的。全部都是为贫穷百姓办事、为人民办事。"②

3. 污名与"正名"

由于在30年代建立了国民党组织，石门坎在政治运动中被冠以"小台湾"称号，而国民党政府所赐予的"小香港"的说法，被照单全收，两个标签并存，贴到了石门坎身上。在两个美丽地名的标签之下，拖带着"国民党地盘"、"帝国主义殖民地"这一类的污名。

村民记得，60年代这里上演了一出更改地名和校名的节目：

石门公社，改作"反帝公社"；

石门民族中学，改作"反帝民族中学"；

灵修室，叫为"反修室"；

猴子岩，改为"向阳岩"；

猴子岩那个桥，叫作"反帝大桥"。笔者在摹绘《石门坎传统地名图》③时，在这张地图上保留了"反帝大桥"这个地名。

背上了那样的名，石门坎人处处低人一等，就业、求学不具

---

① 本书附录"社区记忆之三 王文宪老师访谈"。
② 本书附录"社区记忆之三 王文宪老师访谈"。
③ 沈红《石门坎文化百年兴衰》一书之插图《石门坎传统地名图》，张国辉和笔者绘制。

有同等资格和平等机会。比如参军，石门坎的青年曾经没有资格报名。人们记得，60年代在少数民族地区征兵时，从地区到县、县到区上打招呼，那时候区长都来这里说，石门周围，特别是石门坎小队，青年没有资格报名参军，因为当时石门坎被称为"第二个小台湾"。①

石门坎，这个曾经充满自信、致电国家主席的山村，陷入失语状态。

三 社区失语：进学习班

石门坎人的失语，是集体失语。

污名化波及文化领域，石门坎社区的宗教和文化生活陷于瘫痪。大多数传统文化、民间文化被剥离了社会土壤，即便一直是以"贫下中农"为主体的石门坎文化，也丧失了"政治正确性"。"苗教"②停止了活动，石门坎苗文不能使用，一批有威望的社区领袖失去话语权。那些在石门坎一带盛行的义化传统，如端午节运动会、民间体育、民族歌舞，销声匿迹。当时的文工团、宣传队、电影队等群众文艺团体虽然流行于城乡，却极少有机会光顾如此边远的山村，村民难以参与和体验。

人民公社时期，石门坎社区自组织机制缺失严重。谈到自组织的缺失，并非说这个时期村民没有组织。名义上，农村有完整的组织系统——公社管委会、大队、小队，也有严格的组织生活——集体生产、集体学习。当时风行的"办学习班"，是一种特殊的被组织形式，出现在威宁乡村。1970年前后，政府利用行

---

① 笔者对杨华祥、杨华明的访谈笔记，2002年。
② 因为西南苗族人口的信教比例高于其他民族，所以其他民族就称基督教为"苗教"。

政手段制止宗教，在大街、羊街、盐仓等地连续办"宗教头目"学习班，① 而在石门乡则卷入了很多普通村民。石门坎乡村办的学习班情况，笔者向村民做了一些了解。

调查员：当时受冲击的人大概有多少？

村民：一般受冲击的人作为解放以前或者解放以后，在教育部门或者教会之中担任过一些工作职务的人。不好的影响就是那个时候对这个界线划得太紧，所以子女没有资格再升学，这个是一方面。受冲击的时候，从"文化大革命"到清理阶级队伍。按照我们石门坎这个团转（周围）的，远的不说，就说我们石门坎这左右的人，40岁以上的都作为"有洋人气息"，所以都要去办学习班。②

调查员：你们这里清理阶级队伍是哪一年？

村民：1967年极"左"的时候，到1970年左右结束。这个学习班，全民都进去。那个时候由公社革委会确定，比方说张三要办三天，李四要办七天，他有他的群众不知道的材料。所以不管是怀疑的，不管是有事实的，不管是有一家两家的，都是由公社管委会、大队逐级确定确定。这个小队有几个，这一期通知；二期还有几个，而后三期，这样逐渐通知。但是不一定是宗教方面的，也不一定是政治方面的。只要说你犯了错误，都要去，叫你去改造思想。没有错误的，只要40岁以上，你都要去讲一讲你的经历。比方我们家老人是国民党党员，他们问我，你对老人的国民党党员身份有什么印象，有什么认识，你为什么不揭发，全都要讲。我们那时候还没有40岁，我们都去过的。

调查员：这个学习班每一次多长时间呢？

---

① 威宁彝族回族苗族自治县政协威宁苗族百年实录编委会：《威宁苗族百年实录》，贵阳：贵州民族出版社，2006，第74页。
② 笔者在年丰村调查笔记，2001年8月。

村民：他是这样安排的，比方第一批，从大到小嘛，国民党员、教会人员，被称为"旧社会的头目"、"洋人的走狗"。从这些老的下来以后，是新时代的（有问题的人）。但是，如果他们对老人的历史搞不清，也喊他们来。比方他有说错的，或是有亲戚做错的，也喊他来。比方怀疑他家的亲戚、舅舅、舅爷的历史不清，要喊他来。有社会关系，也喊他来，集中到公社。他们也没为学习班办伙食，你要自己带吃的。①

在村庄如此，在学校又是一番什么场景呢？

石门坎清理阶级队伍，"到处是打倒帝国主义忠实走狗、打倒老苗文、打倒帝国主义的孝子贤孙等大幅标语及口号。不几天，揪出了大批的从石门坎光华小学毕业的老教师、工作人员、子女。每逢赶场天，成一小帮一小帮的集中到街上斗。嫁来的媳妇和上门来的外地小伙子，只要沾染上'帝国主义走狗子女'，统统清理。在校的子女不能升学，在单位的子女被揪斗、警告等。这段时间，打伤斗伤的老教师、工作人员及子女占被揪斗的三分之一。"②

20世纪近半个世纪的时间里，由于政治运动的迷雾，石门坎社区背上了政治黑锅，整体地沉默了。社区整体性的失语，这在社会变迁研究中是一个突出的案例。石门坎社区在以往半个世纪的两次污名经历，与贫困苗族遭受压迫的千年历史相互叠印，沉淀为这个社区的一段沉忧隐痛。

四　集体行动：兴隆事件

石门坎社区在第三个历史时期，社区文化蓬勃发展的活力被

---

① 笔者在年丰村的调查笔记，2001年8月。
② 杨华明致笔者信，2005年11月。

削弱,断裂的历史消解了苗民的主体性、能动性。那么,民族传统中那种自组织的、自由交往的文化形式还有没有存在的空间?苗区的文化生活是否完全停止?

很多受访者不约而同谈到"文化大革命"后期的一件事,被称为"兴隆事件"或者"仙人洞事件",尽管不是发生在本地,但是震动了整个苗区。兴隆公社苗族躲在一个山洞里做礼拜,被当地政府发现后动用了武力。正是这个事件使得已经沉寂多年的民间信教活动浮出水面,信教规模反弹。

查《威宁彝族回族苗族自治县志》,有一段简短的文字:"1974年9月大批苗族聚集牛角井神仙洞做礼拜,羊街区组织15人持枪制止,干部李文舟枪走火,打死苗族农民罗正美母女,近百名群众上街鸣冤,经查实起诉,将李判刑二年。"①

查《威宁苗族百年实录》里面找到记载:1974年7月8日,羊街兴隆公社牛角井苗族信徒约80人去仙人洞做礼拜。被一县武装干部视为反革命活动,动用武装民兵包围,羊街公社人民武装部部长李文舟开枪打死3人,造成用武力镇压宗教的'兴隆事件',惨案轰动全县。②

调查员:请您说说当时的情况。

受访者一:1974年发生在一个小乡,就是为了宗教,很多群众去岩洞里做礼拜,是三百人,那个时候是偷着去做。当时他们有约定好时间,那天是赶羊街场,有很多青年和妇女,背起书(圣经),被公社干部看见,当他们在岩洞做礼拜的时候就去阻止。阻止以后,有的人往岩洞里面躲,有的就跑出来。刚跑出来就被武装部开枪射击……死了三个,一个年轻妇女,背着一个,怀着

---

① 威宁彝族回族苗族自治县人民政府县志编纂委员会:《威宁彝族回族苗族自治县志》,贵阳:贵州人民出版社,1994,第233页。
② 威宁彝族回族苗族自治县政协威宁苗族百年实录编委会:《威宁苗族百年实录》,贵阳:贵州民族出版社,2006,第74、第298页。

一个，就是跑不动了，行动不方便，是这样。①

受访者二：1974年羊街苗族躲在山洞里作礼拜，被县武装部参谋和公社书记知道后，调集民兵把山洞包围。在一片恐吓声中，教徒们走出山洞。走在最前面的是身背两岁婴儿已有身孕的妇女，刚出洞口，公社书记兼武装部长的李文舟开枪，把妇女和婴儿击毙。②

调查员：当时有没有教会？这件事结果怎么样？

受访者一：那个时候已经没有教会，偷着在岩洞里做礼拜是群众自发的。那个岩洞比较（偏僻）安静，所以有的人还来得远。这个仙人洞事件主要是把宗教活动压下去。发生那件事情以后，七五、七六年又继续，在政策没有改变以前，各处又有信教的群众继续自发组织起来。

受访者二：地区行署处理这一事件轻描淡写，说李"持枪走火，致死人命，后果严重，但苗族搞宗教迷信也是错误的"。把枪杀说是"走火"，那武装包围又是什么性质呢？当时省政府工作队正好在县里，但是省政府不表态。特别叫人不可忍受的是，对李的处理是调到另一个乡镇当书记。这是不是歧视苗族群众？

兴隆事件加深了苗民心中已经受到的伤害，激发了越来越多的人组织起来，重返教堂。正是1974年，石门乡苏科寨的人们开始自愿集中学习老苗文、读圣经，风雨无阻。此时此刻，石门坎基督教活动已经沉寂了近20年。据威宁县两会的负责人说，70年代中后期，全县信教人数迅速增长，超过万人。

失语者在行动，他们分布在全县各个乡村。当然，行动者不仅仅是苗族。

经过了国家主义的清洗涤荡，村民为何不放弃被贬损、污名

---

① 笔者访问杨华祥的笔记，2002。
② 张义松：《张义松老师访谈录2005》，贫困社区研究组整理。

化的宗教信仰？兴隆事件是个思考的例子。其一，村民既可以因信仰转换成社会运动，也可以在巨大的社会变故后回到传统仪式中去。① 国家在石门坎乡村进行文化一元化的工作难以见效，即便一时有效也难持久，这说明一维客体的原则在文化政策上是无效的。社区需要自己选择精神寄托，不能靠铲除假想敌的手段强制地加以规定。国家对待民族传统、宗教等社区文化采取暴力，只能起到相反的作用。其二，社区文化能够提供"国家"尚不能提供的乡村组织资源，满足他们以平等身份自主沟通的要求。社区之外的机构不必把当地村民的生活意义空间、社区的文化组织当作权力争夺的战场。其三，社区文化能够为村民提供"国家"尚不能提供的意义。宗教生活为村民提供了一些超出人定胜天、脱贫致富等物质主义愿望之外的精神期望。反过来，那个期望中的未来又投射到村民的现实生活中，赋予自己困苦的生活一些象征意义。这些一次一次的意义建构过程，完全由村民自主完成，他们的自主行动帮助自己和家人获得了意义，这个意义既是文化意义，也是主体性的。因此，比揭示村民在宗教行为的"实践理性"的更深一层意义是他们的"实践主体性"。

第五节　风浪中的石门坎人

　　回顾石门坎社区的变迁，社区主体性时进时退，其重要转折时期是社区去精英化过程。50 年代后期开始，民族宗教政策趋于极左，社区文化人士、领导人受到一次次运动风浪的冲击，他们经历了国家身份和社区身份的双重丧失。石门坎社区第三时期的

---

① 庄孔韶：《中国乡村人类学的研究进程》，载《广西民族学院学报》第 26 卷 2003 年第 1 期。

动荡中，社区领导集体几乎无人幸免。笔者对这个过程的注意，不仅是他们个人的得失，而且是社区与国家的关系变动的得失。

一 教育家朱焕章

自30年代起就担任校长的朱焕章，广受民众拥戴，特别在石门坎苗民心目中，他拥有苗王一般的地位。① 1950年因社会事务繁重，朱焕章辞去石门坎初中校长一职，仍然身兼数任。他一方面在英国传教士离开中国之际负责石门坎联区宗教管理事务，一方面参与组织威宁游击团，支持共产党在苗区的工作。1954年威宁民族区域自治筹备委员会成立，他是5位苗族委员之一。② 朱焕章向苗区民众宣传新的民族政策，帮助苗民认识到建立自治县是各民族一律平等的具体表现。

正当朱焕章当选县长的呼声日高的时候，省政府调他到省城，任贵州省教育厅中教科、民族教育科副科长。很快，机关肃反运动开始，朱焕章承受了难以名状的压力。1955年底的一天，他发现有人在住宅门外监视，于是悄然出走，消遁于黔灵山中。两个多星期后，当人们在山林里找到他时，已面目模糊。根据他身上穿的一件自家织的威宁羊毛内衣，人们才辨认出死者就是"中国现代教育史上的失踪者，乌蒙山值得骄傲的儿子"。③

朱焕章自尽时承受的心理压力来自何处？曾任教于石门坎的杨明光老师当时也在省城工作，回忆道，"1955年下半年干部内部肃反，要他交代关于'立法委员'、'国大代表'的问题，他

---

① 张坦：《"窄门"前的石门坎——基督教文化与川滇黔边苗族社会》，昆明：云南教育出版社，1992，第125~128页。
② 威宁彝族回族苗族自治县政协威宁苗族百年实录编委会：《威宁苗族百年实录》，贵阳：贵州民族出版社，2006，第180页。
③ 杨大德：《中国石门坎1887~1956》，北京：人民日报出版社，2005，第547页。

自己也说不清。在左的逼供压力下，没人做他的思想开导工作，即跑到黔灵山自缢。这个时间我被抽调同省委工作队到毕节搞农业合作化，没有在贵阳。由乡下回贵阳才知此事……他死后许多家乡人痛哭惋惜。"① 这一段记述中，我们得知他面对的不仅仅是思想转化的压力，更主要的是新的国家身份对以往的国家身份的排斥，对他为少数民族争取国民待遇的努力的否定。朱焕章被迫在两种国家身份之间进行自我撕裂，在两种国家信仰之中挣扎。最终他选择了放弃。

对于这位迫于全国性政治运动压力而非正常死亡的少数民族社区领袖，直到26年之后国家才承认了错误。1981年贵州省教育厅重新作出结论，为他恢复名誉，称他是"爱国人士，民族教育家"。

朱焕章辞世时，面朝乌蒙山的方向，他似乎用这一身体语言留下一个特殊的遗嘱。一个人在用死亡来宣告对国家身份放弃的同时，也在用生命宣告对乡土的眷顾、对社区身份的忠诚。

二 革命者张斐然

张斐然是石门坎知识分子中出现的第一位苗族共产党员。他的信仰历程异常丰富。张斐然生于贫苦的苗族基督徒之家，自幼信教；高中时加入国民党，大学毕业进入省政府工作；但是执着寻找并加入共产党，回乡带领贫困苗民参与国家革命。张斐然的前半生经历了从基督徒、国民党员到共产党员的信仰转变，他奔波于国家机构和少数民族村寨之间，穿梭于社区身份和国家身份之间、政党身份之间。

张斐然1942年毕业于南京中央政治大学，在贵州省民政厅、

---

① 杨明光老师致笔者信，2005年8月。

贵州省地方行政干部训练团任职。1946年他从贵阳回到石门坎，一面执教，担任石门坎初中教导主任，向学生宣传唯物主义思想和民族解放的道理；一面参政，成功竞选威宁县第一届参议员，组织苗族国大代表筹备会，协助苗族参加国大代表竞选。同时，他邀约有共产主义倾向的青年来石门坎工作，朱焕章校长则以教师—教士的合法身份掩护他们冒着生命危险从事的地下工作，在云南、贵州各地边传教边开展农民运动。1949年张斐然带领石门坎数十名青年去昭通接受军事训练，组建威宁游击团，直接配合解放军在云南、贵州边区为新中国作战。

张斐然的后半生也历尽坎坷。中华人民共和国成立后，张斐然任威宁县警备营营长，兼任威宁县民委主任，建设科副科长。不久，作为国家选送培养的少数民族干部，他到北京学习，培训结束后留任中央民族学院讲师。

1957年因向省政府反映农村饥荒问题，张斐然被定为"右派分子"受到批判。石门坎第一位共产党员突然变成"右派分子"，人们反应强烈，难以接受。贵州省政府派工作组到威宁，沿途，地区行署和县政府都派人参加。工作组的任务是从张斐然的家乡黑土河到石门坎、天生桥和威宁各区宣传，以期"消除张斐然影响"。工作组到黑土河召开干部群众会，到石门坎召集石门教师会，结果遭遇了尴尬。工作组会议记录①中录有众人发言：

教师一、教师二和校长：张斐然喜欢吃酒，醉后会说酒话。

教师三：除了大自治区问题②我们不晓得以外，其他的都是

---

① 根据张义松抄录的贵州省政府工作组《张斐然问题工作报告》整理，原稿存于贵州省档案馆。

② 贵州民族学院来自五省的少数民族学生起草了一份报告，认为如果成立一个自治区，在语言文字上容易统一，张斐然等教师也签了字。随即"大自治区问题"受到批判，签字的教师们被判定为右派。

假的，都是你们编出来的。

群众：我们苗族上去一个就着整一个，去年把朱焕章整死了，今年又来整张斐然。

一生产队队长：干得起就干，干不起回来盘生产，到得起那点。①

一学生：要整大家起来整。

当年游击团的两位战友说：张斐然在旧社会时为共产党做了很多事情，没有功劳有苦劳。那个时候，他带我们去打土司，反对国民党政府，我们说我们没有靠山，应该有靠山。张斐然说我们的靠山就是共产党。现在把他整成是"反党"，我们想不通。②

石门坎人在工作组的压力下不得不表态时，教师们表达得婉转些，认为张斐然只是说"酒话"，潜台词是"政府何必计较一个人的几句酒话"。贫下中农们却表示不相信，直言不讳地指出，工作组这是找借口要来"整苗族"。联想到不久前自杀身亡的朱校长，石门坎人悲从中来，抵触之情溢于言表。人心所向，在石门坎周边和威宁各个苗族聚居的乡村，没有人顺着工作组的口径给张斐然"上纲上线"。

张斐然不肯屈服，三年不低头，但是，此劫难逃。60年代初，他辞别京城，几经辗转，下放到毕节一所中学工作，在"文化大革命"中又遭管制，整为"最大的牛鬼蛇神"。70年代初被遣返回家乡的苗寨，全家人生活陷于困顿之中。直到他去世前三年的1979年，省民委才发布文件予以平反。革命者张斐然致力于追求真理、争取民族的自由和解放的理想，自青年时代起就是一位探求者和思考者，探索理想的社区、民族、国家关系，同时，他又是一位实践者，他教书、传教、动员民众、竞选参议

---

① 方言，意思是"又能如何"。
② 张义松：《张义松老师访谈录2005》，贫困社区研究组整理。

员、组织武装,引领苗族参与建国之业。作为新中国的少数民族干部,他没有沾染官场习气,刚直不阿,坦言民间疾苦,为穷人代言。

那个工作组不能容忍同情"右派"的言论,作出判断说"这些人和张斐然都是一丘之貉,建议在假期里进行一次整风,对苗族进行一次无产阶级的民族教育。"① 其实,按照当时的阶级划分标准,石门坎人口的主要成分是贫下中农,调查显示苗族信教人口中贫雇农占93.1%,② 均属"无产阶级"。因为石门坎人在张斐然问题上不与政府保持一致,所以不够"无产阶级",工作组要求省政府对石门坎采取更加严厉的整肃行动。半年后,政府果然调整了打击目标,从整肃一名干部转变为整肃一批社区领袖,那场民族教育引发了社区一劫。

三 苗文学者杨荣新

1958年"无产阶级的民族教育"一开始,逮捕了石门坎的苗文学者杨荣新等五位。③ 其中只有张老师在有生之年亲眼看见了国家给自己平反的文件。

苗学专家杨荣新(图7-3),从20年代后期就开始研究和翻译苗文,他既是老苗文改革的核心人物之一,也是新苗文的创制者之一。至今在云南、贵州交界苗区流传最广的苗文版《新约全书》就倾注了杨先生的心血。

---

① 张义松:《张义松老师访谈录2005》,贫困社区研究组整理。
② 数据来源是1951年土改工作队所编石门坎教徒民族、阶级成分分析表,见张坦《"窄门"前的石门坎——基督教文化与川滇黔边苗族社会》,昆明:云南教育出版社,1992,第145页。
③ 同期被捕的还有教师张德全、王崇武,麻风病院管理人员杨荣先,农民陶自改老人,就是那位创作热情的芦笙曲迎接京城来客的老者。

杨荣新应西南军政委员会之约于1952年赴重庆,用石门坎苗文翻译"共同纲领"。后任威宁县的政协常委。① 1953年后在北京和贵阳等地,与中央民族学院和贵州民族研究所的学者一起开展苗文研究。不料,他在回乡探亲时突然被捕,一年后猝死狱中。县公安局没收了杨荣新全部财产。

杨荣新之孙:我外公头天被抓去,第二天就搜查,把财产拆走。因为他收集文物比较多,保护得比较好,被抄收的财产有苗族古战将盔甲,书柜、书桌、房屋和树木,他去上海翻译圣经的时候带回来的照相机,手风琴、幻灯机片等。书比较多,我们记得满满的一个小房间全都是书。苗文汉文书籍三千多册,堆放在门前全部烧毁。②

图7-3 石门坎老教师杨荣新先生
(杨华明提供)

杨先生当年被罗织的罪名包括:"反革命分子","国大代表","里通外国、特务活动"等。查阅文献,可以排除他是"国大代表"的可能性。他加入过国民党,所以那时被定"反革命分子"是有可能的。但是我们不清楚"里通外国"的来由,于是访问他的家人。

杨荣新之子:因为我父亲一直研究的是苗文,就说他"里通外国",就说苗文是"外国的文字",这是第一个理由。第二

---

① 威宁彝族回族苗族自治县政协威宁苗族百年实录编委会:《威宁苗族百年实录》,贵阳:贵州民族出版社,2006,第180页。
② 张义松:《张义松老师访谈录2005》,贫困社区研究组整理。

个理由,我父亲在北京工作过,就说他是"卢沟桥事件"指挥者。我父亲到北京已经是 1953 年了,还有,一直到现在我还不知道卢沟桥是在哪一地点。① 杨家人记得的第三个理由是,县公安局的人称他"收藏了英国牧师拿到石门坎来的电台、枪支、子弹",逼他认罪,但是经过反复搜查,查不到所谓的电台和枪支。不久,人在狱中死去。张德全老师,曾经和杨先生同时被拘押,回忆他的死,"几星期后,我外出劳动推磨。一天出工时,我经过停尸房门口往里看,见到荣新停在那里面,将他的旧花衣服盖着。我看他穿的衣服,除了破烂的以外,好的完全被人脱光了。脚上原来穿的球鞋也脱去,打着光脚。""荣新'遥遥无期'的预言,实现了。"②

毕节地区经地委研究批准逮捕了四十多名,向贵州省委备案。那时我在省委统战部工作,统战部领导的意见,认为树敌过多,凡历史上参加国民党、区分部书记、区分部委员职务,本人已作了交代,党的政策,历史污点已向组织交代,没有罪恶的,不宜捕。可是那时候谁听?

以石门坎为重点的那场整风推及威宁各地,为了避开民族政策方面的责任,地方政府把这次整风说成是"宗教肃反"。三十年之后县民委、县公安局的干部承认,虽说是宗教肃反,但这些被整肃的石门坎人士都并非教会负责人,和宗教没有直接关系。继之而来的是 1962 年以大街乡为重点的第二次"宗教肃反",在这次运动中,苗族牧师杨志诚被宣判为"反革命首犯",判以死缓,③ 才坐实了宗教二字。80 年代,两次宗教肃反中受冲击的

---

① 笔者访问杨华明的笔记,2002。
② 本书附录"社区记忆之五 张德全老师自述"。
③ 张义松老师访谈笔记,2005 年 11 月。威宁彝族回族苗族自治县人民政府县志编纂委员会:《威宁彝族回族苗族自治县志》,贵阳:贵州人民出版社,1994,第 676 页。

人士——平反、获得改正。但是 48 年过去了，当地政府未对杨荣新案做出任何解释和结论。这位终生致力于苗族文化的学者，被那场暴风骤雨席卷，摧折，凋零，无声无息。

杨先生的子女们备受牵连。儿子杨华明一度身陷囹圄，就业无着，伤心之余，不得不远走他乡。踏着父亲曾经办学传教的足迹，他在云南省永善县的乡村漂泊二十年。二十年中儿子渐渐理解了父亲的一生，踏入了父亲的文化殿堂。90 年代初他一家返回石门坎时，一无所有。但是，只读过初中的杨华明，白手起家，在务农维持生计之余，花费大量时间搜集史料、苗族服饰、整理翻译散落乡间的苗族古歌、故事、成语。靠着十多年的奔波积累，杨华明参与县民委组织的苗汉词典的编辑，自办《石门坎百年简史展》，陈列简单朴素却也琳琅满目。在石门坎学校百年校庆前夕，他的展室免费向公众开放。问及此举含义，他说用这个方式来纪念父亲，"我想把老人未完成的事完成，也就是为了民族，为了国家，留点小小东西给后辈作个纪念。"①

一间陋室能不能承载百年沧桑，一位农夫能不能有博大胸襟？杨华明以主人的姿态向他想象中的"国家"、向各地来访者展示石门坎文化。杨荣新父子两代人身上，闪现着石门坎人的主体意识、坚韧和乐观。

四 "君下羔羊"陶开群老师

同一时期，威宁县有一百多名教师划为"右派分子"，石门坎苗族教师陶开群（表 7-3）是其中的一位。

抗日战争中军人陶开富从千里之外的战场回到家乡，受聘任教于石门坎，使陶开群获得了石门坎文化社区的主人身份，得以

---

① 杨华明老师致笔者信，2005 年 11 月。

走出失去国家身份的阴影。他更名为"开群","群"字当时写为"羣",意为君下之羊羔。据家人解释有两个原因:一为缅怀战友,他希望自己的名字"开富"消融在战友的亡灵中,自己就做一只祭奠他们的羔羊和他们在一起;二是向基督忏悔,他希望在基督的牧养下作一只悔罪的羔羊。① 在笔者看来,这个举动不是完全消极的,包含了一种主体意识的觉醒。

表 7-3　一位石门坎教师在运动中的经历

	身　份	经　历	年　份
乡村教育 19 年	乡村教师	石门坎学校教师	1939~1958
"右派"21 年	"资产阶级右派分子"	反右运动,开除留用、降职降薪。留校劳改,打杂、刻蜡版	1958
	背炭翁	背夫,到炭山背煤	1958~1959
	"摘帽"	县公安局改正错划右派,但学校扣压,不准摘帽	1960
	牧民	校办实验农场种地、放牧	1959~1965
	勤杂工	挑水、捡菜、筛煤、烧火、喂马	60 年代
	批斗对象	接受批斗,张贴悔罪检查	1966~1976
	挑夫	日挑 40 担水,日行一百多里	1971~1973
	炊事员	学生食堂炊事员,掌管伙食	1973~1977
	"平反"	县委调查错划右派的平反落实,获得平反,63 岁重获自由	1977~1979
	退休教师	退休离开石门坎回彝良老家	1980
乡村教育 17 年	乡村教师创业者	应邀到云南、贵州多所乡村学校任教和创业	1980~1996

表 7-3 概述了陶开群老师的经历:戎马疆场 5 年,乡村教育 57 年。陶老师以石门坎学校为自己安身立命之地,毕生坚守

---

① 富国美子:《逆境不灭的陶开群先生》,2006,未刊稿。

的阵地。但是陶老师戴上右派帽子后,与前面三位石门坎人的命运不同,没有拘捕他、流放他,他留在了学校,遭到开除留用、降职降薪的处置。"文化大革命"期间,他白天要完成分配给他作为劳动改造的任务,晚上需听候造反派们的批斗,夜深人静时得赶快把造反派勒令写出的悔罪检查用工整的字写出,天亮时贴于自己门上。一星期重新更换一次。宏观社会的风浪中断了他的教师生涯。好像一棵树,枝干被腰斩横断。但是,他没有离开石门坎,守候着学校和自己的扎根梦。

"右派"陶开群老师处在石门民族学校这个微观结构的底层,从1958~1979年长达21年的时间里,他从一位威严的教师变成一个任人驱使的杂役——背炭翁,牧民,勤杂工,马夫,挑夫,炊事员,日复一日,年复一年,如同历史上苗民佃户为土目服劳役那样。不仅如此,事情的荒诞处还在于,早在1960年县政府已经通知学校,改正错划右派问题,却被校方横加阻拦,不准他"摘帽"。陶老师在不知情的情况下,继续服役19年。陶老师被剥夺了21年自由,那是一名教师最为年富力强的时光。两年的错误被扩大到21年,却没有谁为此承担责任。

据笔者调查中不完全的记录,受石门坎问题牵连,50年代后期至60年代被捕和被管制的苗族人士前后近二十位,他们多半没有能够活到国家还自己清白的那一天。他们中间没有地主、富农、高级干部,大部分人的阶级成分是乡村教师、教徒、贫雇农。在"阶级斗争为纲"的时代,以贫下中农为人口主体的石门坎,何以在十余年时间里成为防空部署中严密监控的"1号地区",此时的国家受假想敌之困,走入自己的逻辑悖论。杨明光老师苦思其中原因,其实是要"叫人对这个地方要提高警惕,兑现了过去和当时说石门坎'是一个危险的地方'的看法"[①]。

---

① 杨明光先生在整理张德全先生回忆录时所作分析。

石门坎一位教师写的苗文歌有这样两句词,大意是"山倒石塌之时,群鹿奔逃鸟儿弃巢。浑水留而清水去已黑白颠倒"①,说明了当时的社区心态。

五 社区重建

石门坎老校友回顾历史时提出一个问题,"一百年前,一群受尽痛苦和折磨的穷人,第一次感受到被人关爱、第一次捧起书本,从而激发起对新知的渴求和向往,进而创造并使用了自己的文字;又在不到五十年的时间里,在战乱不断的年代,使自己民族的文化程度在总体上达到与本地区其他民族相一致的程度。这又是一种什么力量在驱使呢?"②

每当石门坎社区风云激荡之际,群山深处就会传来苗民寻找的脚步——那些被驱赶的,被掠夺的,被阻拦的苗民,奔走不息,寻找和保护他们失落的文化。每当一个又一个石门坎人放下悲欢荣辱、前赴后继的时候,他们愿意相信自己从此站起来,做了主人。

是主体意识的力量,造就了这个社区。主体力量的进退,牵动着社区的兴衰。

到了石门坎发展的第四时期,80年代至90年代,城乡社会变迁剧烈,社会管理体制从政府计划为主越来越多地引进了市场导向的经济机制。社区主体性面对又一次挑战。

石门坎社区文化谁来保护?谁来重建这个文化社区?

现在社区内有两个文化组织:学校和教会。以教会组织为主?石门坎教堂于2003年底重建并且具有合法身份。虽然教堂恢复

---

① 《AOB NCHIEB TLIK AOB NDLOD LEUF》(《清水成了浑水》),载杨忠信主编《苗族歌曲选编》,贵阳:贵州民族出版社,2000,第302~第303页。
② 昆明老校友对纪念石门光华学校百年华诞活动的记述,2005年12月。

了，但是以往那个高效运转、四通八达的教会网络不易恢复，乡村教会在获得财政资源、吸纳知识人才方面缺乏优势。以乡村学校为主？在市场规则的驱动和引导下，国家的农村义务教育政策一度陷入困境。如第六章所述，教育产业化政策波及乡村学校，致使贫困乡村的学生失学问题一直持续。因学校收费高、贫困学生上不起学的现象，说明乡村教育中主体已经虚置。由于人才流动机会和途径受到交通条件和区位条件的制约，教师不稳定，优秀教师、外来教师逐年离去。在教师、学生都在流失的状况下，乡村学校与外部系统的关系是负面而消极的。这时期石门坎乡村教育举步维艰，乡村教育的困境与乡村经济贫困未能跳出互为因果的循环。石门坎教育组织与社区生活脱离、教会组织与教育组织脱离的格局已成定局，经过半个世纪的分家析产，这一对原本是同胞的兄弟，不会再次整合成为同一个文化系统。因此社区内的两个文化组织都难以代表社区与外部系统进行有效的资源、信息交流和整合。

石门坎社区再度面临主体虚置的状况，那么，国家在哪里？

伴随"市场"主体进入，"国家"主体一度退却。比如，在推行国家的农村义务教育政策、人口政策、农村税收政策时，追逐部门利益、以收费代替管理、"为人民币服务"的风气，就是相当多的地方政府向市场退让驯服的例子。这种风气在当地表现为以市场为导向的自然资源开发。近年来，地方政府以"绿色的理念与黑色的忧思"权衡后，认识到因过度开矿导致生态恶化、矿难事故等安全隐患，已经成为经济增长的代价。威宁在提出"打造贵州西部高原生态县"时，重估石门坎文化价值，这个贫困乡会不会是一座旅游资源的矿山呢。

90年代中期，石门坎社区与国家之间出现了积极的互动。石门坎人和笔者一起盘点了以往十多年来"国家"有关石门坎的一系列举措。

1995年，石门坎获得国家批准对外开放。威宁县政府修缮了 30 年前毁坏的柏格理、高志华两位牧师的墓地，设立县级保护文物碑。县委、县政府举行了千人参加的庆典仪式。

1996 年，石门乡通电。引电工程由毕节地区行署、威宁县政府、石门乡政府、民间团体乐施会和一些个人共同集资。① 两年后石门乡政府开始安装电视和电话，2006 年普及到村。

2002 年，贵州省副省长、省民委主任到石门乡视察，指示保护和利用宗教文化遗迹，做好保护规划。②

2003 年，石门坎教堂重建，登记为合法宗教活动场所。两年后，石门坎基督教会举办 100 周年庆典，四千教友翻山越岭、应邀而来。教会也邀请县政府的领导出席。③

2004 年，威宁县委书记提出，威宁要以发展生态旅游业作为后续支柱产业，抓好自然风光与历史文化、人文景观、民族文化风情相结合的生态旅游开发，石门坎文化是代表地之一。④

2005 年，贵州省省委书记到威宁贫困乡石门乡视察，现场办公，承允多项财政支持。

2006 年，石门坎光华小学遗址被列入省级文物保护单位名单。⑤

国家在西部地区启动农村义务教育经费保障机制改革，开始以县级以上的公共财政资源支持农村义务教育。受益于此项改革，石门乡大部分在校中小学生免除学杂费，我们抽调查的乡村学校中近 80% 的贫困学生领到了免费教科书。

在石门民族学校先后举行了两次百年校庆的纪念。2005 年

---

① 张国辉：《石门乡基本概况·大事记》，石门乡人民政府印。
② 《贵州日报》2002 年 11 月 14 日。
③ 威宁彝族回族苗族自治县政协威宁苗族百年实录编委会：《威宁苗族百年实录》，贵阳：贵州民族出版社，2006，第 303 页。
④ 李克明：《着力打造贵州西部高原生态县》，载《毕节日报》2004 年 12 月 30 日。
⑤ 贵州省人民政府：《省人民政府关于公布第四批省级文物保护单位的通知》黔府发〔2006〕16 号。

的纪念活动由云南、贵州各地老校友自发组织，相约重返母校，情义真切。2006年的纪念活动由威宁县委、县政府主办，宾朋满座，隆重热烈。师生们合唱的《石门坎光华小学校歌》，温习当年"齐声高唱，大风泱泱"的豪情。

上述举措包含着令人鼓舞的信息，说明地方政府正在重视这个贫困乡的教育和文化发展，石门坎社区重建的前景正在纳入地方政府关于高原生态县、旅游大县的谋篇布局之中。需要关注的是，在新的互动和实践中，国家与社区的关系是否能够从互为客体朝向互为主体的关系转变。

以通常的结构关系而言，社区与国家之间存在着无法逾越的层级和社会距离。作为资源结构的中心与边缘，二者之间存在对话、协商和排斥的力；作为治理结构的上下两极，二者之间存在的是庇护和从属、指令与服从的力。但是石门坎案例展现给我们的却是一个动态的、激荡的社区与国家关系过程，一波三折。在石门坎不同的发展时期，二者关系呈现不同的状态。观察分析时，我们需要了解不同状态是在什么样的历史条件下发生的，需要作具体的时间、空间的场域分析。

第一时期，社区主体的建构为实，国家的建构为虚。从传教士的苗文基础课本，教师创作的校歌，到苗族学生自编的平民识字教材，都把国家描绘成为人人平等、亲如一家的理想国。在石门坎人的想象，社区和国家的关系呈现互为主体的平等结构。直到社区和国家实际相遇后，理想社会结构与现实社会结构之间的差距才显现出来。

社区建构的国家与政府宣传的国家有差别。石门坎对国家的想象，嵌入了基督教平等博爱的价值观，强调社区平等的意义，它与宗教文化、民族文化、本土社区文化不相冲突；而政府输入社区的国家想象，尽管刻意模仿基督教的形式，却在仪式中突出社区对国家服从之义。前者是在互为主体的关系中建构的，后者渐渐向互为客体的维度转变。

第二时期，石门坎人走出山外，投奔位居城市中的"国家"，他们对国家的想象得到修正。另一方面，国家及其代理人进入石门坎。政府为了构建自己的主体性的需要，把这个边远乡村的教育成果摆放在抗战时期的主流话语里面，一方面变为国家主义的排外借口，另一方面也成为贬斥少数民族自主文化选择的依据，石门坎社区文化被扭曲变形，成为一种互为客体的国家观念的牺牲品。第一种敌意想象产生了。

国家主体由虚而实，对石门坎的污名化操作使得政府计划全面限制社区文化，但是石门坎组织完整，社区主体尚未真正虚置。而且，社区和国家的关系向互为客体维度转变的过程，一度被新国家的建立而打断。50年代石门坎焕然一新，社区和国家之间呈现一段互为主体的结构特征。

第三时期，50年代至70年代，教会组织和教会网络消失。在文化一元化的国家政策下，各种民间宗教活动处于萎缩状态。乡村学校网和教会网这个联体共生的结构被撕裂，乡村教育和乡村文化脱离，苗族文字从苗区的乡村学校中退出。不仅如此，去精英化过程，使得受政治风浪冲击的石门坎知识分子，丧失了国家身份。石门坎核心团队消失和社区话语权被剥夺，造成社区主体性和自组织机制大大减退。社区与国家之间的关系朝向互为客体的方向转变。但是，那些集体失语的社区自发兴起了苗文学习和信仰活动，令人联系到萨林斯的结构并接理论，本土文化在外来文化的冲击之下以不变应万变，在万变中见不变，他指出"我们在变迁中发现连续，在现代化中发现传统"，然而，并非一切都烟消云散，"显明的差异，文化的差异依旧长存"。①

---

① 萨林斯：《别了，忧郁的譬喻：现代历史中的民族志学》，载王筑生主编《人类学与西南民族》，昆明：云南大学出版社，1998。

尽管社区文化的传承受到严格限制，维护主体性的自组织机制在中断二十多年的宗教活动里找到了生长点。社区文化能够提供"国家"尚不能提供的乡村组织资源，在国家规制下的乡村组织趋于成为造成不平等结构的根源时，社区文化提供了一种"反结构"。如特纳的仪式理论说明了仪式可以达成的一切信奉者之间的平等和情感交融的反结构状态，社会的紧张状态于是可以消除。[1] 在石门坎特定的历史时期和特定社会环境里，失语者的集体行动表明，以苗文为载体、以宗教为组织形式的社区文化，在特定时期以反结构的方式，帮助他们探求平等和自主沟通的途径。并且，它为乡村营造公共空间，给予生活于贫困中的人以积极鼓励。

在石门坎发展的第四时期，社会管理体制越来越多地引进了市场导向的经济机制。对于边远的尚且贫困的乡村，国家主体后退，市场主体进入，对于社区主体性是又一次挑战。石门坎社区再度面临主体虚置的状况，直到90年代中后期，社区与外部系统的整合状况才开始逐步改观。笔者注意到，国家和社区之间从互为客体朝向互为主体的关系转变的努力，正在付诸实践。石门坎社区与国家的格局中，最初的相互想象经历了现实生活的不断修正，以及历史反思的不断修正。这条重要的变迁脉络加深了人们对社区文化结构的动态认识。

---

[1] Victor Turner, 1966, *The Ritual Process Structure and Anti-structure*. New York, Ithaca: Cornell University Press, 95-96.

第八章
结 论

石门坎提供了一个特别的社区案例来分析乡村贫困社区的文化和教育的共同历程。石门坎文化变迁，不仅是社区文化组织的变动，也不仅是村民文化程度的变化、社区知识分子的职业流动，或者社区某个部分、某个环节的变动，而是一个特定文化结构的运动过程（图8-1）。研究的主要发现包括石门坎结构发生机制、结构运行机制、结构停滞因素以及对贫困和教育的一些思考。

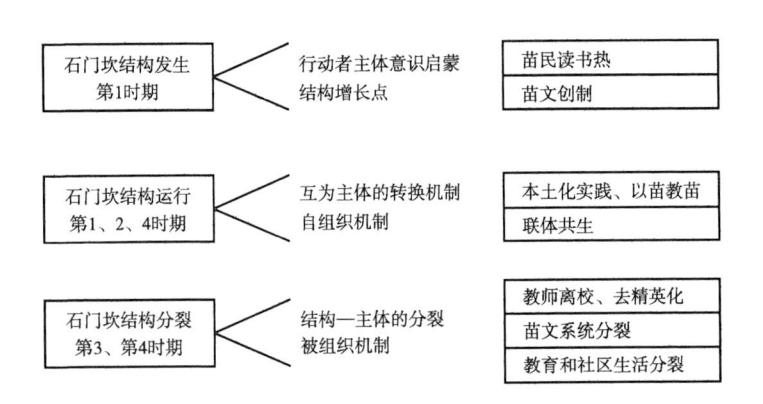

石门坎结构发生 第1时期	行动者主体意识启蒙 结构增长点	苗民读书热 苗文创制
石门坎结构运行 第1、2、4时期	互为主体的转换机制 自组织机制	本土化实践、以苗教苗 联体共生
石门坎结构分裂 第3、第4时期	结构—主体的分裂 被组织机制	教师离校、去精英化 苗文系统分裂 教育和社区生活分裂

图8-1 石门坎社区文化结构变迁概括

一 石门坎结构发生机制

石门坎文化结构在底层社会的发生机制有两个方面,一个是行动者的主体意识启蒙,在本书中体现为贫困苗民的主动选择和主动参与,另一个是文化结构的增长点。

1. 行动者主体意识启蒙

从四位苗民对柏格理的试探到成千上万苗民的读书热情,实际上是苗族的主体性启蒙过程。苗族在接受外来文化时,最深的体验不是外来文化符号本身,而是符号中包裹着的信息:"温暖"、人人平等、受尊重的信息。石门坎的崛起是苗民主动行使文化选择权的结果。

穷人的主体意识不是自动产生的,"穷则思变"需要一定的社会支持环境和文化互动过程。石门坎苗民的主体意识是不平等结构的产物,是在主体—客体对立的结构关系中启蒙的。一维客体的对立关系可以激发行动者的主体意识,主体需要一个客体来确认自我。社会关系的对立(排斥、压制、暴力)和紧张(歧视、隔阂),都可以激发个体和群体的主体意识。穷人的主体意识成为引发石门坎文化变迁的主要动力。

基督教传入石门坎之前,乌蒙山区苗民缺乏自治组织,缺乏地权,整村整寨为土目的佃农,苗民整体的社会地位极其低下,苗民与统治者矛盾深、相互隔阂,而无从化解。由于苗民之间地位一致,本族文化比较容易成为族群社会动员的符号,所以社会群体利益冲突时常以民族文化矛盾的形式表现。"底层历史是碎片化的、不连续的、不完整的,底层意识的内部是分裂的,它是由来自支配和从属阶级双方经验的元素建构起来的。"[1]

---

[1] 查特吉:《关注底层》,载《读书》2001年第1期。

苗族在丢失文字的集体记忆基础上建构了一个"失而复得"的现代神话，在这个叙事里文字的象征意义和隐秘符码都代表着苗民自己的有意识选择，表现苗民主体意识觉醒。苗文传播引发了苗民的主体性实践，有助于穷人实现能力主体、权利主体和认同主体的诉求。本书以石门坎苗文为例，分析平民教育如何有助于建立苗族的主体意识。一批苗族知识分子如何以自组织的方式表达共同意义，如何赢得这种文字权利，以及这种权利的结构意义。苗民也把它应用于反对那些外部结构的压制的实践活动。在苗文自我发挥最好、传播最广的时期，可以观察到文字权、自主自由、民族意识三者和谐一致，权利主体、能力主体、认同主体达成一种相互促进的状态。

2. 结构创生和结构增长点

石门坎文化结构的结构增长点是石门坎苗文系统的创制。石门坎苗文是苗族自己选择的一套含义丰富的主体性符号，借助这个"失而复得"的现代神话，苗民接受了新创文字作为自己的本土符号。由于苗文系统在穷人的文化认同中找到了有效的嵌入方式，从而获得广泛传播。也正是由于这种有效的文化嵌入，石门坎文化结构得以创生和扩展。

外部文化与本土文化的交流互动可能存在各种障碍。只有在互动基础上寻找到一定的结构增长点，新文化结构才得以创立和发生。结构增长点产生于行动者互动中最容易达成一致的环节，以及行动者最容易接受的形式。

二 石门坎结构运行机制

石门坎结构运行机制也有两方面，包括主客体转换机制和自组织的再生产机制。

其一，主客体转换机制。

贫穷苗民和平民出身的传教士建立了信任和友谊，互为客体的意识在文化互动中消解，朝着互为主体的强关系转变。石门坎文化教育体系在较短时间内帮助苗区普及基础教育，帮助苗民子弟借助于现代教育的阶梯向上流动，使得一个最贫困的族群成为当地其他少数民族的"引领民族"。尽管这个文化系统没有解决苗民贫困的物质基础——地权、产权和生产资料方面的权利，但是，苗族文化地位提高，有助于苗民整体的社会地位上升，使得固有的民族矛盾有一定缓和，没有彻底危及族群之间的社会联系。在石门坎社区，结构与主体互动的社会效果有差异，表现为一维主体或一维客体主导的文化实践引发对抗关系、不平等的结构；互为主体或互为客体主导的文化实践促进非对抗关系、相对平等的结构。例如，边胞同化政策激发保卫苗文行动。

互为主体转换机制特别表现为本土化实践。石门坎早期，石门坎社区的本土行动者对外来文化兼收并蓄，而外来行动者也努力学习苗民文化传统，甚至出现了外来知识分子全盘苗化的现象。石门坎社区实践与其他地区乡村建设相比的突出特点是更加彻底的本土化，其本土化包含四个相互关联的实践过程：一是知识分子学习苗语，实践双语教学，教会和学校的工作语言本地化；二是培养本地少数民族教师和传道员，逐步依靠苗族自行管理本地学校和教会；三是知识分子贫民化，生活标准与苗民接近；四是乡村建设，推广实用技术，培训本土技术人才。外来知识分子苗化、以苗教苗、以苗传苗的现象，都集中体现了石门坎文化中以苗民为本的理念。

其二，自组织的再生产机制。

石门坎文化结构的自组织机制包括几个方面：结构复制和扩展机制、组织共生机制、人才资源转换机制以及与乡村社区的融合。它们共同作用，共同支持着文化结构的再生产。

1. 结构复制和扩展

石门坎文化结构复制表现为外部文化在本土文化网络的系统整合。通过地缘网络，形成石门坎苗文学校系统；通过血缘网络，形成老苗文圈；通过教会网络，形成石门坎文化圈。石门坎文化因为嵌入苗区的地缘和血缘网络，获得快速发展，形成社会结构的边界不断扩展之势。

2. 组织共生机制

石门坎文化的组织共生表现为教师—教士的身份共有制和学校—教会的空间共生制。教育网和教会网联体共生，使行动者获得双重整合的、可转换的文化身份。而弹性的就业制度又保证了行动者的自主选择权利和工作弹性。组织共生机制促成了皮亚杰所说结构的三种共同特性：整体性、转换性和自身调整性，因此这个结构是动态的结构。在任何一个村寨，教师—教士与村民之间存在相互依存关系，所以即使是"一师一校"，也可以开辟事业，复制一个新的文化系统，这个文化结构的每一个微观单位也是能够自给自足的。

3. 人才资源转换机制

石门坎人才机制之一是以苗教苗，前赴后继、薪火相传。从石门坎学校走出来的小学毕业生、中学毕业生，以至于大学毕业生，都一一进入石门坎师资储备库，轮流上岗，支持日益庞大的石门坎教育网。被选送的苗族学生，普遍得到本村寨村民的集体捐助。所以外出进城的学子，都保持着与亲缘社区、学校、教会的强关系。在石门坎，这三种强关系又是三位一体、互相嵌入在同一个文化结构中。石门坎人才机制之二为从非贫困社区吸引人才资源的能力。在第一和第二时期，石门坎文化结构具有的自我调整的特性，它与外部环境的资源转换没有导致结构的解体，而只产生属于这个结构的要素，能够保持自身的运作、使整个教育网的师资力量不断得到充实。

4. 文化发展与乡村发展融合

石门坎文化的乡村融合表现为贫困苗民主动参与了从一砖一瓦建筑学校（图8-2），到一字一句翻译圣经，从文化制度、民主评议到乡村经济建设的全过程。另一方面，石门坎文化组织在苗区兴办实业、推广实用技术，帮助教会和学校实现自给自足，融入社区生活。石门坎乡村教育后期变迁采用被组织机制，使得

图8-2 石门坎高等学堂是社区标志性建筑
（Alison Lewis 摄）

石门坎高等学堂，当地称作大教室，石门坎第一时期学校最大的教学楼，风格简约、庄重浑厚。它曾是石门坎教育史的主要地标，也是苗族文化区中心的象征。因年久失修，于1997年底被拆除。

穷人从文化主体转变为文化客体，从文化结构主体转变为文化结构客体。穷人被动参与其中。石门坎乡村教育第一时期、第二时期采用自组织机制，有助于穷人从文化客体转变为文化主体，从社区结构的客体转变为社区结构主体。

在石门坎社区，自组织的运行机制增加行动者的主体性；被组织的运行机制增加行动者的客体性。反之，被组织的运行机制会增加行动者的客体意识、降低主体意识。但是从一维主体关系向互为主体关系的转变过程，伴随着转向一维客体和互为客体的风险。所以，从不平等结构转变为平等的结构是一个具有风险的过程。

三 石门坎结构的停滞

石门坎文化结构停滞表现为一系列分裂过程：结构—主体的分裂（图8-3），苗文系统分裂、信仰的分裂和整合以及乡村教育和社区生活分裂。

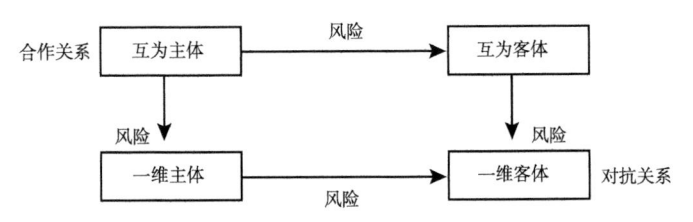

图8-3 结构与主体分裂风险示意

1. 结构与主体的分裂

石门坎第二时期和第三时期的历史转折发生在1958年前后，反右运动首先摧毁了石门坎社区的核心团队，然后把大批有丰富教学经验的教师清理出学校，这两个事件之后，社区自组织的机制被削弱，结构运行活力开始衰退。研究发现，石门坎文化结构内主体和客体是否能够实现相互转换，取决于历史条件和转换的途径。以往历史中，主体的关系容易被客体的关系替换，互为主体性常常被互为客体的关系替代，一维主体的关系建构也可能被一维客体的关系解构。在不同组合的结构与主体关系中，互为主体关系更加容易受到侵害，这也从一个侧面说明为什么今天一些学者们认为乡村民间合作缺少基础。

2. 苗文系统的分裂

苗文从一种文字现身，到后期分为两种文字。老苗文退出课堂，新苗文推广艰难，苗文传播需要一套组织体系，原来依托的组织遭到破坏。但是在一些村寨，苗文没有完全消失，而是嵌入乡村亲缘网络继续传播。新文字与本土创造的老文字意义不同。新文字的嵌入过程，虽然设计了对老文字的功能替代，也具备结构生长优势，但是尚未建立有效的传播网络，没有找准在本土社会内部的结构生长点。不同主体对苗文的意义进行了不同解读。老苗文几次三番被当地政府以"文化进步"的名义撞击和消解，也曾经被苗族知识分子以"文化进步"的名义捍卫。其中原因就是，两种"进步观"带来两种文化实践，汉化和苗化包含的主体意义不同。苗民根据互动情境来判断文化行动中的关系属性，他们维护的只是平等的文化关系。苗文传播的范围，实际上是苗民自己的选择。

苗文曲折经历说明主体性实践过程存在着分裂和整合的张力。穷人对权利主体的自我确证始终存在，但是穷人的主体意识会遭受一维客体关系的挤压，一维客体关系的极端形态就是一个主奴结构。石门坎文化现象在民国时期和公社化时期频频遭遇政府文化政策的敌视，遭遇审查、驯化、分裂，就包含着主流社会的文化秩序对少数族群文化的排斥和压抑。因为穷人的话语权需要在和其他阶层的互动中实现，它凭借主流阶级的语言文字才能获得话语资格。所以穷人的主体意识只有被主流符号体系驯化，才能被主流秩序认可。苗文故事是一个社区共同传递文化传统和编码的过程，不仅传递集体的精神产品也传递自组织的行为方式（表 8-1）。

表 8-1 苗文传播的结构—主体过程比较

		老苗文传播	新苗文传播
1	创制研究的主体	传教士、苗汉学者	苗汉学者
2	有组织传播时期	1906~1952	1958,1981~1982
3	传播范围	各小学实行苗汉双语教育	各小学实行汉语教育
4	民国时期传播方式	学校网络，设置长期课程，教会开展平民识字运动	—
5	改革开放后传播方式	亲缘网络，自生自灭	少量村民短期培训点。仅城市的师范专科设苗语专业
6	传播的动机	传统文字"告而复得"	体现国家民族优惠政策
7	普及程度	乌蒙山区三分之二苗民	试验点约十分之一苗民
8	行动秩序	自组织的行动	被组织的行动
9	能力主体	自我复制能力	没有自我复制能力
10	权利主体	苗民人人有资格学习	除了短期培训，仅限于个别师专学生有资格学习
11	认同主体	族群认同工具，不排斥其他文字	国家认同工具，一度排斥其他文字的合法性
12	设计目的和结果	一致，用于社区生活	不一致，远离社区生活
13	中断原因	政治运动	政治运动

3. 信仰的分裂和整合

过去流行的一种主流话语称，宗教是精神鸦片，奴役人民。

实际上，在贫困地区，在那些挫折和苦难的生存环境里，村民自发组织起来，在宗教仪式中表达对挫折和苦难的叹息①，寄托希望。基督教在苗区扎根和传播的社会基础，在于它满足了苗族摆脱文盲地位的渴望，在于它表达了底层贫困者对平等权利的基本诉求，在于乡村民众觉悟到自己作为文化主体和能力主体的迫切需要。神灵是民众根据自己需要而建构的。由于有这个基础，基督教才能够在环境艰苦的乌蒙山区扎根，现代教育才能够嵌入贫困社区，贫困村民的主体性觉悟和要求才是基督教嵌入的生长点。

云贵山区的苗族在接受一定现代教育以后，尽管石门坎学校是教会学校，许多学生自主选择了其他信仰。教会学校培养的许多知识分子走向了反面，脱离了宗教，但是他们保持了对于民族教育的使命感。可以说，是苗族知识分子主动地利用和发展了宗教，实现民族自身文化诉求。

4. 乡村教育和社区生活分裂

可以观察到不同历史时期当地政府发展教育的努力都陷于困境，政府行为与石门坎办学最基本的区别在于它们采取了被组织机制，而忽视自组织传统。民国时期威宁县以及西南少数民族地区按照边胞同化政策努力兴办了一批苗夷小学，大部分失败。在公社化时期当地政府推行了三次大办教育的政策，学校数量急剧增加，乡村教育"高速发展"，乡村社区参与度很高，但是最终均告失败，这两个历史时期在被组织机制下发展教育的事例说明，如果一种文化结构不具有资源转化能力或者自组织能力，它在规模和数量上的增长不能够视作结构的生长。到石门坎第四时

---

① 宗教"是被压迫生灵的叹息，是无情世界的感情"，是对"现实苦难的抗议"（《马克思恩格斯选集》第1卷，第2页）。

期，乡村教育的组织形态看起来是完整的，但是教育功能却已受损。在缺少自组织机制的情况下，缺少流动机会和资源转换弹性，乡村教师流失严重；而教育产业化、高收费，使得贫困学生的主体身份完全虚置。所以如果贫困社区与外部社会社会关系得不到调节，教育机会、身份等级就可能变成刚性关系，学校与社区的关系面临结构断裂的风险。这种风险的意义是，一维关系向二维关系的转变是社会建构的结果，很难自动发生，需要凭借一定的组织载体，借助于有组织的社会行动。对于贫困社区而言，难度最大的发展途径是一维客体结构向二维主体结构转变（图8-4）。

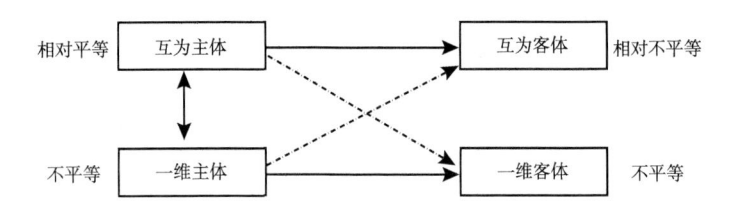

图8-4 主客体关系与不平等结构示意

四 结构与主体的虚与实

不同结构位置的主体虚实有别，不同历史时期的主体虚实有别。

石门坎贫苦苗族和传教士共同参与的这场乡村教育运动，提供了外来文化和本土文化有效嵌入的案例，国家和社区互为主体关系建构的案例。这个过程所具有的结构意义和主体意义，长期被忽略弃置。

石门坎文化变迁过程中，社区文化广泛参与了本土社区意识、国家认同以及对外部世界认知的建构。长达半个世纪中围绕石门坎展开的文化论争,对于国家与社区的相互建构具有启示。研究发现,社区与国家,作为资源结构的中心与边缘,二者之间存在对话、协商和排斥的张力;作为治理结构的上下两极,二者之间存在的是庇护、隶属、服从的引力。饶有意味的是,石门坎社区与国家的关系开始于彼此的想象,这些想象的关系经历了社会现实的不断修正,从想象到现实经历了碰撞、磨合过程。

1. 爱国和爱教

国家概念和国家观念,经由中外基督教传教士介绍到石门坎及其周边的乡村社区,这个社会事实曾很少引起学术界关注,这并非疏忽,而是它和我们已经接受的主流话语不尽一致。我国近代史上,由于一些传教士曾经参与损害中国国家利益的殖民活动,因此在20世纪的主流话语中对基督教传教士的作用存在着文化隔膜和排斥。曾经流行过这样一个说法:"多一个基督徒,少一个中国人。"信教和爱国被当成互不相容的行为,基督教被视为西方"文化侵略"的武器。

外来文化和本土文化的差异乃至冲突,是发生在世界各地的事实。但是,把信教和爱国对立的做法、把基督教信仰和民族主义、国家主义划定为两种对立的政治关系的做法,实际上只是少数国家的政策。把西方列强政府与基督教传教士之间互相利用的关系当成了隶属和服从的关系,也就混淆了两种共同体的边界。中国基督教三自爱国运动委员会的丁光训主教曾经谈到一名基督徒对于两种民族主义的态度,辨析二者的区别。"至于爱国主义或民族主义,我们要作些区别。有一种民族主义,要求人们首先忠于国家,主张'不论是非,我的国家就是我的国家'。这是国家沙文主义,在这一主义之下,对国家错误政策的批评受到抑制,压迫和侵略得到许可。把这个也称为'爱国主义',是妄用了这个词，因为长期以来爱国主义所包含的是很高尚很美好的内容。中国很多基督徒，特别是很多基督教领袖，在'文化大革命'时期，由于首先忠于耶稣基督而不是首先忠于政治当局，就受了许多苦。这事实说明，中国基督徒所讲的爱国主义并不是国家至上主义或国家沙文主义。""有一种民族主义，号召人民抵抗外来侵略，保卫自己的民族领土，使民族的文化、语言、经济不受强权践踏。这不容同侵略者的民族主义混为一谈。有这样的时候，小国的文化、古老的文化、包含着善和美的文化，被国内专制政权或跨国经济、科技集团的优越势力所蹂躏，那时，遭受其害的人们起来自卫，企求享受过去的生活。在这样的时候，基督徒理应作出站在人民一边的抉择，支持一个促进历史前进的民族主义。"① 这样的分析既区分了宗教信仰和民族国家意识的关系，也没有把信教和爱国确定为势不两立的关系或者简单混为一谈。

2. 想象和现实

社区和国家二者关系有和谐也有冲突，在石门坎不同的发展时期，以宗教与文化形式出现的社区—国家关系呈现不同的状态。

第一时期，社区主体的建构为实，国家的建构为虚。直到社区和国家实际相遇后，理想社会结构与现实社会结构之间的差距才显现出来。石门坎对国家的想象，嵌入了基督教平等博爱的价值观，强调社区平等的意义；而政府输入社区的国家想象，突出社区对国家服从之义。前者是在互为主体的关系中建构的，后者渐渐向互为客体的维度转变。

第二时期，石门坎人走出山外，投奔位居城市中的"国

---

① 丁光训：《三自为何必要?》，载《丁光训文集》，南京：译林出版社，1998。

家"，国家及其代理人进入石门坎，国家主体由虚而实。石门坎社区文化被扭曲变形，成为一种互为客体的国家观念的牺牲品。第一种敌意想象产生了。但是石门坎组织完整，社区主体尚未真正虚置。而且，互为客体转变的过程一度被新国家的建立打断。50年代石门坎焕然一新，社区和国家之间呈现一段互为主体的结构特征。

第三时期，50年代至70年代，教会组织和教会网络消失。乡村教育和乡村文化脱离，苗族文字从苗区的乡村学校中退出，石门坎核心团队消失和社区话语权被剥夺，造成社区主体性和自组织机制大大减退。尽管如此，维护主体性的自组织机制在中断二十多年的宗教活动里找到了生长点。在石门坎特定的历史时期失语者的集体行动表明，以苗文为载体、以宗教为组织形式的社区文化，为乡村营造公共空间，给予贫困者以积极的生活意义。

在石门坎发展的第四时期，社会管理体制越来越多地引进了市场导向的经济机制。对于边远的尚且贫困的乡村，国家主体后退，市场主体进入，对于社区主体性是又一次挑战。石门坎社区再度面临主体虚置的状况，直到90年代末，社区与外部系统的整合状况才开始逐步改观。笔者注意到，国家和社区之间从互为客体朝向互为主体的关系转变的努力，正在付诸实践。

五 再思贫困和教育

石门坎的历史和现实一脉相承、而又断裂转折，折射出一个贫困社区的结构变迁的结果。在贫困和教育依然困扰中国乡村的今天，石门坎苗民故事显示它对于贫困社区的发展实践的特别意义。

社区文化有自己独特的变迁规律,它与经济规律存在相互影响但是不能相互替代。乡村教育和乡村贫困的现实是历史上各种社会力量博弈的结果。实际上,每个社区都有可能找到适合自己的现代化道路,最贫困的社区也不例外(图8-5)。

图8-5 凝视石门坎的风云

认识一个社会结构需要历史的视野,贫困与教育的现实是历史上诸种社会力量博弈的结果。

对于乡村贫困,文化和教育是一把双刃剑。

文化和教育既能够制造不平等的社会结构,也能够缓解不平等,问题的关键在于,何种历史条件、握有这把剑的人是谁。在历史上,教育的主要功能在于教化,即要为政治之大一统提供正当性基础。传统教育目标是培育合乎主流阶级需要的人才。教育的社会功能在于为统治者和统治制度建立正当性和权威性,所以统治者一维主体性的确立,是建立在排斥贫困者、维持一维客体性的条件下的，因此教育远离边缘群体和贫困社区。经历了政治生活的若干次翻天覆地，文化和教育对于社会结构的起承转合作用已经恢复，不过它们已经不在原有一维主客体的位置上，渐渐移向二维的空间，乡村的贫困学生陆续领到了"教育主体"的身份证。但是，直到近年，乡村教育依然存在大量虚置主体的现象。穷人只是义务主体，不是权利主体。在名义上贫困学生也是教育的主体，具有教育主体的资格。但是他们的主体地位是虚置的。强制的义务教育，逼迫农民付出昂贵的费用参与教育产业化，产业化的结果使得教育本身回报率低微，消减了贫困者的参与热情。乡村教育产业化使得贫困学生的主体身份完全虚置。当毕业的学生大量进入廉价的城市劳力市场时，乡村教育的主要受益者是城市，不是乡村自身。乡村教育和社区生活经历着分裂。

如果穷人的主体意识倒退回到一维客体关系中去，如果穷人仅仅具有一种客体的身份，那么种种发展计划、教育计划、"扶贫"计划的实施过程就可能成为再生产不平等结构的过程。

回顾石门坎历史，我们发现这个云贵高原的小山村，闪现出现代性的人文之光。从主体性的角度看，石门坎文化系统直接参与了苗民主体性建构。石门坎的教育成就以其本来的意义说正是西南少数民族自己的成就。本书不仅着眼于从现代化的成功经历，也从其失败经历中学习和探求。这个山村文化结构的发展动力以及结构坍塌的原因，都可从贫困苗民处于结构—主体关系的历史坐标上找到。

乡村贫困和乡村教育的变迁曲线上，处处可以观察到本土社会和外部社会不甚和谐的节拍。宏观社会的变动会冲击到每一个具体的社区，公社化运动使得乡村经受了长期普遍贫困；市场导向的经济开发则使得乡村经济增长和两极分化如影随形。而不合理的扶贫体制可能加剧社会公平的考量。今天，标举现代化或现代性旗帜的乡村发展和乡村建设的运筹，除了考虑农民最低食品和物质的支出的多少、调整农业发展政策以外，尚不知考虑保持地方文化传统的发展脉络，不知如何避免更多破坏地方文化和民族传统根基的行为，尚不知那曾是不发达地区在全球化过程中最为痛苦的经历。

这个贫困山乡经历了一个世纪的潮起潮落，它的未来会呈现什么样的轨迹和节拍，需要更为久远的观察和思考。

我们对一个地方社会历史的分析，可以发现不同人群对它的不同解释，不同时期对它的重新演绎，所以这些差异的信息也会进入我们的视野，帮助我们理解同一社会结构的不同社会过程。每个社区、每个少数民族都会有自己的历史故事，也会有自己的现代化进程。这些现代化进程不一定是由主流文化来定夺的。认识一个社会结构需要历史的视野，贫困与教育的现实是历史上诸种社会力量博弈的结果。这是石门坎社区为行动者面对未来的社会结构而留下的一个文本。

参考文献

一 中文文献·理论方法

阿尔都塞、巴里巴尔：《读〈资本论〉》，李其庆、冯文光译，北京：中央编译出版社，2001。

阿兰·图雷纳：《现代性与文化特殊性》，载《国际社会科学杂志》1990年第7卷第1期，载中国社会科学杂志社编《社会转型：多文化多民族社会》，北京：社会科学文献出版社，2000。

阿马蒂亚·森：《以自由看待发展》，任赜、于真译，北京：中国人民大学出版社，2002。

阿马蒂亚·森：《贫困与饥荒》，王宇、王文玉译，北京：商务印书馆，2001。

阿切尔：《文化与主体性：文化在社会理论中的位置》，载谢立中编《西方社会学名著提要》，夏春林译介，南昌：江西人民出版社，2001。

艾森斯塔德：《传统、变革与现代化——对中国经验的反思》，载谢立中、孙立平编《二十世纪西方现代化理论文选》，上海：上海三联书店，2002。

安德森：《想象的共同体：民族主义的起源与散布》，吴叡人译，上海人民出版社，2003。

布朗：《社会人类学方法》，夏建中译，济南：山东人民出版社，1988。

陈光兴：《〈帝国〉与去帝国化问题》，Michael Hardt 与 Toni Negri《帝国》导读，台北：商业周刊出版公司，2002。

陈向明：《质的研究方法与社会科学研究》，北京：教育科学出版社，2000。

邓正来：《规则·秩序·无知——关于哈耶克自由主义的研究》，北京：生活·读书·新知三联书店，2004。

迪尔凯姆：《社会学方法的准则》，狄玉明译，北京：商务印书馆，1995。

杜赞奇：《文化、权力与国家——1940~1942年中国华北的农村》，王福明译，南京：江苏人民出版社，1994。

多尔迈：《主体性的黄昏》，万俊人等译，上海：上海人民出版社，1992。

段琦：《奋进的历程：中国基督教的本色化》，北京：商务印书馆，2004。

费孝通、吴晗等：《皇权与绅权》，上海：上海观察社，1948。

费孝通：《乡土中国 生育制度》，北京：北京大学出版社，1998。

弗里德曼：《文化认同与全球性过程》，郭建如译，北京：商务印书馆，2003。

费里德曼：《再思贫困：赋权与公民权》，载《国际社会科学杂志》1997年14卷第2期。

郭于华：《弱者的武器与隐藏的文本——研究农民反抗的底层视角》，世纪中国网，2002。

哈贝马斯、哈勒:《作为未来的过去——与著名哲学家哈贝马斯对话》,章国锋译,杭州:浙江人民出版社,2001。

哈贝马斯:《后民族结构》,曹卫东译,上海:上海人民出版社,2002。

哈贝马斯:《现代性:一个未完成的方案》,载《政治短论集》,法兰克福:舒尔坎普,1981。译文引自正来学堂网(www.dzl.legaltheory.com.cn)。

哈贝马斯:《公共领域的结构转型》,曹卫东等译,上海:学林出版社,1999。

哈耶克:《自由秩序原理》,邓正来译,北京:生活·读书·新知三联书店,1997。

贺雪峰、仝志辉:《论村庄关联——兼论村庄秩序的社会基础》,载《中国社会科学》2002年第3期。

黄宗智:《学术理论与中国近现代史研究》,载《文化研究》2004年第16期。

康晓光:《中国贫困与反贫困理论》,南宁:广西人民出版社,1995。

柯尔库夫:《新社会学》,钱翰译,北京:社会科学文献出版社,2000。

格尔兹:《文化的解释》,纳日碧力戈等译,上海:上海人民出版社,1999。

吉登斯:《现代性与自我认同:现代晚期的自我与社会》,赵旭东、方文译,北京:生活·读书·新知三联书店,1998。

吉登斯:《社会的构成》,李康、李猛译,北京:生活·读书·新知三联书店,1998。

景天魁:《中国社会发展的时空结构》,《社会学研究》1999年第6期。

雷蒂斯托夫:《卢曼、哈贝马斯和沟通理论》,冯健鹏译,法律博客网站，2000。

李惠斌、杨雪冬主编《社会资本与社会发展》，北京：社会科学文献出版社，2000。

李汉林、李路路：《中国的单位组织中的资源、权力与交换》，杭州：浙江人民出版社，2000。

李汉林：《单位成员的满意度和相对剥夺感》，载《社会学研究》2000年第2期。

李汉林、渠敬东、夏传玲、陈华珊：《组织和制度创新与变迁的社会过程：一种拟议的综合分析》，载《中国社会科学》2005年第1期。

李培林：《中国社会结构的转型——经济体制改革的社会学分析》，哈尔滨：黑龙江人民出版社，1995。

李培林主编《中国新时期阶级阶层报告》，沈阳：辽宁人民出版社，1995。

李强：《符号、集体记忆与民族认同》，载《读书》2001年第5期。

李小云编《谁是农村发展的主体》，北京：中国农业出版社，1999。

联合国开发计划署、中国发展研究基金会：《2005年人类发展报告》，北京：中国对外翻译出版公司，2005。

列维－斯特劳斯：《结构人类学》，谢维扬、俞宣孟译，上海：上海译文出版社，1995。

刘文璞等：《贫困地区经济增长和减缓贫困》，太原：山西经济出版社，1997。

刘小枫：《"文化"基督徒现象的社会学评注》，世纪中国网，1991。

罗荣渠：《现代化新论——世界与中国的现代化进程》，北京：北京大学出版社，1997。

洛克伍德:《社会整合与系统整合》,李康译,载北京大学社会学系《社会理论论坛》1997年第3期。

马林诺夫斯基:《文化论》,费孝通译,北京:华夏出版社,2002。

马克思、恩格斯:《马克思恩格斯选集》第2卷,北京:人民出版社,1972。

曼海姆:《文化社会学论要》,刘继同、左芙蓉译,北京:中国城市出版社,2002。

米尔斯等:《社会学与社会组织》,黄晓京等译,杭州:浙江人民出版社,1986。

米尔斯:《社会学的想象力》,陈强、张永强译,北京:生活·读书·新知三联书店,2001。

莫兰:《社会学思考》,阎素伟译,上海:上海人民出版社,2001。

帕森斯:《现代社会的结构与过程》,梁向阳译,北京:光明日报出版社,1988。

皮亚杰:《结构主义》,倪连生、王琳译,北京:商务印书馆,1984。

秦晖:《大共同体与传统中国社会》,载《社会学研究》1999年第4期。

萨林斯:《别了,忧郁的譬喻:现代历史中的民族志学》,载王筑生主编《人类学与西南民族》,昆明:云南大学出版社,1998。

萨义德:《东方学》,王宇根译,北京:生活·读书·新知三联书店,1999。

桑德斯:《社区论》,徐震译,台北:黎明文化事业有限公司,1982。

斯科特:《国家的视角——那些试图改善人类状况的项目是

如何失败的》，王晓毅译，北京：社会科学文献出版社，2004。

斯科特：《农民的道义经济学：东南亚的反叛与生存》，程立显等译，南京：译林出版社，2001。

沈崇麟：《中国城乡社会变迁调查简介》，中国社会科学院社会学所，2004。

沈红：《穷人主体建构与社区性制度创新》，载《社会学研究》2002年第1期。

沈红：《中国贫困研究的社会学评述》，载《社会学研究》2000年第2期。

沈红：《中国历史上少数民族人口的边缘化：少数民族贫困的历史透视》，载《经济开发论坛》1993年第5期。

苏国勋：《全球化背景下的文化冲突与共生》，中国社会学网，2003。

苏国勋：《社会学与社会建构论》，载《国外社会科学》2002年第1期。

苏国勋：《从社会学视角看文明冲突论》，中国社会学网，2002。

孙立平：《中国社会结构的定型化》，社会学BLOG blog.sociology.org.cn，2005。

孙立平：《"关系"、社会关系和社会结构》，载《社会学研究》1996年第5期。

滕尼斯：《共同体与社会》，林荣远译，北京：商务印书馆，1999。

涂尔干：《宗教生活的基本形式》，渠东等译，上海：上海人民出版社，1999。

王春光：《社会流动和社会重构》，杭州：浙江人民出版社，1995。

王汉生、王思斌、林彬、杨善华等：《改革以来中国社会结构的变迁》，载《中国社会科学》1994年第2期。

王铭铭：《村落视野中的文化与权力》，北京：生活·读书·新知三联书店，1997。

王绍光：《正视不平等的挑战》，载《管理世界》1999年第4期。

王思斌：《中国社会的求—助关系：制度与文化的视角》，载《社会学研究》2001年第4期。

王晓毅：《血缘与地缘》，杭州：浙江人民出版社，1993。

韦伯：《新教伦理与资本主义精神》，于晓等译，北京：生活·读书·新知三联书店，1987。

韦伯：《社会科学方法论》，韩水法、莫茜译，北京：中央编译出版社，1999。

沃特斯：《现代社会学理论》，杨善华等译，北京：华夏出版社，2000。

夏光：《东亚与西方的现代性之比较》，北京：生活·读书·新知三联书店，2005。

夏光：《后结构主义思潮与后现代社会理论》，北京：社会科学文献出版社，2003。

谢立中编《西方社会学名著提要》，南昌：江西人民出版社，2001。

谢立中：《当代中国社会结构的变迁》，载《社会学研究》1997年第1期。

徐崇温：《结构主义与后结构主义》，沈阳：辽宁人民出版社，1986。

徐新建：《乡土中国的文化困境》，《中南民族大学学报》2006年第4期。

杨东平编《2005年：中国教育发展报告》，北京：社会科学文献出版社，2005。

杨念群编《空间记忆社会转型：新社会史研究论文精选集》，上海：上海人民出版社，2001。

杨善华、孙飞宇：《作为意义探究的深度访谈》，《社会学研究》2005年第5期。

杨善华编《当代西方社会学理论》，北京：北京大学出版社，1999。

姚洋：《自由辩》，载《经济学消息报》1999年9月3日。

叶小文：《中国宗教的百年回顾与前瞻》，中国网，2002。

于沛：《变动中的西方史学》，载《当代中国史研究》2003年第6期。

查特吉：《关注底层》，载《读书》2001年第1期。

张静编《国家与社会》，杭州：浙江人民出版社，1998。

张鸣：《中国农村政治：现实与未来的走向》，世纪中国网，2006。

张晓山：《走向市场：农村的制度变迁与组织创新》，北京：经济管理出版社，1996。

折晓叶、陈婴婴：《社区的实践——"超级村庄"的发展历程》，杭州：浙江人民出版社，2000。

周怡：《社会结构：由"形构"到"解构"》，载《社会学研究》2000年第3期。

庄孔韶：《中国乡村人类学的研究进程》，载《广西民族学院学报》（哲社版）第26卷2003年第1期。

二　中文文献·社区研究

柏格理等：《在未知的中国》，东人达、东旻译，昆明：云南民族出版社，2002。

白敦厚：《石门坎苗胞的生活》，载《黔灵》月刊创刊号，

1945。

岑秀文：《试论基督教对威宁苗族的影响》，载《贵州民族研究》1983年第1期。

常永才：《贫困乡村扫盲教育与社区发展：P.费莱雷的教育人类学模式》，西南民族与心理研究中心教育学在线，2005。

陈国钧：《石门坎的苗民教育》，载《贵阳时事导报·教育建设》1942年第20期。

陈国钧：《贵州省的苗夷教育》，载《贵州教育》1941年第3卷第3期。

陈建明：《近代基督教在华医疗事业》，载《宗教学研究》2000年第2期。

陈蕴茜：《时间、仪式维度中的"总理纪念周"》，载《开放时代》2005年第4期。

党国英：《一个民间合作的标本》，载《改革内参》2004年第30期。

丁光训：《三自为何必要?》，《丁光训文集》，南京：译林出版社，1998。

东人达：《滇黔川边基督教传播研究1840~1949》，北京：人民出版社，2004。

杜应国：《难以湮灭的足迹》，载《贵州政协报》2006年3月9日。

范绪锋等：《贵州两基攻坚两步并作一步赶》，载《中国教育报》2002年9月12日。

富国美子：《逆境不灭的陶开群先生》，载陶绍虎主编《从石门坎走来的苗族先辈们》，即将出版，2006。

甘铎理：《在云的那一边——柏格理传记》，载柏格理等《在未知的中国》，东人达等译，昆明：云南民族出版社，2002。

耿忠·藏礼柯：《石门坎的前辈们为苗语文的发展做了什

么》，2002，未刊稿。

管承泽：《贵州石门坎苗民的见闻与感想》，载《边事研究》1938年第7卷第2期。

贵州省地方志编纂委员会：《贵州省志·民族志》（上），贵阳：贵州民族出版社，2002。

贵州省人民政府：《省人民政府关于公布第四批省级文物保护单位的通知》黔府发〔2006〕16号，2006。

贵州省人民政府：《贵州省扶贫攻坚计划（1994~2000）》，1994。

郭于华：《心灵的集体化：陕北骥村农业合作化的女性记忆》，《中国社会科学》2003年第4期。

韩军学：《基督教与云南少数民族》，昆明：云南人民出版社，2000。

汉芮：《中国基督教记事》，载《生命季刊》2002年第三卷第四期。

胡鞍钢等：《中国教育与人力资源问题报告》，中国网，2003。

黄行等：《中国少数民族文字字符总集》，北京：中国社会科学院民族学与人类学研究所网络信息中心，2004。

教育部：《中央教育部关于民族教育事业工作规划及通知》，1956。

李炳泽：《苗族歌曲选编：二十世纪苗语书面文学缩影》，口头及非物质遗产研究网，2005。

李昌平：《扶贫日记：走进石门坎》，三农中国网，2004。

李德瑲：《李正文先生生平点滴》，2006，未刊稿。

李国钧：《石门坎溯源碑》汉文碑文，1914。

罗廷华、余岛：《贵州苗族教育研究》，贵阳：贵州民族出版社，1999。

民国时期贵州省政府:《贵州省民财教建四厅签呈复奉行营令饬核办边政设计委员会研究石门坎地方情形议案》,贵阳:贵州省档案馆,1936。

农调队:《中国农村贫困监测报告2003》,北京:中国统计出版社,2003。

农调队:《中国农村贫困监测报告2004》,北京:中国统计出版社,2004。

潘云良:《中国农村九年义务教育的困境与出路》,中央党校农村九年义务教育调查课题组,2005。

钱宁:《基督教与少数民族社会文化变迁》,昆明:云南大学出版社,1998。

邱纪凤:《滇黔边境苗胞教育之研究》,载《边政公论》1945年第4卷第9～12期。

饶恩召、古宝娟:《苗族救星》,武汉:中国基督圣教书会,1939。

沈红:《石门坎文化百年兴衰:中国西南一个山村的现代性经历》,沈阳:万卷出版公司,2006。

沈红:《石门乡调查笔记1998,2001,2002,2004,2005》,2005,未刊稿。

沈红:《扶贫传递和社区自组织》,载《社会学研究》1997年第5期。

石朝江:《国际"显学":国外苗学研究概览》,载《贵州民族研究》1998年第3期。

石茂明:《石门坎与反排:贫困社区发展案例比较分析》,2001,未刊稿。

石门乡人民政府:《石门乡党委、政府二〇〇一年工作总结》,2001。

谭佛佑:《本世纪初贵州省威宁县石门坎教会苗民教育述

评》，载《贵州民族研究》1983年第1期。

陶绍虎：《石门坎光华小学、私立初级中学校歌注释说明》，2004。

田东屏：《贵州省政府民政厅视察员工作报告》，贵阳：贵州省档案馆，1936。

王德光：《王德光访谈录2002～2005》，贫困社区研究组整理，2005。

王德光：《滇东北老苗文》，载于中国社会科学院民族研究所编《中国少数民族文字》，北京：中国藏学出版社，1991。

王建光：《苗民的文字》，载《边声月刊》1938年第1卷第3期。

王建明：《西南苗民的社会形态》，载《边声月刊》1938年第1卷第3期。

王建明：《现在西南苗族文化最高区——石门坎的介绍》，载《康藏前锋》1936年第4卷第3期。

王明珂：《根基历史：羌族的弟兄故事》，黄应贵编《时间、历史与记忆》，台北："中央研究院"民族学研究所，1999。

王莎莎：《石门乡村学校教育调查报告》，2005，未刊稿。

王文宪：《滇黔川边苗族基督教会创始人王道元先生事略》，2006，未刊稿。

王文宪：《滇东北次方言苗族历史人物王明基先生事略》，2006，未刊稿。

王文宪：《滇东北次方言苗族知名人士王建国先生事略》，2006，未刊稿。

王先明、渠桂萍：《历史视野下的"三农问题"》，中国经济史论坛，2004。

王兴中、明光：《威宁石门坎光华小学校史梗概》，载贵州省宗教志编写办公室编《贵州宗教史料》（二），1987。

汪舒：《一个苗族村庄文化兴起与低落的启示》，载《昭通日报》2005年10月9日。

威宁彝族回族苗族自治县教育局：《威宁县教育局二〇〇一年工作总结》，2002。

威宁彝族回族苗族自治县教育局：《威宁县普及初等义务教育工作情况》，2000。

威宁彝族回族苗族自治县教育局教育志编纂办公室：《威宁彝族回族苗族自治县教育志》，1989。

威宁彝族回族苗族自治县民族事务委员会：《威宁彝族回族苗族自治县民族志》，贵阳：贵州民族出版社，1997。

威宁彝族回族苗族自治县人民政府县志编纂委员会：《威宁彝族回族苗族自治县志》，贵阳：贵州人民出版社，1994。

威宁彝族回族苗族自治县政协威宁苗族百年实录编委会：《威宁苗族百年实录》，贵阳：贵州民族出版社，2006。

翁乃群：《从社会文化谈农村教育》，2005，未刊稿。

吴善宇：《吴善宇访谈录2001～2004》，贫困社区研究组整理，2004。

吴泽霖、陈国钧等：《贵州苗夷社会研究》，北京：民族出版社，2004。

伍呷：《古蔺县箭竹乡解放前基督教在苗族中传播的情况调查》，载《四川省苗族傈僳族傣族白族满族社会历史调查》，成都：四川省社会科学院出版社，1986。

席慕蓉：《土地、族群、文化》，凤凰卫视中文台世纪大讲堂，2005。

萧霁虹：《圣经版本在云南》，载《云南宗教研究》1993年第1期。

杨大德：《中国石门坎1887～1956》，北京：人民日报出版社，2005。

杨国祥：《杨国祥访谈录，2002~2004》，贫困社区研究组整理，2004。

杨汉先：《基督教循道公会在威宁苗族地区传教始末》，载《贵州文史资料选辑》1981年第7辑。

杨汉先：《贵州省威宁县苗族古史传说》，载《贵州民族研究》1980年第1期。

杨汉先：《先父杨雅各（国）事略及其笔记》，1980，未刊稿。

杨华明：《杨华明访谈录，2001~2004》，贫困社区研究组整理，2004。

杨明光：《柏格理——纪念柏格理传教士到石门坎百周年而作》，2004，未刊稿。

杨明光：《群众爱戴敬佩的吴性纯医生》，2003，未刊稿。

杨明光：《潜心为民族教育事业献身的朱焕章老师》，2003，未刊稿。

杨学政、韩军学、李荣昆：《云南境内的世界三大宗教》，昆明：云南人民出版社，1993。

杨忠德、杨全忠：《威宁苗族语言文字推行使用浅析》，新华社贵州分社威宁网站，1991。

杨忠德：《威宁苗族文化史略》，载《威宁文史资料》第2辑，威宁彝族回族苗族自治县政协编印，1986。

杨忠德：《苗语滇东北次方言老苗文的创制及其影响》，载《威宁文史资料》第1辑，威宁彝族回族苗族自治县政协文史资料研究委员会编印，1984。

杨忠信：《威宁县石门民族学校对滇东北苗族文化教育的影响》，威宁县石门民族学校百年校庆会议，2006。

杨忠信：《怀念老校长》，《毕节日报》2005年12月30日。

杨忠信主编《苗族歌曲选编》，贵阳：贵州民族出版社，

2000。

佚名：《基督教在苗族的传播》，谷雨文化论坛，2004。

佚名：《威宁足球史话》，载《威宁新闻》2004年9月3日。

游建西：《近代贵州苗族社会的文化变迁》，贵阳：贵州人民出版社，1997。

云南省少数民族古籍整理出版规划办公室编《西部苗族古歌》，陆兴凤、杨光汉等编译，昆明：云南民族出版社，1992。

藏礼柯：《苗族教育先驱者朱焕章》，《昭通日报》2003年12月30日。

张国辉：《张国辉访谈录2001～2004》，贫困社区研究组整理，2005。

张国辉：《石门乡基本概况》，石门乡人民政府印，2004。

张慧真：《族群身份的论述：石门坎花苗知识分子的个案研究》，载《广西民族学院学报（哲社版）》2004年第3期。

张慧真：《教育与民族认同：贵州石门坎花苗族群认同的建构》，载《广西民族学院学报（哲社版）》2002年第4期。

张坦：《"窄门"前的石门坎——基督教文化与川滇黔边苗族社会》，昆明：云南教育出版社，1992。

张义松：《张义松老师访谈录2005》，贫困社区研究组整理，2005。

张永国等编《民国年间苗族论文集》，贵阳：贵州省民族研究所，1983。

赵高才：《〈中国西部苗族传统文化资料集〉漂洋过海之后又回归本土》，载《贵州民族报》2005年12月9日。

折晓叶：《村庄的再造——一个"超级村庄"的社会变迁》，北京：中国社会科学出版社，1997。

中国科学院少数民族语言研究所：《苗族的语言情况和文字

问题》,中国科学院少数民族语言研究所编印,1958。

中国社会科学院农村发展研究所:《中国农村发展研究报告No.4》,北京:社会科学文献出版社,2004。

周彬彬、高鸿宾:《对中国贫困地区研究和反贫困实践的总结》,国务院扶贫开发领导小组办公室,1993。

周庆生:《中国双语文教育的发展与问题》,载《贵州民族研究》1991年第2期。

朱艾光:《朱常义坎坷人生》,2006,未刊稿。

朱艾光:《忆母校——石门坎光华小学》,2002,未刊稿。

朱崇演:《贵州百年前的百年大计》,载《贵州政协报》2005年11月8日。

朱晓阳:《"延伸个案"与一个农民社区的变迁》,司法网,2005。

朱玉芳:《朱玉芳老师访谈录2005》,贫困社区研究组整理,2005。

朱正华:《朱正华老师访谈录2001,2005》,贫困社区研究组整理,2005。

宗文:《循道公会在石门坎兴办的学校》,载贵州省宗教志编写办公室编印《贵州宗教史料》(二),1987。

三 英文文献

Bennett, D., ed., *Multicultural States: Rethinking Difference and Identity*. London: Routledge, 1998.

Bourdieu, P., *Distinction: A Social Critique of the Judgment of Taste*, trans. by Nichard Nice. Cambridge: Harvard University Press, 1979.

Bourdieu, P., *Reproduction in Education, Society and Culture*.

London: Sage, 1977.

Brown, P. & A. Park, "Education and Poverty in Rural China", *Economics of Education Review*, 2002, 21, 523 -541.

Burns, J. P. , *Political Participation in Rural China*. Berkeley: University of California Press, 1988.

Burt, Ronald S. , *Structural Holes: the Social Structure of Competition*. Cambridge: Harvard University Press, 1992.

Chambers, R. , *Whose Reality Counts? Putting the First Last*. London: Intermediate Technology Publications, 1997.

Cheung, S. , " Millenariansism, Christian Movements, and Ethnic Change among the Miao in Southwest China", In Harrell, S. ed. , *Cultural Encounters on China's Ethnic Frontiers*. University of Washington Press, 1995.

Clarke, S. R. , *Among the Tribes in South-West China*. China Inland Mission, London: Morgan & Scott, 1911.

Cohen, A. P. , *The Symbolic Construction of Community: Key Ideas*. Chichester: Horwoodk, 1985.

Covell, R. R. , *The Liberating Gospel in China: the Christian Faith among China's Minority Peoples*. Baker Books, 1995.

Diamond, N. ,"Defining the Miao: Ming, Qing, and Contemporary Views", In Harrell, S. ed. , *Cultural Encounters on China's Ethnic Frontiers*. Seattle: University of Washington Press, 1995.

Duara, P. , *Rescuing History from the Nation: Questioning Narratives of Modern China*. Chicago: University of Chicago Press, 1995.

Enwall, J. , *A Myth become Reality: History and Development of the Miao Written Language*, Vol. 1 -2 . Stockholm: Institute of Oriental Languages, Stockholm University, 1994.

Escobar, A. , *Encountering Development: the Making and Unmaking of the Third World*. Princeton: Princeton University Press, 1995.

Fairbank, J. K. & M. Goldman eds. , *China: A New History*. Cambridge & London: The Belknap Press of Harvard University Press, 1998.

Goldfard, M. , *Fighters, Refugees, Immigrants: A Story of the Hmong*. Minneapolis: Carolrhoda Books, Inc, 1982.

Granovetter, M. , "Economic Action and Social Structure: The Problem of Embeddedness", *American Journal of Sociology*, 1985, 91, 481-510.

Grillo, R. D. , *Pluralism and the Politics of Difference: State, Culture, and Ethnicity in Comparative Perspective*. Oxford: Clarendon Press, 1998.

Grist, W. A. , *Samuel Pollard: Pioneer Missionary in China*. London: Cassell & Co, 1920.

Harrell, S. ed. , *Cultural Encounters on China's Ethnic Frontiers*. Seattle: University of Washington Press, 1995.

Hobsbawm, E. J. & Ranger, T. O. eds. , *The Invention of Tradition*. Cambridge: Cambridge University Press, 1983.

Hudspeth, W. H. , *Stone-Gateway and the Flowery Miao*. London: the Cargate Press, 1937.

Jenkins, R. , *Rethinking Ethnicity: Arguments and Explorations*. London: Sage, 1997.

Kendall, R. E. , *Beyond the Clouds: The story of Samuel Pollard of South-West China*. London: Cargate Press, 1949.

Merton, R. , *The Social Theory and Social Structure*. Glencoe: Free Press, 1957.

Mottin, J., "History in China", in *History of The Hmong*. Bangkok: Odeon Store Ltd. Part, 1980.

Oi, Jean C., *Rural China Take Off: Institutional Foundations of Economic Reform*. Berkeley: University of California Press, 1999.

Oi, Jean C., *State and Peasant in Contemporary China: The Political Economy of Village Government*. Berkeley: University of California Press, 1989.

Parsons, P. K., "The Miracle of the Hua Miao", *Methodist Recorder*, March 11, 2004.

Parsons, P. K., *The Ministry of the Rev. and Mrs. Harry Parsons at Shimenkan, S. W. China 1904 - 1926*, 1999.

Parsons, T., *Social Structure and Personality*, Glencoe: Free Press, 1964.

Pollard, S., *Eyes of the Earth: The Diary of Samuel Pollard*. Edited and Introduced by R. E. Kendall. London: Cargate Press, 1954.

Pollard, S., *In Unknown China*. London: Seeley, Service & Co, 1921.

Pollard, S., *The Story of the Miao*. London: Henry Hooks, 1919.

Schutz, A., *The Phenomenology of the Social World*, London: Heinemann Educational Books, 1972.

Shen, H., *Modernity through Grassroots Lens: The Cultural Transformation of an Ethnic Community in Southwestern China*. Shen Yang: Volumes Publishing House, 2006.

Stratton, J. & I. Ang, "Multicultural Imagined Communities", In Bennett, D. ed., *Multicultural States: Rethinking Difference and Identity*. London: Routledge, 1998.

Victor Turner, *The Ritual Process Structure and Anti- structure*. New York, Ithaca: Cornell University Press, 1966.

Woolcock, M. , "Social Capital and Economic Development: Toward a Theoretical Synthesis and Policy Framework", *Theory and Society*, 1998, 27 (2).

Yin, R. K. , *Case Study Research: Design and Methods*, Thousand Oaks: Sage Publications, 1994.

附 录 ▶▶▶石门坎社区记忆

社区记忆之一
石门坎学校历任负责人简历

讲述者和整理者：贫困社区研究组在调查中根据多人叙述综合整理。

地点：贵州省威宁县石门乡

调查、整理日期：2001~2005年

这份资料收集和整理的是20世纪在石门坎学校的22位负责人的简历，2000年以后学校负责人的简历未收入。各人简历中的年份，或因资料缺少、或因资料来源不同存在不一致时，在表中暂留空白。

编码	姓名	社会身份	简历	年份
1	刘映三（汉）	秀才	昭通清末秀才，不信仰基督教	—
		学校创始人	石门坎小学创始人之一	1905
		小学教师	在石门坎办学25年	1905~1930
			退休回昭通	1930
2	杨苒惠（苗）	小学生	石门坎创业初期小学生	1906~1911
			首批外出求学的学生，行至川南返回	1911
		初中生	四川华西协合中学毕业	1913~1917
		小学校长	光华小学第一任校长，时年21岁	1917~1922
		小学校长	云南彝良咪哹沟小学第一任校长	1923~1936

续　表

编码	姓名	社会身份	简　历	年　份
2	杨茀惠（苗）	教师—教士	昆明寻甸、贵州赫章葛布等地任教	—
		家庭教师	猫猫山罗地主的家庭教师	—
		词曲作者	《迁移之歌》作词作曲	40年代
			其子任东川矿务子弟中学校长	
3	张洪猷（苗）	小学生	石门坎光华小学早期毕业生	—
		初中生	教会选送昭通宣道中学，初中毕业	1916~1920
		小学教师	石门坎教会选派老师	1920
		高小部主任	光华小学高小部主任	1922~1928
		大专毕业	武汉华中协和神学院毕业	—
		牧师，小联区长	长海子、咪哩沟联区长	1939~1952
		农民	因为外国差会断绝经费回家务农	1950前后
			其子任石门民族学校校长	70~80年代
4	张志成（苗）	小学生	石门坎光华小学早期毕业生	—
		初中生	教会选送昭通宣道中学，初中毕业	1916~1920
		小学教师	石门坎教会选派老师	1920
		初小部主任	光华小学初小部主任	1922~1928
		教区教士	巡回传道的教区教士	1939~1952
		农民	因为外国差会断绝经费回家务农	1952
		县政协委员	筹建威宁县政协，第一届政协委员	1956~1959
		宗教批判者	宗教肃反时，积极批判宗教	1958
			60年代初去世	60年代初
5	王霄汉（苗）	小学生	石门坎光华小学早期毕业生	1906~1912
		初中生	昭通宣道中学，初中毕业	—
		大学生	成都华西协合大学牙医学院医科肄业，因病辍学回到石门坎	1921~
		小学校长	石门坎光华小学校长	1929~1931上
		女校校长	石门女校校长	1931
		军医	离石门坎去东川国民党部队行医	30年代后期

续表

编码	姓名	社会身份	简历	年份
5	王霄汉（苗）	处长 医生	在会泽县城工作时遇见李正文牧师 贵州省政府卫生处处长 贵阳花溪医院医生 1942年病故于花溪	1938 1940 — 1942
6	吴性纯（苗）	小学生 中学生 大学生 第一位博士 医院院长 小学校长 英语教师 主任医生 小业主 中学教师 主治医师 校长 "地主" 地区政协委员	10岁入学，石门坎光华小学毕业 教会送宣道中学毕业，优待生 教会送首批大学生成都华西协合大学 苗族第一位医学博士。实习一年 创办平民医院 石门坎光华小学校长 举办最大规模端午运动会 石门坎光华小学英语教师 昭通福滇医院内科部主任 昭通开布店、书店、旅舍、健华药房 昭通明诚中学卫生、英语教师 昭通地区人民医院内科主治医师 兼护士学校校长 土改时期被划为地主成分 政协昭通地区第一、第二、第三届委员 1979年病故，终年81岁	1910～1916 1916～1920 1921～1929 1929～1930 1930～1931 1931～1934 1932,1934 1931 1934下 1937前后 1950 50年代 50年代 50年代 1955～1967 1979
7	杨汉先（苗）	小学生 初中生 小学校长 大学生 小学教师 公务员 执笔人 教师 助理研究员 团长	石门坎光华小学毕业 昭通宣道中学初中毕业 光华小学校长。自费求学 成都华西协合大学社会历史系毕业 龙街天生桥考察苗族杨氏谱系 石门坎教书半年，返回四川 中央庚款办事处工作 起草《告石川联区同胞书》抗日 贵州省地方方言讲习所教师 华西大学中国文化研究所助研 率省民族慰问团到威宁慰问	— — 1934～1935上 1935～1938 1937 1937/1938 1938 1938 1940前后 40年代 1951

续 表

编码	姓名	社会身份	简　历	年　份
7	杨汉先(苗)	省领导	贵州省人民政府委员,省民委副主任,省政协第三、第四、第五届副主席	50年代后
		文教机构领导	贵州民族学院院长,贵州大学副校长	60年代后
			贵州省民族研究所所长	50年代后
		全国人大代表	第一、第二、第三届全国人大代表	1954~1974
		民族学家	在省民族语言指导委员会工作,参与系统整理民间故事、翻译苗族古歌	1957~1961
			发表多篇论文	1980~1982
			1998年在贵阳去世,享年85岁	1998
8	朱焕章(苗)	小学生	天生桥小学走读,成绩第一	1914
		小学生	由祖父送到石门坎读小学	1915~1920
		初中生	牧师资助到昭通宣道中学,初中毕业	1920~1924
		小学教师	回到石门坎任教	1925~1929
			吴性纯医生建议教会资助朱外出求学	1929
		预科生	在成都进入华西大学,预科学生	1929~1931
		大学生	华西大学教育系毕业,获学士学位毕业后和同学藏琳璋回石门坎任教	1931~1935
		教材编者	编写《苗民夜读课本》(或《西南边区平民千字课》),四册石印本	30年代前期在成都期间
		小学校长	光华小学校长。对600户苗族进行调查	1935~1938
		教导主任	应聘昭通明诚中学教导主任	1939~1943
		初中校长	创西南边疆石门坎初级中学	1943~1952
		国大代表	成功竞选国大代表	1946
		中学教师	辞去校长职,任教师	1946
		牧师	没有读神学院,因为威望高被教会破例按立为牧师,兼任石门坎小联区区长	1948~1950
		联区长	石门坎联区长	1949~1951
		政审合格者	毕节军分区派一个连来石门坎调查四个月。首次接受政审,评价高	1950秋
		县筹备委员	调牛棚子工作,任威宁自治县筹备委员	1953
		副科长	贵州省教育厅任副科长	1953~1955

续　表

编码	姓名	社会身份	简历	年份
8	朱焕章（苗）	"反革命分子"	肃反运动中挨整，贵阳黔灵山自尽。终年53岁	1956
		少数民族爱国人士，教育家	贵州省教育厅文件予以平反	1981
9	李正邦（苗）	小学生	石门坎光华小学毕业	—
		中学生	昭通宣道中学毕业	—
		教会派出教师	石门坎教会选派老师	1920
		大专生	武汉华中协和神学院毕业	30年代
		牧师	循道公会按立牧师	—
		校董事会会长	石门坎光华小学校董事会会长	1939
		小学校长	石门坎光华小学校长	1940
		联区长	彝良咪哩沟联区长，威宁长海子联区长	1940~1951
		农民	因为英国差会断绝经费回家务农	1950前后
		县政协委员	筹建威宁政协，第一届县政协委员	1956~1959
			60年代病故家中	60年代
10	王德椿（苗）	小学生	石门坎光华小学毕业。字特别好	—
			语文、地理成绩好	—
		小学教师	石门坎教会选派老师	1920
		初中生	教会送宣道中学毕业	1921~1925
		小学教师	天生桥小学教师	—
		中专生	贵阳国立师范学校，首批公费生	20年代后期
			去贵阳读书3年返回威宁	1932~1935
		县督学	任威宁督学，首先进入政府的苗族	1936/1937起
			经常下乡调查苗族教育	—
		小学校长	威宁城关两级小学校长	—
		小学校长	石门坎光华小学校长	1939
		大专生	和王明基赴成都学习农业技术	1939~1942
		小学校长	石门坎光华小学校长	1943~1944
		小学校长	威宁龙街法安河省立小学校长	—
		教导主任	威宁县中学教导主任	—
		馆长	威宁县民众教育馆馆长	—
		站长	威宁县农业技术推广站站长	—
		受批判对象	受政治运动冲击	50年代后期
			1961年患病去世。终年56岁	1961.3

续 表

编码	姓名	社会身份	简 历	年 份
11	杨荣先（苗）	小学生	石门坎光华小学高小毕业	3 年
		中学生	昭通明诚中学初中生	—
		公办教师	国立师范学校寸田坝实验小学	1943 之前
			参与筹办石门坎初中	1943 之前
		总务主任	石门坎初中总务主任	1943~1945
		中学教师	教授公民课	—
		国民党员	国民党石门坎区党部工作	1943
		党务工作者	推选为威宁县党部执行委员，监察委员	1945~1947
		乡长	任云炉乡副乡长，乡长	1946 开始
		医院负责人	毕节撒拉溪麻风病院负责人	1955~1958
		"历史反革命"	以"历史反革命"被捕	1958
			亡故，终年 56 岁	1958
12	杨忠德（苗）	小学生	石门坎光华小学高小学生	1923~1928
		初中生	昭通明诚中学读书，享受教会经济补助	1928~1931
		足球队员	学校足球队员	
		高中生	成都华西协合高中毕业	1935~1938
		小学校长	石门以光华小学代校长	1938 后
		公办教师	国立师范学校寸田坝实验小学	1943 之前
		教导主任	参与筹办石门坎初中，任石门坎初级中学教导主任	1943~1946
		大学生	贵阳师范学院读教育专业，回石门坎	1946~1947
		苗文研究者	参与组织老苗文改革	40~50 年代
		教导主任 中学校长	继续任石门坎初级中学教导主任、校长	1948~1964
		苗族代表	参加西南少数民族团各地访问，在北京受国家领导人接见	1952
		县委员	威宁自治县筹委会委员	1954.6
			威宁县第一、第二届人民委员会委员	1954 开始
		县政协委员	筹建威宁县政协	1956
			第一至第七届威宁县政协常委	1957~1990
		中学校长	威宁民族中学、威宁第二中学副校长	1964~1976

续表

编码	姓名	社会身份	简历	年份
12	杨忠德（苗）		1976年退休	1976
		省政协委员	政协贵州省第三、第四、第五届委员	1963~1987
		苗文研究者	翻译苗族古歌，编写《苗汉词典》	80年代
		荣誉证书	省政府颁30年教龄荣誉证书	80年代
			1994年逝世，终年79岁	1994
13	张德全（苗）	初小学生	石门坎光华小学、天生桥小学读书	1922~1926
		高小学生	石门坎光华小学高小学生，复读一年	1926~1929
		初中学生	受苗族大学生资助到昭通，初中毕业	1929~1934
		小学教师	彝良县落尾坝小学教师	1934.7~1935.7
		小学教师	大关县天星场（凉风坳）小学教师	1935.8~1935.12
		小学教师	彝良县青树林小学教师	1936.2~1936.12
		小学教师	威信县牛坡坎小学教师	1937.2~1937.12
		小学教师	昭通三岔路小学教师	1938.2~1938.7
		国民党员	参加保甲编整训练，加入国民党	1938.8~1938.12
		小学教师	威宁龙街镇天生桥小学教师	1939.2~1940.12
		区分部书记	国民党天生桥区分部书记	1940
		录事	石门坎区党部录事	1941~1943
		党务干部	省党务干部训练班3月	1942.11~1943.2
		干事/科长	国民党县党部干事，半年后辞职	1943
		秘书	县商会秘书	1943
		文书	云炉乡公所文书	1943
		小学教师	保国民学校老师	1943
		小学教师	石门坎光华小学教师，班主任	1943.12~1944
		苗文教师	为新来的英国教师辅导苗文	1945
		年议会书记	石门坎联区年议会书记。小学班主任	1945~1948
		游击团员	参加威宁游击团五连，投身革命	1949~1950*
		事务主任	退伍回石门坎学校教书，小学事务主任	1950
		小学校长	轿顶山小学校长	1952
		小学教师	水塘子小学教师4年	1953~1957
		小学教师	石门坎光华小学教师	1957
		扫盲教师	暑假期间，在野衣乡担任扫盲教师	1958

续 表

编码	姓名	社会身份	简历	年份
13	张德全(苗)	小学教师	白么小学教师	1958
		"历史反革命"	被捕入狱11年,其中农场服刑9年	1958~1969
		刑满就业人员	刑满就业10年后返回石门公社	1969~1979
			因政治问题影响子女的教育和就业	50~70年代
		农民	一度为生产队牧羊,苞谷饭吃不饱	1979~1987
		"退休干部"	多次申诉后平反,获得退休干部待遇	1987
		"退伍军人"	地区人事局补发退休证。县武装部补发退休军人证	1995
		歌曲作者	创作一系列苗文歌曲,表达石门坎情怀	90年代
			2000年逝世,终年85岁	2000
14	韩绍纲(苗)	小学生	石门坎光华小学高小毕业	—
		初中生	省民政厅视察员挑选保送贵阳读书	1936
		中专生	贵阳青岩乡村师范学校毕业	—
		进修生	与张德全去贵阳报考会计录取	1942
		中专教师	贵州台江县师范吴校长聘任教	1942~1943
		小学校长	石门坎光华小学校长	1944~1952
		小学校长	调观风海四十五户民族小学,任校长	1953~1957
		苗语研究者	调贵州省民族语言指导委员会。参与系统整理民间故事、翻译苗族古歌,合编《苗族农民识字课本》	1957~1961
		县政协委员	政协威宁县第五届委员	1963~1965
		教导主任	龙街中学教导主任	—
			1982年病故,终年62岁	1982
15	张有伦(苗)	小学生	威宁一小高小毕业	—
		初中生	昭通明诚中学初中毕业	—
		高中生	重庆边疆学校高中毕业	—
		大学生	南京中央大学法律系毕业	40年代后期
		教导主任	私立石门坎初级中学教导主任	1950~1952
		苗文翻译	受西南军政委指示赴重庆,把"共同纲领"翻译为苗文	1952
		教导主任	威宁民族中学教导主任	1952~1954
		中学校长	威宁民族中学副校长	1954~1986
		荣誉教师	获省政府颁发30年教龄荣誉证书	1987前后
			2005年初逝世,终年83岁	2005

续表

编码	姓名	社会身份	简历	年份
16	吴应杰(汉)	大学生	贵州大学毕业	—
		中共党员	中共党员,代表新政府接办石门坎学校	—
		副校长	从毕节地区调任石门民族中学副校长	1952~1958
		"柏格理第二"	学苗语穿苗服,用苗语作报告,受赞誉	1952~1958
		政治教师	中学政治课教师,讲授社会发展史	1952~1958
		中学校长	开创威宁师范学校,任校长	1958~1961
		中学校长	威宁民族中学校长	1961~1978
		校党委书记	创办毕节师范专科学校,任党委书记	1978
		教育家	2005年冬季在上海去世	2005冬
17	韩正明(苗)	小学生	石门坎光华小学高小学生	1926~1929
		初中生	昭通明诚中学毕业	—
		国民党员	国民党员	—
		小学校长	石门民族小学校长	1953~1958
		"右派分子"	反右运动中挨整,被免职	1958~1978
			平反,恢复教师身份	1978
		退休教师	1979年11月退休	1979
		荣誉教师	获省政府颁30年教龄荣誉证书	1987
			1993年逝世,终年78岁	1993
18	周华狱(汉)	—	在织金县等地完成教育	—
		公务员	威宁县公安局公务员	1958
		小学校长	调任石门民族小学校长	1958~1960
		公务员	调回威宁县政府任职	1960~1980
		公务员	调至黔西县政府任职	80年代初
19	周斌(汉)	—	在湖南等地完成教育	—
		军人	参军。1956年从部队转业	1956之前
		教导主任	石门民族中学教导主任	1956~1958
		中学校长	主持石门民族中学工作	1959~1961
		小学校长	威宁二塘小学校长	60年代开始
		中学校长	威宁二塘中学校长	—
		中学校长	威宁民族师范学校副校长	—
		退休教师	90年代退休	90年代

续 表

编码	姓名	社会身份	简历	年份
20	韩庆荣（苗）	初中生	石门坎初中学生	50年代
		教导主任	中水区新华小学教导主任	50年代
		教导主任	石门坎小学教导主任	50年代后期
		中共党员	中共党员	—
		小学校长	主持石门民族小学工作	60年代
		教导主任	彝良龙街中心小学教导主任	60年代后期
		小学校长	彝良龙街中心小学校长	—
		乡干部	彝良龙街乡教委副主任，党支部书记	—
		退休教师	1995年退休	1995
21	张恩德（苗）	小学生	石门坎小学毕业	—
		初中生	昭通明诚中学学生，初中毕业	—
		中专生	昭通国立师范学校，中专毕业	40年代
		教师	石门坎学校任教	1949
		中共党员	中共党员	—
		中学校长	石门民族中学校长	1964~1968
		受批判对象	被造反派夺权，批斗挨整，停职	60年代后期
		中学校长	恢复工作，石门民族中学校长	70至80年代
		中学教师	中学一级教师	—
		荣誉教师	获省政府颁30年教龄荣誉证书	—
		退休教师	1988年退休回乡	1988
			1993年逝世，终年70岁	1993
22	王绍纲（苗）	小学生	石门坎读书，石门小学毕业	1948~1958
		初中生	石门民族中学读书，初中毕业	
		高中生	升入威宁民族中学，高中毕业	1958~1961
		知识青年	高考落榜，回乡知识青年	1961,1964
		中专生	毕节师范培训（高速师），中师文凭	1964~1965
		小学教师	石门民族小学高级教师	1965~1998
		中共党员	中共党员	
		县政协委员	政协威宁县第七届、第八届委员	1969~1984
		歌曲作者	创作大量苗文歌曲，推广新苗文	1982
		进修教师	到中央民族学院进修两年	1982~1984
		校长	石门民族学校校长	1984~1994
		荣誉教师	获省政府颁发30年教龄荣誉证书	1986
			1998年退休	1998
			1999年病逝，终年60岁	1999

* 由于匪患，威宁县经历了1949年、1950年两次"解放"，1954年成立威宁彝族回族苗族自治县政府。

附录图 1　石门坎长房子，2001 年（沈红摄）

石门坎长房子建于 1912 年。曾经是中华基督教循道公会石门坎教区和西南教区苗疆部教育委员会所在地，为石门坎文化圈的组织中心。高志华牧师 1938 年遇难处。半个多世纪以来用作教师和学生宿舍，岌岌可危。2006 年与石门坎光华小学其他遗址一起被列为省级文物保护单位。

在这个尚不完全的长长的名单中，笔者有幸访问过王绍纲校长。那是 1998 年元旦，我们走进了他的住所。王校长当时住在学校最古旧的一间小屋里，是石门坎创业初期苗民共同建造的教师宿舍之一，如今终于被视为省级文物。当时王校长已经病得很重、行动不便，他知道自己患上了严重的风湿病、高血压和心脏病，但是仍然带病给学生上课。王绍纲校长拿出一个笔记本，那里面密密麻麻写着关于石门坎的文字和歌曲，许多歌曲竟是他自己创作的。这个笔记本让我第一次真切地触摸到石门坎的历史。

社区记忆之二
苗文歌《打铁要本身硬》等

讲述者：王德光老师、吴善宇老师、吴庆国等多位村民
地点：贵州省威宁县石门乡年丰村
讲述日期：2002年2月，2004年10月
整理日期：2005年12月
整理者：王德光、沈红

笔者定稿时参考了调查笔记和贵州民族出版社2000年版《苗族歌曲选编》。

苗文诗歌歌曲大量出现于石门坎文化圈，曾是这个社区苗民生活中很有特色的文化风景。这其中原因，既与苗族能歌善舞的传统有关，也与苗歌在特定历史条件下呼应社区需要和行动的能力有关。

在基督教传入的苗区，由于信教活动中不唱传统歌曲，苗族古歌的传承遇到了问题。但是教堂的歌咏队的唱颂活动也具有传统歌唱活动不具备的优点。20世纪20年代至30年代时，热爱旋律的苗族师生已经不局限于咏唱教堂仪式中的宗教歌曲，而是一方面开始记录和整理苗族历史上口耳相传的古歌，一方面开始大量创作歌曲表达当时的思想和感情，传递时代信息。这些音乐

教育实践，不仅使得石门坎前两个时期培养的知识分子普遍具备编歌、谱曲的能力，而且苗族知识分子也通过音乐方式表述自己的主张，获得接受和欣赏，苗歌为他们培养了不受经济条件、出版条件限制的大量"听众"和"读者"。

人们在20世纪初掌握了文字之后，有能力记录传统歌谣，进而创作可以唱述的"诗歌"。在印刷出版条件极其有限的环境里，这些诗歌作品能够被传唱，就是一种成功的"发表"和"出版"的形式。

这里选编苗文歌曲五首，创作者大都是在石门坎社区任教半生的老教师。歌词的字里行间充盈理想主义激情，并保留着时代的印记。其中四位作者在1958~1959年或被定为"右派"下岗二十载，或受劳动管制，失去言说及行动权利。而这些半个世纪以前的作品直到今天还在苗区流传，桃李不言，下自成蹊。我们可以从中领略石门坎文化的桃李馥郁。

第一首

苗文歌名：NDAOK HLAOT YAD YUL DLAD RAF
汉文歌名：打铁要本身硬
张文明词，朱晓光译

  Ghad dyul yad nbangx jyus?
  谁要帮助你？
  ghad dyul yad jus jyus?
  谁要拯救你？
  baob dangb zeux nbangx jyus,
  知识会帮你，
  baob ges zeux jus jyus!
  文化会救你！

附录图 2　石门坎老教师张文明先生，
20 世纪 70 年代（张国亮提供）

ndliex dib hit max zhangt guk raot,
世间没有啥依凭，
riet yul baob dangb ndros sieb raot,
只靠知识和文化，
ndyuf gos fangd, naf gos dlib,
有理想，看得远，
jyud dix mis, jyud rid mis,
兄弟们，姐妹们，
tyuk dlangx tyuk ros maol,
要努力奋进，
hak bib zhangd xis, qeut niob qeut zeub.
为了民族的生存。

jyus guk zhangd xis dub zeux,
你是民族英才,
jyus guk zhangd xis dub baob dangb,
你是民族的精英,
max nux jox nux max ros tyuk ros,
有钱出钱有力出力,
ndaok hlaot yad yul dlad raf,
打铁要本身硬,
jyud dix mis, jyud rid mis,
弟兄们,姐妹们,
hik leb hik zeuk hik nbangb hik gheuk,
共同携手团结奋进,
jus zhangd xis cat lwx max laos dul.
为民族人人有责任。

《打铁要本身硬》的词作者张文明先生（1901~1982），石门坎初创时期入学的小学生，受教于柏格理老师。从1917年开始担任"教师—教士"之职，四十年中辗转于云贵川三省的众多苗民小学。这首歌的曲调借自一首抗战歌曲《中华锦绣江山谁是主人翁》，据王德光老师回忆，他是在学校里学会的，回到七十里以外的家时就唱给姐姐们听。这说明歌词的创作时间是在40年代初。那个时期，张文明先生还领导苗民抗租、抗烟土税，抵制地主摊派。1979年县政策落实办为张老师"平反"错划二十年的"右派"身份时，他已卧病茅草屋中，不久离世。但他的歌曲至今有生命力。2002年2月，村民们请求从京城回乡过年的王德光老师用传统曲调教他们唱《打铁要本身硬》，笔者有缘聆听一群苗民在寒冬里高歌，此时距张文明老师创作的年代已经七十载，逝者如斯！

第二首
苗文歌名：NDEUD JEUS HIT RAOT GUD HIT DROD
汉文歌名：书读不好我不回头
王兴中词，王德光译

gid dek ndrod zheul zheul,
号声阵阵，
lub ndrat ndrod ndeuf ndeuf,
锣鼓声声，
chos gud ad sieb dreuf,
激励着我，
gid nchik maol jues ndeud,
赶快去读书，
gud draik hit at dwb nwb as dras,
摆脱愚昧，
ib lub ud sieb tlik dwb nwb chieb ndros ndliex dib hik hxaik drangs.
一心紧跟时代潮流。
Hlob shaob dik nggak at ib dangk,
老少团结，
sub yad nao ieb fad, ad liel niob ad shab,
先要吃苦才能成功，
ndliex dib hit mdx nrus jugk dad,
世上无难事，
nchaik hit traot sieb dab,
只怕不用心，
Ndeud jeus hit raot gud hit drod,
书读不好，我不回头，

naox ieb naox dleut yad jeus gos dob.
再苦再累，定要学深学透。

　　石门坎教师亲手创作了大量劝学励志歌，《书读不好我不回头》和《要读书去石门坎》就是其中两首代表作。前一首歌是教学生们唱给自己的，后一首歌是教给学生唱给山野樵夫的，动员和鼓励苗民送孩子们来学校读书。我们可以从中观望当年学校与社区的互动方式，这些歌曲循循善诱，参与建构的是一种互为主体的关系。词作者王兴中老师（1909~1988）曾任石门坎光华小学高小部主任、咪哩沟小学校长，在石门坎教育网内任教33年，多才多艺，苗民称之为有真才实学的老教师之一。[①] 韩正明老师（1915~1993），出生于石门坎。在人民政府接管学校后，50年代的大部分时间里，他担任石门坎民族小学校长。反右运动中韩校长被停职。

第三首
　　苗文歌名：**MAOL JEUS NDEUD DLAT HMAOB LIS NAF**
　　汉文歌名：要读书去石门坎
　　韩正明词曲，朱晓光译

　　maol jeus ndeud yas, hxud bws ngaox ncaik ad hlak,
　　去读书呀，所有青年男女，
　　maol jeus dlat hmaob lis naf,
　　去石门坎读书，
　　xaot xues zhongd xues ib draf draf,
　　小学中学分步走，

---
① 王兴中老师原名王心忠，字一诚。

gaod zhongd dak xues niob bib tak,
高中大学在前头,
khad naf draot ad ghwb ndlyub maol dlat tak maol dlat tak.
不要退后要朝前走朝前走。
Ad Hmaob jyud dix lus, naf maol lol zaok nis sieb lud,
苗胞你们看,咱苗家多辛酸,
ngax jeul ndeud niob ghaf dlaox,
学校就在咱门槛,
yad maol jeus ndeu hi sos dad,
要去读书并不难,
zos mut nat yul nzit hit zeux saot,
至今写名字都觉难,
niob draot jaix niaol nid yad niob lit jangt zos guk laol.
处在这个进步的时代怎么办。
aob ndlyul leuf hit draik drod, ndlyul leuf hit draik drod,
水流去不复返,
ndyuf hlot git dut njal ros,
你后悔也枉然,
zhot dub ncaik maol gid nchik,
孩子读书别阻拦,
ngax jeul ndeud at dlaox khwb jiet,
学校的门向他敞开,
traot nid jab deut hit sos lis,
现在起步并不晚,
kaod jyus naf draot tak at ib lub sieb maol dlat tak.
朝前看你的前程灿烂。

第四首

苗文歌名：NGAOX GUK LAS ZAIK NDRANGL FAOD JIEUS DLAT

汉文歌名：迎接朱校长归来之歌

陶开群词曲，陶绍虎译

Yos! at taot bib hmaob dib qeut,
哦！过去我们的故居，
niob caik sieb mis fud dib.
在蔡赛米福地。①
dlaob cieb jaob xaok dus ndix,
四千多年以前，
ndraos shab dax hak bib dib.
夏族来抢我土。
chat hlub bib at laotmis,
痛惜我先祖们，
draik fed ndrangt fed fud dib.
离开了蔡赛米福地。②
dif aob vangx, fed ndrangt dib,
过黄河，弃平原，
jyuk yil mol, lax dib ndlib;
渡长江，失田地；

---

① 此句歌词的另一种版本为"niob nzhit mik lik ndrangt dib"，意为"在直米黎沃原"。
② 蔡赛米福地（caik sieb mis fud dib），是积石山的苗语地名。据王德光老师回忆，50年代初他和杨荣新老先生一起，以家乡的一座山为题编写一首歌。当时王德光是北京大学的学生，他向杨先生求证得知，陶老师歌中的"蔡赛米福地"的含义，是积石山，又称阿尼马卿山。

nws bib zaox hmaob dub jit, naox ieb fad bwd lol nid.
为我们子孙，吃尽苦至此。
maol shit daol, drod hit zib,
进不成，退不能，
des gaox nad dyul dyul jid.
从此至穷途。
yaol las qeut, zaol nis dib,
泊异地，附他乡，
niob guk lix, zos jik ndid,
任久长，路途遥。
at nis khwd niux jox dib,
做人奴，牛耕犁，
ieb shaok ndlas, naox guk lid.
苦穷难，忍过度。
ndux vaif hlub, xangb nyul dil,
天父怜，伸其手，
hxek bib maol dlat bof jid.
率我们向光明。
zhyud maot raot hxul lol njaol,
主福音一到达，
ngax jeus ndeud cok draot nid.
学校就建在此。
dlaob jaol xaot, lol hit lix,
四十载，并非久，
yaos las sheud zeux maol jid.
学自立，迈步从头越。
zos mut nat, ndliex dib tlik.
到如今，时代变。

ib cieb jax bak dlaob jaol dlaot yangx hlit,
一千九百四十六年辰月,
njit ndeud dlat git myut dib,
呈书政权机构,
hak said hmaob vuf dub jox lul.
竞选苗民代言人。
ib cieb jax bak dlaob jaol dlaot lub zhod hlit,
一千九百四十六年亥月,
nis ngaof xangt ib hnub id,
二十七那一天,
git myut nghwl ndeud dib bib:
中央传旨答复:
"drangt faod jeus dlat daot said."
"朱校长已入选。"
lad hlit sieb ib,
子月初一,
Ad Hmaob hnub zhot jaix yus.
我们苗族参政成立。
sieb dlaot sheud dlat Shab Mel,
初六启程威宁,
git ziet maol dlat ndlos dib,
准备前往内地。
beul las zhangd, hak yul jid,
会他族,争自域,
dus ndix ndruf ghwb bwb hlit.
前前后后五月。
jid njat dlib, aob njak ndid,
水流远,路程长,

njit fraod draob, dif ndul dlix.
越重岭,过江河。
hit nws shit zhad nws bib,
不为其他,
nws bib yul dub shaok nid,
只为我们穷苦人,
hak qeut sheud, ntried bof jid,
争立足,寻光明,
jab deut jiet traot dub jit.
给后代打基础。
nid ndruf ghwb, dil dad dil,
从今起,手牵手,
cieb nieb vaol xaot lix ndid.
千年万载久远,
cieb nieb vaol xaot lix ndid.
千秋万代永远。
vaol vaol xaot zos lix ndid,
万万载到永远,
Ad Hmaob tak jid vaol vaol xaot,
我们前程万万年,
vaol vaol xaot zos lix ndid.
万万载到永远。

陶开群老师(1916~1999)创作此歌是为了纪念朱焕章校长当选国大代表,赴南京出席会议这件事。1946年国大代表中仅有两位苗族代表,他们是苗族最早的全国代表。这支歌流传过程中出现过长短不同的歌名,比如《为民族争光》、《欢迎校长》等。作者不仅把这件事当成石门坎学校的大事,而且通过学生的传唱向整个社区宣告,使之成为一个影响苗族社区的事件。作者将 1946 年 10 月 27 日这个荣耀的日子,和苗族数千年屈辱的岁月一起都写进了歌词,赋予这个事件以绵长的历史涵义。这一写法具有苗族古歌的叙事风格。事隔近 60 年后笔者在石门坎调查时,吴善宇老师赠送一份油印的歌词给我,特地写上"宝贵资料"几个字,叮嘱再三。定稿时,王德光和杨世武两位老师逐字逐句斟酌校对。

第五首

苗文歌名:LAS ZAIK ZIB ZAOS RAOT KHAT

汉文歌名:迎宾曲(芦笙调)

陶自改词,王德光译

ndlos hlangb dleud dib Maos Zes Dongd,
中原的中心有个毛泽东,
syuk hnub deuf dax jik jit lus.
象太阳出来一片光明。
nil guk lid vuf raot hnub ghub,
他是人民救星,
nil zhul mbangx lid vuf hmaob shaot at raot nrus,
帮助苗家百姓,做的是好事情,
nil draik deuf dlangx rol ndaok dub ndlub,
他肯出力打恶棍,
dub shaok shaok ndaol nil zhul nbangx jus,
他肯出力救穷人,
des nad nid lol bib ndlos hlangb dleuk dib daot diex dus.
从此我们国家得安宁。

at laot nbut sad bof nghaix dat,
有一天老人梦见狮爷爷,①
hik guk mut nat khat yad dax.
说是客人今天到此。
mut nat max zib zaos raot khat,
好客人今天要来三批,
nil zaox traot zib khot dib geuk his zyus dax.
从三个方向拢我们这里。
syuk hnub hlik jik lus ndraif ndux nzab,
就像蓝蓝天上的太阳月亮,
jit draot bib Ad Hmaob dib geuk jal,
照耀苗家荒凉土地,
bib hmaob dub shaok hlob shaob dik nggak jik dlok dik nkhak.
贫穷的老老少少畅快欢喜。

sheud nzod hnod guk gid nzhak zhaox,
清晨听得喜鹊闹,
hik guk mut nat khat yad njaol.
说是客人今天到。
mut nat sheud nzod changd ndux raot,
天空晴朗日子正好,
raot dlangb raot khat chad jid lik vol dax njaol.
北京的好客人沿那根路过脚。
bib his las git draox traot khat raof,
端个凳凳我们招呼客人落座,

---

① 这句歌词来自这个地区苗族的传统习俗,人们相信如果老人梦见狮子,就预示有客人要来。

bib zaik khat ndrangt jiet nus khat maot,
问一声好我们担客人行李包包,
njal las mis dax ndraif yangt jid yangt njat jik tlak zhaos.
问寒问暖难为你们一路辛劳。

这首歌是陶自改老人运用苗族传统的芦笙曲调创作的歌曲,创作时间为1952年,时值三批远方的客人到访石门坎。三批客人指的是：哲学社会科学部语言研究所的苗语调查工作队员,中央民族学院的师生以及毕节地区派来石门坎学校任教的老师。陶自改老人把这些远道而来的人称为"好客人",在老人看来,这些由北京毛主席派来的人来到石门坎,代表的是"我们国家",他用此歌此曲表达自己的喜悦和热情。但是仅仅六年之后,他被另一群外来人押到抓捕"反革命"的会场陪斗,被生产队管制劳动,老人不堪受辱,在深山中自尽。歌词作者是石门坎社区千百苗民中的一位,人们不知道他的生辰,只记得他辞世的时间是1958年。这位虔诚一生的农民,对神灵、对石门坎学校、对国家的情感同样炽热。

当年,年轻学子王德光正在北京大学求学,他怀抱创造苗族新文字的理想,参加苗语调查工作队步行到石门坎调查苗语,他和北京客人陶醉于这首迎宾曲。如今,王德光老师年逾八旬,陶老者的声音和这首芦笙曲的旋律依然在记忆中回响。

社区记忆之三
王文宪老师访谈*

讲述者：王文宪老师（石门坎老校友，安顺实验学校负责人）
地点：贵州省威宁县石门乡荣和村
讲述日期：2005 年 11 月
整理日期：2006 年 3 月
整理者：王莎莎，沈红

一　在石门坎校友座谈会的发言

这一次有幸回到母校来，本来这一次是我们母校一百周年的诞辰，按政府的意见要安排到明年。但我们作为一个校友呢，心情比较迫切。不管政府欢不欢迎，我们也就来了。我来了以后，我的感受是两点。看到这个学校的校容校貌比我在这里读书的时候变化得大，修得比原来漂亮。但是也有一点遗憾，遗憾的是，我想来看的很多建筑物都不在了：我的小学教室不在了，我的初中教室不在了，我们很想看。我就生在这个地方。我的曾祖父王

---

* 社区记忆部分包括社区人物三篇口述史，发表时尽量保留被访者、讲述者的语言风格。

道元就参加柏格理一道，为创建这个石门坎立过汗马功劳。因此我祖父继承老辈人的事业，创办石门坎推广部，我生在那里，我小学在那里读书，现在想来看，一片瓦当都不在了，这使我心里感到很难过。我们所想看的建筑物多数不在，但是毕竟要去看，哪怕只是个土墙，我们都很关心。需要照的，是那种幸存的旧房子。幸好作为历史的见证，高牧师被害的长房子还在，这是我感到有点安慰的。

我本人是在这个地方，在共产党领导下读的书。刚才各个校友多半谈的是过去我们国际友人以及我们老一辈在旧社会的艰苦奋斗。我现在要侧重谈一谈，共产党领导了以后，我在共产党培养下成长。50年代，共产党大力扶持，就连我们生活费都解决了，因此使我有幸在这个地方打好基础。同时，共产党那个时候又不鼓励外国传教士办学，因此派来我们新中国的老师校长也是一流的。我回忆当中，派来支援我们石门坎学校吴应杰校长就是一位我很尊重的校长。还有数理化相当好的老师。过去我们老一辈只知道学文科，理科是不太占的。我也正因为得到这些好老师教，打好基础，哪怕是在这个乡村中，我小学是考第一名进初中的。我是1961年初中毕业，那时候我们考高中分为三个考区，一个考区就是我们七区、八区、九区，考区就设在石门坎，全考区我考第一名。我为什么会有这个成绩，说明不少来支援我们的、或者说共产党派来的这些老师水平相当高，负责。即使我到高中以后，我的成绩也一直名列前茅。1991年我们在楚雄开会时，杨忠信老师向与会者介绍的，这就是我们苗家的高才生，平均九十多分高中毕业。由于各种原因，我只考了一个贵阳师范学院物理系。但是由于母校给我奠定基础，我到大学四年，仍然一直是班上第一名。

我毕业了以后，本来想回到自己的家乡来贡献。由于工作的需要，分我到镇宁民族中学去任教了。作为一个校友，要想到为母校争光，我在那里也为母校争（光）的。我的教学成绩相当突出，因此被贵州省人民政府表彰。我教的学生有不少后来升到大学后到外国去留学。因此，后来工作需要吧，又把我从一个镇宁民族中学的普通老师调到安顺地区师范学校任副校长，后来又调任安顺实验学校副校长，分管中学部工作。这个学校是省重点学校，有幼儿园、有小学、有初中、高中，我分管中学部管初中高中。因为石门坎的这个威望，使我在那里我所碰到的领导，我所碰到的行政长官知道我是石门坎的人，都说一定是文化高的。现在我到退休年龄了，还没得退休，就是因为我还挂着安顺市人大常委会一个委员，我是安顺市教育界唯一一个进入常委的。所以下面我所要提的建议也就是从依法办学这个角度出发。

办好这个学校，首先责任是政府！政府要拨钱，政府要大力支持。民族地区像这种落后地区不应是一般的扶持。刚才我们玉芳同志讲了，所谓倾斜，就是不能拿沿海发达地区那个一般政策来扶持。管好学校，提高教学质量，是校长老师的事；建设好学校是政府的事，政府不投入，校长拿什么去办？！我当校长多年，办学艰难深有体会。现在收学生一点高费，是学校逼到无法，经费运转不下来，才不得已为之。所以现在我建议，我们校友，应该通过这次来看了以后，向政府呼吁，要政府大力投入。好在听到我们省的钱书记已经为这个地方的建设拨了一笔款，可以说是改革开放以来第一笔巨款吧，至于下一步兑现如何，那是另一回事。至少现在据说是有反响了，听到都还是觉得很高兴的。这是我的第一个建议。

作为学校校长，要替广大人民群众向政府多反映，多要钱。现在政府的钱不是你坐起等就要得，现在不是像毛泽东在的时候是穷人坐起等钱，现在是必须跑，哪个腿长是哪个的。所以我建议学校的领导要多反映，用我们校友的意见向政府反映。像这种学校,你们明年的"两基"验收要过关是过不了的。我在安顺市是负责这个"两基"工作的评查工作的。在我们安顺,尽管很穷的县,都找不到像这种学校!我知道威宁县和我们紫云县是明年"两基"要验收过关的几个县之一,但是我来看了这个教室,恐怕都不是为"两基"验收而搞了,只是随便搞的。所以我就建议,学校多反映。我知道,学校老师、学校领导在这个环境里教书是非常难的。为什么刚才我要讲这一系列,我要说明一点,这不是私立学校,这是公办学校,是公办的义务教育学校,政府要出力。

第二个建议嘛,恐怕不该说,但我作为一个校友,我要讲。政府多年不重视,我希望政府要继续改变对石门坎的看法。石门坎一直被认为是"帝国主义侵略中国的基地",使我们不少苗族同胞深受其害,我也深受其害。尽管我学习很优秀,在外面,只要一查到我的历史,是"石门坎帝国主义走狗培养出来的后代",就被批判就被斗争,不被重用。这一个观点(影响多年),比如像这一次校庆会为什么拖到明年?并不是我们现在才讲,刚才我们忠伦同志讲,我们已经向有关方面通过各种渠道反映十多年了。那么明年你那个101年,究竟是庆101年重要还是庆100年重要?还是把2005年再拉倒退一年吗?这点就说明政府不重视,省政府,或者说从我们中央对我们这个地方还没有改变观点,就是"帝国主义的据点",不重视这个学校的教育。

我叫王文宪,我也是共产党员!我认为要改变这个观点,各级政府要改变!不要认为这还是"帝国主义的基地",还有"复辟",还有"帝国主义来侵略我们中国"。事实上,过去我们很多老一辈,找不到一个传教以后干坏事的,全部都是为贫穷百姓办事,为人民办事。尽管我的两个伯伯,王建光、王建明,他们读了大学后在教育部工作,但他们仍然还是向国民党政府呼吁,要关心边疆穷困地方的发展。人家在那个时代,还是敢于向人家的政府提出建议。话又说回来，解放以后，我们也有不少学出来的，也有不少官员。但又有几位为我们这个民族，为这个学校呼吁的呢？这点也是我们在座的校友当中应该反省的。但是很遗憾，已经来不及了，我们都是年过花甲的人了，要遗憾也遗憾一辈子了。我在外面，我时时刻刻都想着母校，我在外面所作的一切，我都要为母校争光。不要以为这个地方培养出去是培养出去一个不中用的或者是干坏事的，或者是不干对人民群众有益的事的。

所以我就冒昧地讲了，要办好这个学校要靠政府，靠社会支持，社会支持需要，但是主要还是靠政府。

二 我的经历

我出生在这里，生长在这里。我的曾祖父、祖父都是因为传教士来教书、传教了以后，我们一直就离开了爱华山老家，跟随这些老人都在石门坎生活。

我是属羊的那一年出生，出生地是在离石门坎大概二三十里地的一个叫做板桥的这么个地方。在云炉，翻过坡坡过去的河边。那是我的祖父王明基，读书懂事了以后，念旧，祖宗曾经在那里住过，因此他又回到老祖宗住过的地方去住。所以我也就出生在那里。1944年我就跟随祖父到石门坎来了，因为我爷爷在这里负责推广部的工作。打比方说，这里是个"小镇"，我就从偏僻的板桥这么个村落进到石门坎这个地方来了。

那时候我1岁，父母就带着跟爷爷一道在石门农业推广部来，一直在到1948年。由于1948年的暑期，大概7、8月份吧，地震相当厉害，所以我爷爷就叫我父亲迁移到紫云乡下去。就找一个新的地方去生存发展了。因此我就跟着到现在的紫云县新驰村去，破天荒地开荒种地了。到1953年，我们又因为那个地方的疾病太厉害，恶性疟疾，死了不少人，甚至有些人家是全部死光，我们就害怕，全家又搬回威宁来，但没有回石门坎了，回到我的祖籍：故乡爱华山。

当时我在爱华山就开始读小学。那是1953年，读了四年以后，我就到石门坎小学来读五年级、六年级。因为我父亲工作调在石门坎供销社来，所以我就跟着来读书。

1958年我石门坎小学毕业，进石门坎初中，初中三年我是在这里读的。1961年初中毕业，我就考到威宁民族中学去读高中。1964年我高中毕业，考到贵阳师范学院，也就是现在的贵州师范大学的物理系。读了两年的书，就开始搞"文化大革命"，我们实际上也受到一些损失，参加停课闹革命，后来又恢复上课，一直到1968年的12月才分配到镇宁县民族中学去教书。

到1984年，又调我到安顺地区师范学校任副校长。1988年，因为安顺地区实验学校高中部刚刚办不久，需要加强领导，所以就把我从安顺地区师范学校调到实验学校去，分管中学部的工作，因为这个学校又有幼儿园，有小学，有初中有高中，我就调去分管初中和高中的工作，一直到去年2004年，我该退休的时间。

2004年，按照我们国家的退休政策，我是到退休年龄了，但是因为我又兼得有安顺市人大常委会的委员，因此按人大的有关规定，到现在还没有给我办退休手续。有会议，人大的工作我还继续参加，只不过学校的工作我就不管了，因此我才有时间来参加这次会。1961年离开了以后，四十余年了再没回来过，这是第一次。

三　祖父办实业推广站

校友T：他祖父王明基老人是我们实业推广部的创始人，也是实业教育的创始人。

王老师：王明基，他有个别号又叫做王丕承。汉人讲的：名

附录图 3　王明基先生创办石门坎实业推广站，20 世纪 40 年代
（Kennith Parsons 提供）

明基，字丕承。王明基是他的学名，在书籍上、在正式的刊物上都是王明基。但是在我们这个苗族地区，多半熟悉他的名字是王丕承，说王明基恐怕人家还不一定知道。

调查员：当时实业推广站主要做什么？

王老师：主要是对优良的农作物方面的品种进行试验，试验了以后进行推广。像西红柿这一类果蔬，这一类蔬菜，在我们这个落后地方是见都没有见过。后来由于外国的这些牧师，他们介绍了一些优良的蔬菜品种：莲花白、苹果、很多农业品种，从外国或者从我们国内其他地方介绍过来的，就由我祖父在实业推广站那里组织试验种植嘛。你外地的优良品种，外地的品种要适合本地，还先试验，（看）适不适合推广，适合了才推广。

还有纺织，将我们本地的羊毛纺成线，织成"人"字呢。那是抗战时期，金陵大学本来是在南京，由于抗战时期就搬到成都华西大学来，这两个学校合办的一个为教会培养人才的农业专业。我爷爷就是去那里读的书。他读出来后，就学得会织布，会种农作物。他就回来在这里做事了。我小的时候，我爷爷跟我讲，"我们在成都读书的时候，我们是到工厂里去看，那些机器是用钢铁做的，但是我回来了以后，由于我们没有这个条件，我就用木的东西来代替钢铁的东西搞成这个织布机，这样就把本地的粗羊毛制成'人'字呢。这个'人'字呢后来就推广。"

调查员：什么叫"人"字呢？

校友T：就是一种织法。那个衣服的毛（面料图案），像一个人字结构，黑白相间，弯弯曲曲的，像字体一样的。

王老师：那个推广部，我小时候我还记得，有二三十个苗族姑娘就在推广部来学织布，学会以后就回到自己家乡去推广，推广织布。朱焕章老师后来要到南京参加民国国大代表会议，就用我祖父织的这种布，这种呢子做成一件大外披，然后到南京开会。这些国大代表看了以后非常欣赏，其中有一位代表愿意用高价给我们朱校长买这件衣服。可见这个布料做起衣服也好看，质量也好。

还有种植林木。我祖父凡是到什么地方，他都种。石门坎相当多的林没有看到了，就是路对面，成片的树林都是我爷爷来以后带着种的。张女士到过紫云县我们那个村，看到过很多山上的树木，都是我爷爷晚年搬到那个地方去以后带领人们种下来的。

农业推广站，现在我总结起来，最突出的就有这么两项。或者叫做发挥社会效益比较突出的就是两项，一项就是织布，织布这个技术推广到所有农村。把我们古老的那个织布机又淘汰了，被机床淘汰。推广到石门所有的苗族用。然后呢，第二个比较突出的就是种树，种杉树，种松树，种果树。

调查员：今天在这里已经看不到了？

校友T、校友F：砍了。就是今天上午我跟王老师去的左边那里，那一大片本来都是松树。原来这里好多松树。

王老师：松树，黄松、青松两种松，都是我爷爷带领规划的。那时候恐怕不是义工，是推广部自己发展实业，有经济收入了以后，就用这个作为很微薄的开支，让一部分人负责栽。

调查员：农业推广站跟教会有没有关系？农业推广站存在了好久呢？

王老师：有关。那个时候外国传教士的经济来源已经逐年减少了，所以，它的任务就是如何用教会办实业从中收入，然后来补充教会、学校所需要的急需。

农业推广站几乎一直存在到解放，解放以后就没有了。农业推广站是我祖父在这里负责，他就是技术人员。我祖父走了以后就没有了，他就到紫云去了。

校友 F、校友 T：他组织人员当学徒，苗族姑娘到里面去，他安了那个纺织机，织布机，纺毛线的，纺麻线的纺机，主要是纺毛线。机床织布机，很多织布机的，我们小的时候经常在那里玩。农业推广站位置在石房子下面。乡政府的下面，松林下面。

四　祖父在政治运动中

调查员：当年祖父他们都是传教的，可不可以讲一下"文化大革命"当中你的经历？

王老师：可以讲一些。解放以后，我的曾祖父自然早就去世了，但我的祖父还在。由于过去信教、传教，所以历次运动都受到审查。每一次政治运动的审查结果也都没有给他定为一个所谓的"坏人"。为什么讲是所谓的"坏人"呢？因为据我所知，凡是在旧社会在石门坎传教的这么一些传道员，负责得有教会工作的人员，在解放初期历次的政治运动当中都受到了迫害，有的甚至被迫害致死。我祖父每次政治运动尽管受到了严厉审查，但最后由于审查结果都没有给他定为一个"坏人"。

到现在我认为原因是这样的，首先我祖父的传教过程，他无论到哪里，都没有欺压老百姓，反而是到哪里就为老百姓解除了很多痛苦，比如说，土目地主、官僚、有钱有势的人欺负弱小的人户的时候，他都去帮助打官司，打赢多次官司。以至于石门坎教会很多重要的对外的事务要处理，其他人处理不下，都要叫他出面处理。另外，经过审查了解下来，他没有与党派有联系，无党无派。他没有入国民党，也没有入什么党、什么派，他就是虔诚地传教，虔诚地教书，虔诚地为自己本民族的发展不懈地奔波奋斗。那么这个结果就不一样。

比如说，审查他的时候，人家问，你们为什么要信教？他就实事求是地、客观公正地讲，我们为什么要信教，是那个时代背景不允许我们生存，不允许我们苗族有一条生路，没有任何人同情我们。外国传教士来，他来办教会，同时他来办起学校，我们得到书读。我们信教主要是要得到书读。我们信教不是要上天堂，是为了获得外国人办学我们免费读书，因此就积极参与信教。他说，共产党来了，共产党比外国传教士更好了，把我们整个民族都解放了，所以我们就不再信教了，我们就要信共产党了。而且，解放以后，所有的民族都是在积极地贯彻共产党的主张和方针政策。因此解放以后，他是经常到省、地区、县开政协会，没有对他进行批判。尽管如此，我们都受到牵连。

（说到这里，王老师激动起来，努力控制着自己的眼泪。）

五 因家庭受的牵连

我祖父经常到省、地区、县开政协会，没有对他进行批判、斗争，或者拘捕。尽管如此，但是我们都受到牵连。比如像我高中毕业政审的时候都认为不合格，幸好有我的校长……

（这时候王老师哽咽难抑，泪流不止）。

本来我的成绩不只是考这个学校。但是因为家庭的原因，没能考得重点大学。当时（高中）学校校长是吴应杰，是共产党员。他比较客观公正地说，他应该算合格。因为他的祖父、曾祖父们虽然在石门坎教会任过要职，但历次政治审查下来，都认为他们所到之处，人民群众相当欢迎，人民群众还很怀念他们，所以他就应该算合格。这样我才得到大学读。

　　这个事实我是怎么知道的呢？"文化大革命"来了，我在贵阳着批斗。我是贵阳师范学院第一批揪出来的八个重大的"现行反革命"之一，就是因为我的曾祖父、祖父是"帝国主义傀儡"，我是"特务"的后代，所以文化革命当中我就被批判斗争、迫害，在学校被关押了57天。

　　既然都是祖辈的历史问题，那为什么又叫"现行"呢？原因是这样的。我刚进大学时，物理系召开了新生入学座谈会。会上我发言说，我来自贵州最高寒、最贫困的威宁，在我的家乡至今不少人仍无被盖、还滚草窝。我表示立志学成回去，从教育入手改变家乡的落后面貌。因此他们说我"攻击、污蔑社会主义"，这样，从天上降下来的不仅是个"反革命"，而且还是一个"现行"的。

　　后来我被解放，也参加了红卫兵。年底回到威宁以后，才晓得我的校长也被批判斗争。我和我的一个同学一起回到了母校，住在母校一间房子里，准备在县里搞串联。我的校长就来找我反映，他当时被批斗，被残酷地迫害。他听说是省里面的红卫兵来了，就来反映他被批被斗的情况，向我诉苦。因此我才知道，（造反派）认为我的当年高考政审应当是不合格的，但我的校长"包庇"了我这个学生，这就成为他的一条罪状。

　　调查员：您为什么可以参加红卫兵呢？按照那时候您的身份，他们允许你参加吗？

　　王老师：红卫兵有两类。开始的时候就是要祖祖辈辈都要过得很硬的，后来，由于"文化大革命"初期迫害了相当多一批学生和教师，他们后来就反击，就是毛主席讲的"炮打司令部，反击资反路线"，这一批人才得到解放。这一批人一得到解放就组织了红卫兵。我参加红卫兵的时候还没有获得解放，都还在变相暗中监视我，但是我还是参加了串联，1966年9月15日到北京接受了毛主席对红卫兵的第三次接见。后来随着文化革命运动的进行，最后才把所有受迫害的都平反，而且有文字资料。可惜那些文字资料我不知道现在还保存没有，是贵州省委宣传部，用红字打的，1966年的大概是8、9月份吧，给我平反的。平反了以后，我就回到自己的县来。我回来的目的也不是来造反，而是回来看家受到牵连没有？我在县城住了几天，马上就回到爱华山我的家。就在那里过年，过完年我就回到贵阳去。

调查员：家里面受到牵连了吗？

王老师：家里面当时还没有受牵连。当时只有我父亲在这里，我的祖父1962年就迁回紫云县去了。我父亲后来是因他的事情被批被斗，因为他是国民党员，不是因我的事了。那是后来，我都已获得解放了以后，"运动逐渐深入"，批斗所有的"地富反坏右"的时候，就把他当成一个"坏人"批斗，说他是"隐藏的国民党员"，是"帝国主义的特务"，还说他有一部"电台"，"随时与帝国主义联系"。其实所谓"电台"是当年石门坎信过教、传过教的所有受迫害人的一条共同的"罪"，真可笑。始终没有找到一部"电台"，而受害者却一大片。没有的事怎么会找得出来呢？

六　父亲的经历

父亲读书和教书

调查员：讲一讲您父亲的故事？

王老师：我的父亲是在石门坎这里读小学毕业，又到昭通明诚中学读初中毕业,他是 1938 年毕业于昭通明诚初级中学。那一年,他考得第一名。他给我们讲,我们苗族,从石门坎小学这里到昭通去读书的,读了三年以后,能够毕业考试获得第一的,连续了五年,他是最后一年。也就是在他的前面,我所知道,在昭通明诚中学毕业考第一的,大概有那么几个:一个是李学高(1935 年毕业),一个是王保祥(1936 年毕业),一个是张斐然(1937 年毕业),我只记住这三个,其中最后一个是我的父亲。

父亲只读到这里就没有读了,后来读是解放后在职读了。为什么他没有继续读书呢?是因为当时他患得有结核性胸膜炎。旧社会,这个结核病还是无法治的。在昭通专区医院住院了三个月,都没有治好。他毕业考试都是在医院里,他的老师和他的校长念他的成绩好,希望他来为石门坎争个光,就从医院里带起病参加毕业考试的。虽然他考第一,但是由于他有病,不能升学,因此他就回到家乡来休养。

躲抓壮丁

他就回家养病,同时石门光华小学缺老师,他也来代过一段时间的课。紧接着,大概是 1943 年,我刚出世还不满一个月,因为抓丁,要抓他当兵,他就跟着他的一个堂哥,到昆明城边边一个叫呈贡县的一个地方,那个时候是抗日战争(时期)。那个地点办得有一个国立东方语言专科学校。据我父亲介绍,这个学校云集了很多江浙一带的名流。他就在那里跟着他的堂哥去躲抓丁,他是在那里图书馆里做图书管理员。第二年,因为他哥得炭疽病死了,不治身亡。因此他也就回到石门坎,他回来在石门坎光华小学继续教书。那是 1946 年。

我是 1943 年生的,生了我以后父亲就逃去躲。他从东方语言专科学校转来了以后,在石门坎光华小学来当老师,那时候正值地下党员张斐然由于在贵阳杨森要抓他,他就回到这个学校躲避，是我的爷爷想方设法把他掩护下来。当然也不完全只是我的爷爷，有一批老人，有见识有威望的老人。我的父亲回来这里教书，由于受张斐然进步思想的影响，他也就在教学中，宣传号召我们苗族子弟为推翻彝族地主统治而努力。因此呢，地主的子女，他们都是带枪在身上来校上课的，就要用枪打这些进步的老师。所以，我的父亲就离开了光华小学，然后又由张斐然写介绍信，又到威宁县政府建设科去工作，大概工作了一年。

创办烂木冲小学

调查员：那么您父亲有没有加入国民党？

王老师：我父亲加入国民党是在昭通明诚中学，初二的时候集体加入，1937年吧。后来他跟张斐然一起做事以后，他也没有加入共产党。他在威宁县政府建设科工作了一年。1947年原住在贵阳乌当的苗族一二十户迁居紫云县，住在烂木冲。为了不让子女成文盲，在寨老的要求下，请求石门坎派教师前去支援开办学校。后以朱焕章先生的名义派遣父亲和朱明安先生去开办学校。从石门坎去贵阳，步行要十三天，贵阳去紫云县城共四天行程，从紫云县城到牛毛坡休息一天。到达烂木冲，他们受到苗胞们的欢迎。到达那里第二天正式开课。当时没有教室，借私人的茅草房做教室，没有黑板和纸笔，父亲和朱先生教学生用小木条在泥地上学写字。烂木冲小学便正式创立。当时他们不计报酬办义学，吃住在寨老家，学生共二十八名。他们边教边周游考察了解当地风土人情和环境。到秋收结束他们返回石门坎。背有数斤大米和棉花去给爷爷看。

以后呢，就是因为地震，石门坎地震，我爷爷就叫他先带起我的母亲和我，还有一些亲戚呢，先迁到紫云现在的新驰村那个地方去试住，如果好住，我祖父们都还要跟着去。我父亲就到那里，继续办新驰小学，就是原来的烂木冲小学。他既是校长又是老师，一直教到1953年，我们又迁回爱华山。

供销社营业员

1953年3月5日父亲带着祖父母和全家离开甘坪寨，步行二十二天回到自己的家乡爱华山。到了当地办好手续，分好机动土地，修好住房才开始种粮食维持生活。秋天调他到龙街区去参加普选、查户口的培训班学习，后分他去大街区的牛吃水一片作户口登记工作。十月中旬才回家中收粮食。当时黑土河需要一位供销社营业员，他的学生，当时是黑土河区的副区长朱佳仁听到他从紫云那边回来了呢，亲自到爱华山来请他去供销社当营业员。由于我父亲认真负责，待顾客热情，服务态度好，使供销社销售货物盈利大增。他创造性地工作，占领各乡场市场，既为国家创收，又为群众服好务，工作开展得有声有色，受到区领导的赞扬，群众也满意。1953年在那里，1956年就把他又调到石门坎供销社来，我也就跟我父亲从爱华山小学到石门坎小学来读书了。

父亲调省城参加创造苗文

然后1957年，又由于我们新苗文要创造，所以贵州省民族工作指导委员会需要一个负责滇东北次方言新苗文的创造和旧苗文的改革的一个人员，所以就调我父亲去担任这个工作。他是在职，直接负责这个工作，就是贵州省民族语文指导委员会。新苗文，它有各种支系语言，我们滇东北次方言新苗文的创造和老苗文的改革，就由我父亲负责。

调查员：当时他带领多少人来做这件工作呢？

王老师：他是在省委机关，相当于省一级的专门的领导部门负责，下面又有工作组。工作组的成员就是中国社会科学院的语言学专家王辅世、有张斐然,当时张斐然是中央民族学院的讲师,抽他来参加西南贵州贵阳花溪语言工作队,好像他是副队长;还有就是抽我的爷爷王明基,还有抽这个杨老师的父亲杨荣新到贵阳去参加工作组工作,他两个老人作为顾问。他们就具体创造新苗文,就用拉丁字母、拼音的方案来创造新苗文。创造出来以后,我父亲他相当于是在省这一级领导机构协调这个工作。比如工作组需要地方政府如何支持,如何开展工作,是通过省民族语文指导委员会的专门负责的人员,来代表地方政府协调中国社会科学院和语言文字工作组的工作。我父亲就是在这个机构,他借这个机会呢,就到贵州民族学院的苗语专业去读了一年的书,是1957年的9月份。实际上他去得半年多一点,他就到贵州民族学院的苗语班,相当于一个专业,进修一年。然后,他又回到原来的这个机构。他就和李璧生、韩绍纲他们几个一道把过去老人们收集的古歌故事这些呢,把它编成书,正式出版。这是滇东北次方言苗族古歌的第一次由正规出版部门出版。我父亲在这方面就做了一次贡献,把这个书出版,我现在还存得有。后来呢,1959年省里面这个机构,推行少数民族语言文字这个机构就撤销。由于那个左的路线,过去没有文字的就不再继续创造,过去有的就不再推广,大家最后都要走向世界大同,中国都要以汉人为主,世界嘛就不说了,(所以)少数民族语言文字就停止推广,机构也撤销。

父亲在大学做后勤

机构撤销,当时机构里各地区调去的人员原则上回到原来的县安排工作,如果是不愿意回原来的县呢,可以就地安排。我的父亲就愿意就地在贵阳安排工作,所以就调他到贵州工学院去搞后勤工作。因为他原来是在供销社工作,所以就调他在贵州工学院去呢,后勤负责膳食工作。采买学生的蔬菜啊,保管学生的粮油啊,搞这方面的工作。

1959年,国家对少数民族新文字的创造和推行工作终止,因此,贵州省民族语文指导委员会的这个机构就撤销了。原来的人员原则上从哪里来就调回哪里,就回到哪里安排工作。我父亲愿意在贵阳安排工作。由于贵州工学院是1958年才建立,还比较缺师资和行政工作人员,我父亲就被安排在工学院搞后勤工作。他负责全校师生蔬菜、粮油的采买和保管。

父亲回村从教和从医

到1962年,也就是三年困难时期,国家号召支援农业第一线,也就是说国家的工作人员可以申请辞去国家的公职回到农村去劳动,在这样的情况下,鉴于我的祖父祖母和我的母亲,及我们的姊妹都在老家爱华山这边,生活困难,他隔远了,顾不及,所以他就响应国家号召,辞去公职,回到老家爱华山。

回来了以后,村里的民办小学比较缺教师,他一来,村里的群众又要他去代课,所以他就去代课。后来乡里面的医疗也比较缺乏,他本身是比较爱好中草药,也会医病。所以这样呢,他一时又在爱华山小学代课,后来又在乡里面卫生室给老百姓看病。他这一生,要说特点呢,他用草药看病医病也是他的一个特点。我父亲最大的特点还是本着救死扶伤,少取报酬甚至不取报酬。也是草药,反正自己花点劳力去山上挖来就得了。当时他很受家乡当地的群众甚至干部的赞赏和赞扬。正是这个时候,因为要照顾我的一些表弟表妹,在紫云这边我的姑母死了,我的姑父来把我的祖父祖母接回紫云这边。我的父亲还继续在爱华山,一直在到1974年,我从紫云那边来把父母亲接去。在这个期间,我父亲也因为曾经参加过国民党,经常被批斗,变相地进行管制,也就是不管他要到哪里,尤其是离开家稍微走远点都要请假。我回来接他们的时候,我都是做好两手准备,如果说,不准带……

（王老师又难过了）

1974年，我已经分工作在镇宁县了，教书。假期，我就回来，把我父母亲从老家爱华山迁移到那边去居住。到紫云新驰村，他就回到他创办的新驰烂木冲小学。后来这个学校改名叫新驰小学了。那个学校也缺教师，因此他仍然又到那里去当民办教师，又在小学继续教书。同时也继续发挥他这个中草药的作用，又给当地的群众看病，解除当地老百姓疾患的痛苦，前后坚持了十二年。到他不再搞这个工作的时候，已经是67岁了，他自己觉得力不从心，身体也逐渐衰退，所以他就申请不再给村里的小学代课教书，也不再搞医务工作。

七 父亲抢救出版《西部苗族古歌》[*]

这个时候，恰好又有云南省寻甸县原来的一个副县长，后来又改在人大常委会当副主任，也是我们苗族，陆兴凤副主任，远道从云南来约我父亲。因为他知道我祖父王明基收集得有我们滇东北次方言苗族的很多古歌，收集的资料不知道是不是还保管。所以就远道而来，来的时候，我父亲就向他介绍，由于1962年的时候失火，我祖父的那些资料都一火毁尽。我父亲由于受我祖父的影响，在贵阳1957、1958年的时候，他们都曾经出过书，凭回忆，还有一些自存资料，在这种情况下，为了充实这些资料，陆兴凤同志邀约我父亲，就从紫云来到安顺我那里，以我那里为个落脚点。带起我父亲到贵阳找到我们的杨明光老先生，也找到了张超伦先生、杨汉先老人，去拜访他们。后来，我父亲和陆兴凤同志又到我们贵州的织金、大方、毕节、赫章、威宁，以及云南省的宣威、寻甸、曲靖，一直到昆明，收集了资料，就拿

---

[*] 陆兴凤、杨光汉等编译《西部苗族古歌》，昆明：云南民族出版社，1992。

到昆明去整理。找了云南大学的教授杨光汉，请他做指导，最后这本书还是请杨教授做了主编，我父亲积极参与了这个事。参与收集，参与整理。特别是这本书的最后一部分——苗语部分，必须出版成苗语和汉语对照的这么一本书。我父亲对这本书的贡献是比较大的，书上没有他的署名，我父亲过世了以后才出的书。后来陆兴凤同志还专门写了一封信给我，特别说明，由于疏忽，没有在这本书的前言和后记上突出我父亲的贡献。我父亲对这本书的贡献主要是这么几点：一是我父亲提供的资料特别多；第二个是这本书所有的注释都以我父亲的解释为主；第三，苗语部分，无论编排和校对，都由我父亲一人全部完成。陆兴凤同志后来补了一封信给我，特别说明我父亲对这本书的贡献。我父亲出了这本书，应该说，这本书也是他古稀之年，离世之前，留给我们后人的一个遗物。所以我现在还在保管这封信和这本书在我那里。因为它毕竟是寄来给我父亲作为他参与编这本书的一个纪念。

调查员：这本书的名字是？

王老师：叫做《西部苗族古歌》。陆兴凤他爱好（古歌），所以他积极地牵这个头。然后来找我父亲，因为他晓得我祖父的资料比较多，我父亲也爱古歌。我祖父不在了，他就来找到我父亲，一道经过我刚才讲的云贵那么多地方，又深入民间重新收集一次。那些还在世的年长的老人，请他们重新唱，他们重新记，重新录。最后出书，他们都不是学者，因此他们必须要投靠一个学者，所以就找到云南大学的杨光汉教授，他是黔东南这边的苗族，现在是云南省苗学会的会长。找到他，主要由他来牵头承担主编，陆兴凤算编辑。

当时我父亲回来以后，给我叙述他们去收集资料的过程，以及到云大的时候和杨光汉教授交谈共事编这本书的过程。他其中就谈到一个情节。他说杨光汉教授就问我，说中国历史上，汉书记载，多次提到"不周山"，那么这个"不周山"到现在为止，都没有哪个学者研究透彻，究竟为什么这个山叫"不周山"？是不是因为这个山太大，形容这个山太大绕不周，是不是这个意思，还是什么意思，王老先生，你知不知道？结果我父亲就给他解释了，他感到很完满，他认为我父亲解决了很多学者无法解决的问题。

我父亲说，"不周山"实际上是汉语借苗语，由于苗族和汉族长期在北方共处，既是战争，又是和平，并不是这几千年天天打仗，有打仗又有相处。所谓相处就是各人的地盘就在那里，但是毕竟语言上还是有融合。因此汉语的"不周山"是借用苗语，苗语讲"不周山"是"沼莫早"，"莫早"是魔王，鬼是"不叻"，"沼"是山，把苗语直译成汉语的话就是"山魔王"。由于苗语和汉语是倒装的，必须是"魔王山"，汉族发音讲不成苗语的"莫早"，只能用一个相近的音"不周"代替"莫早"，因此就变成了"不周山"。这个山的地理位置我不知道，史书上经常提到，又是撞倒"不周山"，又是天地灭了，我看有些史书记载都是这样讲的。我父亲这样讲，杨光汉教授很认同这个解释，"是的是的，你解释得很有道理，苗族和汉族并不是天天打仗，这两种民族同一种语系，发音讲话互相借鉴是有可能的。"父亲就讲了这么段插曲。

调查员：您的父亲一生中有两个特别的贡献，一个是参加省民族语言文字委员会创新苗文的工作；另一个是收集、编辑西部苗族古歌。

王老师：他本来年轻时在贵阳的时候就已经编了，但由于国家当时的政策不允许，说少数民族的东西不主张搞了，以后五十六个民族都要走向以汉族为中心的大同，何况没有语言文字的，就不要再继续深造，有的都要逐渐向汉语靠拢。后来特别是又接到"文化大革命"，这书就被封杀，被毁掉。幸好他晚年又来参与抢救，编了这本书。还有当初英国的张牧师又把我祖父、杨荣新先生他们收集的这一类资料带回英国，据说他们要带回来。我表哥已经在网上得到了。证实这个方面也是我祖父一个贡献，他能利用当时外国传教士柏格理给我们创造的老苗文，能够运用有文字记载的这个手段，又借助他在石门坎教会搞了十多年巡视员的便利，他有机会到所有有苗族居住的教堂，到处走，拜访了很多民间的老歌手，老艺人，就收集下来。过去几千年，仅仅用口传，唱歌这种形式传下来，我可以说，如果没有当时我们这一批老辈人用老苗文记录下来这些老歌手唱的古歌，我们苗族几千年前是在黄河流域，如何如何和汉族打仗，汉族来占我们的地盘，我们一步步退，退到西南来。如果没有古歌唱，现在可能就失传了，可以说无法弥补了。但由于原来的一些文字记载，尽管"文革"中毁了一些，损失了一些，但毕竟还是抢救起来了。

八　石门坎，苗族的布达拉宫

调查员：王老师你们到校园去看过了没有？

王老师：我还没有机会。刚才他们这里搞个小小的活动。我有个老者喜欢摄像，请些本地的小姑娘，穿起裙子，在这里摄像，我们到这边角角走了下。一路上也看到很多东西了，我们看到我们原来小时候的那些房子，现在只看到个破烂的土墙在那里了，有些房子连尸首都不见了，就改作操场了。张道惠牧师起的房子，他两个儿子张继乔、张绍乔来起的房子，现在来看，一块砖一片瓦都看不到了，把它平了做操场了。

调查员：老师们还回忆得起学校当年的情景吗？那时候的盛况，比如说开运动会。

王老师：那个盛况不用说了！那个盛况的影响大到那种程度啊！昭通署的专员和威宁县的知事都没开过这种洋荤，都要来看。什么叫运动会，没见过。什么撑竿跳高跳远，什么篮球排球没有听说过，这些人都要到这里来看一看。

这里到对面翻背后有苗族村寨，在对面山上往这里一看的话，可以说石门坎就像一小座城市一样。当时的房子，尽管是土墙，但是打了土墙，盖了茅草，墙都要用石灰粉来刷白，这样的话，很远的地方看来，就是一片白的建筑。我记得我的祖母给我讲，有一年要开运动会，我们的运动会都是五月端午开，大概是八十多岁的一个苗族妇女，她老人（家住）九区那边，隔这里大概有几十里路。这个老人听说石门坎这里相当于我们苗族的一个"城"，就来看。当她爬到对面那座山，看到石门坎，她就落泪了。我们苗族的城市早就丢掉了，古歌上说，我们的城市相当漂亮的啊，北方的老祖宗的城市，我们称"金城"、"银城"。她说，哦，我们苗族的城市就是这个啊！

校友Y：以前石门坎是苗族的文化发源地。但凡到外面去工作的，都是由这里去的。现在只是一些看到的遗迹，墙壁都残缺了。以前是相当相当漂亮的。在那个大垭口看，对面山看过来，像一座小城市。40年代都是这样的。墙壁全部是这样子雪白的，每一年的春天都要粉刷一道。路不是现在这样的，路是干干净净的，现在是一步高一步低，脏兮兮的。

王老师：就有点像布达拉宫，白白的。由于整个这个石门坎这个坡，坡是斜的，房子东一座，西一座，都是重叠的，但由于墙都是刷白的，这样的话，从对面远处一看，就像布达拉宫。这些建筑是陆陆续续建的，并不是柏格理来一下子就建得那么多。

校友Y：石门坎的这个建设，创业是柏格理，后来建设房子搞规划是张道惠。柏格理去世以后继承就是张道惠，据说他是一个工程师。

调查员：你们说那个时候的路都非常干净，但那个时候也是土路嘛。

王老师：不，有些是土路，有些是石板路。即使土路也扫得干干净净。

校友 W：我们读书的时候，学生安排得有个打扫卫生的时间，每一天还有一个环境卫生的评比。

调查员：王老师，在这里读了几年书，有没有最难忘的事情？

王老师：最难忘就是五六十年代学生在政治运动当中的事情。比如1958年，搞个反右倾，或者清理这些所谓的过去旧社会的人物。像我们刚才见到的这个老师，当时他的父亲是我们的一个老师。还有杨家的老父亲。当时是农民，是老人了，虽然没有教我们，也不是这里的老师，因为认为有这样那样问题呢，当时被抓，喊我们学生去参与。也就是把我们集合起，在全校的师生面前抓几个人。事实上这些人都没有什么罪。学校好几个老师，抓走了一个劳改去了，有一个被定为"坏分子"。这些老师都是很好的老师。他们就是因为要么就是入过国民党，要么就是说因为在这里信教，教会学校培养的，被抓了。

那个时候我们已经是十四五岁的人了，尽管我们年纪还不大，但我们心里面还是受到创伤。因为抓的这些人，都是我们很熟悉的人，有的直接是我们的老师，还有的甚至于是我们的亲戚。反右运动又搞了一批。我的小学校长韩校长被搞成右派。陶老师的父亲在中学当教导主任，这些人都被打成右派。

有本书叫《苗族救星》①，我看过了。我觉得还是写得很实。什么叫救星？救星就是比喻帮助别人脱离苦难的集体或个人，这是词典的解释什么叫救星。这本书主要意思就是对柏格理，我觉得他是称得上救星的，他带领我们这一支队伍，逐渐向脱离苦难的方向迈进。新中国成立了以后，用我爷爷的话说，孙孙，你们

---

① 饶恩召、古宝娟：《苗族救星》，武汉：中国基督圣教书会，1939。

以后不用再信教，过去我们信教，目的是要读书，你进了教会才能读书。共产党来了，我们整个这个弱小民族已经全部解放，你们好好读书，不用再信教。这就是老一辈为什么要信教的真实吐露。老辈人信教是为了读书，因为教校合一嘛，你信了教你就可以得书读，读了书以后才能够和社会上其他民族逐渐争得平等地位。像我们朱老师的父亲，过去时候是国大代表，现在叫人大代表。无非也是为自己的民族，为自己的老百姓反映意见嘛。（石门坎）因为有这些代表，我们就逐渐在国家的统治机构里面能够有我们一席之地。

九 比较分析：教育差距和政策

调查员：您提到差距很大，为什么您一来就感受到差距了呢？请您谈一谈。

王老师：差距很大呢，就是我感觉到这个地方的文化，因为这地方过去的辉煌也就是文化，也就是教育，尽管那时候是很苦的。应该说我们这一代人，过去我们的老辈人，祖祖辈辈这个苦难是很深的。以往我们都是在彝族统治下过着奴隶的生活，到教会来了以后就开始有文化，我们才能够和汉族有往来，苗族才有了大学生。

我虽然刚刚才到，但是因为我的亲戚朋友都在这里，通过他们，多年来我都在感受。差距大就大在有几个考大学的？我们搞教育，教学质量就要考大学，要考名牌大学，或者博士你有没有？是不是？这就是教学质量，是不是？没有！我是"文革"前夕进大学的，"文革"以后这个地方考取大学的（苗族），我还没有找到一个。

调查员：刚好今天我跟陶老师也探讨过这个问题，您觉得原因是什么呢？

王老师：原因很简单。原因是社会变化。社会变化意味着要有钱才读得了书了。过去老辈人是由于教会这边支持，解放初期是共产党支持我们。我在学校里面全部是领人助金吃饭，除了吃饭还有两角钱补助。"文革"以后，改革开放以后，国家不帮助了，有钱你就可以读，没钱的就不读了。老师呢，好的老师都走了，你怎么培养得出人才？

调查员：但我觉得过去也有因为贫困上不起学的，现在还是有因贫困上不起学的。也就是说，这个基本前提没有太大的改变。有传教士的时候是教会资助，后来是政府资助，现在政府也有相应的政策。

王老师：那政策是微乎其微的，那纯粹是空的！不实在！不能维持这个学生读书。有一个优等生，学校收的费，所需要花的费，国家没有支持，没有补助支持。好老师没有了。我们老辈请的是昭通秀才来教的，我们老辈是一字不识，目不识丁啊。传教士就从昭通（请来）汉族秀才教我们，有的还是留学日本的。培养了象吴性纯他们这一批大学生毕业了以后，他们并没有到大城市去谋生，回来为自己这个民族，就在这里办学啊。当的当校长，当的当老师。大学老师来当小学校长，大学老师来当小学教师足足有余吧。正因为这个原因，出了相当多的人才。解放后，这是我自己的看法啊。"文化大革命"之前，共产党也很重视，派来的那些老师啊，全部都是大学本科生，教我们的老师教得相当好。所以我们才有今天，否则我们还留在这块土地上，面朝黄土背朝天。"文革"以后，"文革"搞乱了人的思想。改革开放了之后，人才都外流了，有才能的人都不愿在这个穷地方呆了。

调查员：作为这里的老校友，看到这种差距，您这次回来的心情？

王老师：心情很不平静，但是我面对现实。不是个人能力，是国家的大政策所决定。这不光是这个地方，西部都是这个样子。1993年在省党代会的时候我提到这个问题，我说不重视我们边疆落后地方的民族的基础教育，还有特别是经济，因为经济和文化教育是结合的。沿海地区开放的时候，中央政策的倾向使它们发展，当然它们条件比我们要好。我觉得国家大政策不变的话，这种现状是变不了的。我的意见是，没有外国传教士那种献身精神，则改变不了这种状况。外国传教士连骨头都埋在这里，有这种精神。扶持力度相当大，才改变苗族当时受奴役的处境。新中国以后，特别是改革开放以后，这个政策扶持力度基本不够。这个民族不是愚蠢的民族，这个民族是很聪明的民族。但是要得到扶持，因为他们本身经济基础基本上没有，要靠外来的大力度的扶持。你比如像国家如果愿意，你就在昭通办一个，就算我们面对现实，不来石门坎办，你就在昭通办一个全免费的各地苗族子弟优等生到那里读书，全免费在那里读书，肯定有考博士的啊，我讲的力度大是这个意思。你再办到这个地方来，好的老师也不愿来，交通也闭塞，不现实。或者学校办到昆明，办到贵阳，办在那里，去读书的人不交钱，一直培养他到大学毕业，只有这个力度才搞得出来。

校友陶绍虎老师：这个就像刚才我讲的"九年义务教育"，这个义务不是老百姓的义务，是国家的义务，国家必须把你的孩子培养到初中毕业，现在有这个能力。但是到大学毕业这一段，如果没有能力的话，国家可以选择。比方我没有能力培养所有的学生，但是把一些优秀的培养成比较好的栋梁。如果我们这些选最好的学生，你达到某某程度，你就上国外大学，你进来我可以免费向你免收学费，你这些学生考了优等的，我可以给你学费，给你奖学金，你只要达到这个水平。现在我们的教育有些失误，我们的教育往往是只注意数理化，外语，而我们的教育应该是多方面的。有些人生来就不愿意算，不会算，他就喜欢跳舞唱歌，那我们就要唱歌啊有歌唱家，艺术，美术家，企业啊等等。哪怕是个木匠，木匠他并不见得懂得多高深的理论，但是他会木匠，这木匠并不是所有的人都会。博士生未必能做出这个东西来。换句话，航天员他也做不了木匠。就是说人有不同的资质，不同的兴趣，我们的教育就是要充分地发挥这些儿童（的不同潜力），去寻找他们的发展方向，去帮助他们走向理想的、他们愿意去的地方。要根据他们的兴趣来培养。如果根据他们的兴趣来培养，我们要做的基础教育很多。所以有时候我说我们大陆的教育也荒废了些少年，他数理化不好，或者他语文不好，英语不好，就很难再上学。但是如果我们在其他方面教他，也许他又从另外一方面去发展了。体育也有，美术也有，音乐也有，各个方面都是人才。

调查员：从这方面看，反映的是一个农村的普遍问题，贫困地区的一个普遍问题。我相信老校友们，老一辈人的感触更深，是因为当年实际上是有很好的一个基础，很好的底子，当年这里是文化中心，而且也培养出了大批的人才。但今天……

王老师：应该说从60年代初期、"文革"前开始就断掉了，原来的好老师也陆续走了。

社区记忆之四
杨明光老师忆石门坎光华小学

  记述者：杨明光老师（曾任石门坎学校教师，贵州省宗教志办公室主任）
  地点：贵阳市云岩区
  记述日期：2005 年 8 月
  整理日期：2006 年 5～8 月
  整理者：王莎莎、沈虎雏、沈红

  石门坎光华小学位于威宁县西北角、巍峨韭菜坪山系礌刀岭山麓石门乡荣和村石门坎。西北毗邻云南昭通、彝良县界，东南与县内云贵、龙街、中水三个乡镇接壤，坐北向南，四周青翠绿山环抱，后有数十户苗族与学校为邻。海拔 1990 公尺，距威宁县城 140 公里，周边盛产御寒力强的山茶花、野荷花，山茶花每年十月到翌年三四月盛开，野荷花开春三四月盛开，花香扑鼻，景色迷人，地下无烟煤丰富，水资源好。前有河后有山，山清水秀，为读书的好地方。更引人入胜者，学校右上方沿石门坎沟而上，三里许雨撒湾村右坡，上行经蜿蜒曲折"三十六弯"前行到海拔 2600 公尺的礌刀岭，立于山巅四面环视，似进入另一个天地，二三百里之地尽收眼底，顿感豁然开朗，赏心悦目，烦恼心情顷刻消失。向北远眺彝良县境山区风光旖旎。右侧悬岩陡峭，丛林葱郁，俯瞰脚下，便是青松郁郁葱葱的石门坎光华小学。

一 学校创建经过

石门坎光华小学是伴随基督教传入石门坎而建立起来的学校，1905年创建正式招生入学，为边区各族人民发展教育起到了不可估量的巨大作用。开始创办初等小学堂，后遂扩办高等小学堂。建堂办学后，石门坎竟成了当地苗族文化发展中心区。基督教循道公会重视办学，除石门坎设有学校外，分散于威宁县境和川、滇邻县的乡村竟有三十余所初等小学堂，隶属石门坎光华学校分校。初等小学毕业后，集中于石门坎统一会考，成绩及格者则进入石门坎高等小学就读。

创业

教会和学校建立之前，石门坎系一片荒凉冷落不毛的偏僻地，仅有数户苗族农民在那里耕作。交通闭塞，各族人民经济、文化十分落后，特别是苗族人民祖辈深受封建地主和土目的残酷压迫剥削，经济和文化更落后，过着农奴牛马不如的凄惨生活，政治上没有地位，常常招致地主嫉恨压榨，因此非常迫切渴望有文化知识摆脱愚昧贫困。

封建王朝官府，不顾边区文化教育事业。威宁以及邻县没有一所官办学校。基督教传入石门坎建立石门坎光华小学后，即成为当时独一无二的正规学校。设堂建校时，昭通汉族王玉洁老师全权指挥建筑工程。从昭通请来石工木工师傅，瓦工在石门坎海子湾建砖瓦厂，长期烧制砖瓦，除供应石门坎学校建筑所需而外还为附近学校提供用瓦。当时，石门坎周围建房用材奇缺，他们不畏艰辛，出门爬两面大坡，涉过银炉、板桥两道河流，行经坎坷羊肠细道，到距石门坎三十余里的通角寨，向花篱笆安习之土目购买了一片方圆六十、七十亩成材松林，由通角寨苗族信徒负责护林、砍伐和解板，各处苗族信徒义务搬运建筑用材，必经一段长约十里崎岖难行的陡坡，才能到达石门坎。所需用粮由各地信徒乐捐。

褴褛创业，翻山越岭，涉过深谷急流河，来回搬运木料，汗流浃背，不顾劳累，创业的艰难是外人无法体味，大量琐细的工作更非语言能够描述。是什么精神的鼓舞？是求知欲望心切，为摆脱受压枷锁发奋精神的鼓舞和要求。

苗族（虽然）素有古诗文化，由于不知书不识字，只凭口传死记硬背，骤然转向要学汉字，接受新文化知识是个转折点，也是苗族发展的里程碑。在当时苗族所处社会环境条件下，少年儿童大都不懂汉语，入学读书困难。因此，对首批发蒙入学者条件要求年龄不限。为了应急当时教会的需要，招收能自理生活的青少年，边学汉文、边学苗文，他们是杨雅国、张武、王胜模、张约翰、王道源、杨芝、张马太、王西拉等。

石门坎西侧溪沟是石门坎沟，与大道交口处，有一段隘路狭道，行人过往极不便，于是教会雇请石工开凿崖壁，拓宽路面，巩固保坎，砌石阶而上，隘口设一道雄伟坚固的栅门，因此得名"石门坎"。"光华"系校名，地名校名连称"石门坎光华小学"。建校之前无石门坎地名。

石门坎像一座小镇

高等小学教室：高等小学教室及大部分师生宿舍，后来陆续修建，竣工后，指挥修建的王玉浩老师1910年为学校取名"石门坎光华小学"，即光复中华之意。高等大教室是1908年柏格理传教士回英国，阿司多老人捐款两千英镑修建，勒石立碑纪念。

校基处于斜坡，花工大①，平整后，后坎高7米左右，整个屋基长33.9米，宽14.5米。面积491.55平方米，四周统统以修建好的石条镶成相当牢固的基脚。前台高一米许，后台高半米。土墙建筑十分坚固。中部为宽敞大教室，可容120人桌位，两头各为两间大小相同的小教室，每室可容40余人桌位。室内外墙壁糊一层牢固洁白石灰，室顶坚固的天花板。各室均设有冬天取暖壁炉。黑板，课桌漆紫红色发光、门窗油漆浅红色，屋檐横板油漆深红色。设备合理，采光极佳。直到30年代末室内外建筑完好无损。此栋房，在当时当地是一座独一无二的雄伟建筑，造型别致，引人注目，十分壮观。行人过往都要驻足翘首观光，赞誉不绝。

体育场地：1918年间建有露天洗澡塘两间，长约14米，宽10米，深1.6米的一间，供年龄大的学生用；长约10米，宽约8米，深1米许的一间供年龄小的学生用。遇有女生要游泳洗澡，男生主动让给女生用。澡塘底铺薄石板，设有排浊水涵洞。四周筑5米高的土墙围住，中间土墙隔为两间。一直完整保护到30年代末。标准的篮球场两个，其中一个就是大教室坎上的篮球场，系1937年朱焕章任校长时，他亲自带领学生勤工俭学开辟建成。1910年在斜坡开辟足球场，不甚规范，断断续续再扩展，直到30年代初，宽度仍不够，勉强使用。由于校园内人工削坡开辟的足球场也不敷应用，在吴性纯任校长期间，1934年征拨得距校三里许的大坪子足球场。这球场符合规格，周边环境优美。迄今人们无不怀念性纯校长的功德。学校体育场地设备齐全是少有的。

道路交通：为便于学校出入，也是为方便去昭通的驿道过往，教会1918~1919年的荒年间，雇请各地信教群众，以工代赈，杨雅国负责、李堂监管，从西南向猴子岩脚起新辟一条较宽

---

① 花工大，即花费工时多的意思。

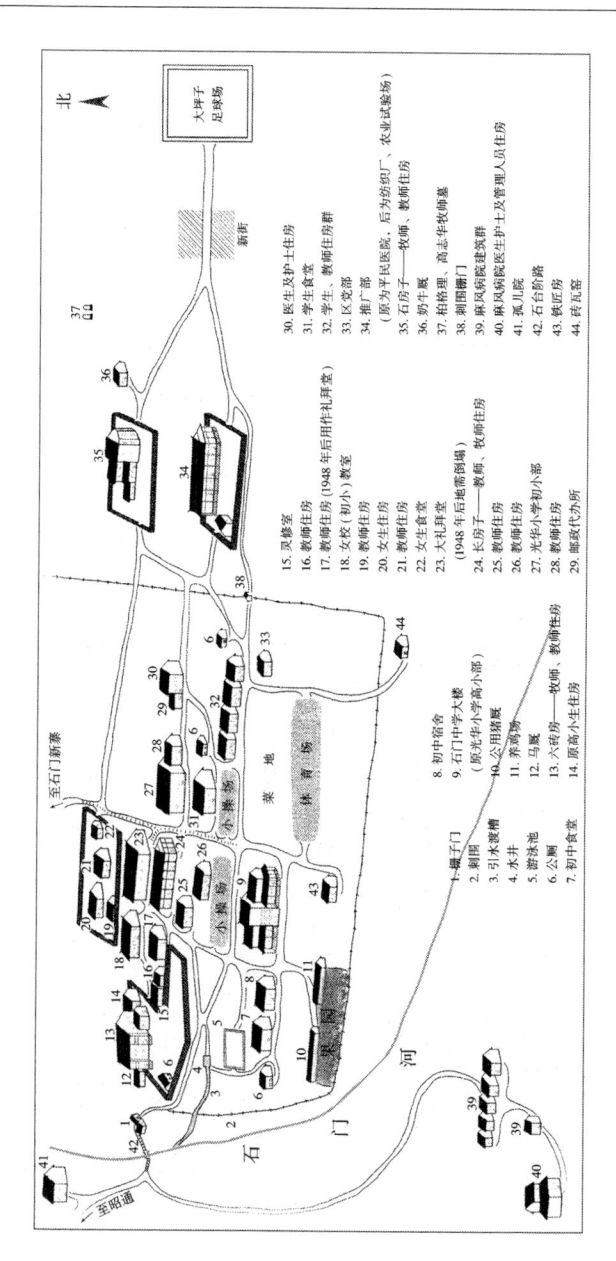

社区记忆之四 杨明光老师忆石门坎光华小学

1. 寨子门
2. 引水渡槽
3. 水井
4. 游泳池
5. 公厕
6. 公厕
7. 初中食堂
8. 初中宿舍
9. 石门中学大楼（原光华小学高小部）
10. 公用猪圈
11. 养商场
12. 马厩
13. 六砖房——牧师、教师住房
14. 原高小生住房
15. 灵修室
16. 教师住房
17. 教师住房（1948年后用作礼拜堂）
18. 女校（初小）教室
19. 教师住房
20. 教师住房
21. 教师住房
22. 女生食堂
23. 大礼拜堂（1948年后此处倒塌）
24. 长房子——教师、牧师住房
25. 教师住房
26. 教师住房
27. 光华小学初小部
28. 教师住房
29. 邮政办公所
30. 医生及护士住房
31. 学生食堂
32. 学生、教师住房群
33. 区党部
34. 推广部（原为平民医院，后为纺织厂、农业试验场）
35. 石房子——牧师、教师住宿
36. 奶牛厩
37. 柏格理、高志华牧师墓
38. 剖圆腾门
39. 麻风病院医生护士及管理人员住房
40. 麻风病院建筑群
41. 孤儿院
42. 石台阶路
43. 铁匠房
44. 烧瓦房

附录图 4 石门坎光华小学建筑分布图，20 世纪 40 年代（朱显灵等绘）

的便道，削坡固坎，经大垭口到石门坎，长约5公里许，后遂由石门坎往东北向扩展修一节便道，辟坡固坎延伸至银炉河坝，亦长约5公里。在未修通这条路之前，驿道是从银炉河坝沿河而上，经狮子洞、麻风病院垭口接猴子岩。有了这条较宽的便道竟成了驿道直路，不再走老路绕道。教会又为社会办了一件大事。

师生宿舍简陋适用，大小三十多幢，土筑墙极为坚固，一楼一顶瓦房，室内外墙壁糊一层坚固洁白石灰。每年春季开学前，都用石灰粉刷一次，既消毒又壮观瞻。

立于野依梁子、大垭口远眺石门校园，白皑皑一片，像一座小市镇，夺目耀眼。

石门坎光华小学和分校

基督教循道公会自1905年始至1920年的十五年间，不仅在威宁县属石门坎联区和长海子联区开办了15所初级小学，而且还在川南和云南与石门坎毗邻县农村创办有30余所初等小学，均隶属石门坎光华小学分校。临近解放，还在扩建分校，如马街小学是1947年兴建的学校。1937年以前，各分校用的教科书，纸张笔墨购置，课程安排均由石门坎光华小学统一办理，初小毕业生的统考沿袭到解放前夕。"分校"名称，仅为内部使用，对外则不存在分校之名。在此介绍一下这些学校的分布。

石门坎联区9所学校：

（1）石门坎光华小学亦是中心学校，1905年建立。今威宁县石门民族学校。

（2）天生桥小学，1906年建立。今威宁县龙街镇天桥小学。

（3）陆家营小学，1907年8月建立。今威宁县龙街镇陆家营小学。

（4）罗布甲小学，1910年11月建立。今威宁县云贵乡罗布甲小学。

（5）爱华山小学，原名海角山小学，1927年建立。今威宁县黑土河乡爱华小学。

（6）通角寨小学，1908年建立。今威宁县云贵乡通角寨小学。

（7）木槽小学，1927年建立。后已并入其他学校。

（8）大寨小学，位于威宁龙街镇右侧，1945年4月，笔者根据大寨群众要求，经石门坎学校同意，与大寨元老韩仁源、韩理源研究创建。今为威宁县龙街镇大寨小学。

（9）马街小学，1947年韩理源老师与当地群众创建。今威宁县云贵乡马街小学。

威宁县长海子联区6所学校：

（1）长海子小学，1906年建立。今威宁县黑石镇长海子小学。

（2）硙子河小学，1914年建立。今威宁县哲觉镇硙子河小学。

（3）切冲小学，1914年建立。今威宁县雪山镇切冲小学。

（4）上海枯小学，1914年建立。后已并入他校。

（5）牛街子小学，1938年建立。今威宁县哈喇河乡牛街子小学。

（6）龙井小学，1907年建立。今威宁县斗古乡龙井小学。

云南省彝良县咪哩沟联区[①]15所学校：

（1）咪哩沟小学，1906年建立初小，1941年在王兴中老师手下扩建高小即完小。今彝良县毛坪乡，这个小学已迁校。

（2）大火地小学。今大关县玉碗乡大火地小学。

（3）青树林小学，1914年建立。今彝良县洛泽河镇，这个

---

① 根据威宁县杨忠信先生考察，此区咪哩沟小学、生基坪小学和青树林小学已迁校或撤校。整理者据此对这一段内容做了补充。

小学已撤。

（4）幺店子小学，1915年建立。今彝良县奎香乡幺店子小学。

（5）芦茅寨小学，1914年建立。早年迁簸箕寨，现为彝良县毛坪乡簸箕寨小学。

（6）落尾坝小学，1915年建立。今彝良县毛安乡落尾坝小学。

（7）三家寨小学。今彝良县龙街乡三家寨小学。

（8）中寨小学。今彝良县发达乡中寨小学。

（9）麻窝凼小学。今昭通市麻窝凼小学。

（10）拖姑梅小学，1915年建立。今彝良县龙街乡拖姑梅小学。

（11）大苗寨小学。今彝良县毛坪乡大苗寨小学。

（12）铜厂沟小学，1927年建立。今彝良县毛坪乡铜厂沟小学。

（13）核桃湾小学，1915年建立。今彝良县荞山乡核桃湾小学。

（14）天星场小学，又名凉风坳小学，1907年建立。今大关县天星乡凉风坳小学。

（15）生基坪小学，1930年创办。今盐津县滩头乡，这个小学已迁往平头山。

云南永善县大坪子联区20所学校：

（1）大坪子小学，1907年建立。今永善县茂林镇新林希望小学。

（2）杉木林小学，1921年建立。今永善县马楠乡马楠小学。

（3）燕子岩小学。今永善县景新镇燕子岩小学。

（4）老棚子小学。今永善县五寨乡老棚子小学。

（5）老鹰岩小学，1920年成立。今永善县茂林镇小坪子小学。

（6）唐家坪小学，1938年成立。今永善县水竹乡塘坝小学。

（7）三锅庄小学，1940年建立。今永善县五寨乡三锅庄小学。

（8）龙门寨小学。今永善县茂林镇龙门寨小学。

（9）红沙地小学，1931年建立。今永善县水竹乡红沙地小学。

（10）桷子厂小学。今永善县马楠乡桷子厂小学。

（11）十八坪小学。今永善县马楠乡坪厂小学。

（12）谭家坪小学，1940年建立。今永善县茂林镇谭家坪小学。

（13）石灰窑小学。今永善县马楠乡石灰窑小学。

（14）北门官寨小学，1935年建立。今永善县莲峰乡米田小学。

（15）营盘堡小学。今永善县景新镇团山堡小学。

（16）冷米寨小学。今永善县茂林镇冷米上寨，这个小学已撤。

（17）狗脚湾小学，1930建立。今永善县团结乡狗脚湾小学。

（18）五堆石小学。今昭通市昭阳区靖安乡五星小学。

（19）龙树小学。今鲁甸县龙树乡龙树小学。

（20）化古台小学。今永善县茂林镇松树小学。

为发展民族教育，为石门坎光华小学毕业生就地深造，以及解决家庭贫困的各族子弟到外地深造的困难，1943年8月朱焕章倡办、杨砥中支持创建石门坎中学，是一大历史贡献。嗣后，基督教循道公会经费上有微薄补助，成为教会办的学校。上述学校，解放后人民政府接办后，教职工全部转为国家正式职工。从此摆脱经费开支的困难，教师生活有了保障，安心教学工作，解除生活后顾之忧。

二　学校教学活动

外籍传教士为了巩固和发展基督教教会，出于培养为教会服务人员的需要，因此建堂办学形影不离，建堂到哪里，办学就到哪里。极力兴办学校，不是为学校是为教会而办学校。然而，苗族则是由于历史原因，受尽没有文化教育的痛苦，急迫需要文化教育，在此情况下，就积极送子女到学校就读。虽然他们与教会办学互为条件，但目标又各异。苗族是借助外力发展自己、壮大自己。

石门坎光华学校自 1905 年开办至 1949 年的 44 年间，始终没有停办过。就以历史上的 1919 年与 1923 年大饥荒年，不少地方哀鸿遍野，饿殍载道，各族人民糠秕度日，影响学生人数下降，但学校照常维持下去。学校未停办，并非教会给教师薪金待遇高，相反教师所得待遇极其微薄，月薪只能解决当时食盐昂贵开支、吃饭问题，教师仅靠学生的粮食学费解决，遇有学生少，就靠自己家庭农业劳动维持生活。学校从未停办，其根本原因：第一，教师待遇有保障，工资按时发放；第二，学校按时开学按时放寒暑假，每学期至少 20 周课；第三，学校纪律严、校风好，学生考试不作弊；第四，老师教学认真负责不缺课，按规定上完各种课程；第五，学生大多是穷人子弟收费低。求知欲望心切，认真读书。因此，学生有一良好稳定的学习环境。

校园

石门学校注重绿化，培养舒适的环境，校园周围，人工开辟的足球场地上，坎下左侧，以及石门坎沟和麻风病院周围，自建校以后，特别是 1910 年以来，老师带领学生陆续种植成片的云南松，尤以石门坎沟一片数百亩松林长势良好，茂密成林，树干标直。朱焕章任校长的三年（1935~1938），亲自带领学生在林中空隙处补栽树籽。校园内整洁卫生，使人心情舒畅。自小操场至初小教室60米许的斜坡路，完全用石块砌成稳固台阶。为了不让雨水冲刷路面，自石门坎村民组坎下至澡塘近百米路面右侧筑沟深一米许，以薄石板从底到边镶固工整，备雨天引水入澡塘不冲路面。每周六下午全校清洁大扫除，石门坎沟栅子门横穿校园大路至平民医院围墙脚一里许，以及校内所有过道，打扫干干净净，经常保持清洁，使过路行人赏心悦目，体现出学校精神面貌。

教室内一色油漆紫红色的课桌和门窗保护完好无损，清洁美观，进入教室令人清爽，是个好的学习环境。学生平时上课，课堂肃穆无声，注意听讲，学习认真，考试秩序井然。一向坚持早操，夜自习书声琅琅。早晚作息号声为令，学生自觉自愿为号手。体育课时，球场上篮足球、田径赛运动活跃自如。注重文娱生活，一月或两个月学校组织一次文娱晚会，师生共同出节目。特别是足球开展比较广泛，足球不仅是学校体育主课之一，而且农村中农民也最爱好，每逢婚娶喜事，青壮年们在没有体育场地的情况下，就在比较平坦的地方进行足球友谊赛助兴，其乐无穷。

年龄最大的学生王西拉

彝良龙洞水的苗民王西拉是石门坎学校首批入学的学生，他年近半百，是年龄最大的一名。恁大年龄去读书，在于恶境所迫，黑暗社会豺狼当道，没有老百姓天下，不识字受尽恶势力诈骗、愚弄。王西拉痛定思痛，不顾年龄大，雄心壮志、朝气蓬勃和青少年共同拼搏比学习，课余之暇，手不释卷，争分夺秒惊人地学习。不久掌握了不少汉字，他能从头至尾读圣经，畅读无阻。由于他学习非常用功进步快，学校特赠给一副精制眼镜，以示鼓励。他不但自己努力勤奋学习，而且还以自身经历农奴、低人一等的痛苦生活，教育儿孙要认真学习文化掌握科学知识，摆脱愚昧求进步。过大年，寨上青少年集中游玩嬉戏，当爷爷的不让孙孙参与，而强制其孙王兴中温书巩固学习，教导说："世间苦难由我这一辈蒙受了，你们子孙不能再过苦难生活，要用心读书学习，有文化知识才受人尊敬，才能改变落后面貌。"因此他两个孙子王心田、王心忠①旧制中学毕业后，成为石门学校有名气、文化素质高，群众公认有真才实学的教师。孙女王馨芝也是高小毕业，王西拉一家成了当时当地屈指可数的书生门第之家。王西拉入学前，生性好酒，往往饮过量酒有名酒鬼，并相信端公（巫师）拨弄鬼术，通过学习科学知识之后，彻底革除酗酒恶习，他也不再相信鬼神，成为石门坎教会骨干传道士，不仅在石门坎附近教会工作，还被派去云南武定、洒普山等远地教会工作。云南禄丰县大箐基督教教堂是王西拉所创，迄今信教群众还念念不忘。

我的老师张马太

我的老师张马太也是石门坎早期的学生，他勤奋学习超人，废寝忘食攻读，认真地精读古文四书五经，对古文运用自如。非常注重练习书法，有一手笔力遒劲的好字，符合书法要领，在老一辈知识人士中独一无二。

张马太先生，为人诚恳忠实，大智若愚，一身正气，两袖清风。他对于经常被分配到百多里偏僻教会和学校工作，毫无怨言。他常用"万般皆下品，唯有读书高"来启发各族群众努力学文化，读书和务农，两者好比两翼缺一不可。他说过："人的

---

① 王心忠即王兴中老师。

生命有限，要乐观度过，要过有益于人类的生活，多体贴困难人。不要羡慕地主家财万贯，这种人一出门前呼后拥为其保驾，怕被杀，日子并不好过，而我们平民靠自己双手劳动，自食其力，心地坦然天地宽，走到哪里都是家。"这是我少年读小学四年级直接受他的教育的话，记忆犹新。

我在陆家营小学发蒙时，张马太先生在这个学校工作，1934~1935年我得到他直接哺育。我记得他注重锻炼身体，或散步或爬山。学生体育课、足球练习，他都要参加，那时他是半百的人了。张老师不尚高谈阔论，不议论他人是非，谆谆教育学生。他教育我要刻苦学习成为有益于人的人，不骄不傲为人要正派。我的成长与他的教育分不开，受益铭记于心。他经常在生活中手不释卷，看书学习，练习毛笔字，不但严于律己，而且特别严于教育子女，两个儿子初中毕业，当上人民教师，幺女儿石门高小毕业，一家人重视教育事业发展，祖孙三代均有一手好毛笔字，遐迩闻名。

学生来自四面八方

石门学校开始招收第一批非正规学生，只限于入教的苗族子弟，着重培养教会应急布道人员，他们被分配到云南会泽、寻甸、武定、镇雄、威信和永善以及川南筠连、珙县苗族地区的农村教会，担任传道兼小学教师。他们由于学习期短，文化不高，主要是在工作中，边工作边自学适应工作需要。被分配的人，所到之处，深受当地群众热情欢迎支持工作，调离时依依不舍惜别。学校招收第一班仅限于苗族子弟；后来学校办得出色，校风严谨，教师教学认真负责，教材内容新颖，学生成绩显著，远近闻名，因此，邻县各族信教与非信教子弟，慕名纷纷而来，许多私塾学生亦被吸引入校就读。甚至有条件赴城市上学的大地主纨绔子弟也送到这所"洋"学堂来读书。如彝良县梭嘎大地主陇鼎承之子陇体耀、陇体芳都送到此来与苗族同窗就读毕业。陇体耀后为云南省民政厅长,陇体芳为浙大毕业生。当时在校生,每年均保持在三四百人,可见学校的盛况。

学制和教学课程

学制:按照国民政府教育部规定,初级小学四学年,高级小学三学年。新教学制后高小改为二学年。每年秋季招生,但分校为了方便群众,也灵活春季同样招收发蒙者,增加老师教学时间毫无怨言。

教学课程:以汉语文为主,苗语诠释。初小课程开始学启蒙读物,如《绘图蒙学》看图识字,以字代词,连词成句。第一课识字:一、二、六、八,连词:一个,一个人等;二三十年代正式课程,国民政府教育部审定。新时代初级小学国语、常识、算术、三民主义教科书。30年代后期改用国民政府教育部审定复兴国语、算术、常识教科书。高小课程:《千字文》、《三字经》、《百家姓》以及国文、算术、历史、地理、书法、图画、音乐。《圣经》和苗文课,每周各二节,有时没有开课。此外还加上四书五经。1912年以后改用国民政府教育部审定共和国文,20年代文言文改为语体文,即国文改为国语。1932年后改为复兴国语、算术、地理、历史、自然、社会、公民、卫生、说话(国音字母)教科书,为了升学方便起见,加上英语课。副科有图画、音乐、体育、书法、劳动、手工等。圣经、苗文课,一个星期只有一节课,1936年以后圣经课停止。

课程中的历史、国语有些课文,老师要求背诵打分。体育课是副科,但学校极为重视,不是篮足球的练习就是操场上的体操。体操基本要求熟练:排队、立正、稍息、齐步、正步、跑步、左右转以及队形变化等的操练要求整齐。早晨起床号响,学生起床聚合上早操后早餐,八点正式上课,坚持点名上课,十二点下课。中餐后休息两小时,下午两点上课到五点,每节课四十五分钟，中间有十多分钟休息。晚上八点至十点为夜自习，有老师监督自习。照明用油学校供给。晚上十一点熄灯号响后必须一律入睡。由于课程多，每天紧张作息，师生是够累的。

1918～1925年，初高两级小学毕业生毕业考题，由成都华西教育协会统一命题，考完后试卷评分均由命题单位评定。各分校初小四年级毕业生，按规定，全部集中石门坎中心学校统一会考，试卷评定成绩及格者发给毕业证书。因此学校对毕业班平时学习非常重视辅导。

1926年新学制后，毕业班考试制度，改由石门坎光华小学自己组织办理考试、评定分数，从此减少了许多麻烦手续。

1925年以前，信教群众的学生点名参加星期天礼拜，后来就自由参加礼拜不再强制了。

学生学费

石门坎光华学校，是一所为农村贫困地区各族人民开办的学校，一向只收取极低的学费而不收杂费。学校自开办以来，信教与非信教子弟同样兼收，只是在交纳学费时有所区别。上初小的学费，信教群众子弟，每人每学期玉米5升，合40市斤；非信教群众子弟，每人每学期玉米7升，合56市斤。升到高小时，信教群众子弟，每人每学期玉米7升，合56市斤；非信教群众子弟，每人每学期玉米1斗，合80市斤。收费差异在于，信教子弟因其父母在建校时曾付出一定的劳力财力，所以其子女入学时收费偏低。来自远地的学生交粮不便，即以当时当地粮价交钱。收取学费不是先收费后入学，而是报名入学就读后，在学期末结束之前交付均可。这大大方便了学生和家长。也有些人，学期结束了没有交学费，学校也不再追究，是全靠自觉。学生用的课本、纸张笔墨，不论信教与非信教子弟，都一律自理。学生取暖用煤，截至1940年以前，是由学校免费供应，按宿舍房间发。

每周星期六下午到指定地点领取，担回宿舍备用。当时，石门坎煤炭丰富，人烟稀少，物尽其用，自不待言。

学生伙食

截至 1940 年以前，学校设有伙房，雇请伙夫专门为学生煮饭。每间宿舍，在未上课之前，把玉米面盛入甑子，豆米放入砂锅写上名字交到伙房，伙夫在壁头一排长长的炉灶煮好，下课时学生各自去领回，在宿舍加菜炒食。炊事员在（伙房）高温操作，整日劳累不休，辛苦极了。学校为学生创造了如此条件，学生生活有保障，就能集中精力安心学习。

三 学校教育的发展

昭通请来的汉族老师

自建校到 1913 年，石门坎小学老师均由昭通聘请，聘请热心教育事业工作、师德高尚、素质精良、有教学经验的汉族老师任教。首批教师有李司提反、钟焕然、王玉洁、夏士元。其后有郭明道、傅正章、马才富（回族）、胡开英（女）、刘映三、张中普、李四（即李国清）、刘四、杨正隆、王开阳、侯锦堂等。杨正隆年轻，主要上体育课，带学生上操口令清脆，声音洪亮，显得很有生气，俨然是一位训练有素的军人。王开阳是昭通县城闻名的书法家，不少学生都请他书写字帖留念。

昭通来的老师教学责任心强，要求严格，学生求知心切，孜孜不倦刻苦学习，办学效果显著。他们中有举人也有秀才，为什么愿意舍弃城市优越生活，在社会治安混乱，生活艰苦，交通闭塞的偏僻地方来奉献自己的才智，图的是什么？石门学校给的薪金低微，特别是昭通步行到石门坎的七十余里，坎坷不平、山路难走，途中匪患抢劫频繁，他们不顾生命危险，履险如夷。而且他们中绝大多数不信教，到苗族地区语言不通，生活艰苦，为的是什么？值得今天办教育工作的同志借鉴、思考。一个人无论在什么时候，什么情况下，做什么事，首先要有一个良好的思想信念，思想支配活动，对做的事要有感情，若没有感情就没有心思做好工作。世上任何时候还是好人多，昭通来草创石门学校的老师具有高尚的思想道德品质和文化素质，有一颗同情心，他们同情石门坎苗族文化落后，经济生活困苦，天日身着短褐麻布衣不暖体，瘦骨嶙峋，衣衫褴褛，足穿草履或打赤脚，严冬脚开皲，常受到有势力的人欺诈剥削。他们不忍目睹苗族凄惨生活，而愿意牺牲城市生活来和苗族人民过着艰苦生活，传授知识，唤醒苗族人民受教育，摆脱愚昧，精神难能可贵。

当时，有文化知识人士是具有高尚思想品德的人，深受社会尊敬，为社会为人民群众传播知识为用武之地。自觉愿意无私奉献，视为至高无上，不图享受，不贪名利，感到是很自然的事。李司提反、钟焕然为便于开展工作，倾心吐胆，贴近苗族与苗族人民打成一片，他们是最先学会苗语的汉族老师，运用苗语自如。李司提反对创制苗文起到了极大作用。他们在课堂上常用苗语翻译汉字，效果极佳。

培养苗族教师

1913年光华小学已培养出第一批苗族教师，但知识文化素质低，只能适应初级小学教学要求。教会为了培养能胜任高级小学教学的老师，便选拔成绩优秀的学生到外地中学深造。1911年最先选送第一批学生杨苒惠等三名去北京清华中学[①]就读，由

[①] 当时称清华学堂，是用美国所退部分"庚子赔款"建立的留美预备学校。1912年更名为清华学校。

英国传教士王树德带领（前往），到四川叙府时适逢辛亥革命，学校停办，只得返回。俟1913年又选送王爱福等连同第一批选送的杨荩惠共五人到成都华西协合高中①就读。四年毕业后返回石门坎任教。有了苗族老师，汉族老师陆续返回昭通，仅留下刘映三、李司提反、钟焕然三位老师。

1916年后，石门坎光华小学成绩优秀的毕业生不再送往远地深造，即送昭通宣道中学（后为明诚中学），经入学考试成绩及格录取就读。教会资助学杂、书籍费，名曰享受"优待生"。选送去成都华西协合高中的五名学生，1917、1918年陆续返回石门坎，杨荩惠任石门坎光华小学第一任校长，王霄汉继续升入华西协合大学深造。王凤鸣任教师，王爱福派往彝良咪哬沟小学任教师，后来又到威宁天生桥小学任教，没几年因病离世。王快学回来后，很遗憾没有工作不幸病逝，是学校的一大损失。他们教学得法，深受学生和家长欢迎赞扬。

吴性纯昭通宣道中学毕业后，1921年被选送成都华西协合大学牙医学院深造，1929年毕业获医学博士学位，加上临床实习一年，共修业八年。是滇东北次方言苗族区第一位博士头衔的大学毕业生。凭借他过硬的医术，完全可以在城市找到工作，但是性纯始终没有忘记抚育自己成长的家乡父老，没有忘记贫困的农村缺医少药、文化教育落后的悲惨状况。因此，便返回偏僻边陲的石门坎，就任光华小学校长，潜心为民族教育献身。性纯治学严谨，在教育工作中注意发挥教师的积极性。由于校长有办学的雄心浩气，教师团结密切合作，校规严格，学生学习积极性高，学校办得有声有色，毗邻的昭通、彝良、永善、大关、镇雄甚至寻甸等县的各民族群众慕名纷纷送子女到石门坎光华学校来读书。

---

① 当时称华西协合中学。

石门坎光华小学，自增设高级小学以后，为了对毕业生打好升学基础，一直开设英语课，从未间断。性纯英语熟谙，为苗族知识分子中稀有的才子，他平时常用英语与英国传教士会话。他欣然承担学校英语教师，教学得法，根据学生接受能力，因材施教，引导学生学习英语应掌握的基本要领和方法。因此，学生听讲认真，学有兴趣。半期或平时测验，每个学生考分都能及格，家长非常满意。

吴性纯目睹教师素质低知识浅的情况，多次向教会提出苗族急需教育人才，在他的推荐下，英传教士王树德选送朱焕章赴成都华西协合大学文学院教育系深造。由于他读旧中毕业，具有知识不够，先进两年预科，然后升入大学教育系学习。1935 年毕业获教育学士学位。

20 世纪 20 年代末至 30 年代中期，学校教师得力。其中一位学识渊博、富有教学经验的王兴中老师，担任高小主任教师。他认真施教，对学生要求严格，教学质量高。他从不炫耀自己，虚怀若谷，善于团结人。还有王必信老师，教学有方，对课文中心内容，讲解透辟，学生易接受。他俩在教师与学生中享有很高威望。正因为有这样得力的骨干教师，所以学校办得红红火火。

四十余年教会资助培养出来一批大、中学生，他们毕业后并非都到教会学校任教，比如，吴性纯后来离开石门坎去昭通基督教办的福滇医院任内科主治医生。为了解决苗家实际问题，在昭通兴办实业，借资开设布店，附设客栈，以照顾威宁去昭通购物经济困难的苗族。他还开设书店、煤厂、药房。同时，为了解决石门坎光华小学高小毕业生谋出路，吴性纯介绍一批苗族青年进昭通缝纫厂（店）学缝纫，进织布厂学织布，进木工厂学木工，还介绍一些青年进昭通福滇医院附设护士学校，以及介绍他们前往昆明找工作，开阔了苗族视野。

朱焕章尚在大学就读期间，深为苗族文化落后忧心，朝思暮想，要从文化教育唤醒苗族，便与当时在蓉学习的杨汉光、张超伦、王建明等共商著书教育苗族人民，取得共识。为筹集所需成书印刷资金，焕章向学校师生讲述，介绍云贵川交界边陲苗族家徒四壁，一贫如洗，无力送子女到校受教育，青壮年文盲备受痛苦，所以拟著书教育人民。师生听后深受感动，慷慨解囊捐助，英人王树德闻讯亦捐助八十元银币。他们利用课余时间编写。1932年暑假写成《滇黔苗民夜课读本》（又名《西南边区苗民千字课》）付印，共四册，两千多份。工作中王建明出力最大。苗民夜课读本无偿分发到川南、滇东北、黔西北苗族地区，是为了"找一个小小的机会，教他们识字，减轻他们文盲的痛苦"（《滇黔苗民夜课读本》序言）。在这套课本中，有用极强哲理的寓言故事教育人们读书，有教育农民发展生产学做生意求进步的，寓意深远。在其创作的《平民歌》和《爱国歌》词中，体现了强烈的爱国思想和忧民意识。重温这两首歌曲，犹如那"努力治国平天下"和"国家兴亡，大家都有责任"的教诲余音未尽。1943年秋，他一手创办的西南边疆私立石门坎初级中学，实现了他"大胆抬起头来，望着这目标，像一个两岁的小孩子，半步半步地向着责任的所在地前进"的愿望。他是兴学救民的代表。

石门坎毕业的人才

石门坎光华小学毕业去外地深造的学生，由于大多数家庭贫寒，能自觉地努力勤奋学习，很多人成绩优异。早期在昭通明诚中学就读的学生中，龙街的李学高1935年以全班第一名毕业。青树林的王保祥1936年以全班第一名毕业。三家寨的张斐然1937年以全班第一名毕业。海角山的王建国1938年以全班第一名毕业。

投笔从戎、成绩优秀而放弃深造、参加抗日战争的有王建勋、陶开群、杨性诚、吴善智等八名，其中四名为国捐躯。杨汉松1940年考取贵州省高级农业学校，1942年参加中国远征军出国赴缅甸、印度抗日。朱玉祥石门中学毕业后，1951年加入中国人民志愿军赴朝抗美援朝。

为母校争荣誉的体坛健儿朱旭辉1933年在昭通明诚中学读书，参加昭通全县体育运动会万米赛跑荣获第一名，受奖银杯一枚，置放于石门坎。1934年昭通地区十一县体育运动会，李学高在昭通明诚中学读书时，参加万米赛跑荣获第一名。1940年春，李学高于四川成都中央政治大学读书，参加四川五所大学体育运动大会，万米赛跑荣获第一名。20世纪80年代李学高在毕节地区牧科所任畜牧技师，地区辖七个县市农村有他足迹，耐心指导农民饲养畜牧和发展畜牧业，特为其故乡蓝巴通购买了不少良种绵羊供村民喂养发展畜牧业。工作成绩显著，荣获国务院奖状，群众获实惠。

四　石门坎端午运动会

学校十分重视开展体育活动，增强体质。较为普遍的是田径赛和球类运动，特别是足球开展较广泛。足球不仅是学校体育课之一，还带动了不少农村农民参与足球。他们组织有各自坚强的足球队，地区与地区、村与村之间经常进行友谊赛，增强团结、联络感情。自1910年以来，以石门坎光华小学为主体，一年一度的五月端午体育运动会是坚持不断。吴性纯任校长期间的30年代初期的两次大规模运动会令人难忘。

第一次是1932年第二十一届端午运动会，在校内人工开辟不规则的足球场举行，会期一天。学生一律着洁白制服中山服，戴黑遮阳白罩帽，初小学生花格长袜。家长和社会观众如织，人山人海数千人。场地不甚宽,挤得不亦乐乎。学生在操场边划定休息地点。事前报请威宁县政府,届时雷新民县长亲临指导。比赛项目有:学生团体操、田径赛、平地跳高、跳远、撑竿跳高、镖枪、掷铁饼、足球;高小学生有弹腿十二路、板凳拳、棍棒拳表演。在撑竿跳高中,石门坎光华小学高小学生安光华夺魁,他是威宁大街乡大松苗族,跳高高度达四米出头,起跳时观众翘首观看,许多人赞不绝口:"真勇敢,了不起。"社会上妇女参赛项目如,文化识字赛、绩麻、穿针、穿衣裙、歌咏等。观众对运动盛况无不赞扬。雷新民县长感慨惊诧地说:"威宁县城还没有举办过这样大的运动会,为什么在偏僻角落地方能开展这么大的运动会?"这件事引起国民党县、省、中央政府对石门坎的注视。

第二次是1934年的第23届端午运动会。这一年,凡石门光华小学所有分校学生都参加。远至百多二百余里的永善县杉木林(今马楠)走三天路、大坪子小学;大关县天星场(凉风坳)小学,威宁长海子、硦子河、上海枯、龙井等小学的学生、学生家长不顾远程,跋山涉水前来参加运动会。此外,威宁彝族地区四方井崇德小学、灼乐多明德小学,以及彝良县城关小学也应邀参加。运动会期三天,参加的各个学校师生伙食自备。举办地点在大坪子体育场,很正规,距石门坎校本部三里许。

运动会主席是吴性纯校长,总指挥王兴中老师,是石门坎学校的苗族老师;体育总裁判李学宏老师,是昭通明诚中学的汉族教师。参加的学生、家长和社会各界、各民族观众一万多人。这次运动会规模之大、时间之长,为建校以来第一次。

光华小学校本部、各分校学生服装整齐划一。初小生一律着白色中山装制服,戴帽。老师和高小生身着灰色中山装制服,女生着白衬衣黑围裙。服装制作是运动会前两个月,特请昭通缝纫师住石门坎制定，离石门坎较近的分校学生服装都到石门坎来定做。初小生家庭经济困难，无力购白棉布机器打中山服的，亦可用自织白麻布人工缝制短装、长裤。师生着装整齐，雄赳赳气昂昂，一派生龙活虎。

端午节运动会正式开始，早饭后约九时许，号声催人们准备出发。各校按编排秩序集合于小操坝整顿队伍。总指挥发出号令，国旗、校旗迎风招展，八对马号、步号号手、八个大小锣鼓手，以及各分校七、八只号手集于前列。队伍出发了，号手锣鼓手走在前面，行军号声、锣鼓声阵阵，响彻云霄，行进的队伍浩浩荡荡，嘹亮的《石门青少年》、《盛会开今朝》两首统一会唱的歌声此起彼伏。众多的观众跟随学生队伍后面，拉长的队伍弯弯曲曲，好像一条长龙。学生队伍走进大坪子体育广场后，由一行变成四行纵队，齐步绕场三周，非常壮观。待学生队伍全部入场完后，各按照大会划定地点就地休息。

广场四周小山丘，早已坐满了身着节日靓丽盛装的观众，一片片鲜红的纸、布伞似鲜花般把运动场周围装扮如画。周边还摆满了各种食品和生意摊。人群熙熙攘攘，欢声笑语，鼎沸嘈杂，异常热闹。这几天，天公作美，晴空万里无云。

比赛项目多而新颖。学生方面有：团体操，篮球，足球，田径100米、200米、300米、500米和万米赛跑，高栏，低栏，平地跳高，跳远，撑竿跳高，三级跳远，镖枪，铁饼，铅球，女生舞蹈等。农民方面有：足球、拔河、赛马、射击、爬山，妇女绩麻、穿针、穿衣群、识字比赛。

大会宣布比赛项目开始，全场立刻沸腾起来注目观瞻。首先学生团体操，接着田径赛，赛马、射击之后足球比赛。在学生足球比赛中，石门坎小学高小对四方井小学高小，石门坎队取胜颁发了优胜奖旗，领奖者扛旗跑场一周，片刻后，四方井队不甘失利，又去夺走奖旗，全场一片哗然，嘘声此起彼伏，倒彩声不绝于耳，于是吴性纯校长面带笑容对石门队表态说："我们是东道主，就让给他们。"说服石门坎高小学生，要大方不要计较，要讲友爱团结。篮球赛地点在校本部小操场篮球场。农民足球队比赛是农民对农民。

学生参赛的项目，在春季开学后不久就开始准备了。石门坎光华校本部首先通知各分校老师到石门坎集训，掌握比赛项目的操作和学会要求统一会唱的《石门青少年》、《盛会开今朝》两首歌曲；同时还教授学生应统一掌握行进中的步伐：齐步、正步、跑步以及队列变化基本要领。集训结束后，分校老师各自返回，按要求利用下午课余时间抓紧教练自己的学生是（使）之熟练。为了迎接运动会，师生真是忙活了几个月。笔者当时在发蒙学校——陆家营初小读三年级，老师是朱佳德。由于老师精心教练，学生下工夫学习，石门坎端午运动会，学生乙组撑竿跳高，我们陆家营初级小学朱爱新夺魁，获得一枚"银牌"奖，为学校争了光。"端午节"运动会，各校云集石门坎"比武"，实际上是检验各分校办学业绩水平，对老师是不考试的考试。

此次大型运动会，博得家长和社会各界观众高度赞誉，说："吴校长体察民心，举办恁大运动会以增强民族体质，联络民族感情，丰富民族文化，友善民族团结。"直到如今，不少人还在留恋着性纯校长的功绩。

石门坎是滇东北次方言苗族文化中心。一年一度的石门坎学校端午运动会，人们注视着这一天的到来，姑娘们在端午之前，集中力量忙于制作盛装媲美，当妈妈的也大力支持自己的姑娘，而青年小伙子则是有意无意在这一天暗测意中人。上了年纪参加运动会是为了能与亲友碰面交流生产情况沟通感情。这一天，无论远近风雨、河流无阻，自备干粮前往参加观光。有一年火摆（地名）三个姑娘欲前去参加运动会，行至宗嘎河，适逢河水猛涨，一位姓王的姑娘自恃力强，渡河不慎，不幸被急流冲去，故事流传至今。后来人无所畏惧仍照常参加运动会。

石门坎端午运动会，为什么能有恁大的魅力，吸引成百上千的苗族青壮年前往赴会？笔者认为，在当时精神文化生活贫乏，能够参加端午运动会，欣赏新文化，晚上观光放映幻灯，精神上感到无比欣慰，所以不用通知，自发相约地前往参加，是一种很自然的现象。再呢，说明当时苗族的处境无人问津，聚集是团结凝聚力所至的真实历史写照。

五 为苗族排忧解难的汉族教师

饮水思源，石门坎的兴学，不能不想起诚心拯救贫困苗族人民受苦受难的汉族老师。学校开始创建，他们就到偏僻、交通闭塞的石门坎，和苗族人民打成一片过着艰苦生活，与苗族人民建立感情，为苗族人民文化教育事业开荒破草贡献力量。他们不顾生命安危，深入苗寨宣传群众教育群众。为了发动苗族子弟入学，不顾劳累，日夜出没于各个苗村做宣传工作，凡苗族村寨皆有他们的足迹。苦口婆心教育苗族子弟识字学文化，使苗族人民摆脱历史上形成文盲当奴隶做牛马的凄恻生活，使苗族人民走上享有文化的康庄大道。

他们用诚挚心情辛勤汗水，填平了历史上苗汉民族间的鸿沟。他们为受阶级压迫剥削的苗族书写状纸，如夏士元、王玉洁、钟焕然等亲自跑到昭通、威宁官府面前陈述苗族人民受诬陷被地方势力关押，请求伸张正义、释放无辜苗族，终于获得解决。因此，有人把他们说成是"帝国主义走狗"、"爪牙"。他们把这些不实之词置之脑后而不顾一切讥讽诬陷，照样为苗族排忧解难。迄今苗族人民念念不忘汉族老师的恩情。最突出的是四位老师。

刘映三老师

刘映三（刘应璧）老师自石门坎光华小学建校之日起，一直安于这所学校的教学工作，一心一意为学校教育事业服务。他一人独居于石门坎，孩子很少到石门坎来，寒暑假亦很少回昭通度假。刘老师后来年事已高，然而身体硬朗，日常生活完全自理，从未请过仆役，自己理发、洗衣，家务自己动手，利用课余种植玉米、蔬菜，特别是种的玉米，勤于管理，中耕七道，成熟时颗粒饱满，引得不少学生去观赏，借此教导学生说："庄稼不负辛苦人，只要辛勤耕耘，庄稼会满足你需要。"勉励学生要认真学习。石门坎当时煤炭丰富价廉，人们大炉地烧，可是刘老师用小炉煤，不浪费。教育学生"用煤要考虑到后代，不能只顾眼前利益，千万不能浪费"。天气暖和时，一手持粉笔盒，一手端痰盂缸，腋下夹鸡毛帚，慢步进入教室上课。在讲历史故事时有声有色，精彩处搂起袖口，手舞足蹈，听者非常起劲。他常用一块手提黑板写上课文重要词句，提示学生注意。教导认真负责，讲解有条理、透辟。他教出来的很多学生成绩优秀，大家无不敬佩。特别是刘老师常用"清官清到底，不要钱不要米；要钱好收拾，要米背不起"的古训，教育青年学生要廉洁、奉公、守法。

刘老师是秀才，并不耍秀才架子，善于与老师和睦相处，以诚待人乐于助人。对学生耐心教导，循循善诱，学生乐于亲近他。他为学校、社会乃至个人撰写了不少公文、函件、墓碑文。陆家营小学教师张信爱被土匪杀害、咪哑沟教会布道员王道源病故的墓碑文是他亲手撰写的。

刘老师不信教，不反对、不歧视信教者。他不信鬼神，住室内不设神龛，也不立祖宗牌位，他是彻底的唯物主义者。刘老师敬老爱幼，同情弱势群体，把毕生精力才智无私奉献给苗族教育事业。

钟焕然老师

钟老师是为石门坎光华小学初创披荆斩棘，开荒破草的先锋之一。他首先学会苗语，与苗族群众建立感情，常用苗语广泛同苗族群众促膝谈心交朋友；在课堂用苗语辅导学生学习效果很好，与苗族学生建立浓厚情谊，排除师生间戒备。语言是感情，钟老师苗语应用自若，一些不太通汉语的苗族农民，有难都用苗语向钟老师反映求得及时解决。钟老师能吃苦耐劳，不畏艰难跋山涉水越岭，距石门坎一二百里的长海子、咪哩沟、大坪子等分校都有他的足迹，体现了他的真心。

钟老师一生中，一半多光阴在石门坎苗族地区教育事业中度过。一向艰苦朴素，身着低质长袍，粗茶淡饭，常告诫女儿和学生说："人，生活俭朴好，能过得去就行了，这样可以锻炼人的意志。"他是一位有高度远识和忧患意识的长者。苗族哪里有危难就到哪里去解决。几次随同他人去威宁、昭通官府请求解决不白之冤，平息闹事。

钟老师一心一意扑在苗族文化教育事业上。石门坎中学建立不久，年逾五旬的钟老师重返石门坎，主动承担国文教师多年，奉献余热。直到退休始回昭通。

李司提反老师

李司提反，汉文姓名李国镇，人称李五先生，1905 年偕同钟焕然老师一道来石门坎创立学校。李老师同情苗族社会的处境，他们不与外界接交，生活条件差，水源短缺，生活贫困，备受地主强势力压迫。他认为要打开落后局面，惟有从文化教育唤醒苗族，教他们读书识字，鼓励他们站起来。李司提反首先学会苗语，熟练苗语，与苗族群众建立感情。积极协助苗族创造苗文，排除苗族学习汉语文的困难。在课堂上课时，他汉苗语兼用，效果显著。对石门坎文化教育事业做出了卓越贡献，在苗族群众和学生中享有很高威望。可惜李老师1917年赴昆明返回昭通途中失踪，苗族师生为此悲痛惋惜。

戴琳琴老师

戴琳琴老师1935年7月随朱焕章校长由成都华西协合大学来石门坎。他是四川丰都人，汉族，大学毕业，身体标直，常着中山服。一个大学生愿意到偏僻、交通阻塞的石门坎教小学是少见的。他是朱焕章校长办学的得力助手，担任石门坎光华小学训育主任，不信教但尊重信教人的信仰。戴老师博学多才，字写得相当漂亮。他笑容可掬，非常谦虚，没有架子。对学生慈心强，耐心教育，苦口婆心教育学生要自爱、自重、自强，认真读书做有益于人的人。教学有方，学生容易接受。抗日战争时期，他用自己的钱买纸张、蜡纸，刻印革命歌曲、宣传品，分发给学生和群众，赶场天组织学生到当时有场期的新街、银炉河坝向赶场群众宣传抗日，"国家兴亡，匹夫有责"，激发学生爱国热情，教育群众认清日本帝国主义侵华野心，只有打倒日本侵略军，国家才有前途。

戴老师到校后，参加学校组织学生对外友好往来活动。如学校应邀参加1935年10月彝良县"双十节"体育运动会之后，即应邀参加威宁黑石镇长海子学校和教堂重建落成典礼，1936年10月应邀参加威宁彝族地区四方井崇德小学体育运动会，都是远程步行一百多近二百里路。每次戴老师都组织带领学生赴会。

戴老师很有涵养，善于团结，尊重他人，人缘关系好，教育学生从未发脾气耍态度，博得师生拥戴。戴老师师德高尚，在石门坎执教三年多，未享受学校分文津贴，全是义务奉献。1938年下半年他与苗族女知识青年王建美结婚，不久育一女孩。1940

年不幸患病，到昭通福滇医院治疗，弥留之际送回，逝世于石门坎，葬于去邱家苗寨垭口上。他的逝世令人惋惜。戴老师教言犹如在耳，我受益匪浅。

想起汉族老师的无私奉献，苗族许多人感慨流泪。在落后的石门坎地区，如果没有汉族老师苦口婆心的教育、献计献策、出力流汗，我们不知还要落后几世纪。汉族老师来了，落后的苗族才有文化，才真正站起来。汉族老师功不可灭，永载史册。

石门学校百年沧桑，往昔不愉快的事不再复返。学校是在困境中波浪式地前进的，这是很了不起的。这所学校曾经为边远地区各民族教育事业发挥了不可替代的作用，为各民族子弟进入高一级学校奠定了基础。如今在各方面各条战线工作的不少同志，是从石门学校出去的，他们饮水思源，常常怀念培养自己受基础教育的母校。党和政府历来十分关心重视教育工作，采取了积极有效措施加强了石门学校教育。现在教育工作要求更高，办好学校，提高教学质量的使命落在新一代教师的肩上。外力是辅助性的，唯有自身的拼搏，石门坎教育才能站起来。

这是我亲身耳闻目睹的经历，写得俗，但是真实，并非人云亦云，经得起历史考验。各个学校所在地，是云南昭通的同志提供的。其中石门坎20、30年代的情况出自当年光华小学高小主任王兴中老师留下的资料，他是我的老师。

社区记忆之五
张德全老师自述

记述者：张德全老师（曾任石门坎学校和石门坎联区负责人）

地点：贵州省威宁县石门乡荣和村

记述日期：2000 年 8 月

整理日期：2004 年 8 月～2005 年 8 月

整理者：杨明光、沈虎雏、沈红

笔者定稿时综合参考了记述者原稿、整理稿、调查者录音和笔记。

张德全老师出生于石门坎发展初期的 1915 年，去世于世纪之交的 2000 年。他在回忆录的前面自己题了四个字"回忆录抄"。后面抄录了石门坎溯源碑文，以及英国友人 1995 年写给石门坎苗胞的一封苗文信，这封信经刻蜡版复制的油印稿也夹在其中，已焦黄。笔者曾经访问过张老师，最深的印象是他的沉默。不知从哪一天起这位老人开始了这份漫长的述说。我们整理的这份回忆讲述了一位小学教师的生平，穿越他的简短言语，我们试图回到石门坎 20 世纪的场景，倾听他的讲述和没有完成的讲述。

相传先祖跟随镇雄毕节一带的土司"比诺"的女儿陪嫁到

"乌撒"土司为农奴。乌撒在威宁原十三区盐仓，地势较高，气候寒冷，农产品歉收，生活困难。后来先祖们到威宁的新隆厂、辅处、牛吃水一带行猎，见到猎犬身上附有毛猄草，毛猄草是生长于地势低的地方的一种草本植物，成熟籽有绒毛尖利的刺，扎入肉内不易取出，尤以毛羊最易受害，所以就认定此气候温和宜人居住的好地方。在盐仓土司应允下，他们迁居繁衍于此，所以新隆厂是苗族先祖们发祥之地。后来，有的迁徙到野鸡河以及天生桥河畔两岸栖身。而我张姓先祖则迁居于三道河，后来逐渐迁到天生桥一带和叉河，在石门坎罐子窑翻过去，后迁到银炉河半坡的黄家湾以及陈家屋基，最后迁到石门坎定居。

附录图5　青年张德全老师，1943年
（张义祥提供）

过去，石门坎杨姓和我张姓，祖辈系骨肉之亲的表兄弟，相依为命。起居谁也离不开谁。定居石门坎是以邱家苗寨为大本营老屋基地。后因匪患猖獗，迫使不得不远迁往阳雀块的水塘子讨地耕种。后来，新街子的地主去赶水塘子场，劝我祖父又迁回石门坎，依然居住于邱家苗寨。不久，祖父移居现在的石门坎村民组，而杨姓仍以邱家苗寨为固定居处。石门坎、邱家苗寨两个自然村寨近在咫尺，睦邻友好，有事共商，亲如一家，从历史到现在皆如此。

我们祖父不知何时迁入石门坎，我们同村居住的老一辈人，也同样不知道自己的来历及迁徙情况。所以说到迁徙情况，大多数都知道得不详细。这也不奇怪，第一，因为迁移居住的地方多了；第二，因为移居没有一个固定的住所，今天在这里，明天不知道住在哪里。兼以历代帝王将相的追杀抢掳等情况，致使祖先们没一处安居的地方。这样的过活，日子很不好过。基督教没有传到苗族地区以前，祖父们就在石门坎一带居住，如陈家屋基半坡上的黄家湾。但是当时的北风很大，祖父们又往水塘子搬家，住了几年。新街子地主们去水塘子赶场，碰到了祖父们，又劝他们转回石门坎，租地给他们种。后来又回石门坎，从祖父和父亲们居住石门坎到现在，大约是七八代人，可能是五六代人之久。

一　家史

祖父张新启生于清道光十九年，去世于 1921 年，终年 81 岁。祖母杨氏。祖父与祖母离世后合葬于外籍传教士柏格理坟茔右后侧。曾祖父母安葬地无据可考。祖父弟兄有多少，父母健在时未摆谈过。祖父育有三弟兄，即大伯父张武，二伯父张宏，和我父亲。祖父母生前，我大伯、二伯和我父亲均同室为一大家，祖父辞世后便分为三家各自立户。

祖父迁居石门坎的具体年代不详。父母健在时，我年轻没有意识到历史的重要性而疏忽询问了，甚遗憾。本村年长者也没人知道。因为迁徙居住地太多，搬迁频繁，据说迁居石门坎有三百多年了。父亲一辈是生长于石门坎。祖辈一向务农不识字，全是租佃地主土地耕种维生。

祖父生前曾迁徙多处，如附近的陈家屋基、云炉、河坝、水塘子，这些地方都迁住过。最后由阳雀块的水塘子迁到石门坎，在石门坎定居约三百多年了。父亲们是在石门坎生长的。基督教没有传到石门坎时，祖父祖母的父亲们，几弟兄都务农生活为主。他是向新街子外地主安户言、安学休佃租土地耕种。石门坎的土地是新街子安四爷即安学休和余姓两家地主的，他们是"二地主"。所谓二地主，是向大地主讨来大面积的土地，或大地主赠送给大面积土地，又转租给无地、少地的佃户耕种的土地占有者。二地主盘剥佃户其手段与大地主一样残酷，佃户除缴纳地租外，一年中还要替地主无定期无偿劳役。替地主耕作，间或有饭供吃，也是劣质的饭菜，耕牛饲草、饲料自备，石门坎、邱家苗寨深受地主盘剥凌辱。

许多人都不知道我父亲的真名，一般只知道父亲的教名张马太，多年以来，他也习惯用教名而没有用真名。父亲1888年生，1944年辞世，年仅56岁。1904年基督教传入石门坎地区，祖父和父亲们几家都信了基督教。教会传教初期，没有办学校，就以福音书《马太福音》、《马可福音》、《路加福音》、《约翰福音》教信徒读中文。到1906年以后，成立了学校，父亲就去学校正式读书。

父亲入学读书时年纪可能有18岁。在学校还没有建成之前，可能读的课本是绘图蒙学及共和国文，所以，他考入时，也很懂文言书籍。过去读书人都很讲究比字体，他老人能够手书一笔好字，大中小楷，都比其他人写得很好。他们老一辈的就是他写得最好了。这就说明他读书时，不论读写他都很用功，认真学。

父亲年轻时诚挚老实，对谁人都诚心诚意，不会标榜自己，在人面前从来不会自高自大，不论啥事都很受人尊敬。吹箫吹笛是他的爱好特长，弓弩制作得非常精巧，所以射枪、打弩，他都是能手，他有这样特殊才能。用弩打到花豹子一个、虎彪一个、野鸡、野兔、野猪等等不计其数。在柏格理看来，可以称他"神枪手"。

父亲青壮年时候，石门坎和石川联区年会调他去云南省武定州嵩明、洒普山、寻甸等地传道、教书。在石门坎苗族地区，在贵州省威宁属天生桥、长海子、陆家营、切冲、硔子河、罗布甲、通角寨等处教堂传道。最后，又在云南省永善县大坪子、老鹰山、杉木林、狗脚湾、瓜拉等教堂传道。前后在教会工作三十多年。这期间他在大坪子和长海子还担任联区司重任。

父母育有我们姐弟妹六人。我父亲生前被派去天生桥任传道，母亲随去照应生活，不幸患病，治疗无效，辞世于天生桥。按母亲生前遗愿送回石门坎，葬于传教士柏格理坟茔右上角。当时我将将十一岁，弟弟仁贤、妹妹宝珍年龄就更小。我父亲为了年幼的我们，娶了一位后母。父亲大多数时间不在家，家里大小事情全靠后母招呼，吃野草野菜，活路很苦，可是她从来没有叫苦，多少事情全靠她（担当）。后母最会为人，待我们如同她亲生儿女一样，真说得上贤妻良母。

我是1915年出生。青年时曾和天生桥王姓女士结为良缘，随我到彝良县落尾坝小学生活，次年古历四月她不幸病故葬于落尾坝。以后父亲授意，我又与松林小寨杨美馨合卺，圆了美满婚姻。共育有五个孩子，大儿义光，小学文化；二儿义祥，初中毕业；三女义美，小学文化；四儿义纲，小学修业；幺儿义康，初中毕业。我家是一个和和睦睦、热热闹闹的大家庭。

二 家乡环境

我的故乡石门坎。石门坎这个地名，在很早以前是没有此名，基督教传入石门坎后，从猴子岩、大垭口通石门坎到银炉河坝修通了大路，这时才有石门坎这个地名。石门坎坐落在巍峨的韭菜坪山脉礌刀岭之下，四面青翠的环山拥抱，是天然的屏障。盛产御寒力强的山茶花以及野荷花，处处皆是。山茶花每年十月到翌年三四月盛开，野荷花开春三四月盛开，芳香扑鼻。

我家居住在光线暗淡独户茅草屋里，家徒四壁看不到值钱东西。作为农户,必须有肥料,所以常喂有耕牛一头、马一匹,山羊四五只。清政府腐败无能,内忧外患,天下大乱,兵频繁,灾荒,匪患时有发生,社会极不安宁。因此,人畜只能同室。

我家由于耕地少,土地瘦薄缺肥,没有一块出种的耕地。每年种植的庄稼生长不理想,秋后收粮不多,还要靠父亲在外地教会和学校的微薄薪金购粮食补助。两个姐姐年龄不大,帮不到母亲搞农活,父亲常年在外工作顾不上家中生产。于是每年粮食收入约有七八千斤,不够糊口,除向地主交纳地租外,余下用粮无几,只能维持腊月到正月,二三月到青黄不接时饭不够吃,母亲就得讨野菜合饭充饥度日。

石门坎地处昭通到镇雄、毕节必经的要道。滇军及其他军队过往频繁,每逢军队路经,百姓遭殃,这些军队不是入室偷鸡摸狗,就是半路拉夫抓人背重物,被抓者若有不顺从而逃跑即被枪毙,在大垭口屡见不鲜。有一次,邻亲杨泽富被抓去,强令他负重随军,至成都他才逃脱、才得回家。因此,男子特别是青壮年闻讯军队过境,便抢先外逃躲避。牲口也不能入室,只得野外露宿。

1935年国民党军为堵截红军,七天七夜川流不息过往,宿营石门坎。石门坎光华小学校舍被占为宿营,学校被迫停课,课桌门窗遭破坏极大,师生宿舍房间里到处大小便,臭气熏天。石门坎寨子以及云炉铁匠塘寨子家家户户被国民党军占为宿营,到处拉老百姓垫卷蕨草和喂牛的苞谷草入室垫宿,炊具被破坏……这次国民党军过境劫难时间之长、为害之大谁也不会忘却。

云炉铁匠塘是个贴近大路的三十多户的大寨子。有一次,几个流氓军佯装开枪猛追韩理新,韩不幸被抓住,他腰插一把镰刀,在互相搏斗中,镰刀划破了韩的手背,流血不止,韩尖声叫喊,流氓军眼见抓走了他也背不起东西就放掉了他,引起民愤。为此,他们便在寨子东隅小山包和西隅苏科寨对面梁子,东西两头大路各设哨所,轮流放哨。看到成串军队来了,立即通知寨上人火速逃避。有的人户，不愿意受其害，便迁往背离大路之地居住生活。

三 读书求知

我的初等小学

我幼年不懂事，只知听从父母安排随同姐姐们去坡上放牧过牧童生活。六岁时，我单独和邻居孩子们去放牧，姐姐们在家帮助妈妈做其他事。牧童生活挺有趣，因寨上牲口是合伙放，那时我和十多个孩子，大家玩得最好，一起放牧。每家大人轮流带我们放牧。

石门坎学校就在寨上的坎脚，学生的读书声、唱歌声、体操声，声声感动了我，看到读书孩子多体面，认为还是读书好。七岁了，我父亲送我到石门坎光华初等小学报名读书。但是读书要守校规，很拘束，不像牧童生活自由，实在不习惯、待不住。有一天，我不愿去学校读书，跟着到坡上放牧去了。李正文老师叫几个比我年龄大的同学来喊我去上课，对我作耐心劝说，教育我要好好读书。下次不能再乱跑了。要天天来上课，不听话就要受处罚。这时自己脸上热烘烘的感到不光彩，从此再不敢逃学而天天按时去读书了。

我父亲对我的教育，常用"万般皆下品，唯有读书高"这句古语来激励我，又以祖辈无文化知识，受尽痛苦的实际教育我，叫我好好读书才有出路。因此自己也觉得，读书人是比不读书人高，思想品质高，一旦把书读好，当上老师，显赫本领，受人尊敬。所以，在父亲的督促鼓励和教师的教育下，下决心认真读书。第一学期，期终考试，每科考分都是60分以上，有的学科70、80分，唱歌100分。因此，父母对我很满意，老师也喜欢。学习中，感到困难的是语文课的背诵。由于自己努力，每学期期末考试都名列第三。

我十岁就随父亲到天生桥小学读书，父亲是天生桥教会传道，学校主任教师是王德椿。读三、四年级都在天生桥小学。十一岁初小毕业后，还要参加石门坎光华小学历年举办的升高小统考。考分及格者就升入石门坎光华小学高等一年级。天生桥初等小学毕业参加统考被录取的有我们三个同学，其余回原校复读。

到石门坎参加统考的学校有：威宁县属石门坎光华初小，天生桥、海角山、陆家营、罗布甲、木槽、切冲、长海子、硙子河、上海枯、龙井等小学；彝良县属咪哹沟、青树林、拖姑梅、麻窝凼、落尾坝、芦芽寨、三家寨等小学；永善县属大坪子、杉木林等小学；大关县属天星场（凉风坳）等小学。这些小学校都隶属于石门坎光华小学分校。另有威宁原十区大松林、轿顶山小学校以及赫章县属葛布小学等也参加统考。

我参加毕业统考被录取后回天生桥，父母非常高兴，特别是我母亲激动得流泪说："我孩子年龄小，只有十一岁能考上高小，我实在太高兴。"听了母亲的称赞，心里乐滋滋，心想如今是高小生了，就更要努力。

初小毕业考升高小的同学，一般年龄较大的十六、十七岁者不少，人个子也大，特别是来自彝良和威宁轿顶山、大松树以及葛布方面，有的同学已经是结了婚、甚至有一两个孩子的人了。这说明他们的家距学校远、发蒙晚，他们的求知识欲望心强。年龄再大，父母也要远道送到石门坎学校来读书。我们在一个教室读书，初始互不相识，慢慢地认识后，觉得很好玩。同学跟我比较亲热，大家都互相友爱。

我的高等小学

进入石门坎高小以后，学科又增加了文学（古文四书）、英语、地理、历史、生理等。在学科上，文学、数学我感到困难，学期考试只保持及格分数，有时七十多分。英语我觉得相对容易一些，学期分数最少七十多分，一般是八九十分，有时还得到一百分。

高小课程多了：有文学（古文四书），算术（数学），地理，历史，生理卫生，英语，书法，图画，音乐，体育，劳动等。老师教学严格，特别是文学，不仅要背诵，还要讲解。为适应升入初中打基础，增设有英语课。

高小是两年毕业，当毕业考试，结果我们有几个没有取得毕业，这样我们就复读高小一年。这时候吴性纯他从四川成都华西大学医学院毕业回来，既是平民医院院长，又兼任石门坎光华小学校长。他教我们毕业班英语课，教学上很认真。全班学生都对吴医生教的英语课很感兴趣，大家都努力学习。尤其是他平时能够用英语和英籍传教士王树德会话，学生都很羡慕。于是都能自觉地把英语学好，我平时学期考试分数都在八十分以上，其他学科都能保持在及格分数以上成绩。

高小毕业考试结束了，我各科考分也不错，取得了正式毕业。英语考分比别人的高。可是家庭经济困难，条件不好，欲升初中望而却步，去教书年仅十四岁人家看不上眼，回家放牧务农倒是出路，但心不扎实。

父亲对我一向是希望能知学读好书。自知，仰赖父亲的微薄薪金是远远不敷应用。是年父亲远在永善县属大坪子教会工作，由石门坎去大坪子要步行两天。我立即将毕业考试考分连同信寄给父亲，迟迟未见父亲回来也未见回信，我深知父亲心急无措不便回信。我后娘是天日忧虑。与我同班毕业同学他们已早一个月以前去昭通明诚中学办理入学考试上课了。我心急如焚，正在踌躇之际，堂姐夫吴性纯医生对我后娘说："内弟学习成绩好，不能误他继续读书，我决定接济他到昭通明诚中学去读，生活用费我负责，穿的你们负责。"后母回来热泪盈眶告诉我这消息，我当然高兴极了。可是消息一传开以后，大伯母却左劝右劝，劝她说："读书要有家底，不愁吃穿。你家很穷，一样不是一样，去城里读书咋行？"意思说我家穷得可怜，怎能送孩子进城读中学。但我后母态度很坚决，送我去昭通读书坚定不动摇。后母备了一件破蓝布长衫给我穿去，盖的一样没有。她安慰我说："你好好安心去昭通读书，我再慢一步撵床垫毡送来。"晚去了一个月，吴性纯又给我一介绍信带去交给明诚中学报名，未经入学考试，学校就准许我跟班就读了。

初中拼搏

我到昭通明诚中学读书，年仅14岁。石门坎方面去的同学年龄上下不大，比较大的是朱学辉。苗家同学前后班有16人，同班同学的有5人，成绩比较好。

苗家同学中，川苗的同学生活穿着好点，凡属石门坎光华小学去的同学，大家生活比较艰苦，吃食全靠家里背去，学校统一组成伙食堂。每月家里要送一次几升苞谷面和红豆以及炒面去。享受基督教会经济补助的"优待生"，家里就减轻负担，但为数不多，前后班同学中我现在记得的有4人，多数是自费。同学的书籍课本全是教会买的。有鞋穿的人很少，大多数是穿草鞋，穿着最差的就是我，穿的破烂不堪不如人，在困境下不影响我的学习，咬紧牙关坚持克服困难。不怕人讥笑、讽刺。为了不辜负父母和吴性纯的期望，时刻手不释卷，学而不厌，自知成人不自在，自在不成人。狠心读书。

我们石门坎光华小学的英语课从开办小学以来都教了，我们读完了高小第二册英语，而昭通县城、威宁四方井去的同学没有学过英语，因此学校仍然从小学第一册读起，第二册读完后才正式开初中英语课，课文讲的是语法，比较难学，英语基础差的就赶不上。上英语课是一位英人高牧师，因他刚到中国，一句汉语不能讲，尽用英语讲授，学生听课很费力。有一次，高牧师有事，王树德牧师代英语课，他进教室就笑眯眯进来，开头一句说"Good morning"（早安），我们也用英语对答"早安"。可是他又用英语问第二句"今天要读哪一课？"我们没人答上来了，再也不敢用英语说下去了，生怕更答不上他提问。后来王牧师耍了脸批评了我们。第二次英语课时，彝族、汉族同学都跑出教室去了，只有韩俊明、李学高和我三人在教室，王牧师生气极了。因他对学生要求严格教学认真，大家对他有畏惧心理。

在昭通中学读书的时候，我们石门坎的学生长于打足球。昭通中学有足球，安恩薄军长有个特务连，足球在昭通也很出名，我们在昭通读书，打足球，不管是与昭通中学打或与特务连打，或昭通商会打，我们经常打败他们。同外界机关团体足球队打球都少不了。杨忠德、李学高、韩正明、朱明义、杨耀先我们六个人算是足球队的主力，缺一不行。打前锋的都是我们，杨忠德、韩正明守二道，谁也不易攻进来，朱明义我们两个是打二道的。我们最喜欢打足球。学校也很重视我们石门坎来的学生，1933年昭通第十一届运动大会万米赛跑，朱旭辉荣获第一名；1934年昭通地区十一个县体育运动大会万米赛跑李学高荣获第二名。本来应该第一名，因裁判不公被列为第二。凌晨人家正好熟睡，李学高就到校外远处回来了，人家才起床。李学高还在1940年春在四川成都中央政治大学读书时，参加四川五个大学体育运动会万米赛跑荣获第一名。如今他已退休，八十余岁高龄的老人了，还身强力壮。

那时候我们在外面读书，也是为我们石门坎争气，总的说来，在昭通读书，石门坎的学生音乐、足球、英语是比别人的好。

在昭通中学三年中，我们石门坎的学生不甘心落其他人的后。每个学期的考试我们只要求刚刚及格分数，不留级、不落伍就行了，当时的社会情况恶劣，要是你的成绩高于其他民族的同学，他们就想办法诬陷你。为了避免这些情况发生，所以只争取及格分数罢了。我们读初中的最后一个学期定了决心，不约而同地努力学习，毕业考试争取到一二三名。大家分离了，就是恨我们吧，那些人也无法整我们了。毕业考试，果然李学高第一名，韩正明第二名，我考第三名。

1934年暑假结束了，初中的阶段，有的同学到外地深造，如韩俊明去贵州省清岩乡读高中，杨永传去贵州省清岩乡初师读师范，还有的去别地升学。我想要是家庭情况好，还是一样的，可以投考别的学校。当时我认为完全有考取的把握，心里是万分羡慕这些同学。可是经济困难，父母也没有力量，只好安下心来，再看情况了。

第二年1935年，很多人都要去南京读书。当时的路费计算下来只需400镍币就可以了。可是400镍币就换一头大牛了，这样多的钱哪点去找来呢，于是我放弃了升学。

四 在云南任教

任教彝良县落尾坝小学

1934年7月，我初中毕业回家赋闲一个月，后来王丕承老先生征求我意见，愿不愿去彝良落尾坝初级小学任教并兼教会工作。等事情落实了，他就立即通知落尾坝派两个人来石门坎接我，到后马上招收学生入学，并同当地负责的人接头，商量当地的工作，很得到群众的支持，我就放心大胆地工作了。

1934年七八月份到1934年12月底，我刚步入工作岗位，当然对一切工作没有做过，没有经验，困难多，但我不管怎样，就通知学生报名入学。不久几天，就有30多名学生来报名了。

我自己想，从学校出来，先到这里办学，对学生家长也好，对当地教友或信徒们也好，都是陌生的，又没有社交能力，样样都感到头痛。当地教友中有很多力量级的人物，经常来学校帮助我，缺什么帮什么，有困难想办法。还有一位彝族二地主叫潘兴邦，订阅一份报纸，他同时又是教友，经常来学校取报纸，做礼拜，对学校工作也很热心。他的土地有一块在学校对面，比较平，可以做运动场。我同学生和家长及教友商量，得到大家同意后，就亲身去潘家找他商量，一开口就答应将该土地赠送给学校。学生有操场，玩的地方有了，又买了个足球，除上操以外，有空时学生们都喜欢练打足球，星期天青年教友们除了来做礼拜以外，还高兴在这个球场打足球，搞些活动。由于各方面情况都好，所以颇得到当地父老的欢迎，工作也得到顺利的开展。

在我之前任落尾坝小学教师的陶开荣，文学好，大小毛笔字写得好，曾写一本公文诉讼状类的文书赠给当地王惠民，我借来看了，从中学到了一些粗浅的公文程式，也引起了我重视学习这方面知识的兴趣。

这一年，朱焕章、王建明、张超伦从四川华西大学回石门坎，朱焕章任石门坎光华小学校长，王建明、张超伦任教员。由于张超伦于成都上过中国童子军训练课，所以学校也就开展了中国童子军训练。这年石门坎光华小学应彝良县邀请参加"双十节"运动会。事先朱校长来信叫我于10月9号到角奎，参加石门坎足球队。我到角奎的时候，看到石门坎光华小学学生全都穿着一色的童子军服装，扛起童军棍街头游行，步子整齐，震动全城。

双十运动会开始比赛了。石门坎小学对彝良中学是一场比较激烈的比赛。石门坎方面的运动员全部都是健将，决心把彝良队打下来是有把握的。入场后不几分钟，我们已攻进了彝队两三个球，对方见势不能敌而采取凶猛的攻势，不管球规，冲撞乱来，结果石门坎队当场反对，球队冲突了。石门队不服，拖起队伍出场，反对彝良队的不合理行动，坚决不参加这次"双十"的各项运动。虽然没有在比赛中获得什么奖，可显示了石门坎光华小学的威力优势。

1934年底回家，与天生桥王孝老人的女儿结婚。石门坎教会，照规定每年年终石门坎所属的堂口传道员、教师都到石门坎集中开年议会。石门坎年议会开完后，凡参加教区年议会的代表和牧师都到参加教区年议会。教区年议会决定仍然分派我回落尾坝小学教书，并且附带传教、代管信徒的礼拜。

开年我带领爱人和幺弟到落尾坝，在那里工作到旧历四月，爱人患病头痛，好似脑骨髓病，我们到处寻访中药，吃了无效，病故于落尾坝，就在当地安葬。在此间，请人通知天生桥岳父和家中二姐夫赶到落尾坝。遭遇这不幸时，凉风坳教会的传道和老师他俩因要前往石门坎集会送王树德牧师，来落尾坝投宿。两天之后，他们帮助我安葬了爱人。

后事处理完，我带幺弟和岳父、二姐夫一同赶到铜厂沟就宿。次日我们到石门坎，各堂口来送王树德牧师的代表来了不少。还有我天生桥小姨也来了，她是想来看望二姐，料想不到她二姐两天前与我们永别了，她听到这个消息后，心里实在难受。人们听到这情况，都不禁同情和悲痛。

任教大关县天星场（凉风坳）小学

1935年下半年，我被调任凉风坳小学教书，王心田先生在那里传教，负责教会工作。我只一个负责学校教学工作。因途程比较远，我请求年议会另调其他学校，这样能照顾家庭老人和工作。后来应许了我的请求，新历年底回家以后，父母关心地征求我意见，拟去松林小寨老亲戚家为我求婚，约请邱家苗寨的老表陪伴同去与杨美馨相识。双方父母同意，我和她也同意，便于腊月举行了婚礼，从此我的家庭重圆。

任教彝良县青树林小学

1936年初，我被调到彝良县属青树林小学任教。该校原隶属石门坎光华小学分校，但行政区划属彝良县管，也属咪哄沟中心学校领导。系双重领导。当时国民党彝良县政府，对所有私立学校必须向县办立案获批准承认后方可开办。所以，这一年青树林小学校要办立案。石门坎年议会特意调我到该校任教，目的是为该校办立案问题。当年咪哄沟小学校长是杨可荃，他是四川华西大学附中高中毕业生，毕业回来任过石门坎光华小学校长，性情峻急，但对人诚恳，乐于指教人，在他的指导下办理了该校立案手续。我也在他帮助下学会了珠算，学到了一些处世接物知识。

任教威信县牛坡坎小学

1937年初我被调到云南省威信县属牛坡坎中心小学校任教。牛坡坎也是苗族教会，属石门坎领导。此地办有一个完小，自成立以来都有石门坎分派苗族的传道员先生到这个地方工作。虽然是苗族地方，川苗又称白苗，和花苗语言有相似之处，可是不互通的地方很多。石门坎苗族传道人员教书先生到此地要先学说它的语言，在我前面来这个地方的很多人就是这样边学语言边工作的，我也不例外。

我调去牛坡坎，步行六天约五百多里，牛坡坎专门派人来石门坎接我一家人去。石门坎请陶正勤带路顺便背点东西送到牛坡坎。我一家三人连同陶正勤共四人一起上路。这时儿子义光不过是两岁左右，开始学走路。第一天由石门坎到新龙街子，第二天到奎香的一个小街子叫乌三寨，第三天到五眼洞的一个河边叫牛场，从这里继续前走三天才到牛坡坎。途中旅费全部由教会负责。我们一家到牛坡坎时，有王正兴教师和王千福传道在那里负责教会和学校工作。他们很热情地招呼我们。

到了牛坡坎，我们按照原来的习惯决定在阴历十六正式报名上学。石门坎年议会的规定，高小主任是王正兴担任，另有一个教师熊信榜是本地人，石门坎高小毕业后，在明诚中学毕业。初小主任是我一人负责，四个级七八十名学生复式教学，工作量是非常艰苦的。我虽然初到川苗地方工作，人生地疏，万事陌生，可是教友和学生家长以及我先后在石门坎和昭通的同学也有几个，如过去跟我石门坎高小的同学熊信原，明诚初中的熊信榜、熊真海、熊真荣等，他们对我的帮助和支持实在不少。自己又有信心，干劲也很大，情绪也高涨。执教也不错，博得了群众的欢喜和信任。

入夏后气候炎热，水土不服，我大病了一场，鼻子流血过多，前后一个月病倒在床，使义光的妈妈着急极了。眼见病势严重，离家又远，亲友没有，无所依靠，求我早一天一起回家为好。我自己也有这个念头。当地教友和学生特别是教会负责人曾对我多次劝留，望我多留两三年为他们培养子弟成才。我病情好转以后一家才高兴，但那种远家、无依靠，要求回家乡的念头并没有从此而消散。

农历八月，我决定先把两娘母送回家，教友和学生家长们听到了，有的亲自来学校劝留求我们不忙回家乡，诚恳的气氛打动着我们的心；有的请两娘母去吃离别饭。在这七、八月之间，杨汉先等四个大学生从成都回石门坎路经牛坡坎，途中杨汉先走不起路雇了一架滑竿坐到牛坡坎，他们到后我们很热情地接待并挽留他们休息了两三天，亲切交谈，论古道今，无所不语，后来才送他们回石门坎。八月底王千福我俩把家属送回家之后再一起转去牛坡坎继续工作。

我在牛坡坎小学主要是牛坡坎私立光华小学主任，教学工作以牛坡坎为主，但是在川联区所有的学校如：发坦、猪宗海、王武寨、五同岩、杉木溪、鲁班山等十多个初级小学是归我们领导。这年的暑假我就到这些学校去走一趟。这时候我感到没有去过路径不熟，途中土匪多时有出没，就约定熊真海先生与我同去。他家住牛坡坎，是发坦小学老师，已放假回家。我俩从牛坡坎起身一天就走到滇川边境洛亥，又从洛亥到王武寨小学。那里的陶主任和老师教友及传道先生们实在说不出他们那种热情欢迎。在王武寨停留了两三天后，走了两天就到了五同岩小学。这个初级小学设在五同岩杨明武家里，就是大关县王建明的亲舅子，是张义发岳母的亲哥哥。我俩在五同岩想休息两三天就离开，可是到了那里，杨明武殷勤恳切地挽留，同时他家的财富当地没有第二，养有两头大牛，天天打油，吃米吃肉不愁。所以在那里玩了七八天。正是七七事变纪念日的到来，离他们学校四五里地办有一个县办中心学校，来函请学校参加纪念。杨明武早给他们说了我们的到来。"七七"我们到那个公办的学校，叫地洞镇，设在一个镇的中心，受到学校师生的热烈欢迎。又请我在会上讲了话，受到纪念会的热烈鼓掌，为教会学校争了一点儿光。

　　散会转回来休息时与杨明武约定，趁此机会去四川长宁县和珙县玩一转。先去长宁县玩了一天又去珙县。我们三个没到珙县，半路上人们议论纷纷说：我们将要经过的路土匪经常出没抢商旅，有被杀害的人。我们感到恐慌，商议到珙县去打个护照带在身上保险些。决定到珙县先去找洪县福音堂，我在福音堂写了一个报告请求县府发给一个护照，与县秘书谈了途中情况后，县秘书立马答应，问我们住什么地方。我告诉他住福音堂，这个秘书答复我你们回去候两个小时后我们叫人送来。果真候了两个小时县府就派人送来护照，拿着这个护照一天多，我们又回到五同岩，休息了两天，熊我们两个从五同岩两天回到牛坡坎了。前后可能二十来天，我这一行共花了三元六角大洋。

五同岩也是属石门坎教会管辖的一个堂口，信教的人数不多，只是教友们的热心信教更热心办理教育事业，并且杨明武是当地能说能做的一个年青人，很有威信。当地信徒和社会人士都对他很好，同时政府机关人员他也很熟，是一个有名望的人，很关心本民族的安危。有不少受冤受屈的人都找他，只要他上前无事不了。

下半年学期，紧张的教学工作善始善终的结束后，回石门坎参加年议会。由于自离校进入社会从事教育工作的连续几年都被分配到距家甚远的地方，增加了个人经济生活负担，感到不公，便请求年议会调整工作地点，获同意后我不去牛坡坎了。

历史上石门坎历年派往川苗地区的苗族传道、教师，我是最后一批了。此后，由于联区的更迭，石门坎所属管辖区域的变化，所以川联区用人自行解决，而石门坎不再派人去。

任教昭通三岔路小学

1937年石门坎年议会，通过调我到陆家营教书。但是到该校后，因当地有一位在教会学校操纵一切的人，工作不好做，我就自己撤回。这年儿子义光两岁，义祥满月了。一家四个人回到岳父家过年后，我回石门坎，她三娘同岳父岳母准备一家回石门坎务农。到了1938年的2月左右，昭通教会给朱校长来信在石门坎找两个教书先生去昭通教书。他通知杨明彰、我两个到昭通，杨明彰到昭通北门学庄小学，我派去昭通北门外三岔路小学教书。我们两个三八年上半年，在昭通教会属的这两所小学担任教书工作。由于享受的生活待遇偏低，维持家庭生活有困难，距离家又甚远，因此我俩只任教半年，学期结束后即回家。

五　参加国民党

参加保甲编整工作

1938年旧历八月，原在石门坎学校工作、后在威宁县党部工作的白敦厚给朱校长来信，要在石门坎一带找三十多名小学毕业文化程度以上的青年到威宁县参加县举办的保甲编整训练班学习一个月，我和明彰又奉通知到县参加受训。当时我们参加训练学习的有三十多人，石门坎方面去的最多；另有彝良县张雅福等人，也有汉族。训练期满结业后，四人为一组，设正副组长各一人，组员二人。我被选派为一个正组长，由组长各自物色组员。参加学习的有一百多人，各个民族都有。我考虑的是本民族中文化程度低、学习差的，比如张雅福二人别组不会要，为了顾大局，我答应收下她俩，让她们安心和我一起去工作锻炼。

人已定妥，分配好工作地点，我们组被派往兔街乡，限定时间搞完编整工作。我们用了十多天搞完这个乡的编整工作后，收兵回到区所在地大街。由于县里漏派人到辅处乡搞编整工作，这时又临时派我组去该乡继续搞编整工作，结束后调我们组尾随他组去老鸦乡。其他组先去了我们是后去一步。

在工作中，张雅福二人，文化素质太低，工作相当吃力，手不能写，口不能应事，说话也表达不清，我只好把轻便的事交由她们去办，遇问题有困难晚上回来共同研究，解决不了我再出面去处理。到老鸦乡时，我没有去了，因家属都聚集到长海子父母那里去了，父亲那时在长海子教会工作又是联区司。为了要把几娘母带回家，我就请准了假到长海子去了，而工作则由副组长龙洪昌负责。在长海子逗留了一个星期之后我们就一起回石门坎，而全县保甲编整工作总结，我没有参加。

我们编整组在兔街乡、辅处乡工作时，我在工作中从没有被乡保甲长、地方绅士轻视、欺侮，还是受人家尊重的。每到一个乡，由保国民学校的教师和乡长陪着我，说这说那的到了半夜才入睡。有时还对某个问题辩论是非，在这样的情况下，从没有拜下风。由于我们在学校里掌握的一些科学知识比他们多，学过的比他们强，尤其是古文多少懂一点，他们这些人总不敢在我们的头上玩狠。辅处乡乡长姓唐，乡里有一个保国民学校。一位从宣威请来教书的老师年纪比我要大几岁，我们到乡公所，他看我们穿得不好，履草鞋，就瞧不起了。可是在这种情况下，我仍然坚操站稳，他来什么，我迎击什么。只要他说的是欺侮（的话）、（用的是）瞧不起的眼光，我是注意的。在交谈辩论中，显然这样。可是在某些工作中，大家总是和善地交谈、商量。在工作中，我们是很顺利完成，但是最后全县编整工作结束，集中威宁县的时候，我早已请假回家，没得参加。

辅处河对面距乡公所只有四华里，居住着一位曾经在威宁任过县长的管佩生，过去我在石门坎时曾听到杨荣先讲过为人热情，没官架子。这次，我在工余之下，特意去拜访，确实在接触中，他是平易近人，诚恳待人，同情苗族，对苗族有好印象。本拟去坐一下即回，谁知受到他热情接待留我座谈了四个多小时，做了好饭菜，殷勤招待。国民党政府，像他这样的"官"是少有的。

我们初到威宁县，参加保甲编整训练。这段期间，白敦厚已调贵州省，威宁县党部书记是姓颜。石门坎调去参加的这批人大多是这次申请为国民党员而后批准的。我这次入了党，成为国民党的一个党员。

在受训期间，个别谈话中颜明章问我，石门坎这批人是你领来的吧？当时我并没有受任何委托让我带领去，所以我说不是。我们都得朱焕章的通知各自来的，只不过是在石门坎集中而已。

他又说你好好工作,以后可以当一个教官。这句话是否可靠,能不能实现,不知道。脑子里有这个望头,因为这时候我们认为国民党能说到做到,其实不然。

石门坎区党部、县党部工作

1940年,石门坎区党部书记游敬敷到威宁县党部开会,回来经过天生桥发给我党证,并且在天生桥召开会议,组织天生桥区分部全体党员选我任区分部书记。这一年张文明就在石门坎区党部工作,担任助理干事。游敬敷早就动员我辞去教会工作,到区党部搞党的工作。

大官寨大地主安晦生、补块恶霸地主安祥宗对佃户明目张胆加粗加押辱凌百姓,我们约同云炉方面的吴性良、王正国等苗族联名呈文禀告到威宁县政府和省政府,迫使地主压迫佃民有所收敛起到一定的作用。

1942年11月,我奉威宁县党部调去贵州省地方行政干部训练团党务干部训练班参加受训,正值我们请媒人夫邱家苗寨杨秀老人家求其幺女为弟弟仁贤妻之时。老人同意后,婚期只订七天。而父母又在远方切冲教会工作。所以着发仁贤单独跑切冲告诉二老两天内赶到家。同时写信带给父母,所需财礼,我们已准备了,只渴望父母赶来应事即可。仁贤去了按期带领父母亲回来。冬月初我们为弟弟举行了一个简单的婚事。

弟弟婚事后,我在1942年阴历十一月底离家,约九区韩绍纲和我一路到贵阳。绍纲报考会计班,我考党干班,结果我俩都被录取了。当时妹夫在贵阳国际救济委员会医务工作,斐然在省民政厅工作,李学高在畜牧兽医站工作,王荣福贵阳学开汽车,他们为我俩考取省训团而高兴。我俩自然更高兴了。这时,绍纲恰碰上青岩乡村师范学校他的教师,姓吴的教师,正要去台江县师范学校任校长,即聘请绍纲去任教,后来绍纲随其老师去台江而放弃参加受训了。

1942年12月入省训团受训。为期三个月。在团里一概是军队的生活,除了有关业务与政治课程外,还有军训,一天忙个不停。看到其他县参加考试的身穿西装、大衣、皮鞋、眼镜,都报高中、大学毕业,职位都比我高,要是别人知道我是苗族,是威宁人,就会被歧视欺侮,思想不稳定。可是在受训期间,不论什么课我都没有落在别人后,军训中一切动作别人都赶不上我,球类更不用说了。我很认真学习,期满毕业考试第28名,全班56名我算中间。

1943年3月毕业回威宁县党部,部里的人对我说:"县党部向省党部去文,省党部下文委任你为县党部干事。"与我原县党部的录事职务比升了两级。后来县党部书记长薛士贤把省党部委任状递给我,鼓励我好好干工作。不久县商会通过薛士贤聘我兼任该会秘书一职,负责处理来往文件,每月也给我一些报酬。商会的绅士、会员大多信任我,接任县商会职务,颇得他们欢迎。

我在县党部担任干事不到一年,由于家庭生活困扰,无法照顾父母和孩子的抚育,八月份便写辞呈,约九、十月蒙批准。从此我正式离开威宁县党部回家了。我辞去县党部干事职后,在家里待机会远去谋事工作,多得一点钱救济家里。可当年年景不好,庄稼收入很少,家里饿饭,反不打主意外出,留在家里再看情况而决定。

六 在贵州任教

任教天生桥小学

1938年底,石门坎教会召开的年议会教育委办会和地点委办会决定通过,于1939年派我到天生桥初级小学担任主任教师,负责学校一切工作。天生桥是石门坎私立光华小学第二分校。石门坎就原来有这样的规定：不论远近，分配到哪里，就由那里的学校或教友请人来接行李和所需要的东西。我们那时谁到任何学校都是如此。当时的教友们对教育工作是很重视的，对分派的人员也感到高兴，到哪个地方都受到当地父老的尊重。

天生桥原来就有很多弟兄父老们在何独院子，其中张文钦大哥是负责，是天生桥教会和学校的主要人员。我到天生桥教书前后两年，都得到他的帮助。我前岳父家大小舅舅们给我一家的帮助确实不少，替我们栽起洋芋，光是叫我们去管理吃现成，不管要用什么都跑到岳父家里去拿去要，实在方便得很。

在天生桥的两年，每年都要毕业了两班初小四年。由于我们天生桥学生，每年在石门坎统考成绩不错，初小升高小学生人数比别校多，这样学生也高兴，家长也欢喜，群众也很热心很帮忙。

我在天生桥教书的两年，天生桥教会负责的联区司有王英、李正品、李正明，他们在天生桥负责管理各个堂口的布道工作和解决教内的一切纠纷，管理各堂口的一切应兴应革的事情。分工明确，各负其责，所以不像其他分校、教会只有独一无二的一人除任教外还要兼教会工作，繁琐之事缠身而分散精力，工作量大。

云炉乡公所任乡文书兼保国民学校教师

1943年底，大官寨家土目的汉族管事谢朝纲接任我们云炉乡乡长。因他又在云炉河坝办了一所保国民学校（初小），当时在学校教书的只有两人，一个得力的教师都没有。谢乡长主要是请一个能够帮他办理上下公文，知道我有这能力，就叫我去商量。又教书，又给他办理上级下级往返公文。我应了他的要求，于1943年冬腊月间就接任了此工作。

这年冬腊月间，我早上到云炉河坝，晚上回家。有时忙，晚上都没有回家。腊月间继母病得恼火，我请人做一棺木，准备给继母用。没有过年，父亲又同时病倒床不起，过年前后我去云炉河坝也是早去晚归，顾不到父母的安危。1944年正月间，母亲病势好转，而父亲病情转危，我也没空在家照抚。正月十、十一，我到河坝晚没回家，心中非常焦急，但因公不能由我。十二日早晨由河坝回来，路经街上，顺便买十多个柑子给父亲吃，只恨我没到家，父亲永别了。这是1944年2月5日早晨，我们虽然遭到荒年生活紧迫之际，没有什么力量来好好地安葬老人，今天想到，心中实在难过极了。

父亲去世了我仍然去河坝教书。我时常都送一点苞谷回家，有时我回来，就没有吃的了。父亲健在时，二老随弟弟家生活。父亲辞世后，我让继母来同我家生活。继母是一位大慈大悲的良母，和亲母亲一样非常爱我们姐弟妹。仁贤是幺儿，直接在她养育下长大成人，我没有她的精心抚育支持，不会进入中学深造。当我们粮不够吃，生活困难时，继母去讨野菜来合饭维持一家人生活；有一次，我从云炉河坝回来，见到继母和义祥妈妈去讨野菜来加工成酸菜合饭吃，我心疼如刀刮，暗地流泪。

1944年冬，谢朝纲任乡长没到一年，四川人刘镌峰来接任云炉乡乡长。移交手续后我就回家了。

任教石门坎光华小学

1944年过去了，我又调回石门坎光华小学教书。这个期间，韩绍纲任校长，王惠泽任教导主任，杨文高任事务主任，老师有8人，每个担任一个班的班主任。我一来就担任五年级的班主任。1945年我同杨荣新译苗文《普天颂赞》，并且担任邵泰卿牧师和赵月林教师的苗文教师。除我每月正式工资，又可以有一点额外收入，好得多了，一家人的生活也可以勉强过得下去。

1947年我没有参与印订《普天颂赞》工作，荣新也回石门坎教会搞传道工作去了，从此以后我全部精力放在学校教学工作。这时光华小学教师7人，全校学生三百多，教师少班级和课多，教师没有一点休息时间。大家兢兢业业通力合作，教学质量也高，学生自学遵守纪律，所以升级和毕业率都在80%以上。家长也比较满意。

1945年尚有石门坎隶属马街初级小学未办立案，时值威宁县教育科催办私立小学立案，教会和石门坎学校特派我去该校配合王教师办理。我在该校住了六七天，办完立案文件报送威宁县教育科后，我即回家了。这时候儿子生了大病。

孩子股骨手术之苦

我未到家的前两天，儿子义祥大腿股骨无故疼痛厉害，日夜叫喊不绝，我考虑唯一办法只有急速到昭通大医院就医。便立即去把孩子病情告诉英籍传教士邵泰卿，请他写一介绍信就可以缓交治疗费。邵同意立即写介绍信。第二天上午有堂哥张仁德、二姐夫朱福安同三妹夫杨荣福等六七人以担架抬义祥去昭通。我们一早出发赶到福滇医院时，大约下午四点左右，医院尚未下班，看病人相当多排成长队。我只好去找大姐夫吴性纯医生谈了孩子病情。大姐夫同我一起到医生值班室打招呼，医生们立即会诊给孩子安排动手术……我在医院照应孩子，几天过去了，孩子身体、精神也比较好些了，于是我快步回到家，把孩子住院治疗情况一一告诉孩子妈妈。不久义祥妈妈和我带上义纲、义康去医院看他们的二哥。医护人员职业道德好，责任心强，认真负责，家属不在场，他们每天都照应护理得很好。义祥住院治疗期间，我们两三个星期都要去医院一次看望才放心。

老二在昭通住院前后一年半的样子，以后我们就去把他带回来，等到解石膏的时候，石门坎药房李德美护士和昭通福滇医院派来协助的陆医生，两人就在石门坎剪掉石膏。虽然病好了，但孩子变成了残脚，不能行走，能劳动，什么都能做。

我教邵牧师苗语的时候，一个早晨邵牧师对我说："张先生，你孩子在福滇医院住院费医药费结算下来是二百六十多元小洋。我帮你十元，其余你付。要是你不能付的话，张绍乔牧师可以完全帮你付掉。"我一方面感谢张牧师的好意，一方面抱着害羞的心情，最后除邵牧师帮我的十元以外，全部费是张绍乔牧师帮我付完。这是1945年6月时的事情。

二百六十多元小洋相当于现在人民币两万多元，如果以我这个穷家庭自付，只好望洋兴叹。因此我由衷感激两位外籍传教士大慈大悲。特别是在2000年8月，我孙女考取了毕节师范，所需巨资人民币一万元，我们家庭困难实是承受不了，再次承蒙张绍乔牧师从英国如数汇来资助使孙女能进校深造，解了燃眉之急。这种深情无私援助，我和子孙们永世不会忘怀。

购置织布机解决穿着

孩子的母亲一向都用旧织布机织布，供我们一家人穿。白日干活，夜晚绩麻、纺线，工作非常艰苦。我又在学校教书，在外面做事，家中的活路就很少有时间来帮忙。一家人的生活，让孩子的妈妈这样辛苦，心里也很难过……有一天我去教邵牧师苗文，同邵牧师摆谈到我家情况，我想买一架织布机，解决我们一家人穿衣的困难。当时邵牧师给我说："张先生要买织布机，我可以帮你买。需要多少钱我可以完全付。"

邵牧师答应出钱，我就到昭通买了一架织布机，当时中国用的中央票、农民银行钞票贬值，一架织布机就花了三千元中央票。我请了三哥和三四个人同我去昭通运回来。我们家有了织布机，解决了孩子妈妈织布的困难，一家人穿的困难基本上得到了解决。这是邵牧师对我的关心和帮助。不但解决自己的困难，亲戚朋友和邻居们，孩子妈妈每人都帮织的不少。所以我们寨里不少人家，都逐渐各买了一架织布机。我们带动了全寨人家使用织布机，解除妇女的辛苦和痛苦。

七　参加共产党游击团

1949年这时候我在石门坎私立光华小学教书，为解放自己，解放全乡人民，暂且放弃学校的教学工作，加入了共产党领导的威宁游击团。到1950年威宁游击团整编后我才退伍，回学校教书。

陆宗棠、张斐然他们准备在九区老龙街子和索普成立威宁游击团。1949年10月10日晚上，张斐然带着禹志超到我家里，斐然说："这次是威宁游击团派我们带着队伍来石门坎。禹志超是我们第五连指导员，是来打地主、恶霸，在石门坎就是打李国栋。明天去打石门坎，我们在石门坎场上宣传，把组织工作做好后开始进行。我们找你研究这个事情。你意见如何？"

我说，时机还未成熟。第一，你们人数不多，武器少。第二，人民大众还不知道你们来干什么。第三，人民赤手空拳，没有力量跟你们干革命。以李国栋来说，有两百多支枪，只要他下令，就有二百多口人。要是打起来，你们队伍人数太少。

李国栋当乡长时，曾经摊派各保每甲买一支枪，我们两个苗族保里，李国栋曾经逼每甲人民买一支，这些枪、弹，各甲都保存起。张仁贤是我们保的保长，马上给他知道，叫他派一个人通知云炉保长杨浩然，明天十点钟各甲的枪都扛到街上王富祥家里，要火印登记。我们也按时到街上等候。张斐然和禹志超同志采纳了我的建议，马上行动。第二天各甲的枪，都派人扛到街上交了。收到了这部分枪、弹，虽然不几支，可是我们也很高兴。我们石门坎寨子里，就有张德全、王崇武、杨华锦、杨华国、杨华田、杨华德等十多人参加了游击团第五连。到石门坎工作的张斐然等出入行动，皆是我们护卫。云炉乡的治安，社会的稳定秩序，我们都担负起来。镇雄到昭通的烟帮，1950到1951年每天约一二百人，凡是道经石门坎，我们都护送到昭通凉水井、送往昭通广东河、砂子坡等地才回来，没有发生过问题。

游击团活动最顺利的时间，又是敌人最猖狂的时候。大官寨安晦生的儿子安祖吉在昭通和龙三公子、昭通专区专员安纯三、牛棚子土目禄惠群及彝良到虎虎山大土目罗谭述互相串连，要来石门坎乡公所攻打我们。他们给李国栋的狗腿子每人发了一个臂套，上面写着"云庆"两个字，耀武扬威，赶石门坎街，显示威力。我们可是一点也不惧怕，作了应对的准备。他们看到不对头了，不敢做任何行动，几天后臂套就不敢戴，缩头缩脑的。

我们得到连部的通知，到女姑（地名）会同游击团的队伍打王开学。第二天扑了空，王开学早逃去了，当晚转回女姑，得到威宁游击团卢嵩岚的命令，云炉李国栋今天打跑了，房子烧了，剩余狗腿子被包围在新寨，自己带了二三十人枪，逃在铁厂汪家那里。命令马上到石门坎，并派一部分武装力量在梯子岩切断去昭通路口，不让逃脱。我们决定禄班长领一班武装堵梯子岩，大部分到新寨。从女姑到石门坎，天还没有亮。我们得知李国栋跑脱，连忙开到新寨。他以后仍落了人民的法网，最后被处决。那些勾结的大匪，依次一个个被处决，我们乡里的解放工作，得到顺利的进展。

八 50年代我的从教经历

石门坎学校从教会学校变成公办学校

因为中国快接近解放了，1949年英国政府通知邵牧师和赵教师返回英国。当邵、赵将要离开时，石门坎教友会召开了一次大欢送会。石门坎全体教友都舍不得他们走，可是形势大变，伊等不能不回国。邵牧师等离开石门坎到昭通，跟着在昭通的牧师、医生、驻昭的英籍人，都全部离开昭通。只留下石牧师在昭通暂维持教会现状。但1949年底，石牧师也回国去了。昭通教会由汉族牧师朱瑞光负责，石门坎由苗族牧师朱焕章负责维持。

外籍传教士离去以后，中华基督教循道公会西南教区不复存在，教区、联区的年议会从此停止了。循道公会西南教区，一年中就要召开一次年议会。石门坎包括川联区，即牛坡坎联区集中石门坎联区开会，总结一年来教会与教育发展情况，策划来年教会学校的工作、推行等等事宜。1945年以后，我被石门坎各联区，包括咪哩沟、长海子、大坪子、牛坡坎等，推选我担任年议会书记，负责年议会每年如开的年议会议事记录。一直担任到1948年底，1949年已解放未开年议会。

到1949年教会基本上勉强维持，教会传道人员薪金无着，但石门坎学校工作照常上课。这时候教会还有一部分余款，我们教师领教会遗存的工资，人民政府发一部分。我在石门坎私立光华小学教书，担任五年级班主任，兼学校的事务主任，直到1952年底。

1952年共产党接办了学校后，一切经费由人民政府负担，教师待遇比解放前提高了，生活安定了，我们在教师工作中越更卖力。暑假期威宁县政府调全县中小学教师参加土改，我同样参加。搞扫盲运动时，学校叫我负责事务主任的工作，照常上课。

任教轿顶山小学

1953年开始，县文教科调韩绍纲到四十五户任校长，调我去十区轿顶山小学接任校长职。我想起父亲过去曾被石门坎教会派去轿顶山教书，有当时他的学生。父亲在轿顶山传过教也兼教书，熟悉我父亲的人不少，我也深信自己还有不少同学，到那里工作一定得到他们的帮助。果真到该校后，我们的旧交朋友、同学不断地来访问，不少事情得到他们的协助。如该地的朱文钦、朱文荣、王明镜等等，老师间感情融洽，我在该校任职直到1957年上期完了。下半年就调回水塘子。

任教水塘子小学

在水塘子小学也可以说是自己的家乡了。那里与我相熟的亲友多，解放前多少帮他们做了一些事情，不但是苗族，其他民族闻名的普遍得很。所以，来这里地方人士是非常欢迎的。尤其杨顺成听我谈到水塘子小学虽是完小，但学生多、校舍少，学生住也很困难，教室少，耽误教学。他最关心学校，就亲自来找我商量翻修教室问题。工、料等他完全负责，他需我给他们计划好容纳多少学生等等。我将计划交给他，他马上就喊人来，几下子就把一个新教室修好了，只有门窗没有做。教室没有修完我就回石门坎来教书了。这是1958年的上学期。

回石门坎小学工作，参加扫盲

1958年开年，威宁县教育科吴科长调我去瓦竹小学，在宣威和威宁的交界地方，我知道这是很边远的学校，不愿意去。我不去他也无法，就让我在石门小学教书。暑假，县府调动全县中小学教师搞扫盲工作，我被分配在野衣乡。这时候野衣民校是张仁华任老师，我就住在他那里，那里是乡政府所在地。我们组有四个学生同我。乡支书、乡长、群众都非常热心支持我们，所以工作得很顺利，得到全乡人民献给我们的一杆旗子。到高坎子区扫盲大会总结时，我们组获奖的人数也不少。

白么小学工作

这年九月一号回石门小学后,又被调白么小学。这段时间又是各乡都成立了人民公社,集体劳动、集体生活,"钢铁大跃进"。这时白么乡学校教师有朱老师、王老师我们三个。我们领着学生参加,白天夜晚都同农民们在宗嘎河搞"超英赶美"的"钢铁跃进"。过几天,我们回学校开学上课了。九月中旬,我回到石门小学买书,要带来回学校给学生读。

九 被捕蒙难

逮捕大会

当我们学校师生和人民群众"大跃进"在宗嘎河堤,区里派了个阮同志来督导工作。这区干部问我:"张老师你何时回石门坎买书?我想跟你一道去。"我说:"可以。"时间定好了,一早我俩就走。那家伙装作不知道路东问西问,一路上都走在我的后面。到石门乡公所前面松林,一条小路分走乡公所,一条小路直穿松林,来我们寨子。到这岔路那家伙就开腔说:"张老师我们先去石房子(乡公所)商量一点事情后你再回去吧。"我说:"好嘛。"嘴在答应心里才醒悟起来,自知已经落网了。进乡公所正遇到石门乡乡长王正义,那家伙交脱手了,乡长对我说:"在这儿,把你的问题交待清楚!什么问题你自己明白。"把我带进石房子一进大门头一间,对着爬楼梯的那间房子,指我坐在一进门进去的对角。我回头看房间一周,就看见杨荣新先在对角坐着。我俩各坐一角,谁也不交谈。天渐渐晚了,什么人也不见来看或问一句我们的情况。我俩坐在这间空房子里,各自有不同的想法,心里的难过,各自的苦存脑海里。

天快黑了，一个屁股后夹着手枪的人走进来了，喊声："起来走！"我们走在前，那背小枪的家伙走在后面，把我俩送押在原来石门坎女校女教师宿舍，住在里面一间。不知究竟是家里的孩子或者孩子的母亲哪一个，给我送了一碗苞谷饭，泡一点淡菜汤，和一床破垫毡。给我送来，人也不见，声也听不到。等一会儿只听到大约五六个人在外一间谈话，这些人就是乡公所和公安局的武装看守我们的。天亮，那个背手枪的把我们带到乡公所去。

我抢时间把白么小学学生的书钱算好，把学生每人多少书钱，列名开好，乘陶老师到乡公所，就让陶老师代表学校提交名单，背书送白么小学，或叫朱老师来石门坎领回去。白么小学我初到，前后只开学一个多星期，上一周课就参加搞"钢铁大跃进"，回石门坎买书就被逮捕。

我们被关押的第二天，几个乡集中在石门坎大球场开一个群众大会。中午开大会，把杨荣新我俩从石房子带下大球场，又有王崇武、陶自改老人也带到场来了。开始公安局那个武装把逮捕证拿出来，背着就拉起我们的手指在逮捕证上盖手印，后开始斗争会。群众中张志诚和李护士两个出来向我们进行斗争。斗争的材料完全是一些鸡毛蒜皮，一点价值都没有，他们不如此做，就不好下手逮捕人。照他们的材料，就完全不够逮捕条件。其实如何，只有他们知道。

逮捕后，我两个回到石房子，那些有权地位的馋嘴者杀羊煮肉。荣新我俩未吃早饭，他们舀羊汤泡我俩每人一碗饭。吃后那些十几个人扛的扛刀，拿的拿枪，往昭通把我们递去了。

关押和劳改

我们从石门坎走，杨荣新年老，身上带病，走路很感困难，思想包袱也严重。一两点钟由石门坎启程，夜半十二时左右，我们走到昭通专区的监狱，我们被关押在监狱里，而押送我们去的，都不知去向。监狱的牢门开了，守卫的把我们三人关进去，只听得咔嚓的一声响，牢门闩上了，里面看一丈四五尺面积的牢房里，就有四五十多个犯罪者，站的站着，睡的躺在床板上，床板上铺着草席。站起来也好，躺着也好，竟都像夹楔子一般似的，没有一点松空。就这样尝到了陌生的监狱生活。晚饭究竟如何，没人过问，一夜挨饿到天明。

到昭通专区的监狱留一天，第二天早上又被威宁公安局的武装带上了车，夜里达到威宁监狱。一间监房里面十多个犯人，睡的睡，坐的坐，摆龙门的在摆龙门阵。房角有一只马桶，几床烂被子，一堆烂稻草，乱七八糟堆在另一个房角里，这就是监狱里罪人的好床铺。都不同在外面了，吃的、住的、屙的都在一起，白日夜晚都一样。

当时在威宁监狱里面的苗族，就有我们六个，就我知道的，这是历史上罕见的。我们几个又被押到毕节监狱。后来送我们到大方县硫磺厂、黔西农场劳改。

1958年9月份，中央公布，在各种报刊宣传国庆节要特赦一部分犯人。监狱里面大多数犯人都在议论，等待国庆节快到，早获得特赦，回家见亲人。当时我看了大多报纸，有了个认识：那个特赦，并非我这种一般罪人能享受的，因为政府施行的是特赦，是针对过去或现在有名的大官员中，犯罪或所谓有罪的部分人。所以一般犯人能得到特赦是妄想。不宣布大赦，我们是没希望的。

国庆节到了，很多罪犯挨登门窗外望，等着政府点上谁的名字，从早到晚整天如此。但十多天后，没一个得到特赦。大家灰心丧气地议论，那样这样地说，真是可笑得很。几天后报刊上发表了特赦人物的名，人数不多，首为宣统一人。

我们参加集训，集中一个室里。在这里会上了两位威宁苗族和一位织金县来的水城苗族。我们只有七个人集训，另有两个犯人领我们学习。干部有毕节中级人民法院审讯股的邢股长，每天跟我们一起掌握学习。第三天开始，就各写自己的材料，交待个人问题，我从这天起写了7天材料。我写交了，上级又叫我同他们整理其他交待的材料。写完以后，不符合的、有疑问的材料，大家集中分析讨论批判，交不去的重写并且通过才算。

我、荣新、崇武从毕节押回威宁时，大概是1960年①秋，收割阶段。到威宁车站，我下车，抬头看马路上看我们车子的群众，弟弟在当中。我见了他一眼，避开没见了……可能嫌讳他回家了，以后我不再等望他了。1959年他到大方某处参观，转到大方县曾给我寄了一元人民币。当时经济来源困难，就是一分钱也不容易！

到了威宁看守所以后，我们三个被分派常住在一个监号，威宁监房里的清洁（卫生状况），已糟得不行，比起毕节监狱相差百倍。这说明威宁县各方面都落后极了。

回到威宁来，荣新的思想包袱严重，病情也一天比一天沉重，政府把他调到监外的病人住所。早上八九点钟全监房犯人在外面场坝里，我遇到他时，他问我："你的问题解决没有？"我给他说："我还不知道，没消息。"我问他，他只说："我的可能寥寥（遥遥）无期了吧！"我劝慰地说："怎么会遥遥无期？可安心等等，上面一定会给处理。"

这早上见面后，我又看到三个苗族，但是没有得到接触谈话。所以我就知道我们同时在威宁监狱的苗族有七个人。他们陆续调走，自己也不知要去哪里。

几星期后，我外出劳动推磨，四盘大腰磨，十多个人天天去推。一天出工时，我经过停尸房门口往里看，见到荣新停在那里面，将他的旧花衣服盖着。我看他穿的衣服，除了破烂的以外，

---

① 整理者核对，此处应是1959年。

好的完全被人脱光了。脚上原来穿的球鞋也脱去，打着光脚。收工吃早饭后，监狱里负责医务工作的走来问我荣新的家庭情况，把我知道的完全交待。这样，上面才知道他家里的亲属人和孩子们工作地点。后来上面才通知家里和幺站工作的华国，到威宁搬回他的尸骨。荣新"遥遥无期"的预言，实现了。

荣新去世后两三天，我和十多个人从威宁县监狱一起调走，去大方县硫磺厂改造。毕节去硫磺厂七八十里路，一天的路程。我们由威宁到毕节休息了一天，第三天硫磺矿的周干事领我们去。距离硫磺矿二三十华里的远途中，他指着在眼前的黄烟告诉我们，那里就是我们今天要到的大方硫磺矿了，有二三十座炉在那炼硫磺，全厂几千人。

我们到硫磺厂，只见硫磺烟雾密布弥漫，四山只看光秃的山坡，草木一点都不见。我非常奇怪为何别的地方和距离远地方的草木青翠如故，这里不同究竟是何道理？过了几天后才知道，这地方以前草木林立，到处都是庄稼。可是建厂后由于硫磺厉害，把所有草木污染毒死，所以现在就只看到光秃的山和地了。草木不能再生长，农作物没有什么收成了。到了那里，只看运矿的几百人在忙着完成他们当天的任务，正是1959年底搞"大跃进"的时候，不但白天苦，连夜晚都搞跃进到十二点以后，甚至有时一两点钟才收工，回监房来睡觉，劳动十分艰苦。早上天还未亮，叫笛响了，集合得早，所以人都望不清楚。1959年底1960年在硫磺厂的一年中，都过着这样的日子。据说自建厂以来生产都是一直紧张和忙碌。

1960年冬天又被调到黔西农场，这原是黔西商业农场，我们到这，全部土地都交给我们。我们这个中队分开在农场劳改，面积很大，一千多亩的土地就望我们来耕种，任务不轻。

一年一年的劳改日子过去了，十年服刑，宣布我满刑出了监狱，真是把"犯人"的帽子连"反革命"的帽子摔掉了。安排刑满就业人员行业劳动,从宣布出狱的那天计算,每月发18元工资。时值"文化大革命"派性的激烈斗争,在此动乱时期,我申请留场就业,等"文化大革命"结束后,形势好的话再申请回家。得到政府批准留场。刑满后留场十年,即1969~1979年,"文化大革命"已经完了,"四人帮"被推出了共产党的政治舞台,失了权力。我趁此机会就申请回家。

家庭受累

在受捕的宣判大会,宣判的大官不知其名其姓,但当时判的"罪状"不能令人服。我和荣新、崇武以及陶自改老人被捕还有在毕节撒拉溪杨荣先被捕,其实是要搞臭石门坎这个地方,"长期受奴化教育的地方",使不明真相者认为在石门坎"挖出了不少反革命",叫人对这个地方要提高警惕,从此兑现了过去和当时说石门坎"是一个危险的地方"的看法,震动了不少群众。

特别是因我们被捕,家属从此变成了反革命家属。群众为了划清界限,谁都怕,谁都不愿意和我们家属接近,哪怕是亲友也不敢来往。在集体生产劳动中把重活、脏活交给反属去做,做工不好,做不完就挨打挨骂。我们的家属彻底孤立受到管制,走亲访友有事外出要请假,不准假不能外出,生活困难无着,无人过问。

孩子的妈妈受尽了人间所有痛苦。

高级业生产合作社以后集体生产紧张,她白天劳动,晚间要参加开会评工分,人家入眠了,她还要绩麻纺线为孩子们的穿衣操劳。①

---

① 张德全老师入狱后的日子里,他的妻子背着幼子,随公社"大兵团作战",到很远的地点参加生产劳动。因为无法照料好,最小的一个男孩染上了天花。而母亲不能够把孩子背回家治病。到后期准假回家治疗时,已经太晚,孩子死去。据张德全家人回忆,这个最小弟弟的夭折,是"我们没有告诉过他和他未写的"事情之一。

在生活低标准集体食堂吃饭,孩子妈妈宁愿少吃,面黄肌瘦,让给孩子们吃。有一次,把种剩下已沾了大粪和灰的荞种洗净磨面给孩子们充饥。有一次义纲吃不饱找他妈妈闹,动手动脚要打他妈妈。她在气愤之下,趁人不防在未改建的老房楼上自缢,幸好早发觉,立即去喊堂哥仁德来急救,嘴已僵了用钳子使劲扒开营救,好不容易脱险。

小姑娘义美和义纲小学未毕业就辍学。儿子义祥、义康初中毕业成绩好,本来可以升学。义祥考取威宁民族中学高中时,我早已入监狱,无权享受人助金(人民助学金)待遇,故十年大庆后逃学回家务农。由于家庭经济无着,也由于系"反属",无法深造也无权享有就业机会,只好挣扎在困境中求生。

特别是头上戴着沉重的"反属"帽子走到哪里受人歧视、谩骂,头都抬不起来。我知道孩子妈妈在苦难中喊天天不应泪水从未干过。因我一人有"罪"导致全家遭殃。

回家

我和孩子妈妈青年结成伴侣和睦相处生活仅二十三年,1935~1958年,很短的幸福生活。1958年9月入狱后直到1978年劳改刑满,就业10年,1978年义祥曾带他母亲来黔西看我,就留他母亲同我一起在高家井,直到1979年5月劳动节,从贵阳起身到家里,恰好是五月初五。

1979年4月下旬,我办完所有手续。我从高家井到黔西是走路,到黔西汽车站,恰好碰上我们一起劳改的施光祥,他是威宁狗街子妥打的人。他比我年轻,肚量不小,所以我经常吃不完的汤饭都他吃。我约他到贵阳看看一点世景,告诉他:你同我一路去贵阳,顺便给我担点东西,吃住你都莫焦心,从黔西去贵阳,从贵阳一直去威宁,我们可以住亲友,吃饭、住宿都不必花钱。他同意了。我俩从黔西搭车到贵阳,在贵阳休息几天后,到阳历5月1号从贵阳起身,到水城白砂坡煤厂义纲工作的单位休息,等待他领工资,请准假,我们就一路回石门坎。施光祥我俩在威宁车站分手。

我一到了威宁后,立即到威宁县法院办理登记手续,在威宁逗留两三天,买了整天的汽车票到高坎子下车。听别人说高坎子煤管站负责的是一个苗族,我到煤管站一访问,恰是天生桥朱佳亮,他是朱佳伦的亲弟弟。我在天生桥教书时,曾在我手下读书。所以师生相逢,越谈越亲,留我和孩子的母亲宿了一夜。第二天我们从高坎子走路回家,两个孩子到高坎子接我们。回来路过结衣①,侄子等到那里来接我们。到了家里,一家大小离别了二十多年,又得相见,心里万分高兴。

当着我回来的时候,"文化大革命"的动乱已经平息了,局势稳定,形势已好转。邓小平主理国家大事,但是吃大锅饭,(土地)还没有下放。到家以后,社里的干部分配我放牧山羊崽,早出晚归,以出工的工分来分粮。人人都凭劳动工分吃饭,我们两个年老力弱,因此劳动工分很少。别人分到大背大背粮食,我两老每次分粮时就够一个围腰兜回来,吃饭成了大问题。我看见要是如此干下去,社员们只有死无生了。放牧山羊的几年,苞谷饭都吃不饱,社员们没有一个红光满面,都是饥皮包骨,惨状不堪设想啊。

十　乐寒精神,回想平生

1981年的春天,在山上放羊崽,野山茶花有的正开放,有的已凋谢。看到那开放最鲜艳的山茶花,气候不管如何的恶劣,每年的十月间,一直开放到次年的正二月间。开花的几个月里,

---

①　结衣,一个地名。

就经过了大雪大凌，它仍然鲜花不败。在这寒冷的天时，山茶花都照样盛开，我左思右想，可以什么来说明山茶花的乐寒精神？边放羊边思索。

我想起从小生活艰难，家里过着清苦的日子。单靠父亲微小的工资维持不了一家人的生活，可是后母并不畏惧，每日辛勤劳动，把我们姊妹几个扶持成长。有一天我从云炉河坝回来，家里无粮，后母和义祥妈妈打了一些野菜，腌成酸菜就这样吃，当饭，我不禁暗暗流泪。

我回想到后娘对待我比亲生儿子还好，从内心里真感到幸福。

我想起在学习中要是成绩跟不上别人，就会被轻视。参加省训团受训，训练当中不论什么课我都没有落在别人后。

我想起了我们这里解放前，陆宗棠、张斐然他们准备在九区老龙街子和索普成立威宁游击团。1949年10月10日，这时候我在石门坎私立光华小学教书，为解放自己，解放全乡人民，放弃学校的教学工作加入了游击团革命。到1950年初，威宁游击团整编后我才退伍，回学校教书。

我在石门坎私立光华小学教书，担任五年级班主任，兼学校的事务主任，直到1952年底。1953年我从石门坎调到十区轿顶山，担任该校校长，直到1957年。1958年又被调回石门坎学校教书。

1958年9月份被逮捕劳改，1979年满期回家。我在那种压力下、在劳动十分艰苦、身体也不太好的情况下，对问题想得开。作为一个"犯罪分子"，无法可说，活下去才是出路。

在多次的申诉下，1987年7月，政府给我平反昭雪，以无罪平反，把我收回为退休干部，并给我以退休干部待遇。从1949年计算工龄这样计起，从1949年10月份到1987年7月份，有38年工龄。就工作年限来说，我们在解放后接顺过来的老教师工作年限，我的时间是比谁人都多的。

回来以后我已年老，从事农业力不从心，随孩子们生活吃饭非一朝一夕。为减轻孩子们的负担，我二老就单独开灶，在生活中保持劳动人民本色，耕作着小面积土地维生，饲养猪、鸡并种菜，锻炼抗老有益。还利用劳动余下时间为孙孙们作了不少歌曲。孩子妈妈我们分居年久，对孩子们抚育操劳过度，精神受到极大挫伤，健康严重受损，我回来后共同生活没过上几年好生活，她身患重病，1989年旧历正月初三被病魔夺去了生命，我失去一位贤妻良母。

到了1995年12月29日，毕节地区人事局给我新发了贵州省人事厅的退休证。同时，县武装部为我补办颁发了军人退伍证和退伍军人一套行李。

后记·感念

在写作的日子里,思绪辗转在石门坎山林深处,时闻山鸣谷应、读书声激荡。

这本书是笔者关于中国西南一个贫困社区的第三项专题研究,前面两项研究为英文专题《石门坎苗民的信仰变迁:社区认同的符号建构》和中文专题《石门坎乡村教育兴衰:现代性的嵌入》,已经出版。现在这部书稿是在博士论文《结构与主体:石门坎文化结构变迁》的基础上修改补充而成。导师李汉林老师在我求学期间给予我第一时间的指导和教诲,李老师的激励使我不能懈怠。社会学同仁苏国勋老师、折晓叶老师、杨善华老师、郭于华老师、李路路老师、孙立平老师、陈婴婴老师、王思斌老师阅读并评论了我的部分书稿,与孙炳耀先生、夏光先生、王晓毅先生的讨论启发我的思考和笔触向纵深延伸。书稿的观点也受益于相关学科的学者们,特别是陈国华先生、顾久教授、苗青老师的点评和鼓励。

对一个边缘的贫困社区的历史碎片进行"考古"是一项驳杂艰巨的劳作。感谢很多朋友参与了这项研究的劳作:赵佩兰老师、杜发春老师、王莎莎女士、靳军老师、郭小克老师、张波老师、黄进能先生、朱爱宏先生、李文金先生等分别参加了2002

至 2006 年我们对石门坎社区的田野调查；沈虎雏老师、张军老师、陈平同学、朱明兴老师参加了部分资料的整理工作；王德光老师和杨世武老师仔细校对了苗文歌词；任丽凤女士、王莎莎女士帮助我修整和绘制了部分图表。苗文书名由王德光老师翻译、由沈虎雏老师题写，这些美丽的字符闪动着石门坎智慧的光泽。

笔者感谢社会科学文献出版社的范广伟先生、蔡长海老师、崔岩女士和各位员工的努力，是你们的精心编辑使这本书得以付梓。

参考文献中那许多不曾谋面的学者、作者关于石门坎的研究和记述，给予我莫大鼓励。

分布在各个村寨甚至全国各地的石门坎人，感谢你们讲述的每一个故事。

石门坎文化人士杨明光先生、王文宪先生、杨忠信先生、张义松先生、吴善宇先生、杨华明先生、张国辉先生、张义祥先生、朱艾光先生、陶绍虎先生、陶绍飞先生、李德瑄先生、王政华先生和老校友们，关注石门坎文化的传承，奔波寻找石门坎文物、史料，娓娓讲述石门坎历史典故，你们表达的正是一群苗族知识分子追怀历史的深刻焦虑与椎心之痛。过去一年中已经辞世远去的杨国祥老人、张继乔老人、杨光明老人，笔者受益于和他们的交谈，时常怀念。你们以平民之心，忧怀天下。惟愿在自己的有生之年，尽力保存恢复原来的文化生活样貌，编织记忆和意义之网。和你们相处，能够感受到贫寒生活中的文化自尊，这其中包含多少乡土情感和民族主体意识，如何能用统计方法度量？你们在市场经济的潮水中显得有些落伍，而你们所做的事情，要透过时间的荡涤才能说明意义。生命在时代里消散，却经由历史保存。

最后的感激留给我的父母，因为你们陪我走过了一段辛苦日子。

沈　红

2006 年 10 月

图书在版编目（CIP）数据

结构与主体：激荡的文化社区石门坎/沈红著.－北京：社会科学文献出版社，2007.9
ISBN 978－7－80230－813－8

Ⅰ.结… Ⅱ.沈… Ⅲ.乡村－文化史－研究－威宁彝族回族苗族自治县 Ⅳ.K297.35

中国版本图书馆 CIP 数据核字（2007）第 146273 号

结构与主体：激荡的文化社区石门坎

著　　者／沈　红

出 版 人／谢寿光
出 版 者／社会科学文献出版社
地　　址／北京市东城区先晓胡同 10 号
邮政编码／100005　网址／http：//www.ssap.com.cn
网站支持／（010）65269967
责任部门／皮书出版中心（010）85117872
电子信箱／pishubu@ssap.cn
项目经理／范广伟
责任编辑／崔　岩
责任校对／闫燕铭
责任印制／盖永东

总 经 销／社会科学文献出版社发行部
　　　　　（010）65139961　65139963
经　　销／各地书店
读者服务／市场部（010）65285539
排　　版／北京中文天地文化艺术有限公司
印　　刷／北京九州迅驰传媒文化有限公司

开　　本／889×1194 毫米　1/32
印　　张／14.25　字数／350 千字
版　　次／2007 年 9 月第 1 版
印　　次／2007 年 9 月第 1 次印刷

书　　号／ISBN 978－7－80230－813－8/D·252
定　　价／33.00 元

本书如有破损、缺页、装订错误，
请与本社市场部联系更换

版权所有　翻印必究